JN409759

조선후기 불교사 연구

– 임제법통과 교학전통

조선후기 불교사 연구

–임제법통과 교학전통

김 용 태 지음

신구문화사

머리말

'조선시대 불교' 라고 하면 성리학의 시대에 억압받고 쇠퇴를 거듭하였다는 부정적 이미지가 먼저 떠오른다. 그것은 실제의 역사상을 반영한 것이라고 볼 수도 있지만 그러한 '상식' 의 고착은 다카하시 토오루(高橋亨)의 『이조불교(李朝佛敎)』(1929)라는 기념비적 저작에서 비롯되었다. 이후의 불교사 연구에서 식민지 유산의 극복과 전통에 대한 재해석이 제대로 이루어지지 못했고, 부정론과 단절적 인식이 투영된 전통의 자화상은 굴절된 모습 그대로 자기복제를 계속해 왔다.

조선시대에는 불교가 부재한다거나 긍정적 측면을 거의 찾아볼 수 없다는 선입견은 일반인은 물론 학계에서도 공통의 인식으로 자리 잡았고, 역사학이나 철학, 불교학을 비롯한 관련 분야에서 연구는 답보 상태에 머물러 왔다. 그동안 나온 몇몇 주목할 만한 성과들도 그 내용을 분석해 보면 『이조불교』의 자료 활용 범위와 주제 선정, 선구적 입론의 틀에서 크게 벗어나지 못한 것이 사실이다.

이 책은 필자가 아는 한 『이조불교』 이후 조선시대 불교사 전체를 조망한 첫 개설서이다. 원래의 구상은 『이조불교』를 과감히 넘어서는 것이었지만 그러기에는 그 벽이 생각보다 높았고 목표를 달성했다고 자부하기에는 미진한 점이 너무나 많다. 하지만 조선시대 불교에 대한 문제 제기와 상식의 재고, 자료 발굴과 새로운 사실의 규명, 인식과 관점의 전환

등 일정한 연구사적 의의는 가질 수 있을 것으로 기대한다.

격랑의 현대사의 한 굽이였던 1980년대 끝자락에 대학에 들어와 어느덧 20년의 세월이 훌쩍 지나갔다. 중학교 3학년 때 한국고대사를 공부하겠다는 목표를 세운 후 역사학도의 꿈을 막연히 키워왔지만, 막상 대학에 들어온 후 겪은 시대의 현실은 예상보다 무겁고 긴 회색 장막을 드리우고 있었다. 많은 고민과 갈등 끝에 결국 자발적인 시대 참여는 못하였지만 적어도 시대와 공감하였고 편협한 민족주의적 관념에서 벗어나 보다 보편적인 열린 사고를 추구하는 '전향'을 경험하였다.

학부 때의 주된 관심은 동아시아의 사상과 문화, 한국의 전통과 근대성에 관한 문제였다. 어린 치기에 동학들과 밤새 학문을 논하고 인문학 관련 저술과 한문 원전을 읽으면서 지적 호기심과 학문에 대한 갈망을 조금씩 해소할 수 있었다. 그 과정에서 동아시아의 사상과 문화를 대표하는 보편적 에토스이자 지속적 전통으로 남아있는 불교라는 학문 분야에 주목하게 되었다. 불교와 개인적 인연은 거의 없었지만 학과 답사 때 여러 사찰들을 다니면서 느꼈던 친근감, 그리고 오랜 고찰이 도심 한가운데 늘어서 있는 일본 교토와 나라에서의 문화적 충격, 무엇보다도 대학 3학년 때 최병헌 선생님의 불교사 수업을 들으면서 가졌던 학문적 충동이 전공 선택의 결정적 계기가 되었다.

19세기 초의(草衣)선사의 문예와 학술 사상에 대한 학부졸업논문을 쓰면서 불교사 연구의 길로 처음 접어들었고, 대학원에 진학한 후 선생님과 선배들이 주도하는 한국불교사 세미나, 불교 원전강독, 연구사 정리 등 전공 세미나와 수업을 통해 연구자로서의 기본 소양을 익히고 학문적 토대를 닦을 수 있었다. 하지만 조선중기 불교계의 변화에 관한 석사논문을 집필하면서 불교 자체에 대한 체계적 이해와 심화된 공부가 절실함을 느꼈고, 근대불교학의 학문 전통이 이어지고 있는 일본으로 유학을 떠나게 되었다.

일본에서는 한국불교의 영역을 넘어 인도와 중국불교, 불교 교리와 문헌에 대한 지식과 연구방법론을 배웠고, 꼼꼼한 텍스트 독해와 문사철 통합의 연구 경향에 깊이 공감하게 되었다. 특히 중국 화엄학 연구자인 기무라 키요타카(木村清孝) 선생님과 일본불교 및 근대사상을 전공하는 스에키 후미히코(末木文美士) 선생님의 지도를 통해 많은 계발을 받았고 중국 송대의 화엄학 문헌을 분석한 수사(修士)논문을 제출하게 되었다.

하지만 원래의 관심 분야가 한국불교, 그 중에서도 조선시대 불교였기에 한국에 다시 돌아와 박사과정에 입학하였다. 이후 몇 년간 누구나 겪는 것처럼 현실의 고초를 이겨내며 학업에 매진한 결과 2008년 8월에 『조선후기 불교의 임제법통과 교학전통』이라는 논문으로 박사학위를 받을 수 있었다. 현재는 동국대 불교문화연구원에서 '근대적 사유와 아시아 불교의 변용'이라는 연구 과제를 수행 중이며, 연속과 단절의 두 측면에서 조선시대와 근대를 통관하고 불교 전통의 정체성과 지속가능성을 학문적으로 천착하고 있다.

이 책은 박사논문과 이후에 쓴 몇 개의 논문을 모아 내용을 추가, 보완하고 체제를 개편한 것이다. 박사논문에서 중점적으로 다루지 못했던 불교 심성론 문제, 유교와 불교의 사상적 접점, 불교 전통의 정체와 근대 불교학의 이해방식 등 몇 가지 주제와 내용을 첨가하면서 조선후기 불교에 대한 개설적 이해가 그나마 가능하게 되었다. 조선시대 불교라는 미지의 영역에 발을 담근 지 15년 만에 부족하나마 개설서 형태의 성과를 낼 수 있게 된 것이다.

하지만 이 책은 개인적인 학문의 도정에서 입문으로서의 성격을 가지며 해결해야 할 많은 과제들이 아직 산적해 있다. 우선 조선후기 강학의 교재이자 주석서인 사기(私記)의 집성과 편찬을 통해 그 구체적인 내용과 경향성을 파악할 필요가 있다. 또 불교의 심성 이해와 교학, 내세관 및 종교적 특성 등에 대한 깊이있는 이해가 절실히 요구된다. 나아가 사상사의 관점에서 유불의 소통 가능한 지점을 모색하고 시대적 공감대와 인식론적 차이 또한 규명해야 한다. 결국 이후의 연구과제는 '조선시대에 불교가 과연 무엇이었는지'를 해명하는 방향으로 초점이 모아질 것이다.

한국불교사를 전공하게 된 것이나 지금까지 학문의 길을 걸어올 수 있었던 것은 전적으로 은사 최병헌 선생님의 지도와 가르침 덕분이다. 또한 최승희 선생님을 비롯한 여러 선생님들의 훈도와 그로부터 입은 학은, 선후배 동학들의 질정과 격려가 아니었으면 학문적 진전을 기대하기 어려웠을 것이다. 한편 이 책이 나오기까지 물심양면의 지원을 아끼지 않으신 유봉학 선생님과 역사문화연구소의 여러분들, 몇 번의 교정과 많은 요구사항을 감내하면서 모두 반영해 주신 신구문화사 분들께도 깊이 감사드린다. 마지막으로 지난한 학업의 오랜 도정을 묵묵히 지켜보면서 끝까지 힘을 주신 아버님과 가족들에게 마음 속 깊이 감사를 드리며, 생명력이 긴 학자로 거듭나겠다는 다짐으로 글을 맺는다.

2010년 8월

김 용 태

차례

머리말 4

서론 11

제1부 불교사의 전개와 불교의 존립기반 33

1장 불교시책의 전개 양상과 특징 35
2장 불교의 존립기반과 사원경제 65
3장 불교신앙의 유형과 시대적 특성 89

제2부 불교 계파와 법통의 성립 107

1장 청허계의 성립과 편양파의 융성 109
1. 청허계의 형성과 4대 문파의 분기 111
2. 편양파의 계보와 종통 의식 128
2장 부휴계의 특성과 정체성 145
1. 부휴계의 계보와 지역적 기반 147
2. 부휴계의 활동과 정체성 인식 157
3장 불교 법통의 성립과 역사적 의미 169
1. 17세기 전반의 법통 논의와 임제태고법통설 171
2. 임제태고법통의 불교사적 의미 187

제3부 불교의 사상적 지향과 교학 전통 205

1장 17세기 선교겸수의 방향과 수행체계의 정립 207
1. 간화선 우위의 선교겸수 지향과 그 계승 209
2. 이력과정과 삼문수업 체계의 정비 223

2장 18세기 강학의 성행과 화엄교학의 중시 241
1. 강학을 통한 교법 전수와 주석서 찬술 243
2. 화엄교학 중시의 역사적 배경과 양상 253
3장 19세기 선 논쟁의 전개와 불교사적 함의 273
1. 삼종선의 구분과 판석 논쟁 275
2. 교학 전통에서 바라본 선 논쟁의 새로운 해석 291

제4부 조선시대 불교의 시대성 추구 303

1장 유불의 대립과 불교의 공존 모색 305
1. 조선전기 배불론과 호불론의 전개 307
2. 조선후기 불교 공효론과 유불조화의 논리 318
2장 심성 인식의 역사적 전개와 불교심성론 325
1. 불교 심성 인식의 추이와 조선시대의 심성 이해 327
2. 조선후기 불교의 수행론과 심성 논쟁 335
3장 불교의 시대적 변용과 전통 인식 351
1. 유교사회와 불교의 공존 모색 353
2. 불교 전통의 집성과 역사인식 365

결론 377

참고문헌 389
찾아보기 409

도 목차

〈도 1〉 청허계와 부휴계 주류의 계보 112
〈도 2〉 사명문파의 적전 계보 119
〈도 3〉 소요문파의 주류 계보 123
〈도 4〉 정관일선의 선 · 교 전법 127
〈도 5〉 정관문파의 주류 계보 128
〈도 6〉 편양문파 주류의 계보 130
〈도 7〉 송광사 부도전 탑비 배치 149
〈도 8〉 고려나옹법통설 174
〈도 9〉 임제태고법통설 180

표 목차

〈표 1〉 문집을 남긴 휴정의 주요 문도 115
〈표 2〉 대둔사의 12대 종사 138
〈표 3〉 대둔사의 12대 강사 142
〈표 4〉 부휴계 적전의 입적지와 탑비 건립지 153
〈표 5〉 이력과정의 체계와 구성 224
〈표 6〉 조선후기 불교 사기 250

서론

<내불당도>(호암미술관 소장)

조선시대는 '숭유억불'의 시대로 알려져 있다. 이는 개국 이후 대한제국 성립 때까지 전시기를 관통할 수 있는 개념이며, 불교는 성리학에 완전히 밀려 정치와 사상 면에서 주류적 지위를 한 번도 차지하지 못했던 것이 사실이다. 조선은 유교가 정치와 사상은 물론 심성과 윤리, 의례와 행위 규범의 대부분을 담당한 유교사회이며 불교는 사회적 기능이나 영향력이 현저히 줄어든 상황에서 신앙과 내세 기원의 종교적 역할만을 수행해야 했다. 즉 새로운 사상의 창출이나 시대의식을 주도하는 모습을 더 이상 불교에 기대하기 어려운 상황이었다. 하지만 승려와 사찰은 없어지지 않았고 시대와의 공조를 통해 불교는 존립과 계승을 모색해 왔다.

전통의 굴절과 변형이라는 식민지 유산의 돌이킬 수 없는 상흔에도 불구하고 오늘날 한국불교의 유무형적 자산과 그 원형은 조선후기에 형성되었다. 하지만 한국불교사 연구에서 근대라고 하는 단절의 벽을 허물고 전통의 원류를 파헤쳐 가는 작업이 생각만큼 쉬운 것은 아니다. 인문학의 다른 분야와 마찬가지로 불교사 연구의 기본 틀이 정립되고 한국불교의 자화상이 확립된 것은 식민지 시기였다. 문헌학을 토대로 한 서구의 근대불교학적 연구방법론은 20세기에 들어 일본을 통해 한국에 소개되었고, 일찍부터 자료 집성과 전통에 대한 해석이 이루어졌다. 그러나 식민지라는 시간적 제한과 공간적 한계로 인해 전통을 온전히 복원하거나 긍정적으로 해석할 수 있는 기회는 현저히 줄었고 대신 타율성이나 정체성론과 같은 부정적 인식이 투영될 소지가 많았다. 그럼에도 '조선의 전통' 은 근대적 학문 방법론을 통해 하나의 구조물로 엮어졌고 이는 실증에 의한 객관적 결론으로, 자타가 공유할 수 있는 성과로 포장되었다.

한국에서 근대불교학의 방법론에 입각한 연구가 개시된 시점은 식민지 지배와 맞물려 통치를 위한 학술종교 조사사업의 일환으로 서적의 정리와 자료집 간행, 서지학적 연구가 추진되면서였다. 해인사(海印寺)의 고려대장경 및 불서의 판본은 일찍부터 조사, 정리되었고 한일합방 다음 해인 1911년에는 총독부에 의해 『조선사찰사료(朝鮮寺刹史料)』가 출간되었으며 이마니시 류(今西龍)의 「조선불교관계서적해제(朝鮮佛教關係書籍解題)」가 나오기도 했다.[1] 한국인 학자들도 전통을 집성하는데 일익을 담당하였는데 권상로(權相老)는 한국불교사를 최초로 정리한 『조선불교약사(朝鮮佛教略史)』(1917)를 썼고 이능화(李能和)는 한국불교 관련 자료를 대부분 망라한 『조선불교통사(朝鮮佛教通史)』 상중 · 하(1918)를 펴냈다.[2]

조선시대 불교에 대한 개괄적 정리와 성격 규정 또한 자료수집 및 정리가 진행되던 1910년대 초부터 시작되었다. 1911~12년에 걸쳐 일본 『불

1) 이후 주제별 佛書 목록인 『朝鮮佛教總書』, 전국 사찰의 위치와 연혁 등을 조사 정리한 權相老의 『韓國寺刹全書』 등이 나와서 불교학의 연구 토대를 넓혔다.

2) 『朝鮮佛教略史』(權相老, 1917, 新文館)는 사건과 인물 중심으로 해당 자료를 요약하고 짧게 의견을 덧붙인 편년체 사서로서 계통적인 주제별 서술은 아니었지만 三國과 高麗, 朝鮮 3편으로 구성된 최초의 한국불교사 개설이다. 『朝鮮佛教通史』(李能和, 1918, 新文館)는 해설이 일부 들어가 있는 방대한 자료집의 성격을 갖는데 당시 수집 가능한 자료를 망라하고 있어 이후 연구에 크게 기여하였다.

교사학(佛教史學)』에 연재된 후루타니 키요시(古谷淸)의 「조선이조불교사개설(朝鮮李朝佛教史概說)」이 그 효시인데, 여기서는 조선시대 '숭유배불' 정책이 집중 부각되었고 부녀자 및 산촌벽읍의 서민 신앙을 조선시대 불교의 특징으로 주목하였다.[3] 특히 조선시대에 불교가 주류질서에서 완전히 밀려났음을 전제로 '한 편의 불교 쇠망사'라고 규정하였고 이러한 부정적 인식은 이후 연구에서 하나의 전형이 되었다. 즉 역사학, 불교학, 종교학 등 분야를 막론하고 억불 정책, 사상의 쇠퇴, 기층의 기복신앙에 초점을 두어 조선시대 불교를 설명하게 되었다.[4] 당시 역사학자 이마니시 류는 불교 쇠퇴론에 찬동하는 한편 조선시대에는 불교만 쇠퇴했던 것은 아니라고 하여 일본인 학자들 일반의 조선시대 부정론에 동조하였다. 다만 그는 조선 초 문운(文運)이 융성할 때는 불교도 함께 흥륭하였고 18세기 영조와 정조대에 불서가 활발히 간행된 사실을 들어 불교에 대한 배척과 대우의 양면을 함께 볼 것을 요구하였다.[5] 문화 진흥과 같은 시대 조류와 불교가 성쇠를 같이한다는 이 지적은 공감을 살 만하다.

식민지기에 이루어진 조선시대 불교 연구 중 주요 성과를 추려 시기별, 주제별로 검토해 보자. 먼저 인물 연구는 1910년을 전후로 시작되었는데, 주된 대상은 서산 휴정(西山休靜)과 송운 유정(松雲惟政)이었다.[6] 이들은 조선시대 불교를 대표하는 명승이었을 뿐 아니라 임진왜란 당시

---

3) 古谷淸, 1911・2「朝鮮李朝佛教史概說」『佛教史學』1-3・4・5・6・8・11・12.

4) 青柳南冥, 1911『朝鮮宗教史』, 朝鮮硏究會(1992, 國學刊行會 復刊); 高橋亨, 1921「朝鮮宗教史に現れる信仰の特色」, 朝鮮總督府 學務局; 吉川文太郎, 1921『朝鮮の宗教』(1992, 民俗苑 影印).

5) 今西龍, 1911「朝鮮佛教關係書籍解題」『佛教史學』1-1・2・3.

6) 見山望洋, 1908「韓僧中の紅一點的松雲大師」『朝鮮』1-5; 三輪華城, 1911「英雄僧松雲」『宗教界』12-4; 常盤大定, 1912「朝鮮の義僧西山大師」『大崎學報』21; 上村閑堂, 1913・4「朝鮮僧松雲と日本僧玄蘇」『禪宗』225・227. 1920년에 나온 渡辺彰,「無學大和尙の行蹟一般」『朝鮮』68은 조선 太祖의 王師인 無學 自初를 다루었다.

의 승군(僧軍) 활동으로 인해 일찍부터 일본 학자들의 주목을 받았다. 승려뿐 아니라 불교 종파와 사찰 연구도 1910년대 중반부터 시작되었고,[7] 1920년대 이후에는 조선시대의 승직(僧職)과 승병(僧兵), 승려의 생활과 활동, 사회적 지위 등을 다룬 선구적 연구들이 나왔다.[8] 이처럼 1910년대부터 전개된 자료 집성과 정리, 분야별 연구 성과에 힘입어 1920년대 후반에는 조선시대 불교사 전체를 개설한 역저인 『이조불교(李朝佛教)』가 나올 수 있었다.

『이조불교』를 쓴 다카하시 토오루(高橋亨)는 도쿄제대(東京帝大) 한학과(漢學科) 출신으로 1904년 대한제국의 초빙을 받아 관립 학교의 교사 자격으로 내한했고 1910년부터 총독부의 종교 및 도서 조사 촉탁으로 활동하였으며, 1919년에는 『조선의 교화와 교정(朝鮮の教化と教政)』이라는 식민지 종교정책에 대한 논문으로 박사학위를 받았다. 그는 1926년 경성제대(京城帝大) 교수로 부임하여 조선어문학 강좌를 담당하였는데 『조선유학대관(朝鮮儒學大觀)』과 함께 1929년에 『이조불교』를 집필하여 체계적인 조선 사상사의 구축을 시도하였다.[9] 다카하시 토오루는 앞서 1910년대 전반부터 한국불교에 관한 연구논문을 발표하였는데 『이조불

---

7) 高橋亨, 1914「朝鮮佛教宗派遞減史論」『東亞之光』9-10・11; 1916「朝鮮寺剎の研究」『東亞研究』6-1・2・3(1922,『朝鮮』84).

8) 高橋亨, 1922「李朝における僧職の變遷」『朝鮮』81; 1924「僧兵と李朝佛教の盛衰」『朝鮮教育會教育參考資料』2; 岡宮自猛, 1928「朝鮮李朝時代における佛徒の生活」『密宗學報』175. 이후 藤井誠一, 1936「鮮初に於ける僧侶の社會的地位に關する考察-度法僧を中心として」『青丘學叢』25에서는 度牒과 조선 초 승려의 사회적 지위를 다루었다.

9) 高橋亨는 지방에서 자료 조사를 하다가 조선의 유교와 불교 전통에 관심을 가지게 되었고 이후 불교학교인 惠化專門學校와 유교의 經學院, 朝鮮儒道聯合會에도 간여하였다. 해방 후에는 일본의 天理大에 재직하면서 朝鮮史研究會를 발족시켰다. 高橋亨의 활동 및 연구에 대해서는 權純哲, 1997「高橋亨の朝鮮思想史研究」『埼玉大學紀要(教養學部)』33-1; 趙南浩, 2003「다카하시 토오루(高橋亨)의 조선불교연구」『韓國思想과 文化』20, 韓國思想文化學會 참조.

교』는 『조선불교통사』와 같은 기존의 성과를 토대로 당시까지 수집된 자료를 망라하고 자신의 연구 결과를 모아 조선시대 불교의 전체상을 그려낸 노작이다. 총독부의 식민지 종교 정책과 도서 수집, 조선사편수회(朝鮮史編修會) 사업에 참여했던 다카하시의 이력은 이 같은 성과를 내는데 대단히 유리한 것이었다.

하지만 다카하시의 불교사 인식, 나아가 한국사를 바라보는 시각에는 부정적인 편견이 깔려 있었다. 그는 『이조불교』의 서문에서 "한국불교가 구체적 종교사로서는 독특한 특질을 가지지만 교리는 중국불교의 이식일 뿐이며 그나마 그 내용이 소략하고 제한적"이라고 하여 사상 면에서 한국불교의 가치를 평가절하하였다.[10] 나아가 한국불교의 역사적 특징을 '의타성'과 '정체성'으로 규정하였고 조선시대에 대해서는 '국가로부터 교권을 빼앗기고 모욕과 압박을 받은 기괴한 역사' 라는 전제하에 사회적 역할 및 사상적 측면에서 불교가 크게 위축되었음을 강조하였다. 종교사의 관점에서도 여성과 서민 등 소외 계층의 신앙에 한정하였고 종교로서 사회성을 잃은 것으로 보았다.[11] 이러한 입론이 과연 타당한지에 대해서는 논란의 여지가 있는데, 그럼에도 『이조불교』의 본문 서술은 비교적 가치중립적 방식을 통해 인용 자료를 해석하고 의미를 설명하고 있다. 또 많은 사료를 종횡으로 구사하면서 중요한 주제와 문제들을 거론하고 있어 조선시대 불교 연구의 틀을 세우고 연구의 방향성을 제시했다고 할 수 있다. 그러나 조선시대 불교에 대한 부정적 시각과 일면적 규정은 이후 하나의 상식으로 통용되면서 그에 대한 학문적 관심을 원천적으로 차단하였고 새로운 입론이 전개될 소지를 없앴다는 점에서 공과를 함께 지적할 수 있다.

10) 高橋亨, 1929 『李朝佛教』, (東京)寶文館.
11) 高橋亨, 1921 앞의 논문; 1929 「朝鮮思想史大系緒言」 『李朝佛教』; 1936 「朝鮮佛教の歷史的依他性」 『朝鮮』 250, 朝鮮總督府.

이어 1930년에는 또 다른 일본인 학자의 역저가 나왔는데 바로 누카리야 카이텐(忽滑谷快天)의 『조선선교사(朝鮮禪教史)』이다.[12] 이 책은 삼국시대부터 조선시대까지 선과 교의 기풍과 교리를 체계적으로 정리한 최초의 불교사상사 개설이다. 저자인 누카리야 카이텐은 1925년 도쿄제대에서 『선학사상사(禪學思想史)』로 박사를 받은 중국 선종 연구자로서 1929년 한국의 사찰과 사적을 조사한 뒤 기존에 나온 연구 성과와 자료집을 토대로 하여 한국불교사상을 개관한 것이다. 『조선선교사』는 저자의 학문적 명성에 부응하는 객관적 서술로 정평이 나 있지만, 당시 연구의 일반적 시각을 그대로 채용하여 중국불교와 다른 한국불교의 독자적 성격을 인정하지 않았고 조선시대의 경우도 현세이익적 기복신앙에 의미를 두면서 선교(禪教)의 쇠퇴기로 규정하였다.[13] 무엇보다도 저자의 종파적 입장이 논조에 영향을 미친 점은 옥의 티라고 할 수 있다. 누카리야는 일본 조동종(曹洞宗) 승려로서 종립 대학인 고마자와(駒澤)대학에 재직하였는데 임제종(臨濟宗)을 표방하고 간화선(看話禪)을 중시한 조선시대 선종 전통을 비판적 시각으로 바라보았다. 특히 19세기의 선(禪) 논쟁에서 조동종을 하위에 배치하고 임제종을 가장 우월한 단계로 비정한 것에 대해 격렬한 어조로 비판하였다. 이처럼 서술상의 일부 형평성 문제가 있기는 하지만 이 책은 한국 선종과 교학사 이해의 지남을 제시한 중요한 성과임에 분명하다.

1930년대 이후 연구의 지평은 다양한 분야로 확대되었는데 대표적 연구자로 에다 토시오(江田俊雄)를 들 수 있다. 에다 토시오는 일본 조동종 승려 출신으로, 일본 근대불교학의 기틀을 다진 우이 하쿠주(宇井伯壽)에게 수학하였고 1928년에는 경성 불교전문학교 교수로 부임하면서 한

12) 忽滑谷快天, 1930 『朝鮮禪教史』, 春秋社.

13) 忽滑谷快天, 1931 「朝鮮佛教興廢の主人に對て」 『駒澤佛教學會年譜』 1에서도 이를 강조하였다.

국불교 연구에 매진하였다. 그는 고서 수집과 사적 답사 등을 통해 자료의 수집과 정리에 전념하였고 1934년 권상로와 함께 『이조실록불교초존(李朝實錄佛教鈔存)』을 펴냈으며 간경도감(刊經都監)을 중심으로 조선시대 불서의 간행과 유통 문제에 큰 관심을 가졌다.[14] 이 시기에는 한국불교의 정체성과 직결된 종단과 종조(宗祖) 관련 논의가 학계의 주목을 끌었는데, 특히 김영수(金映遂)는 오교구산(五教九山), 오교양종(五教兩宗), 선교양종(禪教兩宗) 등의 역사적 연원을 밝혀서 교단사 연구의 기틀을 잡았다.[15] 당시 조선후기 이래의 전통적 태고법통설(太古法統說)에 대한 회의적 입장도 나타났는데 이재열(李在烈) 등은 태고법통 대신 보조 지눌(普照知訥)을 종조로 한 조계종(曹溪宗) 정통의 불교사 인식을 표명하여 주목된다.[16] 이렇게 다양한 주제의 '통시(通時)' 적 연구가 축적되면서 '통사(通史)' 를 보완, 확충할 수 있는 여건이 조성되었고 이에 『조선불교약사』를 재편한 권상로의 『조선불교사개설(朝鮮佛教史概說)』(1934)과 김영수의 『조선불교사고(朝鮮佛教史藁)』(1939)가 나올 수 있었다. 이처럼 1910년대부터 1945년까지 문헌의 수집과 분류, 자료의 유통에 힘입어 많은 연구 성과가 나왔고,[17] 조선시대 불교를 바라보는 틀과 문제의식도 만들어졌는데 다만 한 번 고착된 '전통의 상' 을 바꾸기는 쉽

---

14) 江田俊雄의 연구 성과는 1977 『朝鮮佛教史の研究』, (日本)國書刊行會에 집성되었다. 1934 「朝鮮語譯佛典に就いて」 『青丘學叢』 15; 1936 「李朝刊經都監と其の刊行佛典」 『朝鮮之圖書館』 5-5 외에도 「佛書刊行としてみる李朝代佛教」; 「釋譜詳節と月印千江之曲と月印釋譜」; 「朝鮮版法華經疏について-朝鮮における佛書改版の一事例」 등이 『朝鮮佛教史の研究』에 수록되어 있다.

15) 金映遂, 1937 「朝鮮佛教宗旨에 對하여」 『新弗教』 9; 1937 「五教兩宗에 對하여」 『震檀學報』 8.

16) 李載丙(李在烈), 1941(1946 謄寫) 『朝鮮佛教史之研究(第一)』, 東溪文化研揚社. 앞서 김영수도 여말선초의 선종 법맥을 曹溪宗으로 파악하였고 李鍾益도 조계종 정통론의 입장에 선 대표적 학자였다.

17) 黑田亮, 1940 『朝鮮舊書考』(1986, 岩波書店 復刊)는 조선시대 불서간행의 사례와 경향을 추적한 대표적 성과이다.

지 않았다.

1945년 해방 이후 조선시대 불교는 역사학이나 불교학계의 주된 관심대상이 아니었고, 식민지기에 형성된 전통 인식의 편향성을 극복하는 데는 수십 년의 시간이 지나야 했다. 그간 연구 주제가 다양화되고 구체적 사실을 규명한 성과 또한 없지는 않았지만 그럼에도 조선시대 불교에 대한 입론의 토대와 근본적 시각은 크게 달라지지 않았다. 또 연구의 자양분을 제공한 근대적 원형, 즉 식민지기의 학문적 유산에 대한 재평가나 그로부터 가능한 학문 전통의 비판적 계승 또한 제대로 이루어지지 않았다.[18] 조선시대 불교 연구가 부진했던 이유는, 첫째 식민사학의 극복이나 주체적 민족주의, 내재적 발전론 등 역사학의 시대적 과제에 부응할 만한 매력적 요인을 불교에서 찾기 어려웠다는 점, 둘째 불교가 민족문화를 대표하는 상징성은 있지만 조선시대는 신라나 고려 불교에 비해 역사적 위상과 사상적 비중이 현저히 떨어진다는 점, 셋째 근대의 종교 경쟁에서 불교가 택했던 방식이 학문 전통이나 불교적 가치관의 중시보다는 생존 기반의 확보에 치우쳤던 나머지 객관적 학문 영역으로서가 아닌 종교적 신념체계로 사회적으로 인지된 점 등이다. 결국 조선시대 불교는 그 자체의 태생적 한계와 연구의 부진으로 인해 전통과 근대 어느 쪽에서도 지분을 얻지 못하였고 그간의 관심도 불교 내부 문제에 국한된 채 시대성 인식이나 타 분야와의 교섭과 소통으로까지 확대되지는 못하였다.

---

18) 불교사 연구에 대한 회고와 총평은 대개 해방 이후의 성과를 중심으로 하고 있다. 그 중 조선시대와 관련하여 李逢春, 1994 「한국불교사 연구의 현황과 과제」『한국불교학연구 그 회고와 전망』, 동국대; 김순석, 2000 「조선후기 불교사 연구의 현황과 과제」『조선후기사 연구의 현황과 과제』, 창작과 비평; 金相鉉, 2002 「朝鮮佛敎史 硏究의 課題와 展望」『佛敎學報』 39, 東國大 佛敎文化硏究院이 주목된다. 金天鶴, 2001 「일본의 조선시대 불교 연구동향」『일본의 한국불교 연구동향』, 장경각은 식민지 시기 이후 일본학계의 조선시대 불교사 연구를 정리하고 있어 참고가 된다.

해방 이후 정치적 혼란과 전쟁, 경제난을 겪으면서 1950년대까지는 학문적 기반의 구축과 연구의 진전을 기대하기 어려운 상황이었다. 역사학의 경우 1960년대 이후 그나마 식민사학의 부정적 인식과 폐해를 극복하려는 민족주의적, 주체적 접근이 시도되기 시작했다.[19] 하지만 조선시대 불교사 연구는 60년대까지 새로운 전기를 맞이할 기회조차 없었고 식민지기 연구의 틀에서 거의 한 걸음도 진보하지 못했다. 해방 이후 조선시대 불교를 대상으로 한 본격적 학술논문의 출현은 1959년에야 이루어졌는데 그 주제는 승군과 호국(護國)사상, 추사(秋史) 김정희(金正喜)의 불교관과 다산(茶山) 정약용(丁若鏞)의 유불교류를 다룬 것이었다.[20] 승군 활동과 유불의 접점을 규명하여 조선시대 불교의 순기능을 모색하려 한 선구적 업적이었지만 주제 선정이나 구사된 자료, 서술 내용과 입론은 『이조불교』에서 크게 벗어나 있지 않다. 60년대 초에도 승역(僧役)과 의무, 그와 관련된 불교정책을 다루면서 조선후기 불교의 사회경제적 실태를 규명하는 선도적 연구들이 나왔는데,[21] 이 또한 『이조불교』를 필두로 한 식민지기의 연구 성과를 상당 부분 차용한 것이었다. 그럼에도 그 연구사적 가치는 충분히 인정받을 만하지만 60년대까지 조선시대 불교에 관한 성과는 여기에서 그치고 만다.

1970년대를 기점으로 불교사 연구는 점차 활성화되었는데 조선시대 불교사 연구도 이 시기에 들어 논문 편수가 늘어나기 시작한다. 다만 문제

19) 金仁杰, 1997「1960, 70년대 '內在的 發展論'과 韓國史學」『韓國史 認識과 歷史理論』, 金容燮教授停年紀念韓國史學論叢刊行委員會.

20) 『白性郁博士頌壽記念佛教學論文集』(1959)에 수록된 禹貞相, 「李朝佛教의 護國思想에 관하여-特히 義僧軍을 中心으로」; 金約瑟, 「秋史의 禪學辨」; 李乙浩, 「儒佛相交의 面에서 본 丁茶山」이 초창기 연구로 주목된다.

21) 李光麟, 1962「李朝後半期의 寺刹製紙業」『歷史學報』17·18; 禹貞相, 1963「南北漢山城 義僧防番錢에 對하여」『佛教學報』1; 李鍾英, 1963「僧人號牌考」『東方學志』17, 延世大 東方學硏究所에서 사찰에 대한 침탈과 僧役 부담, 南北漢山城 僧軍防番制, 號牌 지급과 軍役의 관계 등에 대한 연구가 이루어졌다.

의식이나 주제의 범위, 학계의 관심 등에서 다른 분야나 시대에 비해 양과 질 모두 큰 격차가 나 있음을 부정할 수 없다. 60년대 말과 70년대 연구에서 한 가지 주목되는 현상은 19세기의 삼종선(三種禪) 논쟁이 집중 부각된 사실이다. 70년대를 전후해서는 사상면의 내재적 발전론적 시각에서 실학(實學)과 고증학(考證學)이 근대를 지향하는 전통의 총아로 각광받았는데, 그 대표자 중 하나인 김정희가 승려와 교류하면서 불교의 선 논쟁에 가담하고 승려들이 그의 훈도를 받은 사실만으로도 전통을 복원하는 작업으로서 관심을 끌기에 충분했다.[22] 이는 조선시대 불교에도 사상사적 의미를 지닌 논쟁이 있었고 시대적 과제에 동참할 수 있는 자격이 있음을 학계에 알리는 계기가 되었다. 하지만 조선후기 불교 전통을 임제종 계통의 선종에 한정하고 19세기 자료만을 대상으로 한 결과 논쟁의 성격을 임제종 우위와 선종 내의 우열구분, 선종에 대한 교리적 접근으로만 이해하였다. 그러나 이는 선교겸수(禪敎兼修)의 방향과 교학전통의 계승이라는 관점에서 조선후기 불교를 파악해야만 타당한 결론을 도출할 수 있을 것으로 본다.

이와 함께 당시 학계의 관심에 부응하여 민족문화 창달에 기여한 인물과 그 사상도 주목되었는데, 구국항쟁의 상징인 서산 휴정과 사명 유정(四溟惟政)이 집중 조명되었고 이후 지속적인 성과가 나왔다.[23] 그 결과

---

22) 韓基斗, 1969「白坡의 禪門手鏡」『論文集』4, 圓光大; 1975「白坡와 草衣時代 禪의 論爭點」『崇山朴吉眞博士華甲記念韓國佛敎思想史』; 李鍾益, 1975「證答白坡書를 통해 본 金秋史의 佛敎觀」『불교학보』12; 高亨坤, 1975「秋史의 白坡妄證 15條에 對하여」『學術院論文集』14, 學術院.

23) 휴정에 대해서는 金煐泰, 1975『西山大師의 生涯와 思想』, 博英社; 申法印, 1983『西山大師의 禪家龜鑑 硏究』, 신기원을 비롯하여 禹貞相, 1965「西山大師의 禪敎觀에 대하여」『趙明基華甲紀念佛敎史學論叢』; 鄭學權, 1974「韓國李朝佛教の清虛禪師の禪敎觀」『(日本)印度學佛教學硏究』22-2; 宋天恩, 1975「休靜의 思想」『숭산박길진화갑기념한국불교사상사』; 우정상, 1977「禪家龜鑑의 刊行流布考」『불교학보』14; 申法印, 1982「休靜의 捨敎入禪觀-禪家龜鑑을 中心으로」『韓國佛敎學』7; 金煐泰, 1984「休靜의 禪思想과 그 法脈」『韓國禪思想硏究』, 동국대; 宗梵, 1993「臨濟禪風과 西山

조선후기 불교 수행체계를 정립한 휴정의 선풍(禪風) 및 사상은 '사교입선(捨教入禪)'으로 요약되었고, 승장 유정의 활동 및 '호국사상'이 집중적으로 부각되었다. 이처럼 70년대 이후에 인물 및 사상 연구는 조선시대 불교 연구의 중심이 된다. 시대별로 살펴보면 조선전기 불교는 자료 부족으로 인해 김시습(金時習), 함허 기화(涵虛己和), 허응 보우(虛應普雨) 등 소수의 인물에 국한되었고,[24] 조선후기는 교학적 경향이 언급되기는 했지만 주로 간화선 위주의 선풍, 선교겸수와 삼문수업(三門修業)의 회통적 측면이 강조되었다.[25] 삼종선 논쟁도 계속 다루어졌고,[26] 휴정과 부휴 선수(浮休善修) 문도들의 계보와 활동, 사상의 편린을 다룬 연구도 나왔다.[27]

禪風」『論文集』 2, 中央僧伽大; 宗眞, 1993「淸虛 休靜의 禪思想」『白蓮佛教論集』 3 등 많은 연구가 나왔다. 유정에 관한 연구는 金東華, 1971「護國大聖 四溟大師研究」·「四溟大師의 思想」『불교학보』 8; 1975「惟政의 思想」『숭산박길진박사화갑기념한국불교사상사』와 金勝東, 1982「惟政의 護國思想」『人文論叢』 21, 釜山大; 1988「惟政의 思想과 行蹟에 관한 一考察」『韓國文化研究』 1, 부산대 등이 있으며 東國大佛教文化研究所 편, 1971『護國大聖四溟大師研究』; 韓國佛教學會, 1996『四溟松雲大師 惟政의 照明』(春季學術會議論文集2); 四溟堂記念事業會, 2000『사명당 유정-그 인간과 사상과 활동』, 지식산업사에 집성되었다.

24) 金容祚, 1985「雪岑 金時習의 韓國佛教思想史的 位置」『慶尙大學校論文集』 24-1; 1986「虛應堂 普雨의 佛教復興運動」『경상대학교논문집』 25-2; 박해당, 1996「己和의 佛教思想 研究」, 서울대 철학과 박사학위논문이 대표적이다.

25) 『숭산박길진박사화갑기념한국불교사상사』(1975)에 수록된 李性陀, 「栢庵의 사상」; 李智冠, 「蓮潭 및 仁嶽의 私記와 그의 教學觀」 이후 김용조, 1983「朝鮮後期 佛教思想의 一傾向」『경상대학교논문집』 22; 李法山, 1994「朝鮮後期 佛教의 教學的 傾向」『한국불교사의 재조명』, 불교시대사가 나왔고 선에 관해서는 徐宗梵, 1993「朝鮮中·後期의 禪風에 관한 研究」『震山韓基斗博士華甲記念 韓國宗教思想史의 再照明』, 원광대출판부; 박재현, 2005「한국불교의 看話禪 전통과 정통성 형성에 관한 연구」, 서울대 철학과 박사학위논문이 대표적이다.

26) 한기두, 1984「朝鮮末期의 禪論」『韓國禪思想研究』, 동국대불교문화연구원; 1992「朝鮮後期 禪論爭과 그 思想史的 意義」『伽山李智冠華甲記念論叢 韓國佛教思想史』上; 鄭性本, 1994「朝鮮後期의 禪論爭」『한국불교사의 재조명』, 불교시대사.

27) 계파별 활동이나 문파의 사상은 金仁德, 1975「浮休禪師의 禪思想」·「浮休의 門流」『숭산박길진화갑기념한국불교사상사』, 원광대; 金恒培, 1975「西山門徒의 思想-鞭羊禪師와 逍遙禪師를 중심으로」『숭산박길진화갑기념한국불교사상사』; 李永子, 1984「朝鮮中·後期의 禪風-西山五門을 中心으로」『韓國禪思想研究』, 동국대; 崔柄憲, 1995

한편 유학자의 불교 인식과 비판, 유불의 교류,[28] 호불론(護佛論)과 삼교일치론(三教一致論)도 주목되었다.[29] 하지만 조선시대는 교학적 발전과 시대사상으로서 불교의 역할을 기대하기 어렵다는 전제 하에 선교겸수 풍토의 부수적 결과로 강학(講學)과 사기(私記) 성행 현상이 지적되었을 뿐 교학에 대한 심도 깊은 이해나 시대성을 고려한 사상사적 모색은 거의 이루어지지 않았다.

80년대 이후에는 인물, 사상뿐 아니라 다른 다양한 주제에 대한 연구가 시도되었다.[30] 먼저 한국불교 종단의 성격이나 정체성과 관련하여 조선시대의 법통설(法統說)이 큰 관심사로 떠올랐다. 논의의 초점은 태고 법통의 진위에 관한 것으로 고려 말 태고 보우(太古普愚)에서 휴정으로 이어지는 법맥이 역사적 실제인지 후대의 가탁인지를 두고 의견이 분분하였다.[31] 결론적으로 '태고법통설' 은 17세기 전반에 성립된 역사 인식

「조선후기 浮休善修系와 松廣寺－普照法統說·太古法統說 葛藤의 한 사례」『同大史學』 1, 동덕여대 등이 대표적이며 최근에는 崔鍾進, 2004 「朝鮮 中期의 禪思想史 研究: 西山과 그 門徒를 중심으로」, 圓光大 佛教學科 博士學位論文이 나왔다.

28) 유학자의 불교관과 인식 문제는 金容祚에 의해 계속 추구되었는데 1983 「朝鮮後期 儒者의 佛教觀: 磻溪·星湖·茶山의 경우」『경상대학교논문집』 22-2; 1994 「卞季良의 佛教觀과 佛教疎文」『慶尙史學』 10, 慶尙大 史學會; 1996 「成宗朝 儒學者의 佛教觀」『경상사학』 12; 1998 「毗耶居士 許筠의 佛教觀」『경상사학』 14 등이 있다. 金正喜, 丁若鏞에 대한 연구는 鄭炳三, 1983 「秋史의 佛教學」『澗松文華』 24, 韓國民族美術研究所; 李相鉉, 1990 「秋史의 佛教觀」『民族文化』 13, 민족문화추진위원회; 정종구, 1978 「茶山의 佛教觀」『다산학보』 1; 崔柄憲, 1985 「茶山 丁若鏞의 韓國佛教史研究」『丁茶山 研究의 現況』, 民音社 등이 있다.

29) 金容祚, 1982 「己和와 그의 顯正論」『慶尙大學校論文集』 21; 1988 「朝鮮前期 儒佛會通論」『경상대학교논문집』 27-1; 박해당, 2005 「『顯正論』과 『儒釋質疑論』의 三教論」『불교학연구』 10 등이 대표적이다.

30) 1980년대 이후 다양한 분야의 연구가 활성화된 것은 『韓國佛教撰述文獻總錄』(1976, 동국대출판부)이 나온 후 80년대 후반부터 현존 불교자료 대부분이 『韓國佛教全書』에 수록되기 시작하면서 가능하였다.

31) 李英茂, 1977 「韓國佛教史에 있어서의 太古普愚國師의 地位－韓國佛教의 宗祖論을 中心으로」『韓國佛教學』 3, 한국불교학회; 金煐泰, 1985 「朝鮮禪家의 法統考－西山法統의 究明」『불교학보』 22; 高翊晉, 1985 「碧松智嚴의 新資料와 法統問題」『불교학

으로서 그 안에 제시된 여말선초의 법계는 역사적 사실로 보기 어렵다. 하지만 태고법통설은 조선후기에 공인된 이래 현재까지 부정할 수 없는 권위를 지닌 역사적 전통이 되었다. 이는 고려 후기 선종의 대표 명칭인 조계종과 현재 한국불교 조계종 사이에 놓여 있는 조선후기의 임제법통 인식을 어떻게 위치 지을 것인지의 문제를 낳았다. 법통설은 한국불교의 정체성과 전통 인식, 향후의 방향성 모색과 직결되는 매우 시의성 있는 주제인데, 조선후기 불교가 법계 면에서 태고 보우의 임제법맥을 내세운 한편 사상 면에서 보조 지눌의 영향을 받는 이중구조였다는 지적은 하나의 시사점을 제공하였다.[32)]

1990년대 이후 현재까지 다방면의 주제를 다룬 구체적 연구 성과들이 나오면서 조선시대 불교의 전체상을 더욱 다채롭게 그릴 수 있게 되었다. 그 중 조선후기 불서 간행의 특징과 불교 사서(史書) 및 사지(寺誌)의 편찬,[33)] 신앙과 관련된 염불(念佛)과 원당(願堂) 연구,[34)] 정조대의 불교정

보』 22; 崔柄憲, 1986「太古普愚의 佛敎史的 位置」『韓國文化』 7, 서울대 韓國文化研究所; 1988「朝鮮時代 佛敎法統說의 問題」『韓國史論』 19, 서울대 國史學科; 1995「朝鮮後期 浮休善修系와 松廣寺-普照법통설과 太古법통설의 갈등의 한 사례」『동대사학』 1, 동덕여대 국사학과 이후 『太古普愚國師』(1998, 대륜불교문화연구원)에 김영태, 「태고법통 확정의 사적 고찰」; 김상현, 「서산문도의 태고법통설」이 함께 수록되었고 金龍泰, 2000「朝鮮中期 佛敎界의 변화와 '西山系'의 대두」『韓國史論』 44, 서울대 국사학과와 박해당, 2000「조계종의 법통설에 대한 비판적 검토」『철학사상』 11, 서울대 철학사상연구소가 나왔다.

32) 고익진, 1985 앞의 논문에서 처음 제기되었고 최병헌, 1988 앞의 논문에서도 이를 강조하였다.

33) 조선후기 불서 간행에 대한 성과는 南希叔, 2004「朝鮮後期 佛書刊行 研究-眞言集과 佛敎儀式集을 中心으로」, 서울대 국사학과 박사학위논문이 대표적이며 孫成必, 2007「16世紀 朝鮮의 佛書 刊行」, 동국대 사학과 석사학위논문도 주목할 만하다. 불교 史書 및 寺誌는 金南允, 1995「朝鮮後期의 佛敎史書《山史略抄》」『同大史學』 1, 동덕여대 국사학과와 吳京厚, 2002「朝鮮後期 僧傳과 寺誌의 編纂 研究」, 동국대 사학과 박사학위논문을 들 수 있다.

34) 宗梵, 1995「朝鮮後期의 念佛觀」『中央僧伽大學論文集』 4, 중앙승가대; 朴昞璇, 2001「朝鮮後期 願堂研究」, 영남대 국사학과 박사학위논문.

책과 노론(老論)의 불교인식,[35] 불교와 유교 그리고 천주교를 둘러싼 정치 · 종교사적 접근,[36] 조선후기 사찰 수의 시기별 변화 양상과 지역불교를 다룬 논문[37] 등이 새로운 시도로서 주목된다. 또한 유학자의 불교인식을 조명한 연구도 계속되었고,[38] 조선후기 불교의 양대 계파인 청허계(淸虛系), 부휴계(浮休系)의 구성 및 활동, 계파인식과 정체성을 검토하고 계파나 특정 사찰을 중심으로 하여 교학 사상에 주목한 연구도 나오고 있다.[39] 한편 80년대 이후의 개설적 연구에서는 조선후기 불교의 성격과 시대적 의미를 식민지기 이후의 통설과 다른 각도에서 접근하는 시도도 보인다. 예를 들어 사원경제의 회복, 종단의 발전과 같은 입장은 단

---

35) 金俊爀, 1999「朝鮮後期 正祖의 佛敎認識과 政策」『中央史論』12 · 13, 中央史學硏究會; 2002「正祖의 佛敎認識 變化」『中央史論』16, 韓國中央史學會; 趙成山, 1999「19세기 전반 노론계 佛敎認識의 정치적 성격」『韓國思想史學』13.

36) 부남철, 1996「조선 유학자가 佛敎와 天主敎를 배척한 정치적 이유: 鄭道傳과 李恒老의 사례를 중심으로」『한국정치학회보』30-1, 한국정치학회; 2000「한국정치사상에 있어서의 정치와 종교 : 조선 성리학자의 불교 · 천주교 등 종교에 대한 정치적 평가와 비판」『한국정치학회보』34-3; 2003「유교적 학자군주 정조의 종교정책」『한국정치학회보』37-2; 존 요르겐센, 1998「조선왕조에서의 불교와 유학간의 대립」『불교연구』15.

37) 李炳熙, 1997「朝鮮時期 寺刹의 數的 推移」『歷史敎育』61, 歷史敎育硏究會; 梁慧媛, 2005「16세기 安東地域 佛敎界의 量的 轉變過程과 그 意味」, 梨花女大 社會生活科碩士學位論文.

38) 유호선, 2004「김창흡의 불교적 사유와 불교시」『한국인물사연구』2, 한국인물사연구소; 2004「조선 후기 유학자들의 불교관」『불교평론』6-1; 2006「번암 채제공의 불교인식」『한국인물사연구』5; 2006『조선후기 경화사족의 불교인식과 불교문학』, 태학사; 고영섭, 2005『한국불학사[3]: 朝鮮 · 大韓時代編』, 연기사.

39) 金龍泰, 2000「朝鮮中期 佛敎界의 변화와 '西山系'의 대두」『韓國史論』44, 서울대 국사학과; 2006「'浮休系'의 계파인식과 普照遺風」『普照思想』25; 2006「錦溟 寶鼎의 浮休系 정통론과 曹溪宗 제창」『韓國文化』37, 서울대 韓國文化硏究所; 2007「조선후기 大芚寺의 表忠祠 건립과 '宗院' 표명」『보조사상』27. 이를 종합하여 조선후기 불교의 특성을 밝힌 것이 2008「朝鮮後期 佛敎의 臨濟法統과 敎學傳統」, 서울대 국사학과 박사학위논문이다. 조선후기의 '三門修學'을 수행체계의 정립이라는 관점에서 총체적으로 조명한 李鍾壽, 2010「조선후기 불교의 수행체계의 연구-三門修學을 중심으로-」도 주목할 만한 성과이다.

순한 억압과 쇠퇴론에서 탈피한 것이었고 또 성리학 질서나 실학의 성행과 같은 시대조류와 연동된 불교의 모습도 그려졌다.[40] 하지만 아직까지도 승려, 사찰, 교단에 대한 실상 규명이 미흡한 실정이며 불교신앙의 종교적 기능, 계파와 사상 등에 대한 구조적·계통적 연구, 유불 관계와 시대사조와의 공존, 불교 주석서의 엄밀한 분석 등 해결해야 할 과제는 산적해 있다. 유교사회에서 존립해 온 불교의 성격과 역할에 대한 본질적 의문이 여전히 풀리지 않은 채 남아있는 것이다.

앞에서 언급한 것처럼 조선시대 불교에 대한 입론은 식민지기에 형성되었고 '억압과 쇠퇴'라는 부정적 인식이 이후 연구에 큰 영향을 미쳤다. 조선시대 불교를 둘러싼 많은 쟁점들 가운데 우선 쇠퇴론적 시각의 시기구분론, 그리고 교학의 침체기라는 고정 관념에 대해 문제를 제기하고자 한다.

먼저 시기구분론에 나타난 조선후기 부정론과 쇠퇴라는 규정 속에 내재된 정체론적 시각에 대해 재고할 필요가 있다. 조선시대 그 중에서도 후기를 쇠퇴론에 입각하여 설명한 다카하시 토오루는 타율성과 정체성을 한국사의 특성으로 본 대표적 식민사학자였다.[41] 다카하시가 생각한 조선시대 불교의 모습은 여성, 비주류 계층의 신앙 외에는 독창적 면모를 전혀 찾아 볼 수 없는 쇠퇴와 몰락의 전형이었다. 그의 2시기 구분론은 국가 '교정(教政)'의 측면에서 불교가 공인된 성종 이전과 연산군 이후의 폐불 상태를 나눈 것, '종지(宗旨)와 전등(傳燈)'을 기준으로 선과 교가 구분되는 선조 이전의 선교양종(禪教兩宗) 시대와 이후의 '선교겸

40) 趙明基, 1981「朝鮮後期 佛教」『韓國史論』4, 국사편찬위원회; 金煐泰, 1988『韓國佛教史(하)-李朝·近代篇』(『한국문화사대계』4), 高麗大 民族文化研究所; 鄭炳三, 1998「불교계의 동향」『한국사』35, 국사편찬위원회; 조계종교육원 편, 2004『曹溪宗史-고중세편』, 조계종출판사; 국사편찬위원회 편, 2007『신앙과 사상으로 본 불교 전통의 흐름』, 두산동아.

41) 高橋亨, 1936「朝鮮佛教の歴史的依他性」『朝鮮』250.

수(禪敎兼修) 선주교종(禪主敎從)' 시기로 획기하는 두 가지 설명 방식이 있는데,[42] 이는 내용상 큰 결격 사유가 없다. 하지만 '교법(敎法)의 성쇠'를 기준으로 한 그의 3시기 구분론은 역사적 사실과 부합하지 않으며 쇠퇴론과 정체론적 시각이 강하게 투영되어 있다. 다카하시는 불교가 억압을 받기는 했지만 그나마 국가의 공인을 받았던 성종대까지를 제1기, 공식적 폐불 단계에 접어들었지만 교법이 아직 쇠퇴하지 않았고 명승도 다수 배출된 연산군에서 인조대까지를 제2기로 보고 효종대 이후 제3기는 교세가 완전히 몰락하였을 뿐 아니라 승려가 경멸을 받고 불법이 없어진 시기로 규정하였다.

이 3단계 시기 구분론은 당시는 물론 이후 연구자들에게 큰 영향을 미쳤다. 먼저 에다 토시오는 다카하시의 입론을 그대로 수용하여 조선시대를 불교 공인기, 점쇠기, 쇠퇴기로 나누어 보았고,[43] 권상로는 조선시대 전체를 불교 쇠퇴기로 정의하면서 '압박절정(壓迫絶頂), 중간명멸(中間明滅), 유지잔천(維持殘喘)'의 3기로 나누었다.[44] "국정(國政)의 압륵(壓勒)과 속상(俗尙)의 빈척(擯斥)을 받고 암혈(巖穴)로써 일구락계(一區樂界)를 삼고 잠거포도(潛居抱道)하여 망세소요(忘世逍遙)하던 조선 승려"라는 인식에서 알 수 있듯이[45] 그는 불교의 억압과 쇠퇴라는 관점에서 조선시대를 부정적으로 인식하였고 반대로 근대는 '갱생과도(更生過渡)'의 새 시대로 규정하였다. 해방 이후에도 이러한 조선시대 부정론과 정체론에 입각한 불교 쇠퇴론이 지속되었고 부녀자와 서민 중심의

---

42) 高橋亨, 1929 「序說」『李朝佛敎』.

43) 江田俊雄, 1977 앞의 책, 18~24쪽에서는 조선시대 전체를 쇠퇴기로 규정하고 시기를 구분하였다. 또 354쪽에서는 조선시대 불교가 "철학을 잃어버리고 교학을 멀리하였으며 민간신앙화하여 통속 저열한 보급을 사회 하층에 함으로써 불교쇠망의 자괴작용을 행하였다"고 하여 高橋亨와 마찬가지로 기복적, 서민적 신앙 위주로 파악하였다.

44) 權相老, 1934 『朝鮮佛敎史概說』(1998 『退耕堂全書』 8, 全書刊行委, 1146~1172쪽).

45) 權相老, 1917 『朝鮮佛敎略史』, 新文館, 250~251쪽.

신앙으로 명맥을 유지하였다는 통설과 함께 현재까지 상식으로 통용되고 있다.

그러나 이러한 3시기 구분론이 과연 역사적 실재를 반영한 타당한 인식인지에 대해서는 의문을 가지지 않을 수 없다. 만일 그것이 역사성과 사실에 근거하지 않고 식민지기의 선험적 이해에서 비롯된 것이라면 마땅히 재고되어야 한다. 먼저 3시기 구분 중 제1기와 제2기는 국가의 불교 정책을 놓고 볼 때 법제적 공인기와 폐불 단계로 구분하는 것이 타당할 수 있다. 하지만 제3기에 해당하는 조선후기를 유독 쇠퇴와 몰락의 시기로 특정한 것은 납득하기 곤란하다. 이 책에서 주로 다루게 될 조선후기 불교의 실상은 자활의 모색을 통해 존립을 유지하였고 전기에 비해 훨씬 활성화된 모습을 보인다. 현존하는 사찰의 대부분은 조선후기에 중창, 중수되었고 불서의 간행이 빈번히 이루어졌으며 수행체계와 법통의 정립, 강학의 성행과 교학의 전수, 사원 경제의 기반 확대와 상속, 염불 정토신앙의 성행 등 쇠퇴나 멸절로 볼 수 없는 다양한 양상이 나타났다. 이를 반영하여 시기구분을 한다면, 조선 개국 후 성종대인 15세기 말까지를 억불기, 16세기 전반의 연산군과 중종대를 폐불기, 양종이 일시적으로 복립되고 임진왜란을 겪었던 16세기 후반을 존립모색기, 17세기 이후를 존립기로 나눌 수 있을 것이다. 또한 조선후기에 해당하는 존립기도 17세기, 18세기, 19세기로 구별하여 불교사의 전개 과정과 양상에 나타난 특징들을 각각 나누어 설명할 필요가 있다. 결론적으로 3시기 구분의 틀은 수용하지만 그 해석은 전혀 반대 방향으로 내릴 수 있으며 쇠퇴론과 부정론을 대신하여 존립의 실상과 시대성의 추구라는 관점에서 조선후기 불교사를 재검토해야 한다.

다음으로 교학의 침체와 쇠퇴라는 특수론에 입각한 이해를 재고해야 한다. 『이조불교』, 『조선선교사』를 필두로 한 식민지기의 연구에서 조선시대는 신앙에서만 불교의 특색을 찾을 수 있으며 명목상 선종을 위주로 한 결과 교학은 침체되고 불교가 시대사상의 역할을 수행하지 못했다고 평가하였고 이를 '쇠퇴'와 '비주류'의 중요한 논거로 삼았다. 조선은 유교사회였고 불교는 성리학이 차지한 주류 사상의 지위를 한 번도 넘볼 수 없었으며 또 신라나 고려시대와 비교할 때 교학상의 발전을 기대하기 어려웠다는 점은 분명한 사실이다. 하지만 이는 조선시대 불교에만 해당하는 것이 아니며 동아시아 사상사의 전체 흐름 속에서 이해되어야 할 문제이다. 중국에서도 교학의 전성기인 수당대 이후 선종과 정토신앙이 교계의 주종을 이루었고 교학 면에서의 획기적 진전은 없었다. 또한 '보수와 계승' 위주의 주석 교리학은 고려시대 불교에도 해당되는 것이다. 마찬가지로 불교가 사상계 안에서 주류적 위상을 박탈당한 것도 송대 이후 성리학, 양명학이 중심이 된 동아시아 사상사의 전개 과정에서 나타난 보편적인 현상이었다. 따라서 이는 보편론의 차원에서 접근할 문제이지 유독 조선시대 불교에만 교학 쇠퇴와 비주류의 멍에를 뒤집어씌우고 부정적으로 보는 것은 정당한 해석이라고 할 수 없다.

한편 교학의 쇠퇴라는 전제하에 조선시대 불교를 선종 위주로, 그것도 간화선 수행 전통만을 부각시키는 학계 일반의 이해는 전통의 외연을 크게 축소시키는 결과를 낳았다. 조선시대에 임제종과 간화선 전통이 강조된 것은 사실이지만 실상을 보면 선교겸수의 방향과 교학의 중시가 일반적 양상이었다. 조선후기에는 화엄교학이 특히 중시되었는데 비록 강학을 위한 주석 교리학이었지만 교학은 선종 일변도의 단면적 전통상을 수정해야 할 정도로 크게 성행하였다. 또 선, 교, 염불을 아우르는 삼문수업의 통합적 경향도 단순히 회통론과 통불교론의 '전수(全修)'적 근거로서가 아니라 '전수(專修)'를 매개로 한 '겸수(兼修)'의 관점에서 이해되어야 하며, 이를 통해 다양한 전통의 혼재와 지속을 확인할 수 있다. 조선시대 불교는 고려불교와 근현대불교를 이어주는 정체성의 가교로서 그 의미를 지니며 따라서 선과 교, 신앙과 의례 등 다양한 방면의 전통과 그 계승을 논할 때 보다 풍요로운 한국불교의 미래를 전망할 수 있을 것이다.

한국불교의 정체성과 관련하여 조선시대 불교에서 생각해 보아야 할 또 하나의 문제로 종명, 종조 논의와 직결된 법통설을 들 수 있다. 조선후기에는 공인된 종단이 없었지만 고려 말의 태고 보우를 통해 이어진 임제법통의 계승을 표명하였고 식민지기에 들어서는 원종(圓宗), 임제종(臨濟宗)의 부침에 이어 조선불교선교양종(朝鮮佛教禪教兩宗), 그리고 조계종(曹溪宗)을 공식 종명으로 하였다. 이후 비구승과 대처승의 대립을 겪으면서 현재 한국불교의 대표 종단인 조계종이 성립되었다. 고려 후기에 선종을 대표하는 종명으로 부상한 조계종은 역사적 정통성을 갖는 명칭이지만 고려 조계종과 현재 조계종의 사이에는 조선시대라는 긴 간극이 존재한다. 조선전기에는 선교양종이 공식 명칭이었고 조선후기는 중국 임제종의 법통에 정통성을 부여하였는데 그동안 이 임제태고법통의 역사성과 태고 보우의 위상은 어느 정도 인정되었지만 종명이 함축하고 있는 정체성의 본질, 그리고 종명과 법통 사이에 놓인 모순점은 대체로 간과되어 왔다. 즉 조선후기의 실상을 고려하지 않은 고려 조계종에서 현재 조계종으로의 직접적 연결은 선과 교의 다양한 불교 전통과 역사적 의미를 사상시킨 채 선종, 그것도 조계종만의 역사로 한국불교의 정체성을 축소시키는 결과를 초래할 수 있다.[46]

이 점에서 두 가지 방향의 문제 제기를 하고자 한다. 첫째 조선후기의 임제법통을 임제종의 표명으로 확대 해석해야 한다는 것이다. 이는 사법전승의 인식이나 간화선 중시의 수행 기풍과도 맞으며 법맥이나 계승 인

---

46) 조계종교육원, 2004 앞의 책의 「총설: 조계종사의 범주와 서술 내용」에서는 "宗史는 宗憲의 내용을 준수하며 종조·법통과 관련된 사항은 학문적 토론대상이 될 수 없다"고 전제하고 宗祖 道義, 重闡祖 普照知訥, 中興祖 太古普雨를 내세워 통일신라 이후 조선시대까지 전시기를 조계종사의 범주에 넣었다.

식 면에서 지눌의 조계종과 연결 고리를 찾을 수 없는 조선시대 불교의 역사성을 설명하는데 보다 적합한 이해이다. 둘째 조계종의 지향점을 선종에만 둘 것이 아니라 지눌이 추구한 선교겸수의 사상적 방향성에 초점을 두어야 한다. 조선후기 불교는 간화선 우위의 선교겸수를 토대로 전개되었고 선과 함께 교학도 계승되었다. 즉 사상과 수행 면에서 지눌의 '보조유풍(普照遺風)' 이 미친 영향을 주목해야 한다. 이 점에서 임제법통과 고려 조계종 전통의 결합을 통한 선과 교 양자의 계승을 조선후기 불교의 특징으로 볼 수 있다. 나아가 선과 교를 포괄한 종명의 역사적 변천으로 시야를 확대해 보면, 고려의 오교구산(五敎九山)과 오교양종(五敎兩宗), 조선전기의 선교양종에 이어 조선후기 불교 전통에서 임제법통과 (화엄)교학의 결합 가능성을 타진할 수 있다. 그렇다면 현재 조계종의 역사적 정통성도 고려 조계종에서 시작되어 조선후기로 이어진 선과 교 양자의 지속과 계승이라는 이중 구조에서 찾을 수 있다.

마지막으로 조선시대 불교는 불교사의 내적 맥락과 함께 '조선시대'라는 역사적 조건과 시대성을 염두에 두고 접근해야 한다. 즉 선종의 정통성을 표명한 임제법통의 계승과 화엄을 필두로 한 교학의 중시라는 두 전통의 공존이 조선후기 불교의 내적 특성이었다면, 유교 사회에서 존립하기 위한 불교의 사상적, 종교적, 사회적 역할 모색과 유불일치 및 조화론의 전개가 시대와의 공존을 추구하는 불교의 외적 지향점이었다.

제1부

불교사의 전개와 불교의 존립기반

1장 불교시책의 전개 양상과 특징
2장 불교의 존립기반과 사원경제
3장 불교신앙의 유형과 시대적 특성

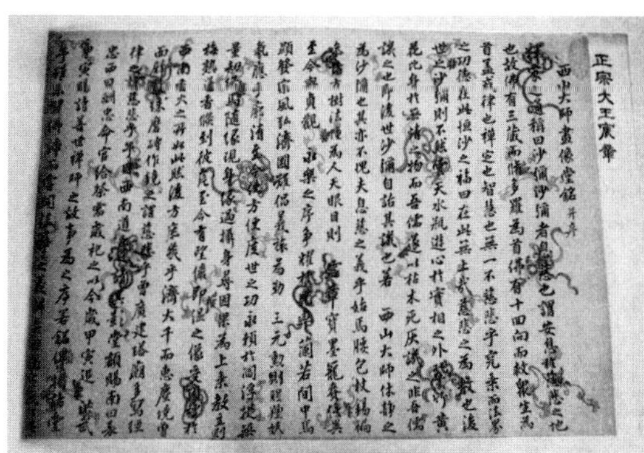
正宗大王宸章
西山大師畫像堂銘 并序

〈서산대사화상당명(정조친필)〉

1장

불교시책의 전개 양상과 특징

教旨
休靜爲國一都大禪師
禪敎都摠攝扶宗樹敎
普濟登階者
萬曆三十年十月初十日

〈휴정 교지〉

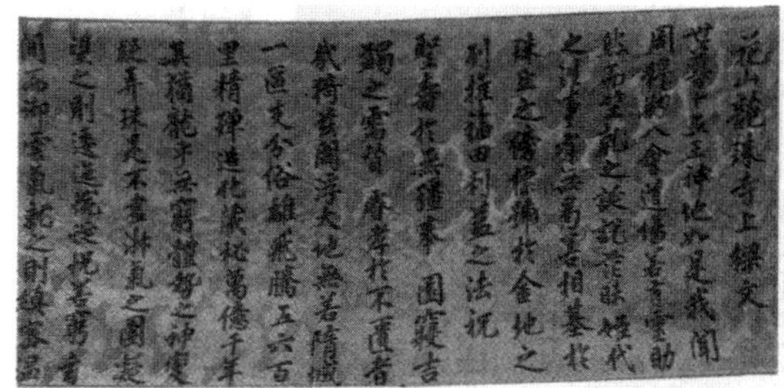
花山龍珠寺上樑文

〈용주사상량문〉

조선시대는 '숭유억불' 의 시대였지만 억불의 강도와 정책의 방향은 시기에 따라 달랐다. 불교정책의 기조를 시기별로 살펴보면 먼저 국초부터 성종대까지 강도 높은 억불정책이 시행되었고 이어 연산군, 중종대에는 불교 관련 법제가 사문화되면서 공식적인 폐불이 단행되었다.[1] 16세기 중반 명종대에 일시적으로 선과 교의 양종이 복립되었는데 이는 승려 자원의 인적 계승을 가능케 했다는 점에서 조선후기 불교의 존립을 위한 토대가 마련된 사건이었다. 조선후기에도 법제상의 근본적 변화는 없었고 공식적인 폐불 상태 또한 지속되었지만 정책상의 방임과 무관심 속에서 불교의 존립은 암묵적으로 용인되었다. 또한 현실적 필요에 의해 승려의 노동력과 사찰의 자원을 활용하는 공리적인 불교시책이 시행되었다.[2]

조선후기 불교시책의 성격을 이해하기 위해 중요한 사건과 흐름 위주

---

1) 조선전기의 불교정책은 高橋亨, 1929『李朝佛教』; 李逢春, 1991「朝鮮初期 排佛史 연구 : 王朝實錄을 中心으로」, 東國大 佛教學科 博士學位論文; 韓㳓劤, 1993『儒教政治와 佛教-麗末鮮初 對佛教施策』, 一潮閣 참조.

2) 김용태, 2007「유교사회의 불교전통 계승」『신앙과 사상으로 본 불교전통의 흐름』(국사편찬위원회,『한국문화사』11), 두산동아 참조.

로 조선전기 억불책의 추이를 일단 살펴보자. 먼저 1406년(태종 6)에 국가 지정 242개의 사원을 제외한 전국 사찰의 사전(寺田) 3~4만 결, 사노(寺奴) 8만 명이 속공되었고 공인된 11개의 종단은 다음 해에 다시 7개로 줄어들었다.[3] 이어 1424년(세종 6)에는 종단이 선과 교의 양종으로 통폐합되었고 선과 교 각각 18개씩 총 36개의 공식 지정 사찰을 제외한 대다수 사찰의 경제기반은 축소되었다.[4] 또 불교 관리기관인 승록사(僧錄司)를 폐지하는 대신 선교 양종의 도회소(都會所)로 흥천사(興天寺)와 흥덕사(興德寺)를 각각 지정하였다. 이러한 억불 정책의 강화 기조는 개국 후 국가 경영의 재정적 기반을 확보하기 위한 방안이었는데, 다만 사찰의 대대적 철거나 대규모 승려 환속을 강제하는 폐불책으로 전개되지는 않았다. 한편 세조는 사원에 많은 기부와 특혜를 부여하고 승려의 권익을 보호하였으며 간경도감(刊經都監)을 설치하여 불서를 언해, 간행하는 등 숭불 조치를 취하였다.[5] 세조가 자신을 '불말법유교제자(佛末法遺敎弟子)'라고 칭하고[6] 서울에 원각사(圓覺寺)와 13층 석탑을 조성한 것은 당시의 분위기를 잘 보여준다.

하지만 사림(士林)이 중앙정계에 진출하기 시작한 성종대에는 급증한 승려 수가 정치 쟁점화되면서 다시 본격적인 억불책이 단행되었다. 1472

---

3) 『太宗實錄』 권11, 태종 6년 3월 27일(정사); 권14, 태종 7년 12월 2일(신사). 寺院田의 혁파와 사원경제 문제는 金甲周, 1983 『朝鮮時代 寺院經濟硏究』, 同和出版; 1994 「조선시대 寺院經濟의 推移」 『韓國佛敎史의 再照明』, 불교시대사 참조.

4) 『世宗實錄』 권24, 세종 6년 4월 5일(경술). 사원전은 태종대에 11,000여 결이었던 것이 이때 선종 4,200여 결, 교종 3,700결로 줄었고 공인된 승려 수도 선종 1,950명, 교종 1,800명으로 제한되었다(高橋亨, 1929 『李朝佛敎』, 129~131쪽). 하지만 공인에서 제외된 사찰들이 혁파된 것은 아니며 租稅를 부담하는 寺田을 통해 존속할 수 있었다(金甲周, 1983 「朝鮮初期 寺院田 概觀」 『朝鮮時代寺院經濟硏究』, 同和出版, 22~36쪽).

5) 刊經都監에 대해서는 崔柄憲, 1993 「『月印釋譜』 編纂의 佛敎史的 意義」 『震檀學報』 75 참조.

6) 金映遂, 1939 『朝鮮佛敎史藁』(2002, 民俗院에서 『朝鮮佛敎史』로 影刊), 142~143쪽에는 세조가 속리산 福泉寺에서 지은 願文이 소개되어 있는데 그 안에 '佛末法遺敎弟子 承天體道 烈文英武 朝鮮國王'이라는 표현이 나온다.

년(성종 3) 승려 자격증인 도첩(度牒)의 신규 발급이 일시 중단되고 기존의 승려 중 도첩이 없는 이를 환속시켜 군역(軍役)에 충당케 하였다.[7] 또 도성안의 염불소(念佛所)와 비구니 사찰이 철거되고 국왕의 탄신재(誕辰齋)가 재차 혁파되는 등 불교에 대한 억압이 구체화된 시기였다. 그렇지만 성종 또한 "이단(異端)은 치지도외(置之度外)하고 믿지 않으면 된다. 승려 또한 백성이므로 모두 없앨 수 없고 선왕이 창건한 절도 일시에 철거할 수 없다"고 하여 폐불에 대해서는 유보적 입장을 취하였다.[8] 무엇보다도 성종 초에 국제(國制)인 『경국대전(經國大典)』이 반포되면서 세조대에 입안된 도승법(度僧法)과 양종(兩宗), 승과(僧科) 규정이 법제화되었고 양종과 승과는 그대로 유지되었다.[9]

그러나 다음 연산군대에 이르러 본격적인 폐불 상황에 직면하였는데, 초기에는 불교를 숭신했던 인수대비(仁粹大妃)의 영향으로 척불이 단행되지 않았지만 1504년(연산군 10) 대비 사후 양종 도회소를 철폐하고 원각사에 기생을 거주하게 하였다. 이때 성균관(成均館)이 유흥 공간으로 전락하고 공자상(孔子像)이 옮겨지는 사건이 함께 발생한 것을 보면 폐불 조치가 불교 일방에 대한 일관된 정책기조와 원칙에 의해 이루어진 것은 아니었다. 당시 갑자사화(甲子士禍)가 일어나는 과정에서 유생(儒生)뿐만이 아니라 불교 쪽도 급작스러운 피해를 입은 것이었다.[10] 하지만 이

---

7) 한우근, 앞의 책과 李逢春, 1991「朝鮮 成宗朝의 儒敎政治와 排佛政策」『佛敎學報』28 참조. 당시 국가 공역과 조세를 피해 승려가 된 이들이 많아서 문제가 되었기에 불교 정책은 '僧尼沙汰', 度僧法 정지, '禁僧法' 시행 등 승려에 대한 人的 철폐에 주안점이 두어졌다.

8) 『成宗實錄』 권114, 성종 11년 2월 11일(신유).

9) 『經國大典』「禮典」의 度僧條. 도승법은 正布 30필을 내고 승려가 되는 것을 허가하였고 兩宗, 僧科에 대한 규정도 수록되었다.

10) 燕山君은 甲子士禍 때 成均館을 철거하기 앞서 먼저 圓覺寺를 철폐하고 그곳에 孔子의 神位를 옮길 것을 지시하였고 또 성균관을 철거한다면 敎宗都會所 興德寺도 철거해야 할 것이라고 하였다(『燕山君日記』 권54, 연산군 10년 7월 10일(무술) · 15일(계

우발적 파행의 결과는 불교에 큰 치명상을 입혔는데, 양종 도회소는 한강 남쪽의 청계사(淸溪寺)로 옮겨갔고 정기적 승과도 시행되지 않게 되었다.[11] 더욱이 연산군 말년에는 승려를 환속시키고 사원전(寺院田)을 혁파하라는 실질적인 폐불 조치가 내려졌는데,[12] 시행 기간이 짧아 그 실효성에 대해서는 의문이 들지만 후대에 "승려가 사태(沙汰)를 당한 연산암조(燕山暗朝)"라고 표현되었을 정도로[13] 상징성이 큰 사건이었다.

반정(反正)으로 즉위한 중종은 '조종(祖宗)의 유교(遺敎)'를 내세워 왕실 관련 수륙사(水陸寺)와 능침사(陵寢寺)의 몰수 전답 반액을 되돌려 주었고 비구니 사찰 정업원(淨業院)의 재건이 이루어졌다. 또 비록 무산되었지만 모후 정현왕후(貞顯王后)가 양종 재흥의 전지를 내리기도 하였다.[14] 하지만 조광조(趙光祖)로 대표되는 기묘사림(己卯士林)이 공론(公論)을 주도하면서 폐불의 기조는 그대로 유지되었다. 1507년(중종 2)의 식년(式年) 승과와 이후의 승과를 시행하지 않았고 1512년에는 혁파된 사찰 전답 일부를 향교(鄕校)에 소속하게 하였으며 양종 또한 완전히 폐지되었다.[15] 1516년에는 사림의 적극적 요구로 사원 경제를 통해 왕실 재정을 충당하던 내수사(內需司) 장리(長利)를 없앴고 능침사 외의 사찰에서 기신재(忌晨齋)를 열지 못하게 하는 등 왕실불교에 대한 견제도 강

묘) · 17일(을사)). 폐불 조치가 士禍의 와중에서 발생한 우발적 사건이었음을 알 수 있다.

11) 高橋亨, 1929 『李朝佛教』, 244~256쪽.

12) 이봉춘, 1991 앞의 논문 참조.

13) 『仔夔刪補文』 권9, 「祖師禮文」 碧溪條. '逢沙汰於燕山暗朝'; 『天地冥陽水陸齋儀梵音刪補集』 人, 「十王壇作法」. '値沙汰於燕山暗朝 道脈何亡'.

14) 『中宗實錄』 권2, 중종 2년 1월 7일(신사).

15) 高橋亨, 1929 『李朝佛教』, 270~299쪽; 伊吹敦 저 · 崔鈆植 역, 2005 『새롭게 다시 쓰는 중국 禪의 역사』, 대숲바람, 232쪽에 의하면 明 태조는 僧錄司를 두고 試經度僧制를 부활시키는 불교정책을 취하였고 명의 世宗대에는 불교에 대한 압박이 심해져 戒壇이 폐쇄되고 법계가 끊어졌으며 고승의 활동이나 저작이 거의 전하지 않는다고 한다. 각각 조선 태조와 16세기 전반 조선의 상황과 유사하여 주목된다.

화되었다.[16] 무엇보다도 『경국대전』의 「도승조(度僧條)」가 삭제되어 법적으로 승려 신분이 더 이상 용인되지 않게 되었다. 후대에 이때의 상황을 "승려들이 머리를 기르고 환속하여 절에 승려가 남지 않았다"고 인식하였고,[17] 또 선종의 사법계보가 실제 단절된 것은 이 시기에 단행된 폐불의 실상을 반영하고 있다.

이러한 공식 폐불 상태에서 활로를 찾지 못했던 불교는 16세기 중반인 명종대에 기사회생의 전기를 맞이하였다. 1550년(명종 5) 문정왕후(文定王后)에 의해 선교 양종이 다시 세워졌고 이에 도승과 승과가 재개된 것이다. 문정왕후가 영의정 상진(尙震)에게 내린 「비망록(備忘錄)」에는 "승도의 수가 날로 늘고 군액이 점차 감소하고 있는데 승도를 통령하지 못하면 잡승을 금하기 어렵다. 조종의 『대전(大典)』에서 선·교종을 설립하였던 것은 불도를 숭앙하기 위해서가 아니며 승려가 되는 것을 막으려는 이유에서였다. 근래 이것이 혁파되어 그 폐단을 장차 구제하기 어려우니 양종을 다시 세우고 『경국대전』의 승과와 도승조를 다시 거행하는 것이 좋다"라고 시행 취지를 밝히고 있다.[18] 즉 법제에 의해 양종과 승과를 재개시켜 무분별한 승도의 증가로 인한 폐단을 최소화하고 통제하겠다는 명분을 내세운 것인데, 언관(言官)과 유생 등의 격렬한 반대에도 불구하고 "이교(異教)에 미혹된 것이 아니며 시세에 맞추어 국가의 폐단을 구제하려는 것"임을 들어 강행하였다.[19]

양종이 재건되면서 문정왕후의 후원을 입은 허응 보우(虛應普雨)가 선종판사(禪宗判事)로 임명되었고 수진(守眞)이 교종판사(教宗判事)를 맡았는데 각각 선종본사로 지정된 봉은사(奉恩寺)와 교종본사가 된 봉선사

16) 『中宗實錄』 권25, 중종 11년 6월 2일(임자).
17) 『西域中華海東佛祖源流』, 碧溪淨心條 (『한국불교전서』 10, 104쪽).
18) 『明宗實錄』 권10, 명종 5년 12월 15일(갑술).
19) 『明宗實錄』 권11, 명종 6년 1월 16일(갑진).

(奉先寺)의 주지를 겸임하였다. 봉은사는 성종, 봉선사는 세조의 원찰(願刹)이자 봉릉(奉陵) 사찰이었는데 이때 중종의 능이 수복사(修福寺)로 지정된 봉은사 근처로 이장되었다. 중단되었던 승과도 양종판사의 주관과 예조정랑(禮曹正郞)의 참관 하에 다시 거행되었는데 식년에 해당하는 1552년(명종 7) 임자년 4월에 시행된 승과에서 선종 21명, 교종 12명이 최종 합격된 사실이 확인된다.[20] 승과에 입격한 승려들은 승직을 부여받아 주요 사찰의 주지로 임명되었는데 이들 승과 출신이 이후 불교계를 주도하였다.[21] 예를 들어 승과에서 합격한 청허 휴정(淸虛休靜, 1520~1604)은 1555년 교종판사에 이어 선종판사를 겸임하였고 선종본사 봉은사의 주지를 맡았으며, 사명 유정(四溟惟政, 1544~1610) 또한 승과 급제 후 봉은사의 주지로 천거되는 등 두각을 나타냈다.[22] 그런데 당시 승과는 고위 승려를 배출하는 목적 외에 도승(度僧)을 위한 편법으로도 활용된 것으로 보인다. 양종이 복립된 다음 해인 1551년에 식년이 아님에도 선종(禪宗) 시경(試經)이 시행되었는데 이때 406명이나 합격하였고 1552년 식년시 때도 도별로 인원이 배정되어 2,600명의 시경승(試經僧) 총수가 정해졌다는 기록이 있다.[23] 또 당시 승과를 통해 도첩만 내주고 양종복립의 명분이었던 역(役)에 배정된 승려가 없다는 비판이 제기된 것을 보

20) 『明宗實錄』 권13, 명종 7년 4월 12일(갑자).

21) 住持는 僧科를 통과한 해당 사찰의 승려가 맡았고 持音은 통과 이전의 參學僧으로 임명하여 雜僧의 승직 수여를 금하게 하였다. 주지와 지음이 다 있는 사찰은 99개소에서 395개로 늘었다(『明宗實錄』 권13, 명종 7년 1월 27일(경술)).

22) 휴정은 나이 30세(1550년) 가을에 양종이 복립되었고 大選이 된 후 7년간 住持, 傳法, 教判, 禪判의 이름을 얻었으며 37세(1557년)에 승직을 그만두었다고 회고하고 있다(『淸虛堂集』 권7, 「上完山盧府尹書」(『韓國佛教全書』 7, 719~721쪽)). 그러나 대선이 된 정확한 시기는 1552년의 식년 승과 때로 보인다(權相老, 1917 『朝鮮佛教略史』, 195쪽). 유정은 1561년 승과 합격 후 명성을 떨치기 시작했고 1575년에 봉은사의 주지로 천거되었다(海眼, 1640 「四溟堂松雲大師行蹟」 『四溟堂大師集』 권7(『한국불교전서』 8, 73~75쪽)).

23) 『明宗實錄』 권12, 명종 6년 11월 19일(계묘); 권13, 명종 7년 10월 16일(을축).

면,[24] 승과의 최종 합격자에게 주는 승직과는 별도로 응시 승려 대다수에게 승려 자격을 허여하는 도승 방안으로 활용되었던 것이다.

양종이 복립되었을 때 선종판사로서 교단을 주도한 허응 보우의 구체적 사승관계나 활동 사항은 알려져 있지 않지만,[25] 그는 조계종(曹溪宗)을 표방한 선종 승려였다.[26] 그런데 당시 양종에 각각의 종론이 있고 교종판사 수진의 후임을 선종 승려가 맡아 교종계의 반발을 샀다는 기록을 보면[27] 선·교의 구분이 여전히 존재하였던 것 같다. 한편 문정왕후가 양종 존속을 유언으로 남기고 세상을 뜬 다음해인 1566년(명종 21) 양종이 다시 혁파되었다. 이는 유생들이 성균관을 비우고 1천 건의 상소를 올리는 등 격렬하게 반발하고 폐지를 주장한 결과였는데 양종은 물론 왕실과 관련된 내수사도 언론 비판의 표적이 되었다. 결국 주모자로 지목된 보우는 제주도로 유배되어 장살 당했고, 휴정이 자신의 승과 참여와 선교양종 판사직을 맡았던 것에 대해 '산승(山僧)의 추사(醜事)' 라고 자평한 것도[28] 이러한 참담한 귀결이 반영된 인식이었다.

양종복립은 군역을 피해 도망간 무도첩 승려의 증가라는 사회문제의 해결을 내세워 시행되었는데 불교의 관리와 통제, 현실적 활용이 정책적으로 유용한 점은 분명 있었다. 앞서 중종 후반기인 1530년대에는 기묘

24) 『明宗實錄』 권13, 명종 7년 1월 10일(계사).

25) 제자 太均이 보우의 문집인 『虛應堂集』과 『懶庵雜著』를 편찬하였는데 『나암잡저』의 교정을 당시 直指寺 住持이며 中德이었던 四溟 惟政이 맡은 사실을 보면 교단 내에서 보우의 위상은 어느 정도 유지되었던 것 같다.

26) 하지만 『나암잡저』에서 『起信論』, 『華嚴經』의 교학 義理에도 밝았음을 알 수 있고 또 "教는 眞諦를 설하고 禪은 俗諦를 설한다"는 교종 우위의 주장도 하였다. 高橋亨, 1929 『李朝佛教』, 331~343쪽에서도 보우의 성향이 선종보다 화엄 교종에 더 가깝다고 평가하였다.

27) 金宇基, 1994 「16세기 戚臣政治期의 佛教政策」 『朝鮮史研究』 3, 伏賢朝鮮史研究會, 86~87쪽.

28) 앞의 「상완산노부윤서」. 휴정은 禪科와 승직 참여를 '强從外人之請', 승직 사퇴를 '忽返初心卽解綬' 로 표현하였다.

사림이 축출되고 척신(戚臣) 세력이 정국을 장악하였는데 그때도 불법적 승도의 증가가 정치 쟁점화되었다. 당시 조정에서는 "석교(釋敎)의 쇠함이 지금 가장 심하나 승도가 많은 것도 이전에 비해 가장 심하니 제방(堤防) 금집(禁戢)의 방도를 급히 강구해야 한다. 지금 사찰이 여전히 많고 승속이 섞이고 문제가 많아서 그 해로움이 숭봉할 때보다 심하므로 이를 제어할 필요가 있다"는 주장이 제기되었고,[29] 그 해결책으로 대규모 역사에 승려 노동력을 활용하는 대가로 호패(號牌)를 지급하는 '역승급패(役僧給牌)'의 방안이 시행된 일이 있었다.[30] 양종이 복립된 후인 1555년(명종 10)의 을묘왜변(乙卯倭變) 때도 전라도(全羅道)와 청홍도(淸洪道)에서 승군(僧軍)이 조직되었는데,[31] 이는 승도를 활용하는 정책의 현실적 필요성을 보여주는 사례이다.

양종이 복립되었을 당시 문정왕후의 동생 윤원형(尹元衡)이 이끄는 소윤(小尹) 세력이 정국을 주도하였는데 왕실과 소수 척신세력의 후원 하에서 이루어진 파격적 불교정책의 시행은[32] 왕실 재정과 사원 경제의 결탁 양상에서도 그 원인을 찾을 수 있다. 양종이 복립된 후 왕실의 내원당(內願堂)에 금표(禁標)를 쳐서 관에 의한 과도한 역승(役僧)을 억제하는 조처가 내려졌는데,[33] 내원당의 운영은 왕실 재정을 관할하는 내수사에서 주관하였고 전세(田稅)와 잡역(雜役)을 면제하는 조치를 통해 내원당 사위전(寺位田)으로 토지의 투속(投屬)을 유인하였다.[34] 즉 사전(寺田)의

29) 權相老, 1917 『朝鮮佛敎略史』, 192~193쪽.

30) 李鍾英, 1963 「僧人號牌考」 『東方學志』 6, 延世大 東方學硏究所, 195~198쪽.

31) 『明宗實錄』 권18, 명종 10년 5월 20일(계축).

32) 명종대 척신정치는 李宰熙, 1993 「朝鮮 明宗代 '戚臣政治'의 전개와 그 성격」 『韓國史論』 29 참고. 김우기, 앞의 논문에서도 왕후와 소수 척신이 불교정책에서 공감대를 형성하였음을 지적하였다.

33) 『明宗實錄』 권3, 명종 1년 1월 6일(갑자); 권10, 명종 5년 3월 19일(계미); 권11, 명종 6년 2월 23일(신사)

34) 宋洙煥, 1992 「朝鮮前期의 寺院田-특히 王室關聯 寺院을 중심으로」 『韓國史硏究』 79,

환추(還推)를 통해 민전(民田)을 탈점하는 방식으로 내원당의 사유지 확대와 사원 전세의 증가가 이루어진 것이다. 이와 함께 내수사에서 관할한 주요 능침사의 전세 또한 왕실의 재정기반 확충에 일조하였다.[35] 양종이 혁파되면서 사원의 수세지가 국가에 속공될 때도 명종은 능침사와 내원당을 예외로 하려 하였고 결국 내원당 전답이 속공되기는 하였지만 다른 기관이 아닌 내수사로 이속된 것을 보면[36] 사원 경제와 왕실 재정의 깊은 상관관계를 알 수 있다.

이러한 정책상의 문제와는 별도로 양종복립은 불교사의 흐름에서 큰 의미를 갖는 사건이었다. 그 이유는 불교의 인적 계승과 존립을 가능케 하는 계기가 되었기 때문이다. 앞서 연산군, 중종대에 단행된 법제적 폐불의 결과 법의 테두리 밖에서 명맥을 이어가던 불교계는 도승과 승과의 재개로 인해 승려 자격을 인정받았고 주도 세력이 부상할 수 있는 토대가 마련되었다. 즉 도첩제 시행이 일시적으로 중단되었던 성종대부터 이 시기까지, 즉 1470년대부터 두 세대 이상에 걸쳐 공식적으로 도첩이 발급되지 않던 상황에서 이때 대량으로 승려 자격이 용인된 것은 불교의 존립이라는 면에서 중요한 의미를 지닌다. 양종복립으로 도첩을 받고 승과를 거친 수많은 승려들이 이후 임진왜란 때까지 활동하였고, 조선후기에 승려 자격이 현실적으로 용인됨에 따라 인적 토대의 유지와 계승이 가능했던 것이다. 정식으로 승과에 합격한 승려들은 주지나 승직을 담당하였고 이들이 불교계를 주도하였는데 앞서 소개한 청허 휴정, 사명 유정이 대표적 인물들이다. 물론 16세기 전반의 폐불 상황에서

50~56쪽에서는 왕실관련 사원에 요역이 면제되고 특혜가 부여되었기 때문에 사유지의 급격한 증가가 이루어질 수 있었다고 보았다.

35) 收租地는 禪敎兩宗都會所인 奉恩寺, 奉先寺와 正因寺 세 陵寢寺에 있었다. 『明宗實錄』 권10, 명종 5년 12월 15일(갑술).

36) 『明宗實錄』 권33, 명종 21년 7월 11일(경자); 권33, 명종 21년 7월 14일(계묘).

도 사찰과 승려가 모두 없어진 것은 아니었고 사찰의 중창이나 불서(佛書)의 간행도 적지 않게 이루어졌다.[37] 또 휴정의 조사인 벽송 지엄(碧松智嚴)과 같이 수행과 교학 연마, 후학 지도에 힘을 쏟은 승려도 없지 않았다.[38] 그러나 16세기 후반에는 양종복립으로 인해 공인된 승려 자격을 유지하면서 안정적 토대 위에서 불교 존립이 가능하였고 인적 기반과 자질, 수행과 활동, 불사(佛事)와 불서 간행 등에서 이전과는 다른 국면을 맞이하게 되었다.

명종의 뒤를 이은 선조대는 다수의 유교 명현이 등장하고 사림이 정국의 주도권을 쥐면서 붕당(朋黨) 정치가 시작되는 등 조선이 본격적인 유교사회로 접어든 시기이다. 이러한 시대 추세를 반영하여 선조는 "치도(治道)를 융성하게 하고 풍속을 아름답게 한다면 우리 도가 쇠하고 이단이 성할 것은 걱정할 것도 없다. 어찌 구구하게 강론하여 마치 위태무(魏太武)가 사문을 죽이고 사찰을 헐어버린 것처럼 해야 되겠는가"라고 하여 불교에 대한 적대적 태도보다는 방임적 입장을 취하였다.[39] 남명(南冥) 조식(曹植)이 "불교에서 말하는 진정(眞正)이란 다만 마음을 보존하는 것으로 천리(天理)에 통달하는 것은 유교나 불교나 마찬가지"라고 하면서 선조가 불도(佛道)를 좋아한지 오래이므로 그 마음을 유학으로 옮길 것을 주청한 것을 보면,[40] 선조가 개인적으로 불교에 대해 호의적이었음을 짐작할 수 있다. 16세기 후반은 휴정 등 고승들이 학습과 저술, 교육에 매진하였고 신앙 활동과 각종 불사를 주도한 시기이며 이름난 사대

---

37) 이에 대해서는 黑田亮, 1940 『朝鮮舊書考』; 孫成必, 2007 앞의 논문 참조.

38) 『三老行蹟』 「碧松堂大師行蹟」(『한국불교전서』 7, 752~754쪽).

39) 선조는 유생들의 淨業院 혁파 논의에 대해 선후본말을 모르면서 하찮은 문제에 관심을 두지 말라고 답하였다(『宣祖實錄』 권5, 선조 4년 3월 6일(정묘); 권8, 선조 7년 5월 19일(임진)). 또한 실록의 史臣은 "임금의 말이 禪學과 같고 마음을 곧게 하고 몸을 닦는 도리가 부족하다"고 평가하기도 하였다(『宣祖實錄』 권153, 선조 35년 8월 2일(신묘)).

40) 『宣祖實錄』 권6, 선조 5년 2월 8일(을미).

부들과 폭넓게 교류한 사실도 확인된다.

하지만 1592년(선조 25) 4월에 발발하여 1598년까지 7년간 지속된 임진왜란은 불교계에도 막대한 인적, 경제적 손실과 수행기풍의 퇴조 등 큰 피해를 가져왔다. 반면 승군 활동과 충의의 공적을 통해 불교에 대한 사회적 인식과 위상이 제고되고 승려 노동력의 효용성을 새롭게 환기시키는 전환기적 계기가 되기도 하였다. 전란 개시 후 의주(義州)까지 몽진을 간 선조는 7월에 승통(僧統)을 설치하고 승군을 모집하면서 묘향산에 있던 청허 휴정에게 '팔도십육종선교도총섭(八道十六宗禪教都摠攝)'의 직책을 수여하여 승군 동원과 통솔을 담당하게 하였다.[41] 휴정은 앞서 1589년 정여립(鄭汝立) 사건 때 무고로 옥고를 치르고 무혐의로 풀려났는데 당시 휴정의 글을 선조가 읽고 기품에 감동하여 어필묵죽(御筆墨竹)과 시(詩)를 하사한 인연이 있었다.[42] 국왕의 명을 받은 휴정은 순안(順安) 법흥사(法興寺)에서 전국 사찰에 격문을 띄워 5천여 명의 승려를 소집하였다.[43] 황해도에서는 제자 의엄(義嚴)이 총섭(總攝)이 되었고 관동(關東)의 사명 유정과 호남(湖南)의 뇌묵 처영(雷默處英)을 비롯해 각지의 승장들이 승군을 이끌고 일어났다.[44] 8월에는 충청도의 기허 영규(騎虛靈圭)와 8백여 승군이 의병장 조헌(趙憲)을 따르는 7백 의병과 함께 금산(金山)에서 적과 싸우다 모두 전사하였다. 이 사건은 승군의 충의와 전투력에 대한 조야의 신뢰를 일으키는 계기가 되었다.[45] 이에 승군은 다음 해 평양성(平壤城)과 행주산성(幸州山城) 전투에 직접 참전하여 전공을 세

41) 高橋亨, 1929 『李朝佛教』, 374쪽. 『宣祖實錄』 권30, 선조 25년 9월 12일(기사)에는 尹斗壽가 휴정에게 승군을 모으게 할 것을 재차 청하는 내용이 나온다.

42) 『清虛堂集』 권3, 「上蓬萊子書」; 補遺 「清虛堂行狀」(『한국불교전서』 7, 701쪽; 735쪽).

43) 『鞭羊堂集』 권2, 「西山行蹟草」(『한국불교전서』 8, 254~255쪽). 당시 기록을 보면 '護國'이 아닌 '勤王'을 표명하였다.

44) 『宣祖修正實錄』 권26, 선조 25년 7월 1일(무오).

45) 『宣祖實錄』 권29, 선조 25년 8월 26일(계축)에서도 승려 靈圭의 활약을 높이 평가하고 있다.

우는 등 국왕의 기대에 부응하였다.[46] 또한 서울에 돌아올 때 선조를 호위하기도 하였고 군량의 보급, 산성(山城) 축조와 수호 임무 등을 승군이 도맡았다.[47] 한편 전주(全州)에 있던 『조선왕조실록(朝鮮王朝實錄)』이나 국가 기록물, 태조의 화상(畵像) 등도 강화(江華)나 해주(海州), 의주(義州) 등을 거쳐 묘향산(妙香山)으로 옮겨졌고 승직을 수여받은 승려가 이를 지키는 일을 담당하였다.[48]

전쟁 중에 고위 승직을 맡아 승군을 통솔한 대표적 인물로는 의엄과 유정을 꼽을 수 있다. 의엄은 휴정이 연로함을 이유로 일선에서 물러나면서 도총섭을 맡았고,[49] 전쟁 기간은 물론 종전 후에도 종묘 건립과 서적 인출 등 주요 국가사업에 주도적으로 참여하였다.[50] 그는 '승왕(僧王)'이라고 비판받았을 정도로 당시 큰 위세를 가졌는데 후에 환속하였기 때문인지 지금까지 거의 주목되지 않았다. 이에 비해 유정은 휴정의 수제자로서 임진왜란에서 가장 큰 공을 세운 충의의 승려로 그 명성을 떨쳤다. 유정은 강원도에서 8백의 승병을 모아 거병한 후 휴정을 대신하여 직접 전투에 참여하였고 산성축조와 군량조달 등 전쟁 지원 사업에서 큰 역할을 하였다. 특히 일본군과의 강화교섭 과정에서 조정을 대표하여 파견

---

46) 安啓賢, 1972 「朝鮮前期의 僧軍」『東方學志』 13 참조.

47) 일례로 『宣祖實錄』 권48, 선조 27년 2월 20일(기사)에는 유정과 경상우도 총섭 信悅 등이 보리를 심어 군량에 대비하였고 무기를 생산하고 火砲를 교습한 사실이 기록되어 있다.

48) 『宣祖實錄』 권53, 선조 27년 7월 20일(병신); 권82, 선조 29년 11월 7일(기해), 권115, 선조 32년 7월 8일(을묘); 『宣祖修正實錄』 권26, 선조 25년 7월 1일(무오). 春秋館과 承政院의 日記 등 여러 문서들이 정유재란 때 普賢寺로 옮겨졌다.

49) 의엄은 도총섭으로 임명되어 婆娑산성을 수축하였는데(『宣祖實錄』 권61, 선조 28년 3월 1일(갑술)), 앞서 1589년에 鄭汝立 역모 사건에 가담한 九月山의 승려들을 告變한 일로 조정에 이미 알려진 인물이었다(『宣祖修正實錄』 권23, 선조 22년 10월 1일(을해).

50) 『宣祖實錄』 권121, 선조 33년 1월 27일(임신); 『光海君日記』 권173, 광해군 14년 1월 27일(계해). 의엄의 속명은 郭彦修 또는 震卿이며 전란 후 환속하여 同知를 제수 받고 활동하였다.

되었고 정세를 분석하고 대비책을 주달하기도 하였다.[51] 또 전후에는 일본에 사신으로 파견되어 국교 재개 문제나 포로 쇄환 등 외교적 처리를 전담하였다.[52] 도총섭을 역임한 유정의 공은 선조에게 높이 평가되어 선교양종판사(禪敎兩宗判事)의 직책과 정3품 당상관인 첨지중추부사(僉知中樞府事)를 제수 받았다.[53]

그 밖에 뇌묵 처영, 중관 해안(中觀海眼), 기암 법견(奇巖 法堅) 등 다수의 휴정 문도들이 승장으로 활동하였다. 처영은 호남에서 1천명의 승군을 일으킨 후 평양성 전투와 행주산성 전투에 참가하여 전공을 세웠고 남원의 교룡(蛟龍)산성을 쌓는 등 많은 활약을 하였다. 그는 공적을 인정받아 18세기에 휴정, 유정과 함께 밀양 표충사(表忠祠)에 공식 향사되기도 하였다. 해안은 숙부이자 스승인 처영에게 출가한 후 휴정에게 수학한 인물로서 처영, 유정과 함께 활동하였다. 법견은 전라도 입암(笠巖)산성의 축조와 수호를 맡았고 전후 금강산 일대의 수많은 중창불사에 참여하였다. 또 소요 태능(逍遙太能), 청매 인오(青梅印悟) 등 다수의 승장이 휴정 문하에서 배출되었다.[54] 전쟁 기간 중 산성 축조와 방어를 승군이

---

51) 『奮忠紓難錄』「甲午九月馳進京師上疏言討賊保民事疏」(『한국불교전서』 8, 90~93쪽)는 승군을 모아 활동한 내용과 정세분석, 保國책략이 주된 내용이다. 또 「乙未上疏言事」에서는 民力을 키우고 人事에 힘쓸 것을 주장하였고 『宣祖實錄』 권87, 선조 30년 4월 13일(계유)에는 적진 탐색과 외교에 관한 내용인 「丁酉疏」가 기재되어 있다.

52) 불교국가인 일본과의 외교에는 휴정과 유정의 서신이 활용되었는데 유정이 외교적 중임을 맡게 된 것도 휴정의 서신이 매개가 되었다. 『宣祖實錄』 권146, 선조 35년 2월 3일(병인); 권152, 선조 35년 7월 20일(기묘); 권172, 선조 37년 3월 14일(갑자); 『光海君日記』 권35, 광해군 2년 11월 12일(계축).

53) 『宣祖實錄』 권36, 선조 26년 3월 27일(임오); 권37, 선조 26년 4월 12일(병신); 권57, 선조 27년 11월 1일(기사). 한편 『奮忠紓難錄』(『한국불교전서』 8, 105~108쪽)에는 渡日을 전송한 詩 19편, 挽詞 1편, 眞贊 3편이 실려 있는데 李恒福, 李德馨, 李廷龜, 李山海, 李睟光, 李植, 鄭斗卿, 權愫 등 당시 정국운영을 주도했던 인사들이 餞別詩를 보내준 사실이 확인된다.

54) 휴정의 제자들이 僧將으로 활동한 지역은 전국적 범위에 걸쳐있다. 기암 법견은 副總攝에 임명되어 전라도 長城의 笠巖山城과 僧營 사찰을 조성하였고 사명 유정은 三嘉의 岳堅과 陜川의 李崇山城 등 경상도 지역 산성 축조에 관여하였다(『宣祖實錄』 권

주로 담당한 것은 남·북한산성 승군의 예에서 보듯이 조선후기에 하나의 전형으로 자리 잡는다.

전란 중 승군은 크나큰 공적을 세웠지만 불교의 입장에서 전쟁과 승군 활동이 긍정적 결과만을 가져온 것은 아니었다. 우선 병화와 약탈, 전지(田地)의 황폐화는 사찰 건물의 소진과 함께 사찰의 재정 기반을 크게 약화시켰고 승군 활동은 경제적 부담을 가중시켰다.[55] 지역별로 동원 인원이 과중하게 책정되거나 승려의 도첩 유무가 문제가 되기도 하였고,[56] 승군의 활동 유지비를 둔전(屯田) 외에 사사노비(寺社奴婢)의 신공(身貢)과 사위전의 소출에서 감당하게 하는 등[57] 인적, 재정적 부담이 적지 않았다. 이러한 상황에서 승군 활동이 승려 본분에 어긋남을 지적하고 수행에 전념하지 못하는 현실에 대해 우려하는 목소리가 나오기도 했다. 휴정의 주요 제자이며 전란 중에 병으로 은둔해 있던 정관 일선(靜觀一禪)은 "말법이 쇠하고 세상이 매우 혼란하여 백성이 안도하지 못하고 승려도 편안히 머물지 못한다. 적의 잔해와 사람의 노고를 이루 다 말할 수 없는데 더욱 처감한 것은 승려가 속복을 입고 종군하여 죽고 도망치면서 출가의 뜻을 잊고 계율 실천을 폐하며 허명을 바라고 돌아오지 않으니 장차 선의 기풍이 멈추게 될 것이다"라고 하여 불교가 처한 현실적 위기 상황을 개탄하였다.[58] 이는 우려에만 그치지 않았고 실제로 공을 세워 직

48, 선조 27년 2월 27일(병자); 권80, 선조 29년 9월 12일(을사)). 또 뇌묵 처영은 南原山城 축조에 참여하였다(『宣祖實錄』 권53, 선조 27년 7월 19일(을미)).

55) 예를 들어 『宣祖實錄』 권49, 선조 27년 3월 1일(기묘)에 의하면 충청도 사찰 40여 곳의 位田이 쓸모없는 空閑地가 되었고 간사한 이들에게 점유당하기도 하여 수확한 곡식을 모두 개인이 차지하였다고 해서 몇 해 만이라도 訓練都監에 귀속시켜 군대의 식량으로 삼도록 하고 있다.

56) 『中觀大師遺稿』 「畓都體府摠戎使書」(『한국불교전서』 8, 218쪽).

57) 『宣祖實錄』 권53, 선조 27년 7월 8일(갑신); 권64, 선조 28년 6월 12일(계축). 도총섭 의엄이 강원·함경·평안도 등의 寺社奴婢의 身貢과 位田 소출을 거두어 쓰게 할 것을 건의하여 이를 재가하였다.

58) 『靜觀集』 「上都大將年兄」(『한국불교전서』 8, 30~31쪽).

책을 받은 승려들 중 전쟁이 끝나고 환속하는 경우가 적지 않았다.[59] 휴정의 제자 청매 인오도 "참상과 전쟁이 날로 심하고 부역이 해마다 더욱 압박하여 남북으로 갈리고 산중에 희비가 끊어져 병통이 이루 말할 수 없다"고 토로하였다.[60]

한편 전쟁 중의 활약으로 승려의 위상이 높아지고 불교의 입지가 강화될 조짐이 있자 조정에서 고위 승려의 권한 남용 사례가 비판되거나[61] 양종이 다시 세워질지 모른다는 우려가 표명되는 등 불교의 세력화에 대한 견제와 경계의 시각도 표출되었다.[62] 그렇지만 국가적 위기를 맞아 승려들이 의연히 떨쳐 일어났고 사림이 주도한 의병의 활약에 견주어 손색이 없는 공업을 세운 것은 당대는 물론 후대에도 높은 평가를 받았다. 18세기에는 휴정과 유정 등을 향사하는 사당이 국가 공인 사액사(賜額祠)로 지정되었는데, 1738년 밀양의 표충사, 1789년 해남 대둔사(大芚寺)의 표충사, 1794년 묘향산 수충사(酬忠祠)가 사액되고 공식 향사가 이루어졌다. 승려의 향사를 용인한 정조는 "불교는 자비가 중요한데 휴정은 그에 부끄럽지 않아 인천(人天)의 안목이 되었다. 종풍을 발현하고 국난을 널리 구제하니 근왕(勤王)의 원훈이며 상승(上乘)의 교주이다. 속세를 구제하고 은혜를 베푸는 것이야말로 진정한 불교의 지비이다"라고 하여,[63]

59)『奮忠紓難錄』「乙未罷兵後備邊司啓」(『한국불교전서』 8, 97쪽).

60)『青梅集』「悼世」(『한국불교전서』 8, 150쪽).

61)『光海君日記』 권63, 광해군 5년 2월 25일(계축). 승장의 직위와 권한이 높아지자 도총섭의 위세가 지나치다는 비판이 있었고 승려가 官事에 조력하면서 생긴 폐해가 지적되기도 하였다.

62)『宣祖實錄』 권39, 선조 26년 6월 29일(임자); 권41, 선조 26년 8월 7일(무자); 권48, 선조 27년 2월 27일(병자). 禪科 제수에 대해 兩宗을 다시 세우는 것이라는 의혹이 제기되었고 禪教判事 호칭도 양종복립의 오해를 불러일으킨다고 하여 총섭으로 바뀌었다. 또 승려들의 권력 남용을 막기 위해 왜적 토벌이 아닌 산성 수축의 경우 총섭의 권한을 주지 말아야 한다는 의견도 제기되었다.

63)『清虛堂集』 補遺, 「正宗大王御製西山大師畫像堂銘并序」(1794)(『한국불교전서』 7, 735~736쪽).

근왕을 위해 일어난 승군의 공적을 치하하고 이를 불교의 올바른 모습이라고 치켜세웠다. 이처럼 국난을 맞아 충의를 발현한 승군과 승장의 업적은 불교의 역할에 대한 부정적 인식을 불식시켰고 이러한 위상 제고는 조선후기 불교 존립의 중요한 요인이 되었다.

이어 광해군대는 7년간의 전란으로 피폐해진 민생과 경제 재건이라는 중차대한 과제에 직면하였고 밖으로는 명의 책봉문제와 함께 대륙에서 새로 대두한 후금(後金)과의 관계 설정에 고심해야 했다. 전쟁을 겪으며 취약해진 조선 국왕의 권위는 둘째 아들이었던 광해군 자신의 정통성 부재와 '폐모살제(廢母殺弟)' 로 인한 윤리적 흠결로 더욱 흔들렸다.[64] 이처럼 정치, 사회, 경제, 외교, 군사 등 각 분야의 난제가 첩첩이 쌓여 있던 시기에 불교는 정국운영상의 주된 논의 대상이 되지 않았다. 성리학 이념에 기반한 적극적 배불이나 통제를 위한 입안은 시도되지 않았고 오히려 현실적 필요에 의해 불교의 자원을 활용하는 공리적 시책이 관행으로 굳어졌다. 전란기에 펼쳐진 승군 활동이 사회적 공익 실현과 효율성을 입증함에 따라 승려 노동력을 적극 활용하는 방향으로 자연스럽게 전개된 것이다. 광해군 즉위 초부터 승군을 국가방위에 참여시킬 필요성이 제기되었고,[65] 실추된 국왕권을 회복하는데 필수적이었던 궁궐 조영이나 그 밖의 대규모 국가 공역에 승도가 동원되었다.[66] 광해군은 승려 성지(性智)의 의견을 좇아 인경궁(仁慶宮)의 터를 잡고 공사를 시작하였는데 초기에는 승군 600명이 배정되었으나 추가로 각 도의 승군 1,500명이 동원되기도 하였다.[67] 이처럼 승군의 용도가 토목 공사에 집중되면서 우

64) 한명기, 2000 『광해군』, 역사비평사 참조.

65) 『光海君日記』 권14, 광해군 1년 3월 27일(무신).

66) 『光海君日記』 권22, 광해군 1년 11월 26일(계묘). 광해군 10년에 대궐을 조영하면서 僧俗의 언행이 불미하다는 이유로 형벌을 내려야 한다는 논의가 있었는데 이에 詠月淸學이 항소하기도 하였다.

67) 『光海君日記』 권161, 광해군 13년 2월 1일(계묘). 광해군은 仁慶宮 등 궁궐을 새로 지

수한 승려 노동력을 활용하는 대가로 도첩이나 호패를 지급하여 승려자격을 인정하는 시책이 점차 관례화되었다.

1623년의 인조반정(仁祖反正)은 광해군이 명에 대한 의리를 저버리고 패륜을 저질렀다고 하여 명분과 정통성을 내세워 일어난 사건이었다. 그런데 반정 다음해에 이괄(李适)의 난이 일어나 왕권을 재차 뒤흔들었고 밖으로도 후금의 급속한 성장에 따라 관계 설정과 대처방식에 큰 어려움을 겪었다. 반정으로 집권한 인조의 책봉 문제도 순조롭지 않았고 현실적으로 강성한 후금 세력과 명에 대한 '재조지은(再造之恩)' 사이에서 적절한 타협점을 찾기는 쉽지 않았다.[68] 이처럼 급변하는 국제 정세와 대응방향 모색의 어려움 속에서 이괄의 난 때 한양이 접수되고 수도의 군사 방어에 허점이 드러남에 따라 유사시를 대비하여 한강 남쪽의 남한산(南漢山)에 산성을 축조하게 되었다. 축성 공사에는 변방 방어에 주력해야 했던 관서(關西)의 승려를 제외하고[69] 주로 삼남(三南)의 승려가 동원되었는데 팔도도총섭(八道都摠攝)으로 임명된 벽암 각성(碧巖覺性, 1575~1660)이 승군을 조달하고 통솔하였다. 그는 앞서 광해군대에 선교도총섭(禪敎都摠攝)을 역임하였는데 그가 호서(湖西)와 호남(湖南) 주요 사찰의 대규모 건물을 중건한 것을 보면,[70] 교단 내의 위상과 정치적 영향력, 왕실이나 국가의 후원 규모를 짐작할 수 있다. 1626년에 완성된 남한산성 내에는 9개의 사찰이 조성되었고 승군이 주둔하면서 방비를 맡았

을 때 주로 性智의 조언을 들었고 僉知에 제수하는 등 파격적인 대우를 하였는데(『光海君日記』 권126, 광해군 10년 4월 13일(임인)), 성지는 인조반정이 일어난 후 주살되었다(『仁祖實錄』 권1, 인조 1년 3월 17일(정미)).

68) 한명기, 앞의 책 참조.

69) 『仁祖實錄』 권7, 인조 2년 11월 30일(경진).

70) 대표적으로 松廣寺, 華嚴寺, 雙磎寺, 法住寺 등을 들 수 있다. 각성은 도총섭으로서 赤裳山城을 수축하고 수호하는 일을 맡기도 하였다(『仁祖實錄』 권39, 인조 17년 10월 8(신묘).

다.[71] 또 평양성을 수축할 때는 강원, 황해, 충청도의 승군 4백 명이 징발되었는데[72] 승군은 공역에 노동력을 제공하였을 뿐만 아니라 군사적 기능도 겸하게 되었다.

1627년에 정묘호란(丁卯胡亂)이 발발하자 유정의 문손인 허백 명조(虛白明照)가 팔도의승도대장(八道義僧都大將)이 되어 4천여 승군을 일으켰고 평안도 안주(安州)를 방어하는데 참여하였다.[73] 이어 1636년 병자호란(丙子胡亂) 때는 벽암 각성이 화엄사(華嚴寺)에서 승군 3천을 모아 항마군(降魔軍)을 조직하는 등 승군의 군사적 전통이 이어졌다.[74] 임진왜란에 이어 17세기 전반에 발발한 정묘호란과 병자호란은 명청(明淸)의 교체와 화이론(華夷論)적 국제 질서의 지각변동을 가져왔는데 조선은 형세를 읽으면서도 중화문명에 대한 가치를 고수하지 않을 수 없었고 그 결과 인조는 삼전도(三田渡)의 굴욕을 감수해야 했다.[75] 조선은 공식적으로 청을 중화의 황제국으로 받들게 되었지만 내부적으로는 명의 숭정(崇禎) 연호를 계속 쓰는 등 의리와 존주(尊周)의 명분을 강화시켰고 이를 통해 자존심 회복과 민심 결속을 도모하였다.[76] 불교 또한 정통론에

71) 總攝 1인, 中軍 1인이 통솔하는 주둔 승군은 138명이었고 교대 승려는 356명으로서 평안, 함경을 제외한 경기, 강원, 황해와 삼남에서 매년 6번 입역하였다고 한다(『南漢志』 67, 87쪽).

72) 『仁祖實錄』 권4, 인조 2년 6월 27일(기유).

73) 『虛白集』 「虛白堂詩集序」(『한국불교전서』 8, 379~380쪽). 명조는 승군 4천명을 이끌고 安州를 協守하였으며 1636년 병자호란 때는 군량 보급을 담당하기도 하였다.

74) 김용태, 2009 「조선후기 華嚴寺의 역사와 浮休系 전통」 『지방사와 지방문화』 12-1, 역사문화학회. 한편 인조가 남한산성에서 청과 교전 중일 때 승려 斗淸이 有旨를 들고 나갔으며(『仁祖實錄』 권34, 인조 15년 1월 15(을묘)), 묘향산 출신의 獨步(호는 麗忠)는 병자호란 후 海路로 비밀리에 명의 都督府에 가서 조선의 상황을 설명하고 청을 협공하자는 咨文을 가지고 오기도 하였다(『仁祖實錄』 권42, 인조 19년 8월 25일(무진)).

75) 許泰玖, 2009 「丙子胡亂의 정치 · 군사적 연구」, 서울대 국사학과 박사학위논문.

76) 鄭玉子, 1988 「17세기 思想界의 再編과 禮論」 『韓國文化』 10, 서울대 韓國文化研究所.

기반한 법통(法統)을 정립하였고 승려들도 존명(尊明)과 의리를 강조하는 등 시대사조에 부합하는 모습을 보였다. 화이론에 입각한 성리학자들은 불교에 대해 중화의 도가 아닌 오랑캐의 교라고 비난하여 왔지만, 17세기 전반의 불교계는 시종일관 국가의 안정과 국왕권의 수호를 위해 기원하고 승군을 일으켰으며 성리학적 명분론에 적극 동참하였던 것이다. 이는 이단인 불교가 국체(國體)에 해가 되는 사교(邪敎)로까지 지목되지 않았던 중요한 요인이기도 하였다.

한편 승군은 축성과 궁궐 조영은 물론 산릉(山陵)과 제언(堤堰) 조성에도 동원되었다. 궁궐 영건은 효종대에 5도의 승려 2,000명이 동원된 것을 포함해 광해군에서 현종대까지 모두 6차례에 걸쳐 승도가 모집되었다. 또 인조대에 8도에서 차출된 1,420인의 승도가 원소(園所)에 부역하는 등[77] 18세기 중반까지 총 20회가 넘는 산릉 역에 삼남의 승려가 종사하였다.[78] 또한 승군이 『조선왕조실록』과 『선원록(璿源錄)』 등이 보관된 사고(史庫) 수호도 담당하였다. 이처럼 승군과 승려 노동력을 활용하는 것이 관례화된 것은 17세기 이후 양인(良人)의 역(役)이 점차 감소된 추세와 밀접한 관련이 있다. 즉 노동 효율성이 높은 승역(僧役)을 국가의 요역(徭役)체계에 편입시켜 부족분을 메운 것이었다.[79] 그 대가로 국가는 승려 자격을 용인해 주었고 승려는 불법적 피역(避役)의 혐의를 벗을 수 있었다. 남한산성을 축조할 때는 도첩을 먼저 발급한 후 승려 자격을 획득한 이들에게 호패가 다시 지급되었다. 이는 승려 자격증과 군역 종사자로서의 신분증명서를 동시에 준 것으로 승려 활동이 제도적으로 용인된 셈이었다.[80]

77) 『仁祖實錄』 권46, 인조 23년 5월 15일(병신).

78) 尹用出, 1984 「朝鮮後期의 赴役僧軍」 『釜山大學校人文論叢』 26.

79) 이종영, 1963 앞의 논문 참조.

80) 당시 號牌廳에서는 새로 출가하는 이들을 대상으로 『經國大典』의 도첩 규정대로 시

이처럼 조선후기 불교시책의 기본 성격은 승려의 국역체계 편입이나 군사적 활용에 있었고 법제적 공인이나 억불, 숭불 어느 한 쪽의 편향은 거의 나타나지 않았다. 그러나 단 한 차례의 예외적 상황이 현종대에 펼쳐지게 된다. 즉 1660년(현종 1) 사비(寺婢)의 출가 사건을 계기로 양민이 승니가 되는 것을 금하고 위반 사항을 조사하여 환속시키는 조치가 취해졌다. 이어 도성 안 비구니 사찰인 인수원(仁壽院), 자수원(慈壽院)이 혁파되었고 1663년에는 일부 사원을 제외한 사찰 위전(位田)과 노비를 몰수하고 명례궁(明禮宮) 외의 궁방 원당(願堂)을 혁파하는 등 강력한 억불 조치가 단행되었다.[81] 이는 전란 이후 회생되고 있던 사찰 경제와 왕실불교의 기반을 크게 위협하는 조치였지만 역으로 국가 재정의 확충에는 보탬이 되는 일이었다. 현종대에 이러한 억불조치가 내려진 배경에는 당대 정국 주도 세력이 성리학적 명분론을 강하게 내세운 산림(山林) 출신인 것과 관련이 있다. 당시 분위기를 보여주는 한 예를 들면, 송준길(宋俊吉)은 "주자(朱子)가 승사(僧寺)를 훼철하고 서당(書堂)으로 삼는 것이 일거양득이라 하였는데 지금 니원(泥院) 한 곳은 북학(北學)의 옛 터이므로 남은 재료를 가지고 다시 북학을 세우자" 고 주장하였고 결국 논의를 좇아 성균관(成均館)에 비천당(丕闡堂)이 세워지기도 하였다.[82] 현종대인 1670년대에 명의 홍무예제(洪武禮制)에 의거하여 전래의 성황사(城隍祠) 대신 예교질서에 부합하는 성황단(城隍壇)을 설치하는 '폐사설단(廢祠設壇)' 조치가 집중적으로 취해진 것도[83] 이러한 시대정서와 무관하지 않다.

행한다는 것을 事目 안에 고쳐 표시하였는데(『光海君日記』 권35, 광해군 2년 11월 12일(계축)), 이는 승려 자격이 관례적으로 인정된 것을 의미한다.

81) 鄭之益, 1665 「江西寺事蹟碑」(高橋亨, 1929 『李朝佛教』, 559~560쪽과 990~991쪽).

82) 權相老, 1917 『朝鮮佛教略史』, 212~213쪽.

83) 최종석, 2008 「조선시기 城隍祠 입지를 둘러싼 양상과 그 배경-高麗 이래 질서와 '時王之制' 사이의 길항의 관점에서-」 『韓國史研究』 143.

이 시기에 백곡 처능(白谷處能, 1617~1680)은 장문의 「간폐석교소(諫廢釋敎疏)」를 올려 불교에 대한 유학자들의 오해를 불식시키고 당시의 억불 시책에 대한 강한 불만을 토로하였다. 그는 불교에 대한 세간의 비판을 공간적 차이, 시대적 차이, 인과응보와 윤회설의 허망함, 경제적 해악, 정교(政敎)의 손상, 편오(編伍)의 행정조직에서 벗어난 피역(避役) 문제의 6가지로 정리하였다.[84] 즉 불교는 중화가 아닌 오랑캐의 교이고 하(夏)·은(殷)·주(周) 삼대(三代)의 도가 아니며, 허망한 말로 혹세무민하여 사회윤리를 어지럽히고 국가 경제에 피해를 줄 뿐 아니라 성리학적 국가이념과 통치체제에 저촉된다는 것이 세간에서 불교를 비판하는 논지였다. 이에 대해 처능은 지역과 시대가 달라도 성인(聖人)과 도(道)의 이치는 같고 군주에게 재물보다 덕이 근본인 것처럼 출가자에게는 노동보다 수행이 중요하며 불법 승려를 처벌하는 것과 불교 자체를 폐기하는 것은 다르다는 점을 지적하였다. 또 승려들이 선왕선후(先王先后)의 명복을 기원하고 군역과 공납에 공헌하는 등 국가에 이로움을 주었는데 이단으로 차별하고 폐불을 도모하는 것은 부당하다고 역설하였다.[85]

하지만 현종대의 조치가 승려의 대거 환속이나 사찰의 혁파까지 초래한 것은 아니었다. 이 시기까지 특정 사찰은 국가나 왕실 궁방으로부터 하사받은 위전(位田)이나 제전(祭田) 등 면세지를 보유하였고 사찰노비도 일부 잔존하고 있었는데, 억불시책의 주된 대상은 왕실과 연결된 이들 원당이나 비구니 사찰이었고 과다한 특혜가 부여된 사원의 재정을 일부 환수한 것이었다. 더욱이 숙종대 이후 더 이상의 강한 억불책은 시행

84) 高橋亨, 1929 『李朝佛教』, 719~724쪽과 金容祚, 1979 「白谷 處能의 諫廢釋教疏에 關한 研究」 『韓國佛教學』 4 참조. 처능은 1674년(현종 15) 남한산성 八道禪教都摠攝이 되었는데 그 무렵 올린 것으로 보인다.

85) 『大覺登階集』 권2, 「諫廢釋教疏」(『한국불교전서』 8, 335~343쪽).

되지 않았고 국가 공역에 승려를 동원하고 사원의 경제력을 활용하는 방향의 시책이 계속되었다. 1711년(숙종 37)에는 북한산성(北漢山城) 조성에 승군을 동원하였고 산성 안에는 11개의 진호(鎭護) 사찰이 두어졌다. 각 사찰에는 수승(首僧)과 승장(僧將) 각 1인씩을 두었고 남 · 북한산성의 승영(僧營)을 관할하는 승대장(僧大將)은 전국 승려를 총괄하는 팔도도총섭을 겸임하였다. 또 두 산성에 총 700명의 승군을 상주하게 하였는데 1년에 6차례 교대로, 평안도와 함경도를 제외한 6도의 승려들이 상번, 입역하는 의승방번제(義僧防番制)가 실시되었다.[86]

이후 산성의 상번 입역이 각지 사찰에 과중한 부담이 되자 1756년(영조 32) 북한산성 도총섭을 역임했던 호암 약휴(護岩若休)의 승려 신역(身役) 혁파 건의를 받아들여 남 · 북한산성 승군의 윤번제를 대신하여 방번전제(防番錢制)를 시행하게 된다.[87] 이는 승려들이 교대로 입역하는 대신 매년 승려 1인당 40량씩 분담하여 상주 승군을 재정적으로 지원하는 방식이었다. 이와 함께 '승려 또한 백성' 이라는 전제하에 산성을 제외한 국가 부역에 승려를 과도하게 동원하지 못하게 하였는데, 산릉역의 경우 1757년을 끝으로 종식되었고 지방의 기타 공역도 필요한 양식을 관에서 지급하도록 조치하였다. 그럼에도 기타 잡역과 공물 부담으로 인해 액수를 충당하는데 어려움이 있다고 하자 1785년(정조 9)에는 남 · 북한산성의 방번전을 반감시켰다. 이러한 일련의 조치는 17세기에 각종 공물(貢物)을 미곡으로 대납하게 하는 대동법(大同法)의 시행이나 1750년 군포(軍布)를 2필에서 1필로 줄여 내게 하는 균역법(均役法)의 시행에서처럼 양인의 과중한 국역 부담 경감, 현물화, 금납화의 정책방향과 궤를 같이

86) 呂恩暻, 1987「朝鮮後期 山城의 僧軍摠攝」『大邱史學』32, 9~13쪽. 방어상의 이유로 평안도와 같은 북방의 사찰은 상번, 입역이 면제되었고 삼남을 위주로 한 6도 승려들이 동원되었다.

87) 김갑주, 1988「南北漢山城 義僧番錢의 綜合的 考察」『佛敎學報』25.

하는 것이었다.[88)]

17세기 후반부터 18세기에는 국가의 안정과 경제력 신장에 힘입어 사상, 문화 등 여러 분야에서 가시적 성과가 나타났는데 사찰의 중창과 불교에 대한 시각에서도 그러한 시대상황과 인식 변화가 감지된다. 임진왜란 후 피폐화된 사찰 재건은 17세기 초부터 시작되었지만 국가경제가 회복기에 접어든 17세기 후반 숙종대 이후 대규모의 불사가 이루어졌다.[89)] 예를 들어 1686년 왕실의 지원을 받은 금산사(金山寺) 대적광전(大寂光殿) 중창, 1702년 화엄사(華嚴寺) 각황전(覺皇殿), 영조대인 1765년의 불국사(佛國寺) 대웅전(大雄殿)과 1769년 해인사(海印寺) 대적광전(大寂光殿) 중창 불사 등이 일어났다.[90)] 영조는 "유교의 도가 크게 성하니 이단이 어찌 이를 해칠 수 있겠는가"라고 언명하면서 불교에 대해 방임적 입장을 취하였다.[91)] 영·정조대에 비록 승니의 도성출입 금지, 궁방 원당의 혁파 조치, 능침사찰의 창건 금지 등 이전부터의 억불 기조가 유지되기는 했지만 암묵적 용인 속에서 이와 같은 금령이 잘 지켜지지 않는 것이 또한 현실이었다.[92)] 원당만 해도 각종 공역과 잡역, 사적 침탈에서 벗어날 수 있는 특권이 부여되었기에 각 사찰에서 앞다투어 지정받으려 했고 심지어 자의적으로 원당을 사칭하는 경우까지 생겨났다. 원당의 재산은 왕실 궁방의 경제적 기반이기도 하였기에 완전한 혁파나 속공은 현실화되지 못했다.

---

88) 여은경, 1987「朝鮮後期 大寺刹의 總攝」『嶠南史學』3에서는 영조대의 良役變通論이 결국 정조대 의승방번전의 半減으로 이어졌다고 보았다.

89) 17세기 후반의 대규모 불사 성행에 대해서는 李康根, 1994「17世紀 佛殿의 莊嚴에 관한 硏究」, 동국대 미술사학과 박사학위논문 참조.

90) 鄭炳三, 1996「眞景時代 佛敎의 振興」『澗松文華』50.

91) 『英祖實錄』 권6, 영조 1년 5월 3일(경자). 왕세손 講書 목록에 있던 『楞嚴經』을 북한산 中興寺로 보낸 일은 있지만 영조대에 전면적 척불을 도모한 적은 없다.

92) 정조도 즉위 초에 願堂 혁파를 명하였지만 다시 부활시켰고 先王의 원찰 중수를 지원하는 등 국왕권 강화 차원에서 불교를 적극 활용하였다.

특히 정조는 성리학적 학자 군주의 전형이지만 조선후기에 그 예를 찾아 볼 수 없는 '호불(好佛)' 적 시책을 펼쳤다. 정조는 정국을 주도한 노론(老論)의 견제 속에서 죽임을 당한 부친 사도세자(思悼世子)에 대한 통념을 달래면서 내세의 안녕을 기원하고 왕실의 권위를 높이는데 불교를 활용하였다. 1789년 사도세자의 묘를 화성(華城)으로 옮겨 현륭원(顯隆園)을 조성하고 1790년 능침사격인 용주사(龍珠寺)를 창건하였는데, 이를 위해 팔도도화주(八道都化主) 보경 사일(寶鏡獅馹)을 통해 전국 승려들에게 기부를 받았고 각 궁방과 지방관들의 대규모 모금을 거두었다. 정조 자신은 「기복게(祈福揭)」를 직접 지었고 『부모은중경(父母恩重經)』을 간행하여 불교를 통해 효심을 발양하고 실천하였다.[93] 한편 용주사 창건은 국왕권의 강화라는 정치적 목적과도 관련이 있었다. 용주사는 전국사찰을 관할하는 팔도오규정소(八道五糾正所)의 하나로 지정되었고 특히 용주사 주지 보경 사일은 도승통(都僧統)에 임명되어 남·북한산성의 총섭까지 겸임하였다.[94] 또한 용주사의 승도는 국왕의 친위부대인 장용영(壯勇營) 외영(外營)에 편입되어 정조가 현륭원을 참배할 때 그 호위를 맡았다. 국왕이 도승통을 통해 교단을 장악하고 승군을 국왕 직영의 군사조직으로 삼은 것은 국왕권 강화와 직결되는 일이었다. 앞서 소개한 것처럼 정조는 임진왜란 때 근왕을 위해 노력한 휴정, 유정 등의 충의를 기리는 표충사, 수충사의 사액과 향사를 허용하였는데 이 또한 국왕권 강화와 불교 포섭의 일환이었던 것이다.

이러한 불교의 활용 내지 포섭은 문체반정(文體反正)과 정학(正學)을 내세워 성리학 질서의 회복을 표명한 정조의 학문적 성향과 배치되는 것이었지만, 강력한 국왕권 구축을 도모하면서 성학(聖學)을 표방하였기에

93) 조계종교육원 편, 앞의 책의 「조선후기의 조계종」 참조.

94) 남희숙, 2004 앞의 논문. 嶺南의 교학 종장 仁嶽 義沾이 창건 당시 證師를 맡아서 「佛服藏願文慶讚疏」와 「龍珠寺祭神將文」을 지었고 정조가 이에 弘濟의 호를 하사하였다.

이단인 불교 또한 포용과 용인의 대상이 될 수 있었다.[95] 의리탕평(義理蕩平)을 주도하고 '만천명월주(萬川明月主)' 를 자부한 정조는 "군왕의 학문은 일반 사대부와 다르기에 유학의 도를 우선시하기는 하지만 불교나 도교 또한 필요하다" 는 제왕적 학문관을 피력하였다.[96] 또 불교 용어인 '금륜성왕(金輪聖王)' 에 빗대어 국왕의 존엄을 내세우기도 했고, "불교는 비록 이단이지만 혹 나라에 보탬이 되는 것이 있다. 심산유곡에 만일 사찰과 승려가 없다면 누가 도적을 방어하겠는가" 라는 현실적 필요성도 언급하였다.[97] 이는 승려를 신민으로 보고 불교를 위정(爲政)의 한 도구로 인식한 것이었다. 당시 성행하던 서학(西學)이나 청에서 새로 들어온 신사조는 사학(邪學)으로 치부되었지만 이단인 불교는 국체에 미치는 해악이 덜하였고 더욱이 충과 효, 치세(治世)에 모두 보탬이 되는 것이었기에 관용과 포섭이 가능했던 것이다.

정조 사후 19세기는 노론 벌열 중심의 세도(世道) 정치기로 정국과 지방질서의 혼란과 불안이 가중되었고 신분제의 동요와 부의 양극화 현상 등이 주요 사회 문제로 대두되었다. 이러한 정치 사회적 혼란은 각 지역 사찰에까지 여파를 미쳤는데 기강이 문란해짐에 따라 사찰이 지방관리와 토호의 사적 침탈 대상이 되었다. 하지만 중앙정부 차원의 가혹한 징발이나 침학은 없었으며 19세기 후반에는 오히려 왕실이나 명문가와 관련있는 주요 사찰의 잡역 혁파와 권익보호 조치가 빈번히 내려졌고 공명첩(空名帖)을 발급하여 사찰 재정을 돕기도 했다. 예를 들어 고종대에는 법주사(法住寺)와 송광사(松廣寺), 금강산 지역 사찰을 비롯한 유명 사찰에 특혜를 허여하는 완문(完文)이 내려졌고 왕실과 고위관료

95) 유봉학, 2005「전통문화와 사상의 추이」『한국문화와 역사의식』, 신구문화사.
96) 김준혁, 1999 앞의 논문. 정조대의 탕평정치와 군신의리에 대해서는 崔誠桓, 2009「正祖代 蕩平政局의 君臣義理 연구」, 서울대 국사학과 박사학위논문이 참고가 된다.
97) 김준혁, 2002 앞의 논문.

들이 대규모 불사에 기부하고 참여하는 사례도 적지 않았다.[98] 1860년대의 경복궁(景福宮) 낙성회 때는 대원군(大院君)에 의해 서울 인근의 승려 수백 명이 초청되는 일도 있었다.[99] 이러한 양상은 국가가 대내외적 위기 상황에 처하면서 국왕과 왕실, 가문의 안정과 번영을 기원하는 종교적 욕구가 분출된 것으로 볼 수 있다.

1897년 대한제국(大韓帝國)을 선포한 고종은 국체 수호를 위한 종교의 필요성을 절감하고 조선의 국교(國敎)를 유교로 천명하였고,[100] 전통 종교인 불교 또한 국가가 직접 관리, 통제하는 방향으로 정책기조를 바꾸었다. 즉 1902년 4월 궁내부(宮內府) 칙령에 의해 서울의 원흥사(元興寺)를 대법산(大法山)으로 삼고 중앙 관리기구로 사사관리서(寺社管理署)를 설치하여 도섭리(都攝理)를 두었으며 전국 사찰을 16중법산(中法山) 체제로 편제하였다. 또 관리법규인 「사찰령(寺刹令)」 36조를 반포하였는데 이는 사찰 재산을 국가에서 관리하고 정식 승려 자격을 부여하는 도첩제의 공인을 골자로 한다. 이때 지방 사찰에 가해진 각종 잡역과 공수(供需), 토색과 주구 등을 일체 금할 것을 법제상으로 규정하고 시행하였다. 한편 「사찰령」에는 '효양부모(孝養父母), 충실제왕(忠實帝王), 수순왕법(隨順王法), 부조오역(不造五逆)' 등 8조목이 종칙으로 규정되었고 정계(政界)의 득실은 일체 허용하지 않는다는 정교분리 조항도 포함되었는데,[101] 이는 국교인 유교의 충과 효의 덕목에 국가불교의 색채를 더한 것이었다.[102] 국가에 의한 불교의 관리와 통제는 순기능과 역기능의 양

98) 高橋亨, 1929 『李朝佛敎』, 849~866쪽.

99) 權相老, 1917 『朝鮮佛敎略史』, 238쪽.

100) 高宗은 1899년 「尊聖綸音」을 반포하여 孔子의 道를 國敎로 하고 스스로 儒敎의 宗主임을 천명하였다(금장태, 1999 『한국현대의 유교문화』, 서울대 출판부).

101) 高橋亨, 1929 『李朝佛敎』, 867~868쪽.

102) 이후 총독부가 반포한 「사찰령」에서는 天皇의 위패를 봉안하고 祝讚하는 등 '國家佛敎' 의 성격이 더욱 강화된다(高橋亨, 1929 『李朝佛敎』, 885~886쪽).

면을 지니는데 대한제국 사찰령은 시세의 변화에 의해 1904년에 중단되었고,[103] 1905년 통감부(統監府)와 1910년 총독부(總督府) 체제가 시작되면서 불교에 대한 통제 기조는 더욱 강화되었다.

103) 권상로, 1917 앞의 책, 247~248쪽에 管理署와 寺剎令規則 36조, 大法山과 16中法山의 내용이 소개되어 있다.

2장

불교의 존립기반과 사원경제

〈송광사 영산전 팔상탱〉

조선시대 교단의 성격은 전기는 공식 종단(宗團), 후기는 무종단(無宗團) 시기로 크게 대별할 수 있다. 전기에는 세종대에 7개의 종단을 통폐합하면서 선교양종(禪教兩宗)의 종단 체제가 성립하였고 이는 국제(國制)인 『경국대전(經國大典)』에 법제화되었다. 하지만 중종대에 양종이 공식적으로 혁파되고 법제 규정도 효력을 상실하면서 명종대의 일시적인 양종복립기를 제외하면 더 이상 공인된 종단은 존재하지 않게 되었다. 이후 국왕이 승려에게 시호를 내릴 때 관례적으로 선·교종 명칭을 쓰기도 했고 또 국가에서 주요 승직(僧職)을 임명하기도 하였지만 조선후기는 법제적 규정이 없는 무종단 상태가 지속되었다. 그러나 전국의 승려를 통솔하는 기구와 승직의 존재가 용인되었고 계파나 문파의 형태로 승려와 소속 사찰이 조직화되면서 조선후기에도 교단은 존립할 수 있었다.

먼저 조선전기 선교양종 체제에서의 승계(僧階)와 승직은 예조(禮曹) 주관하의 승과(僧科)를 거쳐야만 취득할 수 있었다.[104] 즉 승과에 합격하

104) 조선전기의 僧科는 선종본사 興天寺, 교종본사 興德寺에서 각각 3년에 한 번씩 式年試로 시행되었고 양종이 복립된 명종대에는 奉恩寺와 奉先寺에서 주관하였다. 『경

면 대선(大選)의 승계를 얻었고 이후 중덕(中德)에 오르면 국가 공인 사찰의 주지(住持)로 임명될 수 있었다.[105] 중덕 다음의 승계는 선종의 경우 선사(禪師)-대선사(大禪師)-도대선사(都大禪師), 교종은 대덕(大德)-대사(大師)-도대사(都大師) 순이었는데 도대선사와 도대사가 되어야 최고위 승직인 선·교종 판사(判事)를 수여할 수 있었다.[106] 후대에 대선은 문과(文科)의 대과(大科), 대선 아래 단계의 참학(參學)은 소과(小科) 출신과 같은 것이며 또 선종은 문과, 교종은 무과에 비유되기도 하였다.[107] 이는 승과를 통한 승직과 승계 취득을 과거를 통한 출사(出仕)와 같은 성격으로 이해한 것이다. 그러나 양종 혁파 이후 공식 승계와 승직은 주어지지 않았고 양종 명칭과 함께 관례적으로 사용되기는 했지만 법적 효력은 전혀 없었다.

그런데 국가가 편법으로 다시 승직을 부여하는 계기가 된 것이 임진왜란이었다. 즉 전쟁 중 임시방편으로 승직을 수여하고 선과(禪科)를 준 것이 전란 후에도 관례적으로 지속된 것이다. 선조는 승군을 조직적으로 통솔하기 위해 승장에게 직책을 수여하였는데 처음에는 최고위직을 선교양종판사(禪敎兩宗判事)로 명하였다. 하지만 승려의 위상이 높아지고 불교의 입지가 강화될 조짐이 있자 이에 대한 비판과 함께 양종이 다시 세워질지 모른다는 우려가 표명되었다.[108] 이에 선교양종판사 대신 도총섭

국대전』에서 규정된 시험 과목은 선종은 『傳燈錄』과 『禪門拈頌』, 교종은 『華嚴經』과 『十地論』을 강설하게 하였고 각각 30인씩을 선발하였다(『經國大典』).

105) 주지의 임기는 30개월이었고 선종과 교종 본사에서 각각 후보자 3인을 禮曹에 추천하면 예조는 吏曹와 협의하여 국왕의 재가를 받아 임명 여부를 결정하였다.

106) 高橋亨, 1929 『李朝佛教』, 256~270쪽.

107) 『大覺登階集』 「奉恩寺重修記」(『한국불교전서』 8, 325~326쪽).

108) 『宣祖實錄』 권39, 선조 26년 6월 29일(임자); 권41, 선조 26년 8월 7일(무자); 권48, 선조 27년 2월 27일(병자). 다음 광해군대에도 총섭의 위세가 지나치다는 비판과 함께 승려가 官事에 조력하면서 생긴 폐해가 지적되었다(『光海君日記』 권63, 광해군 5년 2월 25일(계축)).

(都摠攝)의 직책을 내렸고 각 도에 선과 교의 총섭(摠攝)이 두어졌으며 비변사(備邊司)에서 이들을 임명, 관리하였다.[109] 도총섭은 원의 영향을 받아 고려 말부터 사용된 것으로[110] 공민왕대의 왕사(王師)인 나옹 혜근(懶翁惠勤), 조선 태조의 왕사였던 무학 자초(無學自初) 또한 '조계종 선교도총섭(曹溪宗 禪教都摠攝)'으로 칭해졌다.[111] 이후 선교양종 체제에서는 판사가 최고위 승직이었는데 임진왜란 때 다시 도총섭, 총섭의 직명이 사용된 것이다. 전쟁에서 전체 승군을 통솔한 도총섭은 "승병의 공을 평가, 보고하고 승군 활동의 대가로 발급된 선과(禪科)를 직접 배급"하는 중요한 권한을 가졌고 또 실직은 아니지만 당상관의 품계가 제수되기도 하였다.[112] 다만 이는 전란기의 임시책이었고 법제상의 공식 규정은 아니었으며 한 도에 총섭이 한 명만 두어지거나 총섭이 아예 임명되지 않는 도가 있는 등 체계적인 운영을 기대하기 어려웠다.[113]

그러나 현실적 요구에 의해 승군 활용이 관례화됨에 따라 임진왜란 때 재개된 총섭제는 계속 유지되었다. 인조대에 벽암 각성이 남한산성 팔도도총섭에 임명되어 높은 위상을 가지게 된 이후,[114] 남한산성과 숙종대에 만들어진 북한산성의 팔도도총섭은 전국의 승군을 동원하고 통제하

109) 『宣祖實錄』 권41, 선조 26년 8월 7일(무자); 『宣祖實錄』 권74, 선조 29년 4월 17일(계축).

110) 呂恩暻, 1987 「朝鮮後期 山城의 僧軍摠攝」; 1987 「朝鮮後期 大寺刹의 摠攝」 참조.

111) 金映遂, 1939 『朝鮮佛教史藁』, 112~123쪽.

112) 『宣祖實錄』 권37, 선조 26년 4월 12일(병신); 권38, 선조 26년 5월 15일(무진); 권39, 선조 26년 6월 29일(임자).

113) 『宣祖實錄』 권74, 선조 29년 4월 17일(계축); 권75, 선조 29년 5월 2일(무진). 『宣祖實錄』 권48, 선조 27년 2월 27일(병자)에는 산성 수축을 위해 총섭 권한을 주는 것은 문제가 있으므로 大禪帖文을 내려 표창할 것을 명하기도 하였다.

114) 「華嚴寺碧巖碑銘」(『韓國高僧碑文總集 : 朝鮮朝 · 近現代』(智冠 편, 2000 伽山佛教文化硏究院), 180~181쪽). 判禪教都摠攝은 직전의 禪教宗判事와 都摠攝을 결합한 용어로서 주목되는데 이후에는 용례가 보이지 않는다. 한편 「法住寺碧巖大師碑銘」(『한국고승비문총집』, 174~177쪽)에는 '禪教十六宗都摠攝'이라는 명칭이 나온다.

는 중추적 역할을 맡았다.115) 도총섭 외에 총섭직도 계속 이어졌는데 그 직첩은 예조에서 수여하였다.116) 국가에서 총섭을 임명한 예로 대표적인 것은 『실록』과 왕실 족보 『선원록』 등이 보관된 사고(史庫) 수호의 임무였다.117) 조선후기에 사고는 강화도, 오대산, 태백산, 무주 적상산의 네 곳에 설치되었는데 각 사고에는 전등사(傳燈寺), 월정사(月精寺), 각화사(覺華寺), 안국사(安國寺)가 수호사찰로 지정되었고 그 책임자가 총섭 직책을 맡았다. 하지만 총섭제는 법제상으로 규정된 것이 아니었고 태조의 제전(祭奠)이 있는 함경도 석왕사(釋王寺), 예종의 원당인 금강산 유점사(楡岾寺), 왕실의 주요 원당인 속리산 법주사(法住寺), 대장경이 보관된 합천 해인사(海印寺) 등 각지의 주요 사찰에 임의로 도총섭 직책이 두어지는 등 공식적 권위는 약했고 교단에 대한 장악력 또한 절대적이지 않았다.118)

이런 상황에서 정조는 1790년 용주사(龍珠寺)를 창건하고 주지 보경 사일(寶鏡獅馹)을 팔도도승통(八道都僧統)으로 임명하면서 남・북한산성 팔도도총섭까지 겸임하게 하였다. 또한 용주사를 오규정소(五糾正所)의

---

115) 삼남에서 주로 활동한 부휴계는 벽암 각성, 백곡 처능 등이 남한산성 도총섭을 맡으면서 큰 계파로 성장하였고 청허계 사명파는 사명 유정과 허백 명조가 도총섭을 역임하였다. 주류 문파로 부상한 편양파는 도총섭을 배출하지 못했는데 이는 17세기에 이들의 주요 근거지가 평안도 등 북방이었던 것과 관련이 있는 것으로 보인다.

116) 『仁祖實錄』 권4, 인조 2년 7월 23일(을해). 총섭과 주지 등의 직임은 내수사가 아닌 예조에서 차출하도록 하였다. 당시 사찰의 재정과 노동력 활용을 둘러싸고 내수사와 정부 사이의 알력이 있었음도 확인된다(『仁祖實錄』 권4, 인조 2년 8월 13일(을미); 권7, 인조 2년 9월 13일(갑자)).

117) 『仁祖實錄』 권13, 인조 4년 4월 21일(계사)에 의하면 葬禮都監에서 4도의 승군 650명을 15일간 부역시켰다고 한다. 『光海君日記』 권33, 광해군 2년 9월 23일(을축)에서는 오대산 사고에 승군을 두어 수호하게 하고 잡역을 면제할 것을 명하고 있다.

118) 『光海君日記』 권63, 광해군 5년 2월 25일(계축)의 비변사 보고에서는 난리 후 摠攝과 幹事를 거짓으로 칭하여 횡행하면서 폐단을 일으키는 일이 있음을 지적하고 있다.

하나로 지정하여,[119] 전국의 승려를 규정하고 교단을 통솔할 수 있는 권한을 부여해 주었다. 규정소는 북한산성 팔도도총섭이 된 호암 약휴 등이 앞서 1703년(숙종 29)에 송광사(松廣寺)와 금산사(金山寺)를 각각 좌우 규정소로 인가받아 전라도의 승려 통감기관으로 삼은 것이 최초의 사례인데 그 책임자의 직명이 도승통이었다.[120] 이어 경상도에도 칠곡 천주사(天柱寺)에 규정소가 설치되었고 도별로 이 제도가 점차 확산되었는데, 비록 중앙의 교단 통솔 기관은 아니었지만 지역 단위의 자발적 관리기구가 성립되었다는 점에서 큰 의미가 있다.

이에 비해 용주사를 중심으로 한 정조대의 오규정소는 관할하는 범위가 전국을 망라하였다는 점에서 도별 규정소와 차이를 보인다. 오규정소는 이전에 선교양종 본사였던 봉은사(奉恩寺)와 봉선사(奉先寺), 팔도도총섭이 관할하는 남한산성 개원사(開元寺)와 북한산성 중흥사(重興寺), 그리고 정조가 창건한 용주사였는데 모두 서울 인근 경기도에 소재하였고 각 사찰에서 관할하는 도가 각각 지정되었다.[121] 이 중 정조가 직접 임명한 용주사 주지는 팔도도승통과 남북한산성 팔도도총섭의 직책을 겸하였고 용주사 승려들은 외장용영(外壯勇營)에 편제되어 군사적 기능까지 겸비하였다. 이는 용주사 팔도도승통이 교단 관리기구인 오규정소를 대표하여 전국 승려를 관할하고 승풍을 규정하는 권한을 가졌음을 의미하며, 정조의 '탕평' 정책이 불교 교단의 포섭, 관리까지 확대되었음을

119) 남희숙, 2004 앞의 논문 참조.

120) 高橋亨, 1929『李朝佛教』, 1000~1002쪽. 한편『東師列傳』권5「龍溟禪師傳」(『한국불교전서』10, 1060쪽)에는 금산사가 우규정소, 광양 玉龍寺가 좌규정소로서 수호승통이 두어졌고 이후 혁파되자 해남 표충사 승통이 겸행하였다는 기록이 있다.

121) 李能和, 1918『朝鮮佛教通史』하편, 825~826쪽과 高橋亨, 1929『李朝佛教』, 1002~1003쪽. 이들의 관할지역은 경기도를 공통으로 하며 奉恩寺는 강원도, 奉先寺는 함경도, 開元寺는 충청도와 경상도, 重興寺는 황해도와 평안도, 龍珠寺는 전라도 사찰을 각각 소관하였다고 한다. 또한 경기도 水落山의 興國寺와 서울 외곽의 奉元寺는 兩公員所로서 오규정소 직무 승려들이 머물렀다고 한다.

보여준다. 용주사 창건 후 11년만인 1800년에 정조가 승하하면서 오규정소와 팔도도승통 체제가 확립되지 못한 채 유명무실해졌지만, 조선후기에 국가가 직접 불교 교단을 관리, 통제하려 한 사례로서 주목된다.

한편 18세기에는 교단 통솔 기구의 성립 외에 국가가 지원하여 승려의 충의를 기리고 공식 향사하는 사원(祠院)이 설립되었다. 임진왜란 때 승군을 이끌었던 휴정, 유정, 처영 등을 모신 밀양 표충사(表忠祠), 해남 대둔사(大芚寺)의 표충사, 묘향산 수충사(酬忠祠)가 공인된 사액사우(賜額祠宇)였는데,[122] 향사의 책임자는 종정(宗正)이나 원장(院長)으로 임명되었고 그 아래에 도총섭, 도승통 등의 승직이 설치되면서 추숭과 보은(報恩)의 본산이 되었다.[123] 사명 유정을 주향한 밀양 표충사는 1739년(영조 15) 왕명으로 사액되었고 서원(書院)의 예에 따라 제향되었다.[124] 이어 휴정의 의발 전수와 '서산유의(西山遺意)'를 내세운 해남 대둔사는 1789년에 표충사로 지정되었다.[125] 이에 대둔사의 연담 유일(蓮潭有一)은 휴정, 유정, 처영 삼사(三師)의 '근왕지공(勤王之功)'을 기렸는데,[126] 휴정의 주석처였던 묘향산 보현사(普賢寺)도 연고를 앞세워 사액사원 지정을 요청하였고 1794년에 수충사가 세워졌다. 당시 정조는 "휴정이 불

122) 1772년에는 義僧 騎虛 靈圭와 700 의사총에 제사를 지냈고 1840년에도 錦山 寶石寺에 영규의 사당을 세워 제사지냈다(權相老, 1917『朝鮮佛敎略史』, 232쪽).

123) 밀양 표충사의 초대 宗正은 雪松 演初였고 蓮潭 有一도 1777년(정조 1)에 衆望에 의해 표충사 종정에 추대되었다(『蓮潭大師林下錄(임하록)』「自譜行業」(『한국불교전서』 10, 283~286쪽)). 부휴계 默庵 最訥도 1770년 밀양 표충사의 직책을 지냈으며(李容元, 1895「松廣寺默庵大師碑銘」『한국고승비문총집』, 558~559쪽), 해남 표충사의 초대 院長은 應雲 登昕였다. 이는 표충사가 계파와 문파를 불문하고 교단 전체의 정신적 본원으로서의 위상을 가졌음을 보여준다.

124)『四溟堂僧孫世系圖』(서울대 중앙도서관 一石 294.30922Y95sp.)의 序文.『括虛集』권 2,「表忠祠都摠攝案錄重修序」(『한국불교전서』 10, 312~313쪽)는 院長, 都摠攝, 都僧統 등 표충사 職制에 대한 기록이다.

125) 김용태, 2007 앞의 논문 참조.

126)「建表忠祠事蹟碑」(韓國學文獻硏究所, 1983『大芚寺志』, 亞細亞文化社, 248~250쪽);「徐判書頌德碑」(『대둔사지』, 162~164쪽).

교의 자비의 뜻을 구현하여 종풍을 발현하고 근왕의 원훈이 되었다" 고 평가하면서 '서남(西南)의 향화지소(香火之所)' 에 사액한 뜻을 밝혔다.[127] 사액사원의 설립은 해당 사찰의 경제기반을 확대시켰을 뿐만 아니라,[128] 사격(寺格)을 높여 교단의 구심점 역할을 자임할 수 있게 하였다.[129]

19세기에는 이전 시기에 정립된 관행과 원칙이 지켜지지 않았고 명실이 부합되지 않는 자의적 행태가 빈번히 나타났다. 도총섭이나 도승통 직책도 본래의 권위를 상실하였고 규모가 큰 사찰의 경우 주지의 상급 직책으로 승통을 두고 그 위에 총섭을 두는 등 많은 사찰에서 임의로 직책을 남발하였다.[130] 이는 교단 통솔이나 통합이라고 하는 본연의 기능을 상실한 채 사찰들 간의 세력 다툼과 분열의 소지를 낳는 결과를 초래하였다. 이에 1859년(철종 10) 송광사의 용운 처익(龍雲處益)이 전라도의 주요 승려들을 대둔사 표충사에 모이게 하여 승통제(僧統制)의 말폐를 논의하고 전라도 규정도승통(糾正都僧統)의 철폐 결의문을 관찰사에 보고하는 일까지 일어났다.[131] 이처럼 교단 통솔 기구의 기능이나 승직의 권위는 현저히 약화되어 유명무실하게 되었는데, 다만 남・북한산성 방비와 사고 수호 등 정부 시책과 관련된 승군의 책무는 조선말까지 유지

127) 『淸虛堂集』 補遺, 「御製西山大師畵像堂銘幷序」(『한국불교전서』 7, 735~736쪽).

128) 金甲周, 1983 「海南 大興寺의 補寺廳 硏究」 『朝鮮時代寺院經濟硏究』, 同和出版. 밀양 표충사와 마찬가지로 대둔사도 復戶와 保率을 요청하여 30명을 지급받았는데 이들의 노동력을 통해 향사에 필요한 재정을 담당하였다(『대둔사지』, 151~152쪽). 1782년 대둔사 『納米册改案』에는 196명의 명단이 확인되는데 표충사 건립 후 60년이 지난 1850년에는 414명으로 인원이 배 이상 늘었고 또 1809년 挽日庵을 중수할 때 대둔사 본사에서 3만 냥을 부담하는 등 사세가 크게 신장하였다.

129) 대둔사는 표충사 건립 이후 '宗院' 을 표방하였다(김용태, 2007 앞의 논문).

130) 金映遂, 1939 『朝鮮佛敎史藁』, 167~169쪽. 또 참선과 염불승은 首座, 看經하는 교학승은 講師로 칭하였으며 이들은 모두 理判僧으로서 주지와 같이 사찰 업무를 담당하는 事判僧과 구분되었다고 한다. 한편 중국에서는 송대에 사원을 경영하는 東班과 수행과 교육을 전담하는 西班의 兩班制가 실시되었다(伊吹敦 저・최연식 역, 앞의 책, 161~162쪽).

131) 高橋亨, 1929 『李朝佛敎』, 1002쪽.

되었다.[132)]

다음은 도승법(度僧法)이 폐지된 후 승려 자격을 용인하는 방안으로 활용된 승역(僧役) 문제를 중심으로 조선시대 승려의 자격과 신분에 대해 살펴본다. 조선 초부터의 불교정책을 법제화한 『경국대전』의 「도승조」에는 경전 암송 등을 통해 승려로서의 자질을 시험하고 국가에서 정전(丁錢)을 징수한 후 정식 승려 자격증인 도첩(度牒)을 발급하도록 규정하였다. 이는 정전을 납부하고 대신 국역(國役)에서 면제되는 것으로 법적으로 승려의 특수신분을 용인하는 의미를 지닌다. 그런데 도첩제는 원래 국가의 통제 하에 승려 수를 억제하고 조정하려는 취지에서 태조대부터 입안되었지만 현실은 도첩이 없는 승려의 급속한 증가라는 반대의 현상으로 나타났다. 이에 세종대에는 국가 공역에 참여한 승려에게 정전을 면제하고 도첩을 발급하여 무도첩승의 증가와 부족한 국역 보충 문제를 동시에 해결하는 방안이 시행되기도 하였다.

법제적으로 도승이 금지된 중종 후반대에도 불법적 승도의 무분별한 증가가 사회 문제가 되어 1536년(중종 31) 척신 세력의 발의에 의해 대규모 국가사업에 무자격 승도를 사역시키고 그 대가로 도첩 대신 호패(號牌)를 지급하는 '역승급패(役僧給牌)'의 방안이 시행되었다.[133)] 이어 앞서 살펴본 대로 임진왜란 때 활약한 승군에게는 동기 유발과 공로 치하를 위해 선과첩(禪科帖)이 지급되었는데[134)] 선과는 원래 승과에 급제한

---

132) 李能和, 1918 『朝鮮佛敎通史』 하편, 964~965쪽. 이능화는 조선후기 사찰의 층위를 3단계로 구분하였는데 1순위는 왕실의 능원과 관련된 造泡사찰, 緇營을 둔 남·북한산성 사찰이나 史庫 수호사찰과 같은 軍砲사찰이 해당되며 이들은 왕실과 국가의 직접 지원을 받았다. 2순위는 각 궁방의 후원에 의해 雜役 침탈을 면한 願堂 사찰, 3순위는 內需司와 禮曹에 예속된 상태로 후원 세력도 없고 침학에 무방비 상태였던 일반 사찰이 들어간다고 보았다.

133) 이종영, 1963 앞의 논문, 195~198쪽; 김우기, 1994 앞의 논문 참조.

134) 『宣祖實錄』 권39, 선조 26년 6월 29일(임자); 7월 20일(임신); 권83, 선조 29년 12월 5일(정묘); 12월 8일(경오).

승려에게 주는 것이지만 이때는 승려의 자격증인 도첩과 같은 의미를 지녔다. 이러한 피역(避役) 노동력을 활용하는 공리적(功利的) 방안은 조선후기 불교시책의 전형이 되었다. 즉 17세기 전반에 산성 축조, 궁궐 조영 등에 승군이 대거 동원되면서 광해군대에는 노동력 활용의 대가로 승려에게 호패가 지급되었고 인조대의 남한산성 축조 때는 먼저 도첩을 발급하여 승려 자격을 획득한 이들에세 다시 호패가 발부되었다.[135] 이는 승려 자격증과 군역 종사자로서의 신분증명서를 동시에 준 것으로 승려로서의 활동이 관행적으로 용인된 것이었다.

하지만 엄밀한 의미에서 승려는 법제상의 공식 신분은 아니며 일종의 특수 신분으로 볼 수 있는데, 다카하시 토오루는 『이조불교』에서 조선시대 승려 신분이 천인(賤人)과 다름없었다고 평가하고 특히 조선후기 승려는 8천(賤)의 하나로서 천류(賤類)와 동격이라고 보았다.[136] 이는 법제적 신분이 아닌 사회적 통념을 말하는 것으로 이해되지만, 이 또한 시기와 상황, 개인에 따라 층차가 있을 수 있으며 일률적으로 승려 신분을 규정하는 것은 문제가 있다. 더욱이 출가 승려라고 하는 특수 신분을 사회적 신분인 천인으로 단정하는 것은 납득하기 어렵다. 조선전기의 법제적 규정에 의하면 양반(兩班), 양인(良人), 천인(賤人)에게 각각 차등적 조건이 주어졌을 뿐 신분을 막론하고 누구나 승려가 될 수 있었다. 또 조선후기에도 양역(良役)에 준하는 국역으로서의 승역(僧役)을 담당하면 승려의 자격이 인정되었다. 비록 조선후기 불교와 승려의 사회적 위상이 고

135) 이종영, 1963 앞의 논문에서는 세종대의 號牌 지급은 度牒의 재확인을 목적으로 한 것이고 중종과 명종대의 僧人 호패는 부역의 대가였으며 광해군과 인조대의 호패는 役의 부과를 전제로 한 立役 증명서의 성격을 띤다고 하여 각각 구별하였다.

136) 高橋亨, 「緖言」 『李朝佛敎』, 17쪽과 548~549쪽. 이 또한 승려의 사회적 지위와 인식이 낮았다는 것이지 신분적 규정은 아니다. 하지만 『李朝佛敎』, 903쪽에서는 승려를 妓生과 동일시하는 등 그 지위를 지나치게 낮게 평가하였다. 윤용출, 1998 『조선후기의 요역제와 고용노동』, 서울대 출판부, 135쪽에서도 승군과 승역 등을 근거로 승려가 賤人과 같은 신세로 전락하였다고 보아 같은 입장에 서 있다.

려나 조선 초에 비해 낮아졌음을 부인할 수는 없지만 신분적으로 세습되는 천인의 범주에 승려를 포함시키는 것은 재고의 여지가 있다.

조선후기 승려의 출신성분은 양인 이하의 일반민과 하층민이 다수였을 것으로 추정되지만, 정확한 비율은 파악되지 않는다. 하지만 이름이 알려진 고승이나 학승들 중에는 중인(中人) 이상의 사족(士族) 또한 적지 않았다. 전통사회에서 사회적 신분과 지적 능력은 밀접한 상관관계를 가질 수밖에 없는데, 지식층인 사류(士類) 출신이 교학을 강습하고 저술을 내는 학승이나 고승이 될 확률이 높은 것은 당연한 일이었다. 이들은 대개 부모를 일찍 여의거나 어려서부터 세속의 삶에 무상함을 느끼고 출가하는 경우가 많았다.[137] 그런데 사회적 신분이 출가 후 교단 내에서 그대로 통용되거나 처음부터 직역상의 차등이 주어지지는 않았던 것 같다. 예를 들어 휴정의 스승인 부용 영관(芙蓉靈觀)은 출가 전에 사노비였고 18세기 교학의 종장인 연담 유일(蓮潭有一) 또한 출신이 한미하였음에도,[138] 당대 최고 승려의 반열에 들 수 있었다.

다음으로는 승려의 사승(師承), 즉 법맥 전수의 기준에 대해 살펴본다. 조선후기에는 선종의 법맥 전수를 기준으로 한 '전법(傳法)'의 스승과 제자 관계가 사승의 가장 중요한 요인이었다. 그런데 이는 불교가 공인되고 국가에 의해 제도적으로 관리되던 이전 시대와는 다른 기준이었다. 주지하다시피 고려시대에는 출가한 후의 득도사(得度師)를 정식 스승으로 삼는 것이 통례였고 참예하거나 수학한 사승(師僧)의 법은 공식적인 영향력을 갖지 못했다. 이는 당시의 국가 제도상 득도한 사찰의 본사(本

137) 예를 들어 청허 휴정, 사명 유정, 편양 언기, 소요 태능, 벽암 각성 등 주요 승려들이 해당된다.

138) 『三老行蹟』「芙蓉堂先師行蹟」(『한국불교전서』 7, 754~755쪽)에는 고향에 잠시 돌아가 옛 주인을 만나는 내용이 나오며 연담 유일은 속성이 千씨여서 당시 사대부가 寒僻하다는 이유로 비문 써주기를 꺼렸다고 한다(權相老, 1917 『朝鮮佛教略史』, 229쪽).

寺)에 승려의 승적(僧籍)이 두어졌고 적을 옮기거나 종파를 임의대로 바꾸는 것은 용인되지 않았기 때문이다. 『삼국유사(三國遺事)』를 쓴 일연(一然)은 사굴산문(闍崛山門) 출신인 보조 지눌(普照知訥)을 '요사(遙嗣)' 한다고 표방하였지만 끝까지 승적이 두어졌던 가지산문(迦智山門) 소속이었고, 중국 임제종(臨濟宗) 석옥 청공(石屋清珙)의 법을 계승한 고려 말의 태고 보우(太古普愚)도 임제종 종파의식을 드러내지 않았으며 비문에도 조계종(曹溪宗) 승려로 명기되어 있다.[139] 조선전기의 선교양종 체제에서도 관례와 제도에 의해 해당 본사에 승적이 편입되고 득도사의 법맥을 이은 것으로 추정된다.[140]

그러나 양종과 도승법이 혁파된 16세기 이후에는 득도(得度)를 규정하는 법규상의 강제력이 없어짐에 따라 사승의 기준에 변화가 생겼다. 예를 들어 청허 휴정이 활동한 16세기 후반 이후 양육사(養育師)나 수계사(授戒師)에 비해 전법사(傳法師)의 비중과 위상이 높아진 사실이 확인된다. 휴정의 경우 양육사는 숭인장로(崇仁長老)였고 수계사는 경성 일선(慶聖一禪), 전법사는 부용 영관(芙蓉靈觀)이었는데 휴정은 전법사인 영관의 법맥을 계승하고 스승으로 받들었다. 하지만 당시까지 수계사의 권위가 완전히 사라진 것은 아니었다. 즉 휴정이 말년에 주석하고 입적하였던 묘향산은 수계사인 경성 일선의 근거지를 이은 것이고 일선 또한 휴정의 스승으로 인정되었다.[141] 일선의 고향인 울산 운흥사(雲興寺)에서 개간된 1690년(숙종 16)의 『이노행적(二老行蹟)』은 휴정이 찬한 『삼노행

139) 一然은 1206년에 태어났고 知訥은 1210년에 입적하였으므로 '遙嗣牧牛和尙' 이라고 하였다. 정병삼, 2006 「일연선사비의 복원과 고려 승려 비문의 문도 구성」 『한국사연구』 133의 「普覺國師碑」 참조.

140) 정식 승려가 되기 위해서는 출가 후 養育師의 得度式을 거쳐야 했고 沙彌 단계를 지나면 受戒師로부터 具足戒를 받았다. 그 밖에 證戒師도 있었다.

141) 『說禪儀』 附, 「東國諸山禪燈直點壇」(『한국불교전서』 7, 739~741쪽)에서는 일선을 영관과 휴정을 잇는 매개 역할로서 그 위상을 인정하였다.

적(三老行蹟)』에서 영관을 빼고 조사인 벽송 지엄(碧松智嚴)과 일선의 행적만을 간행한 것인데 여기에는 「경성당행록후발(敬聖堂行錄後跋)」이 추가되어 일선과 휴정을 사제 관계로 추숭하고 있다.[142] 또 초기에 나온 태안사(泰安寺)판 2권본 『청허당집(淸虛堂集)』에 들어 있지 않던 영관의 행장은 뒤에 만들어진 묘향산 4권본 『청허당집』에 가서야 수록되고 있다.[143] 이는 휴정 당시에는 수계사 일선이 전법사 영관에 비해 비중이 작지 않았고 일선과 휴정의 사제 관계를 보다 중시하는 이들도 있었지만, 휴정 사후 법통설이 제기되고 '전법' 이 점차 강조되면서 '전법사 영관이 부(父), 수계사 일선이 숙부(叔父)' 라는 형태로 사법의 계서(階序)가 확립되어 갔음을 보여준다.[144]

조선후기에는 도승과 승적에 대한 법제적 규정이나 구속력이 없었고 대신 법맥을 통한 사승관계의 정립이 현실적으로 매우 중요해졌다. 17세기 전반에 교단 차원에서 법통이 확립되고 법맥 계보를 중심으로 한 계파와 문파가 형성된 것은 전법 사승이 가장 중요한 일차적 요인이었기에 가능한 일이었다. 이러한 현실 변화를 반영하여 17세기에 나온 불교 상례집(喪禮集)에는 전법사를 의미하는 수업사(受業師)가 출가 스승인 양육사(養育師)와 같이 상례 기간이 3년이었고 증계사(證戒師)는 9개월의 대공(大功)이 적용되었다.[145] 다만 이전의 관행이 일거에 모두 없어지지

---

142) 『三老行蹟』 「敬聖堂行錄後跋」(『한국불교전서』 7, 756쪽). "蔚府가 敬聖堂의 고향이므로 三韓의 衲子들이 佛國으로 여기고 있다. 그러나 전란을 겪으면서 先師의 자취가 전하지 않게 되어 道俗이 부끄럽게 여겼다. 지난 을미년(1655) 봄에 道人이 선사의 行狀과 眞影을 가지고 妙香山에서 雲興寺에 왔다. 이에 影堂을 세우고 香火를 올리게 되었고 行錄을 간행한다. 碧松과 敬聖은 우리 동방의 神聖이며 淸虛는 近世의 禪匠이다" 라는 내용이다.

143) 『淸虛堂集』의 刊本 기록(『한국불교전서』 7, 658쪽) 참조.

144) 『三老行蹟』 「跋文」(『한국불교전서』 7, 757쪽)에는 영관이 스승, 일선이 숙부로 강조되어 있는데 이 발문은 『二老行蹟』에는 없고 1630년 이후의 판본에서 확인된다. 따라서 영관의 위상을 높이려는 의도가 개재되었을 가능성이 있다.

145) 『釋門喪儀抄』 「僧五服圖」(『한국불교전서』 8, 237쪽).

는 않았는데, 일례로 18세기 경상도의 사명문파(四溟門派)에서 작성한 『사명당승손세계도(四溟堂僧孫世系圖)』에는 사명 유정의 스승을 전법사 휴정이 아닌 득도사 '중덕대선사(中德大禪師) 신묵(信默)'으로 기재하고 있어 주목된다.[146] 그렇지만 일부 예외를 제외하면 전법사의 법맥이 사승의 가장 중요한 척도로 작용한 '전법의 시대'로 접어들었음은 분명하다.[147] 18세기 후반에 나온 『불조원류(佛祖源流)』에서도 철저히 전법사를 기준으로 하여 계파와 문파의 계보를 정리하였다. 이처럼 조선후기에는 출가하고 득도한 사찰이나 스승이 아닌 새로 만난 전법 스승의 법맥을 잇고 그 기반을 계승하는 것이 일반화되었다. 다만 문파별로 근거 사찰이나 지역이 고착화되고 사제 간의 법맥 계승과 상속 등의 경제적 문제가 맞물리면서, 대체로 출가와 득도, 전법이 동일 문파, 또는 같은 계통의 사찰 안에서 이루어지는 것이 현실이었다.[148]

승려와 교단의 존재와 함께 사찰을 조성, 운영하는 데 필요한 경제적 기반은 불교 존립의 가장 필수적인 요건일 것이다. 먼저 조선후기 사찰의 경제적 토대와 시기별 운영방식에 대해 살펴본다. 7년에 걸친 왜란을 겪으면서 삼남 지역 사찰들이 특히 큰 타격을 입었는데 전각이 불타거나 많은 재화가 약탈, 파괴되었고 사찰 소유 전지의 황폐화와 소유권 혼란도 발생하였다. 또한 인적 자원의 손실도 컸는데 전란으로 인한 직접적 인력 손상은 물론 잔존하던 일부 사찰 노비가 혼란의 와중에 노비 기록을 없애고 도망치는 일도 벌어졌다.[149] 국가와 민인의 경제가 파탄 지경

146) 앞의 『四溟堂僧孫世系圖』. 유정은 처음 直指寺의 信默에게 출가하여 得度하였다.

147) 金映遂, 1939 『朝鮮佛教史藁』, 159쪽.

148) 高橋亨, 1929 『李朝佛教』, 599쪽에서는 조선후기에 '扶養의 法父'가 그대로 法師인 경우가 많았다고 하여 法器를 보고 전수하는 선종의 師資 계승 전통이 무너진 것으로 평가하였지만 이는 출가와 법맥 계승이 동일 문파와 사찰 내에서 이루어진 경우가 많았기 때문이지 전법 전통이 약화된 것은 아니었다.

149) 高橋亨, 1929 『李朝佛教』, 557~558쪽.

에 처한 현실에서 폐허가 된 건물을 재건하고 사찰 유지에 필요한 재정을 마련하는 일은 쉽지 않았다. 이러한 상황에서 사원의 경제적 기반을 확충하는 방안이 모색된 것은 당연한 일이었다. 사찰에서 필요한 재정은 후원과 기부 외에 소유 전지에서 나오는 소출을 통해서도 얻어졌는데 17세기 전반에는 기존 사찰 소유지 외에 승려 개인 소유의 사유지가 다수 조성되었다.[150]

승려 사유지가 점차 확산되자 1657년(효종 8)에 승려의 사유 전답을 제자인 상좌(上座)나 사찰에 귀속할 수 없도록 하는 조치가 내려졌다. 하지만 이것이 잘 지켜지지 않자 1674년(현종 15)에는 현실 상황을 받아들여 상좌와 세속의 4촌 이상 족친(族親)이 절반씩 상속하도록 하는 절충안이 시행되었다.[151] 이는 사원 경제력의 확대와 그 폐단을 막으려는 노력이 실패로 돌아가자 납세(納稅) 대상인 승려 사유 전답을 일단 용인하고 대신 사제 상속을 통해 사찰에 귀속되는 전지의 양을 반으로 제한한 것이었다. 하지만 이전의 법제에서는 일반인이 사찰에 토지를 기부하는 것조차 금지되었는데 이때 승려 사유지가 용인되고 제한적이나마 사제 간의 상속이 합법화되면서 사원 재정이 확대되는 길이 열렸다는 점에서 큰 의미를 지닌다. 현종 초에 면세지인 사위전(寺位田)과 잔존하던 사노(寺奴)가 재차 국가에 환수되었지만,[152] 승려 사유지의 형성과 상속으로 인

150) 김갑주, 1983「朝鮮後期 僧侶의 私有田畓」『朝鮮時代 寺院經濟研究』, 同和出版, 138~153쪽; 1992「朝鮮時代 寺院田의 性格」『伽山李智冠華甲記念論叢』上. 사원 소유 토지인 寺院田은 조선전기의 경우 면세지로 공인된 원찰 등의 寺位田과 田稅를 부담하는 일반 사원전으로 나눌 수 있다. 한편 李炳熙, 2001「고려시기 승려의 개인 재산」『典農史論』7, 서울시립대 국사학과에 의하면 고려시대에도 승려의 사유재산이 존재하였고 사찰 경영에 기여하였다고 한다.

151)『新補受教輯錄』「戶典雜令」(김갑주, 1983 앞의 책, 154~157쪽).

152) 1663년(현종 4)의 量田 때 사찰 位田을 속공한 이후 면세지인 공식 寺田은 거의 없어지고 대부분 기부와 상속에 의한 私田의 성격을 띠었다. 이를 반영하여『大典通編』등 후기의 법전에는『경국대전』에 있던 寺田 항목이 삭제되었다.

해 사원경제는 별다른 타격 없이 유지될 수 있었던 것이다. 앞서 문도에게 절반만 상속 가능하다는 규정이 실제로 얼마나 잘 지켜졌는지는 알 수 없지만 사제 간의 토지 상속은 이후 관행으로 확고히 정착되었다. 1916년 총독부 정무총감의 행정 지침에는 "은사(恩師)와 도제(徒弟)는 민법상 친족관계는 아니지만 스승 사후 제자에게 유산하는 상속 관습이 있으면 그에 따르라"고 되어 있어,[153] 조선후기 내내 사제 간의 상속이 전통으로 지속되었음을 볼 수 있다.

승려 사유지는 승려가 부모나 스승에게 상속받은 토지를 자신의 명의로 소유하다가 다시 제자와 족친에게 유산으로 물려주도록 된 것인데, 조선후기 「토지매매문기(土地賣買文記)」에서 승려가 사유지 매매를 통해 상속에 관여한 사례가 확인된다.[154] 즉 승려가 자신이 소유한 토지의 매도자나 매수자로서 속인과 거래를 하거나 승려 사이에 매매가 이루어진 예를 볼 수 있다.[155] 먼저 사승(師僧)이 취득하여 일궈오던 답(畓)을 다른 승려에게 방매한 하나의 사례를 보면 매도자는 상좌승(上佐僧) 2명이고 승삼촌(僧三寸), 장사숙(丈私叔) 관계의 2명이 매매의 증인(證人)을 서고 있다. 이는 스승으로부터 물려받은 전답을 제자 2명이 스승의 동문형제

153) 「僧侶民籍에 關한 件」(政務總監通牒 184)(李能和, 1918 『朝鮮佛教通史』 하편, 1181~1184쪽).

154) 서울대 奎章閣에 소장된 古文書 중 3만 5천 건에 달하는 土地文書에서 조선후기 私有 田畓의 매매에 관한 구체적 사례를 확인할 수 있다. 특히 〈土地賣買文記〉에는 매매 시기와 소재지, 매도자와 매수자, 구체적 地目과 田地의 크기, 매매 가격과 매도 사유, 그리고 매매를 입증하는 證人과 筆執 등이 상세히 기재되어 있다. 2006년에 일차 완료된 「규장각소장 土地文記의 정리와 目錄集 간행을 위한 기초 연구」(연구책임자 金仁杰)에서 2만여 건의 토지문서가 정리되었는데 이 중 京畿, 忠淸道에 한정해 보아도 17세기 초에서 19세기 말까지 승려가 매도자나 매수자로 기재되어 있는 사례를 상당 수 찾을 수 있다.

155) 규장각 〈土地賣買文記〉 중 승려의 매도 사례는 「84547」「84550」「84552」「138392」「156135」「219339」「219516」「219540」가 확인되고 매수 사례는 「138436」「156131」「156132」「205042」「219541」이 있으며 「156130」은 승려 간에 매매가 이루어진 경우이다.

입회하에 다른 승려에게 명의를 넘긴 것이다. 또 전답을 매도한 승려의 장상좌(長上佐)와 차상좌(次上佐)가 각각 증인과 필집(筆執)을 담당한 토지문기도 있는데 이는 이 매매가 스승과 제자 사이에 합의가 된 사항이었음을 보여준다. 토지를 매매할 때는 소유권을 둘러싼 분쟁이 발생할 수 있기에 토지문기 중에는 "승족(僧族) 중에서 혹 의론이 있으면 해당 관청에 고하여 옳고 그름을 가리라"는 내용이 부기된 것도 있다.[156] 이와 함께 세속의 친족과 토지를 주고받은 경우도 있는데, 한 예는 승려가 친형(親兄)에게 매도한 것으로 다른 형제와 친척이 증인과 필집을 맡았다. 또 부친 사후에 형제들이 답을 공동 방매한 사례에도 승려가 포함되어 있어 속가의 상속에서 출가 승려 또한 일정한 지분을 가졌음을 알 수 있다.[157]

조선후기의 사찰 소유 토지는 용도에 따라 불향답(佛香畓), 영답(影畓), 제위답(祭位畓), 법답(法畓) 등으로 분류되기도 하는데,[158] 이 중 법답이 바로 사제 간의 상속을 통해 존속된 승려 사유지에 해당한다. 또한 영답이나 제위답도 사제 관계와 법맥을 기준으로 유지된 것으로 사유지가 기부, 상속되어 조성되었을 것이다. 이것을 기반으로 하나의 법맥 계통이나 문파가 특정 사찰을 근거지로 하여 대대로 세력을 이어갈 수 있었다.[159] 이를 반영하여 사찰 주지의 선정은 사자상승(師資相承)과 법류상속(法類相續)을 관례로 하였고 같은 사찰에 여러 문파나 계통이 혼재하다가 어느 한 계열의 법맥이 단절되면 그 소속 전결은 사찰에 귀속되어 공유지

156) 「156130」「84552」「219540」

157) 「219609」「219604」

158) 李能和, 1918『朝鮮佛教通史』하편, 985~986쪽. 佛香畓은 왕실 등에서 하사한 향불공양 명목의 전답이며 影畓은 影堂에서 1년에 한 번씩 祖師를 제사 지내는 비용을 조달하는 전답, 祭位畓은 僧俗을 불문하고 忌祭를 위해 사찰에 기부한 토지, 法畓은 法師로부터 물려받은 전답을 뜻한다.

159) 伊吹敦 저 · 최연식 역, 앞의 책, 240~241쪽에 의하면 중국에서도 명대 이후 종파성의 강화로 인해 각 사찰이 특정 門派에 의해 계승, 유지되었는데 이를 '一流相承刹傳法叢林'이라고 하였으며 寺誌의 편찬도 성행하였다고 한다.

가 되었다고 한다.[160] 실제 18세기 이후 학습을 위한 유력 수행을 제외하면 승려들의 근거지는 대개 고착화되었고 지역을 옮길 때도 대부분 같은 문파나 계통에 속한 사찰인 경우가 많았다. 또 승려들이 출생 및 거주 지역에서 멀지 않은 사찰에서 출가하고 그곳을 중심으로 활동하는 사례를 많이 볼 수 있는데,[161] 이 또한 속세의 사가(私家)에서 토지를 상속받는 관행과 무관하지 않을 것이다.

승려 사유지의 성립과 상속을 통한 존속은 승려 개인이나 문파 재산의 확대를 의미하는 것으로, 이를 토대로 조선후기에는 사찰의 경제기반 확충을 도모하는 계(契)와 보사청(補寺廳) 활동이 매우 성행하였다.[162] 계회(契會)에는 승려뿐 아니라 신도도 참여하였는데 계원이 낸 회비를 증식시켜 토지를 구입하거나 재정운영을 통해 불사를 일으키고 사찰 유지비를 조달하는 보사(補寺)적 성격이 강하였다. 계의 성격도 매우 다양해서 같은 연배의 승려들로 조직된 갑계(甲契), 문파별 조직인 문중계(門中契), 사찰과 전각 단위로 불사를 위해 조성된 불량계(佛粮契), 사찰의 행정을 맡은 직무승들이 만든 청계(廳契), 승속이 신앙·수행과 아울러 재정 마련을 도모한 염불계(念佛契), 칠성계(七星契), 미타계(彌陀契), 지장계(地藏契) 등이 대표적이다.[163] 17세기에는 갑계가 중심이 되

160) 高橋亨, 1929『李朝佛教』, 916~917쪽. 주지 선정 방법은 그 밖에 招待繼席이 있는데, 사찰의 주도권 문제 때문에 특별한 경우 외에는 같은 문파의 同門에서 찾았다.

161) 咸興 출신 涵月 海源과 문도들은 근처 釋王寺에 기반을 두었고 평안도 三和 출신 虛靜 法宗은 묘향산에 주석하였으며 海南 大芚寺의 승려 출생지는 대개 전라도 일대였다(김용태, 2007 앞의 논문).

162) 李載昌, 1976「朝鮮時代 僧侶의 甲契의 硏究」『佛教學報』13, 동국대 불교문화연구원; 呂恩暻, 1986「朝鮮後期의 寺院侵奪과 僧契」『慶北史學』9, 慶北大 사학과; 韓相吉, 2006『조선후기 불교와 寺刹契』, 景仁文化社 참조.

163) 한상길, 2006 앞의 책에 의하면 조선후기 寺刹契 관련 자료가 200여 건이 확인된다고 하는데 山林 육성에 노동력을 제공하는 松契, 後學 양성을 위한 學契, 梵唄 전수를 위한 魚山契 등 특수 목적과 교육을 위한 계회도 존재하였다.

었는데,[164] 점차 일반 대중이 참여하는 염불계와 불량계의 비중이 확대되었다. 염불계는 19세기 만일염불회(萬日念佛會)의 성행에서 보듯 대중의 참여도가 매우 높았고 사찰 재정운영에서 염불당(念佛堂)의 화주(化主)가 차지하는 비중이 매우 컸다.[165] 또 불량계 중에는 도의 관찰사(觀察使)와 지방관이 계원으로 참여한 사례도 있어 지방 권력과 사찰이 유착 관계에 있었음을 추정해 볼 수 있다.[166] 계와 달리 보사청은 승직을 가진 고위 승려들이 운영한 것으로 재정을 이식하여 사찰의 경제적 자립을 도모하는 기관이었다. 한 예로 해남 대둔사(大芚寺)의 보사청은 통정대부(通政大夫), 주지(住持), 판사(判事) 등 품계나 직첩을 가진 승려들로 구성되었다.[167]

사찰의 재정 운영은 이밖에도 왕실 및 유력가의 후원, 일반신도의 시주, 재회의 설행과 기도에서 얻는 수입, 상업 활동 등 다양한 수입원을 통해 이루어졌다. 승려 가운데 상당수는 공물(貢物) 진상과 각종 잡역(雜役) 수요를 충당하기 위해 노동과 수공업에도 종사하였다. 이는 분명 과중한 부담이었지만 다른 한편으로는 인쇄출판, 그림, 목공, 석공 등 여러 분야에서 전문 장인(匠人)이 배출되는 결과를 낳았다. 이처럼 조선후기 불교는 재정적 어려움을 이겨내면서 자립의 길을 모색하였고 승려 활동과 사찰 운영에 필요한 최소한의 경제적 토대는 갖출 수 있었다. 현존하는 전통 사찰 대부분이 조선후기에 중창, 유지된 것이 그 유력한 방증이다.

물론 사원경제력의 신장은 그에 비례하여 과도한 역과 공납의 요구,

164) 이재창, 1976 앞의 논문과 여은경, 1986 앞의 논문 참조. 수행을 목적으로 한 甲契는 16세기 후반에도 있었고 보통 나이차 6년 이내의 승려들로 조직되었다.

165) 高橋亨, 1929 『李朝佛教』, 775~776쪽. 경상도 吾魚寺에서는 승려와 村民 등 150명이 念佛契를 조직하여 토지를 구입하고 그 수입으로 念佛堂을 조성하였다.

166) 조계종교육원, 2004 앞의 책, 389쪽. 19세기에 사찰계가 가장 성행하였던 梵魚寺에는 갑계를 비롯한 10여 개의 계가 조직되었고 이를 통해 부유한 巨刹로 성장할 수 있었다.

167) 김갑주, 1983 「해남 대흥사의 보사청 연구」, 앞의 책 참조.

지출의 증가를 수반하는 것이었다. 특히 종이와 같은 공물의 진상과 남·북한산성 등의 승역, 사찰에 대한 사적 침탈 등으로 인해 규모가 큰 사찰일수록 많은 부담을 져야했다.[168] 외압을 피하고 경제적 부담을 줄이는 가장 좋은 방법은 왕실과 각 궁방의 원당(願堂)이 되거나 표충사(表忠祠)와 같이 국가로부터 사원의 위상과 기능을 인정받아 특혜를 얻는 것이었다. 원당의 경우 사찰에서 나오는 특수 산물(產物)과 소출 일부를 진상해야 했지만 내수사에서 직접 관리하여 일반 행정 관청의 과세를 면하고 사적인 침탈 또한 막을 수 있었다. 따라서 규모가 큰 명찰들은 원당으로 지정받기 위해 노력하였고 일부 사찰은 원당을 사칭하기까지 하였다.[169] 18세기에 원당의 폐해를 지적하고 혁파하려는 조치가 간혹 내려졌지만 왕실 및 궁방 재정과 관련이 있는 원당의 완전한 폐지는 현실적으로 어려웠다. 한편 19세기에 접어들어 정치사회적 혼란과 기강 문란이 심화되면서 지방관의 부패와 권력 남용이 만연하게 되었고 향교(鄕校), 서원(書院), 향청(鄕廳) 등 재지 권력기구와 토호에 의한 사적 침탈이 확대되었다.[170] 또 민란(民亂)과 동학(東學), 의병(義兵) 등 각종 소요사태나 민중 봉기가 빈번히 일어나 산중에 있는 사찰이 큰 피해를 입는 일도 있었다. 이에 왕실과 중앙정부 차원에서 유명 사찰의 과중한 경제적 부담과 현실적 폐단을 없애고 시정하는 조치가 취해졌고 일부 사찰에는 다량의 공명첩(空名帖)을 발급하여 사원 재정을 유지할 수 있게 하였다.[171]

---

168) 紙役과 雜物 진상은 대규모 사찰에 집중되어 그 부담이 컸는데 松廣寺의 默庵 最訥이 영조에게 '廢紙' 상소를 올리기도 했다. 『默庵集』 권후, 「廢紙上疏」(『한국불교전서』 10, 22~24쪽).

169) 「通度寺完文」을 보면 通度寺는 紙役을 비롯한 각종 雜役과 면세지 進貢 액수의 10배를 면제받고 또 사적 침학과 주구가 금지되었다.

170) 재지권력과 지방사회의 동향은 김인걸, 2004 「조선후기 향촌사회에서 '儒教的 傳統'의 지속과 단절-향촌 사족의 居鄕觀 변화를 중심으로」 『韓國史論』 50 참조.

171) 통도사에는 1884년(고종 21) 「紙役革罷有功碑」가 세워졌고 송광사 등 많은 거찰들

조선후기 사찰의 전체 수와 지역별 분포 등의 구체적 실상을 정확히 파악하기는 쉽지 않지만, 현존 자료를 분석해 보면 조선전기에 비해 급격한 수의 증감이 있지는 않았다. 사찰을 새로 창건하는 것은 법으로 금지되었지만 중창, 중수의 사례는 많으며 또 암자와 같은 소규모 사우(寺宇)의 건립은 계속되었다. 1531년에 나온 『신증동국여지승람(新增東國輿地勝覽)』의 불우(佛宇)조에는 총 1,658개의 사찰이 기재되어 있는데 경상도가 284개, 전라도가 280개, 충청도가 260개로 군현 수나 인구가 많은 지역에 사찰이 집중되어 있음을 볼 수 있다.[172] 한편 18세기 영조대에 나온 『여지도서(輿地圖書)』의 사찰(寺刹)조에는 모두 1,537개의 사찰이 수록되어 약간 감소한 모습을 보인다. 여기에도 경상도가 331개, 전라도가 217개로 많았는데 평안도가 234개로 상위권에 든 점이 주목되며 서울 인근 경기도, 충청도, 황해도의 사찰 수는 전기에 비해 급격히 감소하였다.[173] 뒤이어 정조대에 만들어진 『범우고(梵宇攷)』에는 모두 1,760여 개의 사찰 명칭이 확인되는데 『여지도서』에 비해 200개소 이상 급증한 수이지만 이미 폐사된 사찰까지 포함한 수치여서 실제로 큰 변동이 있었다고 보기 어렵다.[174] 한편 19세기에 성립된 것으로 추정되는 필사본 『사찰록(寺刹錄)』은 도와 군현의 기재 순서에서 차이가 있을 뿐 『범우고』와 체제 및 내용이 유사하다.[175] 여기에 기록된 사찰 연혁은 대부분 15세기 이

도 19세기 후반 잡역의 면제를 인정받는 예가 적지 않았다. 空名帖은 통도사, 법주사, 신륵사, 건봉사, 표훈사, 유점사 등 주로 왕실의 원당 사찰에 주어졌다.

172) 李炳熙, 1997 「朝鮮時期 寺刹의 數的 推移」 『歷史教育』 61 참조.

173) 이병희, 1997 앞의 논문.

174) 필자 미상의 『梵宇攷』는 필사본으로 규장각(가람古 294.3551-B45)과 국립중앙도서관(한古朝21-190) 등에 소장되어 있다. 正祖의 『弘齋全書』 권56, 雜著編에 「題梵宇攷」(1799)가 실려 있고 江原道가 '原春道'라고 되어 있어 1782년에서 1791년 사이에 작성된 것으로 보인다.

175) 『寺刹錄』(국립중앙도서관, 위창古1702-4)의 경기도 부분에 開城府, 廣州府, 水原府, 江華府의 4留守府가 나오는 등 성립 시기는 19세기로 추정된다. 앞서 申景濬(1712~1781)의 『伽藍攷』에서 전국 주요 사찰 520여 개의 연혁과 자료를 소개하고

전의 사실을 다루고 있으며 조선후기는 임진왜란으로 폐사가 되었다는 내용을 포함하여 18세기까지의 사적 일부만 소개되어 있다.[176]

후대인 1916년의 조사에서는 전국 사찰 총수 1,412개, 전체 승려 수를 8,340명으로 파악하였는데, 도별 사찰 수는 경상북도, 경기도, 경상남도의 순으로 많았고 승려 수는 경기도, 경상남도, 경상북도의 순이었다.[177] 경상도와 함께 조선후기 불교의 중심지였던 전라남도는 사찰 수가 65개 밖에 안되지만 승려 수는 943명으로 사찰당 승려 비율은 전국에서 가장 높아서 거찰이 많았음을 알 수 있다.[178] 한편 경기도는 억불과 폐불책이 시행된 조선전기 이후 급격히 수가 줄었다가 19세기에 다시 증가하였다. 이는 19세기에 서울 인근 지역 사찰이 창건, 중창되고 승려들이 중앙으로 모이기 시작한 추세를 반영한 것이다. 반대로 평안도는 18세기에 234개였던 것이 20세기 초에 163개로 대폭 줄었는데[179] 19세기에 평안도의 교세가 크게 약화된 사실은 이 지역에서 기독교가 급격히 성행하게 된 것을 감안해 볼 때 매우 주목할 만한 현상이다.

있는데 양자의 비교 검토가 필요하다.

176) 洛山寺에 숙종이 御製詩를 내린 사실과 1744년 鐵嶺 이북의 요충지인 淮陽府에 安國寺가 건립되고 변경 방비를 위해 僧將이 두어졌다는 내용 등이 주목된다.

177) 「朝鮮人設立寺刹祠院及僧尼數表」(1916년 12월 조사, 『조선불교통사』 하편, 626~627쪽)에 근거한 것이다. 이능화는 작은 암자를 제외한 정식 사찰은 900여 곳, 승려 7,000여 명으로 추산하였다.

178) 이병희, 1997 앞의 논문에서는 비슷한 시기의 「三十本寺幷所屬末寺」에 근거하여 전체 사찰의 수를 1,478개로 추산하였는데 경상도가 394개로 가장 많고 다음은 264개의 전라도였다. 식민지기 31本山의 소재지가 경상도 8개, 전라도 7개로 타 지역에 비해 월등히 많은 사실도 이들 지역이 불교의 중심지였음을 보여준다.

179) 이병희, 1997 앞의 논문.

3장

불교신앙의 유형과 시대적 특성

〈흥국사 극락구품도〉

조선시대 불교신앙은 사대부 주류 계층이 아닌 여성, 일반 민인을 대상으로 한 기복(祈福) 신앙으로 이해되어 왔다. 이는 역사적 사실이지만 한편으로 이와 같은 이해는 신앙의 주체를 선험적으로 한정하고 그 성격을 좁은 틀에서 단순화시키는 역효과를 낼 수 있다. 조선시대의 왕실 불교는 국왕의 묵인 하에 전통을 이어갈 수 있었고 사대부나 유생 가운데도 불교에 관심을 갖거나 혹은 신앙하는 이들이 없지 않았다. 또한 전통사회의 여성이나 일반민의 신앙은 그 주체의 사회적 특성상 '사료' 에서 확인하기 어렵고, 또 유자들의 문집이나 공식 기록 또한 그 성격상 불교신앙의 모습은 거의 드러나지 않는다. 이는 조선시대 불교신앙의 실상과 그 성격을 파악할 때 자료와 시대의 태생적 한계가 존재함을 의미한다. 이에 조선시대인들의 종교적 심성과 인식의 측면에 주목하여 신앙의 대상과 범주를 재정립할 필요가 있다. 불교신앙은 현실의 기복과 내세의 추복(追福)을 아우르는데 불교가 동아시아 사회에 미친 가장 큰 영향은 '업(業)과 윤회(輪廻)' 로 대표되는 내세관이었다. 삼국시대에 불교가 도입된 이래 업과 윤회의 관념이 수용되었고 특히 천당(天堂), 지옥(地獄)과 같은 사후세계와 극락정토(極樂淨土)가 심성 깊숙이 자리 잡게 되었다.[180] 통일신라에 이어 고려시대에도 국왕에서 천민까지 모든 계층에서 불교를 신앙하였고 불교적 내세관을 가졌으며 국가의례와 일반 제의(祭儀)도 불교식으로 거행되었다.[181]

조선시대에는 국가의례와 같은 공적 영역과 사대부 계층에서 불교신앙과 재회(齋會)가 배격되었고 불교 제례와 의례 또한 유교식으로 대체되었다. 불교에서 유교로의 전환은 불교 제의와 내세관이 유교식 제사(祭祀)와 조선관(祖先觀), 기(氣)와 혼백(魂魄)의 취산 관념으로 바뀐 것을 의미하는데 이는 불교의 종교적 영역을 크게 침탈하는 결과를 낳았다. 그러나 일반민의 신앙과 사후 관념은 물론 왕실불교의 전통은 강고하게 유지되었다. 특히 조선전기에는 왕실에서 '조종(祖宗)의 유훈(遺訓)'을 내세워 불교신앙과 의례를 공공연히 행하였고 고기를 올리지 않는 불교식 제의를 고수하다가 관료들과 마찰을 빚은 일도 있었다.[182] 왕실불교는 성리학적 이념에 기반한 공론(公論)과 대립각을 세울 수 있는 특수 영역이었는데, 왕실의 대표적 불교의례인 수륙재(水陸齋)는 조선전기에 국상제(國喪祭)의 성격을 지녔고,[183] 선왕이나 왕실과 관련된 능침사(陵寢寺)와 원당(願堂) 사찰에는 큰 특혜가 주어졌다.[184] 불교 재회와 기도를 통

180) 나희라, 2008 『고대 한국인의 생사관』, 지식산업사.

181) 국사편찬위원회 편, 2007 『신앙과 사상으로 본 불교전통의 흐름』, 두산동아, 3장 참조.

182) 朴昞璇, 2002 「朝鮮後期 願堂의 政治的 基盤-官人 및 王室의 佛敎認識을 중심으로」 『民族文化論叢』 25, 영남대 민족문화연구소에 의하면 조선전기 王室 祭禮에서는 불교식으로 고기를 사용하지 않았고 이것이 숭불 행위인지 왕실 전통인지를 두고 논란이 일었다고 한다.

183) 金熙俊, 2001 「朝鮮前期 水陸齋의 設行」 『湖西史學』 30, 湖西史學會. 수륙재는 물과 땅에 퍼져 있는 혼령이나 귀신의 고통을 구제하기 위한 齋儀로서 亡者의 사후 명복을 비는 불교의례이다. 조선왕실에서는 先王과 王后의 명복을 빌거나 왕족의 쾌차를 기원하기 위해 수륙재를 설하였는데 연산군, 중종대에 追薦齋나 忌晨齋가 혁파된 후 모두 수륙재로 통합되었다.

184) 송수환, 1992 앞의 논문에서는 세종대의 兩宗 통합 때 36寺에 지급된 收租地 7,950

해 국왕과 왕실, 국가의 안녕과 번영을 기원하며 그 대가로 경제적 후원과 특혜를 베푸는 왕실불교의 전통은 조선후기에도 지속되었다. 왕실불교와 관련하여 "조선시대 500년은 배불의 시대이지만 왕자(王者)는 일관적으로 배불을 하였다고 할 수 없으며 태종, 연산군 등을 제외하면 차라리 숭불자(崇佛者)로 볼 수 있다"는 후대의 평가는,[185] 국가의 공적 영역과 왕실불교 양자를 대변하는 국왕의 특수한 성격을 인식한 지적이었다. 조선시대 국왕은 성리학적 질서의 정점에 있는 존재였고 공식적으로는 '숭유억불'을 언명하고 실천하였지만 국왕과 왕실의 안녕과 국가의 평안을 기원하며 왕권 강화에 도움이 되는 불교에 반드시 적대적이지만은 않았다.[186] 국왕 개인의 성향과 시기에 따라 차이는 있지만 불교 문제에 관해 국왕은 왕실과 유학자 신료 사이에서 중재와 조절의 역할을 맡았던 것이다.

사회 일반에서도 유구한 불교 전통이 배불론과 억불책에 의해 일거에 자취를 감춘 것은 아니었다. 조선 초부터 성리학적 가치를 전면에 내걸고 유교식 상장례와 제의를 적극 권장하였지만 부모의 왕생과 내세의 복락을 기원하는 불교적 관념과 신앙을 뿌리 채 뽑을 수는 없었다. 부녀자의 산사(山寺) 출입을 금지하고 승려의 도성출입을 제한하는 등 불교 신앙과 의례를 막기 위한 강력한 조치가 취해졌음에도 개인 차원의 종교적 행위를 국가에서 전면 통제하는 것은 불가능했다. 유교국가의 틀이 잡히고 사림이 중앙 정계에 진출하기 시작한 성종대에도 '사류(士類)가 불교

結 중 陵寢寺나 願堂, 水陸社와 같은 왕실 관련 사원 22寺에 5,350결의 수조지가 지급되었음을 추적하였고 양종에 포함된 사찰들이 주로 경기 지역 왕실 관련 사원이었음을 밝혔다.

185) 金映遂, 1939 『朝鮮佛教史藁』, 123쪽.

186) 崔柄憲, 1993 「『月印釋譜』編纂의 佛教史的 의의」『震檀學報』75, 223~224쪽에서는 왕실불교가 고려시대에 비해 타격을 받으면서도 지속될 수 있었던 하나의 이유로 왕권강화의 측면에서 성리학에 비해 불교가 매력을 줄 수 있었기 때문에 국왕은 公的으로 억압하면서 私的으로는 신봉하는 이중적 자세를 취했다고 설명한다.

식 제의를 행하는 것'을 금하는 조치가 내려졌고 당시까지도 "불사(佛事)의 풍속이 여전히 상존하여 공경(公卿) 유사(儒士)의 집도 상(喪)을 당하면 재회를 예설하고 칠일재(七日齋)를 설행하는" 형국이었다.[187] 또한 부모의 묘 옆에 암자를 지어 재궁(齋宮)으로 삼거나 불단(佛壇)을 설치하여 명복을 비는 관행도 없어지지 않았다. 특히 사십구재(四十九齋)의 경우 조선후기를 거쳐 현재까지도 이어지고 있는데,[188] 이처럼 사후 세계에 대한 불안과 갈망을 해소하는 역할을 불교가 오랜 기간 담당해 왔던 것이다.

내세관에 대한 불교와 성리학의 기본 입장을 원론적으로 비교해 보면, 유교는 현세의 실천에 초점을 둔 것이고 사후(死後)에 대한 설명은 단지 기의 취산을 논할 뿐 영혼의 존재는 인정하지 않았다. 불교도 붓다 단계에서는 영원한 실존적 실체를 부정하는 무아(無我)가 주창되었지만 업과 윤회의 주체를 설명할 필요에 의해 후대에 다양한 논의가 전개되었다. 그 중 유식학(唯識學)에서는 알라야식(阿羅耶識)에 의한 업력(業力)의 축적과 그것의 전이로 업의 이행과정을 설명하기도 하였다.[189] 불교는 중국에 들어와 윤회와 인과를 논리적으로 설명하기 위해 영혼의 존재를 인정하는 '신불멸론(神不滅論)'을 공공연하게 주장하였는데,[190] 불교에서 제시한 내세관은 이전에는 없던 매우 매력적인 것이었다. 그러나 불교의 토양 위에 성리학을 건립한 주자(朱子)는 사후세계와 윤회의 설명 근거로서 신식(神識)이나 영혼을 말하는 불교의 내세관을 집중 공격하였다. 주

187) 高橋亨, 1929『李朝佛教』, 216~217쪽.

188) 四十九齋는 사후 49일 동안 망자의 저승에서의 안락을 기원하며 7일 주기로 설하는 재회이다. 철저한 억불론자였던 태종도 태조의 사십구재 법회는 설하였고 원찰 興德寺와 재궁 開慶寺를 창건하였다.

189) 末木文美士, 2006『思想としての佛教入門』, 東京 Trans view, 96~100쪽.

190) 末木文美士, 앞의 책, 177~178쪽에 의하면 불교 측에서 중국 고유의 神滅論에 대립되는 神不滅論의 입장을 내세웠다고 하며 그 대표적 논서는 廬山 慧遠의『沙門王者不敬論』이다.

희(朱熹)는 불교의 내세관 문제를 윤리의 당위성과 연결시켜 이해하였는데, 불교는 현세에서 해야 할 일을 내세로 미루는 것이므로 불교 내세관을 가지고는 현세의 도덕을 세울 수 없다고 강도 높게 비판하였다.[191]

조선에서 성리학적 관념이 일반화되고 유교식 제의가 대중에게까지 파급력을 가지게 된 것은 16세기 후반 이후로 볼 수 있다. 이 시기는 정치적으로 사림이 중앙 정국과 지방사회의 주도권을 쥐게 되고 사회적으로도 종법(宗法)과 부계(父系) 중심의 유교적 친족 관념이 정착되기 시작한 때였다. 조선후기에는 '동기론(同氣論)'에 입각한 유교식 사후 관념과 제의가 일반화되면서[192] 불교식 상장례의 입지가 크게 좁아졌다. 이처럼 조선후기에 불교는 내세와 관련된 의례에서 주도권을 상실하게 되었지만, 그럼에도 현세와 내세의 복을 기원하는 종교적 갈망이 사라진 것은 아니어서 17세기 이후 불교와 민간신앙의 습합이 나타났고 염불정토 신앙 또한 크게 성행하였다.

조선후기의 승려들은 "사람이 사는 것은 신(神)으로 말미암으며 병약함도 악신(惡神) 때문에 생기므로 악신을 제거하면 된다"고 주장하거나 불혼(佛魂), 조혼(祖魂), 산천(山川) 및 악독(嶽瀆)의 혼을 말하는 등 귀신과 영혼의 존재를 상정하였는데,[193] 이는 내세관에서 불교와 유교의 간극이나 차별성이 여전히 상존하였음을 보여준다. 물론 18세기 후반 연담 유일의 글에서처럼 내세관과 관련된 기준의 시대적 변화가 나타나기도 했다. 그는 "극락이 보이지 않는다고 해서 없다고 주장할 근거는 없으며

191) 윤영해, 2000 『주자의 선불교 비판 연구』, 민족사, 173~177쪽. 하지만 유교에서는 현세에서 善惡의 대가를 치르지 못하는 문제 때문에 과보가 자손에게 미친다는 陰德說을 인정하여 또 다른 논쟁을 불러일으킬 소지가 있다(윤영해, 앞의 책, 205~208쪽).

192) 李鍾書, 2003 「14~16세기 韓國의 親族用語와 日常 親族關係」, 서울대 국사학과 박사학위논문 참조.

193) 『默庵集』 권후, 「毆殺神文」(『한국불교전서』 10, 19~20쪽). 연담 유일도 귀신과 영혼을 언급하는 등 조선후기 승려들의 일반적 인식이었던 것 같다.

반드시 불교를 믿고 염불하지 않더라도 세간의 착한 이들은 왕생할 수 있다. 천당이 있다면 그곳은 군자가 오르는 곳이기에 잘못을 깨닫고 진성(眞性)을 드러내야 한다"고 하여 현세의 윤리적 실천을 강조하였다.[194] 즉 유교사회에 걸맞게 본성을 발현하는 도덕의 가치기준을 내세워 내세로 향한 문호를 현실적으로 넓힌 것이다. 하지만 염불과 선업(善業) 모두 불교의 종교적 영역 안에 원래부터 있던 것이므로 이를 반드시 유교 윤리와의 결탁으로 해석할 필요는 없다.

조선후기의 불교신앙을 유형화하면 염불을 통한 정토왕생이라는 내세신앙, 민간신앙과의 습합을 통한 현세 기복신앙으로 크게 나눌 수 있다. 이 중 염불정토 신앙은 아미타불(阿彌陀佛)이 주재하는 서방 극락정토로의 염불왕생이 중심이었다. 아미타 정토는 우리가 사는 사바세계와는 별도의 공간에 존재하는 세계이며 윤회의 굴레를 벗어난 불국토(佛國土)이다.[195] 아미타불의 원력에 의해 단지 아미타불을 염호하고 왕생을 기원하는 것만으로 정토에 왕생할 수 있는, 즉 타력(他力)에 의한 이행도(易行道)의 신앙이었기에 동아시아에서 큰 대중적 호응을 얻을 수 있었다.

조선후기에는 수행체계의 삼문(三門)에 염불문(念佛門)이 포함되었고 염불계(念佛契)와 염불회(念佛會)가 각지에서 조직되는 등 염불신앙이 매우 성행하였다. 이를 반영해 『예념미타도량참법(禮念彌陀道場懺法)』, 『예념왕생문(禮念往生文)』과 같은 염불의식을 모은 서책들이 자주 간행되었고 한 번에 1,000권이 인출되었을 정도로 그 수요 또한 컸다.[196] 염불수행에서 경계해야 할 10가지 악업(惡業)을 소개하고 정토왕생의 요체

194) 『林下錄』 권4, 「上韓綾州必壽長書」(『한국불교전서』 10, 280~283쪽). 동시기의 仁嶽義沾도 『仁嶽集』 권3, 「答訥村書」(『한국불교전서』 10, 416~417쪽)에서 천당과 지옥을 보지 못했다는 이유로 없다고 할 수는 없다고 주장하였다.

195) 末木文美士, 앞의 책, 145~148쪽. 『三國遺事』의 노비 郁面 설화는 생전의 現身 왕생을 다룬 것이다.

196) 『月渚堂大師集』 「禮念文一千卷印出勸文」(『한국불교전서』 9, 116~117쪽).

를 제시한 『권왕가(勸往歌)』도 대중적 인기를 끌었다.[197] 또한 대규모의 만일염불회(萬日念佛會)도 전국적 범위에 걸쳐 일어났다.[198] 이에 비해 미륵(彌勒) 정토 즉 도솔천(兜率天)으로의 왕생이나 미륵하생 신앙의 사례는 적게 나타난다. 한편 내세와 관련된 신앙 중 염라대왕(閻羅大王)을 비롯한 지옥의 시왕(十王), 그리고 지장(地藏) 신앙도 각광을 받았다. 시왕은 현세의 행업(行業)에 대해 사후에 판결을 내리는 존재이며 지장은 윤회의 길이 결정될 때 도움을 주는 역할을 맡았는데 조선후기에 시왕을 모신 명부전(冥府殿)과 지장전(地藏殿)이 각지의 사찰에 건립된 것은 이들 신앙이 매우 성행하였음을 보여준다.

한편 조선후기에 나온 불교 의례집에는 진언밀교(眞言密教) 신앙이 강하게 투영되어 있다. 밀교는 조선 초까지 신인종(神印宗)이라는 이름으로 존속하였지만 세종대에 선교양종 체제가 성립되면서 이후에는 계승이 확인되지 않는다. 밀교는 통일신라기에 들어온 이후 종파로서는 크게 성장하지 못하였는데, 다만 원대에 성행한 티벳불교의 밀교신앙과 의례 등이 고려 왕실을 통해 새롭게 전래된 것으로 추정된다. 조선시대에는 밀교적 전통이 진언·다라니(多羅尼)와 의례로 전승되었는데 『비밀교집(秘密教集)』 등의 이식 자법집에는 범자(梵字)로 된 진언을 한자(漢字)와 한글로 음역하여 일반인도 외기 쉽게 하였고 이를 통해 밀교식 의례가 대중화된 양상을 확인할 수 있다. 조선후기에 판각된 진언·다라니집은 독송용 주술(呪術) 의례를 담고 있는데 대부분 부모의 추천(推薦)을 위해 시주하여 간행한 책들로서[199] 밀교의 즉신성불(卽身成佛)의 현세적 성격

197) 『勸往歌』(서울대 奎章閣, 가람古294.37-G995). 1908년 梵魚寺 간행 한글 목판본으로 「勸往歌」, 「自責歌」, 「西往歌」가 함께 수록되었다.

198) 韓普光, 1995 「朝鮮時代의 萬日念佛結社」 『佛教學報』 32; 『秋波集』 권2, 「靈源萬日會序」(『한국불교전서』 10, 72쪽)와 『임하록』 권3, 「蓮池萬日會序」(『한국불교전서』 10, 261쪽)에 구체적 내용이 나온다.

199) 남희숙, 2004 앞의 논문 참조.

과는 다른 내세 추복을 위한 신앙 유형에 속한다.

조선후기 불교의 현세 기복적 양상은 전통 불교신앙의 지속과 토착 민간신앙과의 결합 형태로 나타났다. 현세 기복적 불교신앙은 현실적 난관의 해결과 복을 기원하는 관음(觀音)신앙과 병의 쾌유를 비는 약사(藥師)신앙이 대표적인데 이는 삼국시대 이래 오랜 전통을 가지고 있다. 민간신앙의 유입과 습합은 임진왜란 후인 17세기부터 본격화된 것으로 보이는데 전란 후 새로 조성된 사찰 공간 안에 칠성각(七星閣), 산신각(山神閣), 독성각(獨聖閣) 등이 들어와 자리 잡는 모습을 볼 수 있다. 17세기 초에 간행된 휴정의 『운수단(雲水壇)』에도 「칠성청문(七星請文)」이 수록되어 불교의 칠성신앙 수용 양상이 확인되며,[200] 18세기의 상월 새봉(霜月璽封)이 "북두(北斗)에 절하고 심증(心證) 실천의 법으로 삼았다"고 한 것을 보면 이후 독자적 신앙으로 지분을 확대하였음을 알 수 있다.[201] 현존하는 조선후기 불화 가운데 칠성탱이 미타탱, 지장탱과 함께 가장 큰 비중을 차지하는 것도[202] 칠성신앙이 성행한 방증이다. 이 밖에 무속과 결합하여 기복과 병의 쾌유를 비는 마을 미륵신앙의 형태도 나타났다.[203] 이처럼 토착 민간신앙과 불교의 습합이 가시화된 것은 유교사회가 정착됨에 따라 종교적 영역에서 양자가 공존과 상생을 도모한 결과로 이해된다. 기복에 초점을 둔 여러 신앙의 복합적 혼재는 보다 많은 종교적 수요를 창출하고 불교의 저변을 확대하는 길이기도 하였다.

다음은 시대 변화에 따른 불교의 종교적 모색을 검토해 보고 국왕과

200) 『雲水壇』(1607년 松廣寺 개판본) 「七星請文」(『한국불교전서』 7, 751쪽).

201) 『霜月大師詩集』 「霜月先師行蹟」(『한국불교전서』 9, 598~599쪽). 高橋亨, 1929 『李朝佛教』, 1057~1061쪽에 七星신앙의 유래와 사례가 소개되어 있는데 칠성신앙은 원래 道教신앙에서 기원하였으며 불교에서도 위경인 『佛說北斗七星延命經』 등이 일찍이 만들어졌고 고려와 조선에 큰 영향을 미쳤다고 한다.

202) 鄭炳三, 2002 「19세기의 불교사상과 문화」 『추사와 그의 시대』, 돌베개 참조.

203) 鄭奭鍾, 1981 「朝鮮後期 肅宗年間의 彌勒信仰과 社會運動」 『韓沽劤博士停年記念史學論叢』, 지식산업사.

왕실 등에서 불교를 후원, 신앙한 대표적 사례를 소개한다. 먼저 17세기 전반은 전란과 그로 인한 상흔 때문에 불교의 종교적 효용성이 크게 부각된 시기였다. 전쟁 중 서울 안팎의 시체를 묻는데 승려들이 동원되었고 그 대가로 국가에서 선과첩과 도첩을 발급하기도 하였다.[204] 특히 전몰 혼령을 위로하는 역할을 불교가 담당하여 연고 없이 죽은 무주고혼(無主孤魂)의 명복과 왕생을 기원하는 천도재(薦度齋)와 수륙재(水陸齋)가 설행되었다.[205] 당시 승려들의 글에는 전쟁의 참상과 함께 야장(野葬)과 초제(醮祭)를 지낸 후 원혼 구제를 위해 수륙재를 개설한 사실 등이 기록되어 있다.[206] 한편 임진왜란과 병자호란은 막대한 인적, 물적, 정신적 손실을 초래하였는데 선조의 파천과 인조의 굴욕적 항복은 국왕의 권위에 큰 타격을 주었다. 이때 불교계는 법회와 기도를 통해 '주상전하수만세(主上殿下壽萬歲) 왕비전하수제년(王妃殿下壽齊年) 세자저하수천추(世子邸下壽千秋)' 와 같이 국왕 일가의 장수와 안녕을 빌고 국가와 민의 안정을 기원하였다.[207]

이처럼 불교계는 영혼 구제, 민심 위무와 같은 종교적 역할 수행과 함께 정치적 목적에 부응하였고 파괴된 다리와 도로 재건, 궁궐 조영 등 전후 복구사업에도 참여하였다. 결과적으로 전쟁은 불교의 종교적 기능을

---

204) 『宣祖實錄』 권43, 선조 26년 10월 2일(임오); 『宣祖修正實錄』 권27, 선조 26년 10월 1일(신사).

205) 남희숙, 2004 앞의 논문 참조. 17세기의 국가적 위기 상황이 불교의 종교적 대응과 대중화를 이루는 역사적 배경이었다고 보았다.

206) 『浮休堂大師集』 권5, 「薦戰死亡靈疏」(『한국불교전서』 8, 82쪽). 『부휴당대사집』에는 수륙재나 薦度齋 관련 疏文이 몇 건 수록되어 있고 『四溟堂大師集』, 『奇巖集』 등 당시 승려 문집에서 '無主孤魂' 의 왕생을 기원하는 글들이 확인된다. 중국에서도 明末 萬曆 연간에 비명 횡사자의 영혼을 위로하는 수륙회가 활성화되었다(伊吹敦 저 · 최연식 역, 앞의 책, 236쪽).

207) 伊吹敦 저 · 최연식 역, 앞의 책, 146~147쪽과 212~213쪽에 의하면 중국에서는 송대에 국가불교적 성격이 강화되어 황제의 장수와 국가의 안녕을 기원하는 祝聖上堂과 본존불 앞의 三牌 봉안이 시행되었고 원대에 이러한 경향이 더 강화되었다.

새롭게 환기시키고 신앙 수요를 창출하는 중요한 계기가 되었다. 이러한 시대 분위기를 엿볼 수 있는 사례를 들면, 1606년(선조 39)에는 거사(居士)들이 도로를 수리한 후 서울 창의문(昌義門) 밖에서 승속이 모두 참여하는 수륙대회를 열었는데 철시(撤市)가 이루어졌고 사녀(士女)들이 큰 길에 가득차서 사회적 문제로 비화되기도 하였다.[208] 당시 남자는 거사가 되고 여자는 사당(祠堂)이라 칭하며 승복을 걸치는 풍조가 생겨났고 일반민이나 사대부가 승려를 접대하고 부처를 공양하며 사신(捨身)과 재회를 베푸는 일이 있었다고 한다.[209] 또 왕실불교의 전통이 계속 이어졌는데 궐내의 연등(燃燈) 풍속은 인조대까지 행해진 기록이 있다.[210]

전후 재건 사업에 승군을 활용한 광해군은 불교에 대한 개인적 호의를 나타내기도 하였다. 승려들은 국왕권의 회복을 상징하는 궁궐 조영에 참여하였고 광해군은 승려를 우대하고 법회를 후원하였다. 광해군은 전쟁 중 큰 공을 세운 사명 유정의 병을 위로하였고,[211] 무고로 옥에 갇힌 부휴 선수(浮休善修)를 방면하고 원찰인 봉인사(奉印寺)의 재회를 주관하게 하였다. 뒤에 선수는 홍각등계(弘覺登階)의 시호를 하사받았는데 그의 전법제자인 벽암 각성도 광주 청계사(淸溪寺) 재회의 설법을 맡고 봉은사 선교도총섭(禪敎都摠攝)에 임명되었다.[212] 각성은 다음 인조대에 남한산성 팔도도총섭을 역임하였고 보은천교원조국일도대선사(報恩闡敎

208) 『宣祖實錄』 권200, 선조 39년 6월 1일(무술); 6월 2일(기해). 史臣에 의하면 이때 수륙회는 여러 宮家에서 시주하여 후원하였다고 한다.

209) 『宣祖實錄』 권211, 선조 40년 5월 4일(병인).

210) 『仁祖實錄』 권27, 인조 10년 10월 23(정해); 권31, 인조 13년 8월 23일(경자). 인조가 초파일에 觀燈을 위해 오색비단으로 만든 등불 수백 개를 걸어놓고 즐겼다는 내용이 나온다.

211) 『光海君日記』 권21, 광해군 1년 10월 28일(병자); 29일(정축).

212) 白谷處能, 「松廣寺浮休堂善修碑銘」; 李景奭, 「華嚴寺國一都大禪師碑銘」(『한국고승비문총집』, 78~83쪽; 180~184쪽); 『大覺登階集』 권2, 「賜報恩闡敎圓照國一都大禪師行狀」; 「孤閑大師行狀」; 「追加弘覺登階碑銘」(『한국불교전서』 8, 329~332쪽).

圓照國一都大禪師)의 시호와 의발을 하사받았다. 그가 화엄사(華嚴寺)를 비롯한 호남, 호서의 거찰들을 대대적으로 중창할 수 있었던 것도 불교계를 대표하는 위상과 그에 따른 왕실과 중앙의 후원에 힘입은 바가 컸던 것이다. 잠저 시절의 효종도 평안도 안주(安州)에서 각성을 만나 화엄의 종요(宗要)를 물었다고 하며 그 인연으로 국왕이 된 1650년(효종 1) 각성이 만년에 주석한 화엄사를 선종대가람(禪宗大伽藍)으로 지정하고 안부를 수차례 묻기도 했다.[213] 효종을 이은 현종은 즉위 초부터 억불책을 시행하였지만 두 공주를 잃은 후에는 원찰 봉국사(奉國寺)에서 불교 추천(推薦) 의례를 열게 하였다. 숙종 또한 공식적으로는 배불을 선언하였지만 태조의 사적이 보관된 석왕사(釋王寺)에 친필을 내려주었으며 새로 중건된 화엄사 장륙전(丈六殿)을 각황전(覺皇殿)으로 개명하고 편액을 하사하였다. 또 중국에서 표착해 온 불서 일부가 서울로 옮겨져 남한산성 개원사(開元寺)에 보관되었는데 숙종은 재가 거사를 위한 불경인 『유마경(維摩經)』에 관심을 보였다는 일화가 전한다.[214]

조선후기 국왕과 불교의 관계를 이해할 때 특히 눈길을 끄는 것은 정조의 불교 시책과 인식이다. 정조는 계획도시인 화성(華城)에 부친 사도세자(思悼世子)의 묘를 이장하여 현륭원(顯隆園)을 조성하였고 1790년(정조 14) 원찰인 용주사(龍珠寺)를 창건하였다. 당시 화성 전체 축성 비용의 1/10에 해당하는 막대한 비용이 사찰 건립에 들어갔는데 이때 각 궁방과 경기감사(京畿監司)를 비롯한 지방관들의 기부를 받았고 호조(戶曹)와 병조(兵曹)의 재정적 지원 등을 통해 8만 냥의 거액을 모았다. 정조는 부모의 은혜에 보답한다는 내용의 「용주사봉불기복게(龍珠寺奉佛祈福偈)」를 지었고 효의 실천을 강조하는 『부모은중경(父母恩重經)』을 용

213) 앞의 「사보은천교원조국일도대선사행장」(『한국불교전서』 8, 329쪽).
214) 高橋亨, 1929 『李朝佛敎』, 688~695쪽.

주사에서 간행, 반포하였다.[215] 또 불상의 개안식(開眼式)을 할 때는 불교계의 추천에 의해 영남의 고승 인악 의첨(仁嶽義沾)을 증사(證師)로 삼았다.[216] 한편 후사와 관련하여 개인적으로 불교에 의지하는 모습도 보이는데, 왕손 탄생을 기원하는 기도법회가 선암사(仙巖寺), 석왕사(釋王寺) 등 여러 사찰에서 열렸고 1790년 원손(元孫)이 탄생하자 기원성취를 감사하는 어제서(御製書)와 토지 등이 해당 사찰에 내려졌다.[217] 정조는 특히 석왕사가 '흥왕(興王)'으로 창건되었고 왕자 탄생의 공덕까지 있다고 치하하면서 "불교는 3교 중 가장 늦은 것이지만 그 영험함은 가장 두드러진다. 유자는 이를 믿지 않으나 또한 간혹 믿지 않을 수 없다"라고 하여 자신의 기쁨을 표현하였다. 정조는 국가는 신(神)과 사람을 모두 맡고 있는 기관이라고 하면서 '지성(至誠)'의 의미를 강조하였고,[218] 또 '만천명월주인옹(萬川明月主人翁)'으로 자부하면서 군왕의 학문[聖學]은 사대부와 달리 불교나 도교도 포섭해야 한다고 밝혔는데 이는 국왕권의 영역 안에 불교를 끌어들인 인식의 반영이었다.[219]

정조 사후 19세기의 정국은 국왕의 외척과 세도가에 의해 주도되었고, 왕후를 중심으로 한 왕실과 세도 명문가의 후원에 의해 각종 불사와 법회, 불서 간행이 활발하였다. 예를 들어 송광사, 대둔사와 같은 거찰의 중창, 중수 불사가 일어났고 1831년(순조 31)에는 금강산 유점사(楡岾寺)에

---

215) 김용태, 2007 앞의 「유교사회의 불교전통 계승」 참조.

216) 『仁嶽集』 권2, 〈龍珠錄〉「佛腹藏奉安文」; 「龍珠寺祭神將文」(『한국불교전서』 10, 407~408쪽); 권3, 「仁嶽和尙行狀」(『한국불교전서』 10, 422~423쪽).

217) 釋王寺에 보관된 정조의 1792년 교지에는 여말선초 불교계의 주류인 指空, 懶翁, 無學의 3和尙에게 謚號를 추증하고 있는데 이는 태조와 무학과의 관계를 고려한 것으로 보인다. 휴정은 석왕사가 聖祖의 '化家爲國'을 위한 願刹이라고 하였고(「雪峰山釋王寺記」 『釋王寺誌』, 국립중앙도서관 古1702-6), 숙종과 영조도 御製를 내린 바 있다. 또 선암사의 訥庵에게도 '國一都大禪師大覺登階弘濟尊者'의 시호가 하사되었다.

218) 『弘齋全書』 권15, 碑, 「安邊雪峯山釋王寺碑」(1791)(『韓國文集叢刊』 262).

219) 남희숙, 2004 앞의 논문에서 정조와 불교의 관계를 상세히 다루었는데 왕실의 願堂 건립과 사찰 지원은 숙종과 영조대의 정책을 계승한 것으로 평가하고 있다.

서 왕대비의 발원으로 『화엄경합론(華嚴經合論)』 120권, 『법원주림(法苑珠林)』 100권 등의 대규모 사경(寫經)이 이루어졌다. 또 세도가문들의 불교 후원도 잇달았는데 순조대 정국을 주도한 안동(安東) 김(金)씨 가문은 여주의 신륵사(神勒寺)를 대대로 지원하였고 풍양(豊壤) 조(趙)씨, 여흥(驪興) 민(閔)씨 등도 장안사(長安寺), 표훈사(表訓寺), 유점사 등 금강산 권역 사찰의 불사를 후원하고 폐단을 혁파해 주었다.[220] 명문사족 중에서도 김정희(金正喜) 집안은 향리인 예천의 화암사(華巖寺)를 원찰로 삼았고 부친이 경상감사(慶尙監司)로 재직할 때 해인사의 중창불사가 일어나자 김정희가 그 상량문을 짓는 등 친불교적 모습을 보여준다.[221]

고종 또한 정조와 마찬가지로 불교에 대해 전향적 태도를 취하였는데, 외세의 압박과 동학의 창궐, 왕실과 국가의 안위를 우려해야 했던 19세기 후반의 위기상황 속에서 불교를 통해 국왕권 안정과 국가의 번영을 기원한 것이다. 서원(書院)을 대대적으로 혁파한 대원군은 반면 사찰에서는 고종의 즉위와 성공을 기원하였는데 서울 인근 많은 사찰들의 불사를 후원하였고 현판을 직접 쓰기도 하였다. 고종대에는 원당으로 지정된 건봉사(乾鳳寺)의 일체 잡역이 혁파된 것을 비롯해 전국 각지의 사찰에 후원과 특혜를 부여한 사례가 다수 확인된다. 묘향산의 축성전(祝聖殿)은 1875년 세자 책봉 때 성수(聖壽)를 축원하기 위해 건립된 것으로 청에서 들어온 장수불(長壽佛)이 봉안되었고[222] 1900년에는 고종과 황태자, 80여 명에 달하는 고위 관료들의 후원에 의해 삼각산 수국사(守國寺)가 창

220) 조계종교육원, 2004 앞의 책, 390~392쪽; 정병삼, 2002 앞의 논문, 187~188쪽.

221) 정병삼, 1983 「秋史의 佛敎學」 『澗松文華』 24. 김정희는 불교 교학에도 소양이 깊었고 「不二禪蘭圖」, 봉은사의 '板殿' 현판 등의 작품에서 그의 불교적 취향을 엿볼 수 있다.

222) 남희숙, 2004 앞의 논문. 중국불교에서 祝聖이 일반화된 것은 송대이며 원대에는 국가주의적 성격이 더욱 강화되었다(姜好鮮, 2000 「14세기 前半期 麗·元 佛敎交流와 臨濟宗」, 서울대 국사학과 석사학위논문, 58쪽).

건되었다.[223] 이어 1902년에는 송광사의 원당 설치를 위해 관문(關文)이 발급되었고 다음 해에는 고종이 탁지부(度支部)를 통해 금 1만 관을 내리고 내탕금 5만 냥을 하사하여 완공된 성수전(聖壽殿)에 위패를 봉안하였다.[224] 당시 불교계는 조가(朝家)가 진휼해 준 은택에 크게 감사하였고[225] 13도의 고승이 모인 가운데 수사찰인 원흥사(元興寺)에서 고종의 병환 쾌유를 기원하는 화엄회(華嚴會)를 열기도 했다.[226]

조선이라고 하는 유교사회에 적응해 온 불교는 18세기 후반 이후 새로운 종교적 도전에 직면하게 되었는데 바로 서학(西學)의 성행과 천주교(天主敎)의 전파였다. 천주교는 17세기 전반에 조선에 소개되어 1686년(숙종 12)에는 중국 천주교 선교사가 잠입, 포교하다가 추방되는 일도 있었다. 천주교가 일반에까지 퍼지게 된 것은 18세기 후반부터인데 1768년(영조 44) 해서(海西)와 관동(關東)에 천주교가 전파되고 유교식 제사를 폐하는 이들이 생겨나서 이를 엄단하기도 하였다. 특히 1791년(정조 15) 정약용(丁若鏞)의 외사촌이었던 윤지충(尹持忠)이 모친 사후에 위패를 폐한 진산(珍山) 사건이 일어나 정치 사회적 문제로 크게 비화되었다. 이에 천주교 서책을 불태우고 천주교도에게는 회유와 형벌을 병행하여 그 확산을 막는 조치가 취해졌다.[227] 또 당시 문체반정(文體反正)을 내세워 정(正)과 사(邪)의 분별을 엄격히 하는 분위기 속에서 서학은 사학(邪學)으로 지목되었다.[228] 이어 정조 사후 1801년에는 신유박해(辛酉迫害)

---

223) 洪月初, 1927 『奉先寺本末寺志』(韓國學文獻硏究所, 1978, 亞細亞文化社), 217~224쪽.

224) 『茶松文稿』 권3, 「行錄草」(『한국불교전서』 12, 771~773쪽); 『茶松文稿』 권1, 「聖壽殿始刱緣起跋文」(1903)(『한국불교전서』 12, 694~695쪽).

225) 『茶松文稿』 권1, 「毓祥宮願堂記」(『한국불교전서』 12, 714쪽); 『茶松文稿』 권2, 「耆老所願堂新建事上言壯」(『한국불교전서』 12, 724쪽).

226) 『茶松文稿』 권2, 「薦李太王祈禱祝」; 「李太王百齋緣起序」(1919)(『한국불교전서』 12, 739쪽).

227) 權相老, 1917 『朝鮮佛敎略史』, 227쪽.

가 일어났고 황사영(黃嗣永)의 백서(帛書) 사건이 터지면서 천주교는 국체를 위협하는 사교(邪敎)로 금기시되었다.

조선의 유교 지식인은 생소한 천주교 교리를 접하면서 자신들이 알고 있던 불교 용어와 관념을 가지고 이해하기도 하였다. 17세기 초 이수광(李睟光)은 『천주실의(天主實義)』를 읽고 천주교는 천당과 지옥, 화복(禍福)의 설로 믿게 하는 비천한 교의에 불과하다고 혹평하였고 18세기 후반의 채제공(蔡濟恭)도 서학은 천당지옥설로 혹세무민하는 것이라고 비판하였다.[229] 당시 조정의 논의에서도 천주교에 대해 "불교를 배척한다고 하면서도 실은 불교의 말을 훔쳐다 자신들의 교리로 삼으니 이는 불교의 별파(別派)이다"라고 하여 불교적 상식을 통해 천주교를 이해하는 모습을 보인다.[230] 양자 사이에는 천주(天主)나 윤회 개념 등 현격한 차이가 있지만 불교의 천당과 지옥, 인과응보와 같은 내세 관념이 천주교를 이해할 때 준거틀이 되었던 것이다.

당시 천주교는 조상에 대한 보본(報本)과 제사 의례와 같은 조선의 전통을 인정하지 않았고 사교로까지 배척되었음에 비해, 불교는 유교사회에서 오랜 기간 적응하면서 공존해 왔다. 특히 성리학으로는 온전히 채울 수 없었던 내세에 대한 종교적 염원을 주로 불교가 해소해 주었다. 현세에서도 불교는 유교의 최우선 덕목인 효의 가치를 인정하고 그 실현에 동참함으로써 자생력을 확보할 수 있었다. 부모의 추복을 위한 사십구재 등의 불교재회는 조선후기에도 계속되었고 출가 승려 중에서도 부모의 신주(神主)를 모시거나 제사를 지내는 경우가 간혹 있었다.[231] 승려들의

228) 趙成山, 1999 「19세기 전반 노론계 佛敎認識의 정치적 성격」 『韓國思想史學』 13 참조.
229) 高橋亨, 1929 『李朝佛敎』, 792~794쪽.
230) 『正祖實錄』 권26, 정조 12년 8월 3일(임진).
231) 權相老, 1917 『朝鮮佛敎略史』, 234쪽에서는 華潭 敬和의 예를 들고 있다. 한편 『枕肱集』 권하, 「禪林追冥福契目幷引」(『한국불교전서』 8, 362~363쪽)은 비구 40명이 부모와 스승의 명복을 함께 빌기 위해 계를 결성한 내용이다.

효에 대한 중시는, 19세기 백파 긍선(白坡亘璇)이 어려서 불전(佛典)에 접하면서 일족(一族)의 왕생이 자식으로서 참된 효를 다하는 것이라 여기고 출가하였고 이후 부모를 봉양한 사실에서도 찾아볼 수 있다. 그는 조상의 효행을 기리기 위해 홍석주(洪錫周), 홍현주(洪顯周), 기정진(奇正鎭) 등 명사들에게 부탁하여 『송계효행록(松溪孝行錄)』을 편찬하기도 하였다.[232]

19세기는 기강의 문란과 정치사회적 혼란이 가중되면서 불안이 점차 증폭된 위기의 시대였고 이러한 상황에서 현실적 변혁 요구가 거세게 일어났다. 또한 서학과 동학의 발흥에서 볼 수 있듯이 이 시기에는 종교적 갈망의 분출과 다양한 신앙 사이의 경합이 가속화되었다. 이는 불교도 예외가 아니어서 여러 계층에 걸쳐 신앙과 결사(結社) 활동이 활발히 펼쳐졌다. 간혹 승려가 향교(鄕校)의 명륜당(明倫堂) 앞에 불상을 가지고 가서 쟁을 치고 염불을 하며 소란을 피우는 사건도 발생하였지만,[233] 불교는 유교사회에서 지분을 가진 전통의 일부였고 따라서 새롭게 등장한 천주교나 민간 종교 등에 대처하면서 새로운 모색을 해야 했다. 하지만 당시에 승려들의 명리심(名利心)이 폐습으로 지적되거나 "도처의 총림(叢林)에서 무리를 지어 작당하고 거짓으로 위의를 드러내 신자들을 속이고 미혹한다"는 부정적 평가가 내려지기도 했다.[234] 결과적으로 불교는 시대적 과제를 해결할 의지나 종교적 역량을 갖추지 못한 채, 그리고 전통과 자신의 가치를 되돌아볼 틈도 없이 근대의 격동을 맞이하게 되었다.

232) 『少林通方正眼』「行狀」(『한국불교전서』 10, 651~653쪽); 高橋亨, 1929 『李朝佛教』, 805~810쪽 참조.

233) 『憲宗實錄』 권16, 헌종 15년 5월 26일(임술).

234) 『修禪結社文科釋』 附錄, 「識智辨說」(『한국불교전서』 10, 548~550쪽).

제2부

불교 계파와 법통의 성립

1장 청허계의 성립과 편양파의 융성

2장 부휴계의 특성과 정체성

3장 불교 법통의 성립과 역사적 의미

〈청허당 진영〉

1장

청허계의 성립과 편양파의 융성

1. 청허계의 형성과 4대 문파의 분기
2. 편양파의 계보와 종통 의식

〈표충사보장록〉

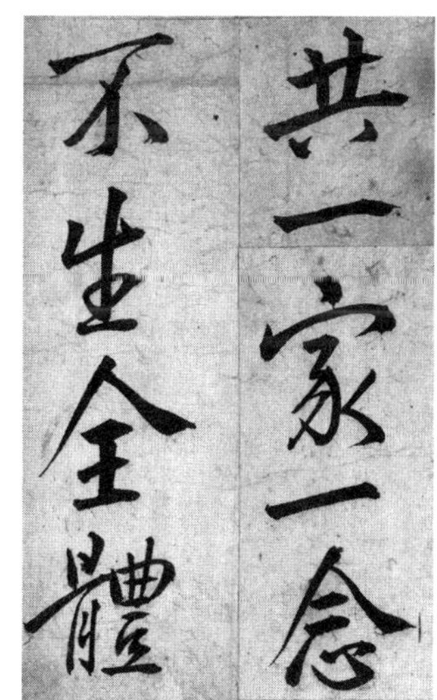

〈편양언기 글씨〉

1. 청허계의 형성과 4대 문파의 분기

조선시대 불교를 대표하는 승려인 청허 휴정(淸虛休靜, 1520~1604)은 명종대 양종 복립 후 시행된 승과 출신으로 선교양종판사(禪敎兩宗判事)에 제수되었고 임진왜란 때는 팔도도총섭(八道都摠攝)으로 근왕(勤王)을 위한 승군을 일으켜 충의의 공적을 인정받았다. 한편 그는 『선가귀감(禪家龜鑑)』 등 다수의 저술을 남겨 조선후기 불교의 수행 방향을 정립하였는데 그 문하에서 수많은 문도들이 배출되어 교단을 이끄는 주도세력이 되었다. 휴정의 법맥을 이은 후손들을 통칭하는 '청허계(淸虛系)'는 조선후기 교단의 최대 계파(系派)였다.[1] 조선후기 양대 계파인 청허계와

1) 常盤大定, 1912 「朝鮮の義僧西山大師」 『大崎學報』 2에서 시작하여 『李朝佛教』에서 고착된 이래 그동안 학계에서는 '西山系'라는 명칭이 관용적으로 쓰이고 있다. 西山인 妙香山에 주석한 휴정이 西山大師라는 명칭으로 널리 알려져서인지 서산계의 명칭에 대한 이의 제기는 그동안 없었다. 하지만 휴정의 堂號는 淸虛堂이고 문집 또한 『淸虛堂集』이며 『佛祖源流』와 같은 전등사서나 조선후기의 전법 계보, 승려 문집 등에는 휴정의 공식적인 호를 대개 청허로 쓰고 있다. 1912년 반포된 「本末寺法」의 총칙에도

부휴계(浮休系)의 주류 계보는 다음 〈도 1〉과 같다.

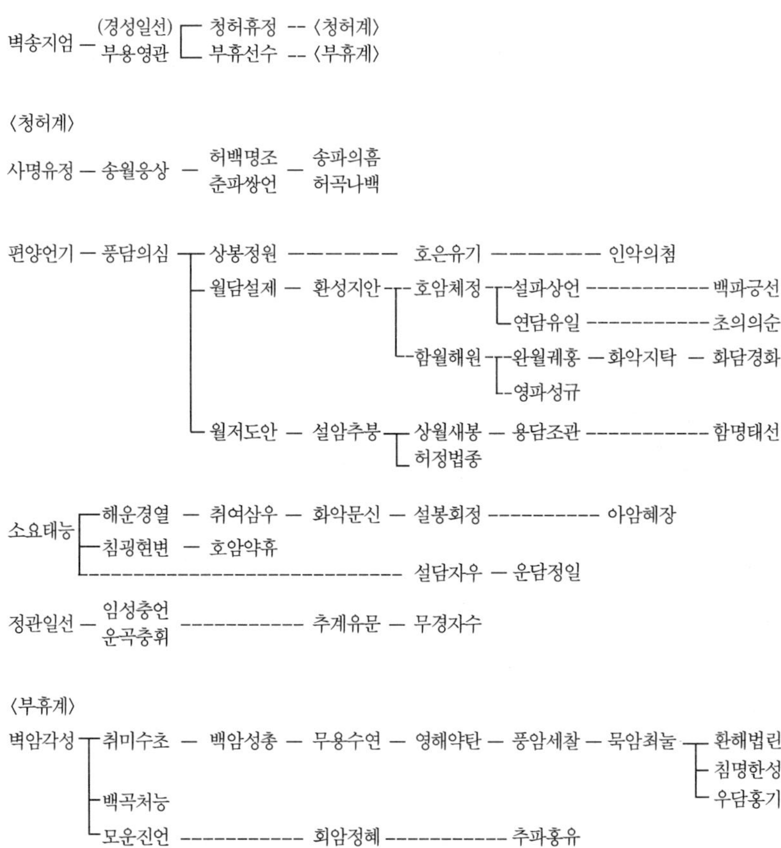

〈도 1〉 청허계와 부휴계 주류의 계보

淸虛 休靜의 법맥 계승이라고 명기하고 있다. 조선후기 승려의 시나 글에서 西山이라는 별호가 자주 쓰였고 또 국왕이나 유학자의 글에서는 주로 서산으로 칭하였지만 공식 법호는 아니었다. 따라서 역사성을 반영한 공인 명칭으로 서산계가 아닌 청허계로 칭하는 것이 타당하다.

계파는 소의경전과 교학체계를 공유하는 교종 종단이나 법맥과 선풍(禪風)을 같이하는 선종 종파, 교학이론의 계승을 전제로 한 학파와는 다른 것으로 조선후기 계파는 선종의 법맥 전승을 일차적 기준으로 하면서 법통과 계파인식을 공유하였다.[2] 먼저 청허계의 연원에 대해 살펴본다. 『불조원류』 등 후대의 불교사 인식은 임제태고(臨濟太古)법통설에 입각하여 중국 임제종으로부터 휴정까지의 사승 관계를 정리하였는데, 휴정 자신이 쓴 글에서는 법맥이나 선풍의 연원을 조사(祖師)인 벽송 지엄(碧松智嚴, 1464~1534)에 직접 연결시킬 뿐 그 이상 소급되지는 않는다. 지엄은 폐불 조치로 큰 타격을 입은 연산군과 중종대에 활동한 인물로 당시의 시대상을 반영하여 '두문명적(杜門冥寂) 불수인사(不修人事) 불첨어세(不諂於世) 불천매불법(不賤賣佛法)' 하였고 수행과 저술에만 매진하여 불교 전통의 명맥을 이었다.[3] 제자로는 부용 영관(芙蓉靈觀)과 경성 일선(敬聖一禪)이 있는데 두 사람은 각각 휴정의 전법사와 수계사였고 휴정은 전법사 영관의 법맥을 계승하였다.

부용 영관(1485~1571)은 천노(賤奴) 출신으로 연산군대 초반에 출가하여 선조대 초까지 활동하였다. 지리산에서 벽송 지엄을 스승으로 모신 후 공안(公案)을 참구하여 깨닫는 것으로 입문을 삼았고 교학은 물론 유학과 제자백가에 두루 통하여 휴정이 "호남과 영남에서 삼교(三教)에 통달한 속인들이 대사의 풍화(風化)를 입었다"고 평하였다.[4] 경성 일선

2) 선종 내부에서 법계와 계통의 차이에 주목하게 된 것은 祖統說이 완비되고 사원이 특정 일파에 의해 계승되기 시작한 송대부터인데(伊吹敦 저 · 崔鈆植 역, 앞의 책, 128~129쪽) 조선후기 또한 문파 성립과 사찰의 상속, 법통 정비 등 유사한 상황 속에서 계파가 형성된 것이다.

3) 『三老行蹟』 「碧松堂大師行蹟」(『한국불교전서』 7, 752~754쪽). 지엄의 저술 및 편찬으로 알려진 것은 『頌』과 『訓蒙要鈔』, 『拈頌說話節錄』이 있으며 『祖源通錄撮要』의 「跋文」이 지엄의 찬으로 확인되었다(高翊晋, 1985 「碧松智嚴의 新資料와 法統問題」 『佛教學報』 22).

4) 『三老行蹟』 「芙蓉堂先師行蹟」(『한국불교전서』 7, 754~755쪽). 영관은 晋州의 부유한

(1488~1568)은 중종대에 승군으로 제방(堤防) 역사에 참여하였고 이어 지엄에게 활구(活句)를 익혀 경절문(徑截門) 언구에 몰두하였다. 일선 또한 서울의 사서(士庶)에게 이름이 알려져 법석에 석덕고사(碩德高士)들이 몰려와 '해동절상회(海東折床會)' 라고 칭해졌는데 충효를 특히 중시해서 경성당(敬聖堂)을 짓고 성수만세(聖壽萬歲)를 축원하는 등 승려 중의 직(稷)이나 설(契)로 일컬어졌다.[5] 그는 묘향산(妙香山)에 주석하면서 기반을 다졌는데 휴정 또한 말년에 묘향산에 머물렀고 그곳에서 입적하였다.[6]

최고위 승직인 양종판사와 팔도도총섭을 역임한 휴정은[7] 교단 내에서 그에 필적할만한 상대가 없었을 뿐 아니라 사회적으로도 큰 명성을 떨쳤다.[8] 또 당시 선과 교로 나뉘어 분열되어 있던 불교계의 통합을 지향하여 간화선을 중시하면서도 선과 교를 겸수하는 수행체계를 정립하였다. 호남의 뇌묵 처영(雷默處英), 황해도의 의엄(義嚴)을 비롯한 많은 승장들 또한 휴정의 제자임을 자부하였다. 휴정 사후 탑을 건립한 완허 원준(玩虛圓俊)이 스승을 대신하여 묘향산의 문도들에게 교학을 가르쳤고 백련사(白蓮寺)의 원철(圓徹)을 비롯한 수많은 제자들이 전국적 범위에서 활동하면서 이후 불교계를 주도하였다. 휴정의 제자 중 문집을 남긴 주요

노비 출신으로 德異山 苦行禪子에게 출가하였고 信聰法師에게 教를, 威鳳大師에게 禪을 배웠으며 9년간 '長坐不臥' 하기도 하였다.

5) 『三老行蹟』「敬聖堂禪師行蹟」(『한국불교전서』 7, 756~757쪽). 일선은 蔚山 출신으로 경성당에서 敬聖의 호를 취했다.

6) 앞의 「경성당선사행적」. 일선이 입적할 때 묘향산 승려들의 대대적 참여가 있었고 또 「東國諸山禪燈直點壇」(『한국불교전서』 7, 739~741쪽)에도 지리산 靈觀, 묘향산 一禪으로 기재된 것을 보면 일선이 묘향산을 근거지로 하였음을 알 수 있다.

7) 『淸虛堂集』 補遺, 「淸虛堂行狀」(『한국불교전서』 7, 735쪽). 휴정은 어려서 양친을 여의고 지방관의 도움으로 12세에 成均館에 들어갔고 南方으로 유람을 갔다가 지엄의 제자 崇仁을 만나 科擧를 단념하고 출가하였다. 崇仁을 養育師로 하고 靈觀을 傳法師로 삼았으며 默大師에게 인가를 받았다.

8) 『淸虛堂集』에는 李滉, 奇大升, 曺植 등과 교류한 사실이 나오며 임진왜란 때 泰仁의 孫弘祿이 전주 慶基殿 太祖眞影과 역대 實錄을 반출하였을 때도 휴정이 그 보관을 맡아서 도력과 공적이 인정되었다(高橋亨, 1929 『李朝佛教』, 372~373쪽).

〈표 1〉 문집을 남긴 휴정의 주요 문도

이름	생몰년	문집명	활동 및 근거지	탑비 건립지
정관일선	1533~1608	정관집	덕유산(입적)	
영허해일	1541~1609	영허집	능가산 실상사(출가/입)	
사명유정	1544~1610	사명당집	직지사(출), 해인사(입)	해인사/밀양 홍제사/건봉사
운곡충휘	? ~1613	운곡집	해인사	
제월경헌	1544~1633	제월당집	천관사(출), 심원사(입)	심원사
청매인오	1548~1623	청매집	부안 변산, 연곡사(입)	
기암법견	1552~1634	기암집	금강산	유점사
소요태능	1562~1649	소요당집	백양사(출), 연곡사(입)	금산사/심원사
중관해안	1567~ ?	중관집		
영월청학	1570~1654	영월당집	가지산 보림사(출)	
편양언기	1581~1644	편양당집	묘향산 내원암(입)	보현사/금강산 백화암

승려들을 생년 순으로 정리하면 〈표 1〉과 같다.

먼저 정관 일선(靜觀一禪)은 정관문파의 조사로서 제자 임성 충언(任性冲彦)으로 이어지는 이 계통은 『법화경』 교학 전통을 계승하였다는 점에서 주목된다.[9] 사명문파의 사명 유정(四溟惟政)은 묘향산의 휴정에게 신법을 전수받아 수제자가 되었으며 임진왜란 때 휴정을 대신해 승군을 이끌면서 크게 활약하였다. 제월 경헌(霽月敬軒)도 일시 승장으로 활동하였지만 선교양종판사 직책을 사양하고 수행에만 전념하였으며 이력과정의 사집(四集)에 해당하는 책들을 가지고 제자를 훈도하였다. 그의 문집인 『제월당집』 서문에서는 나옹(懶翁) 법통설을 제기하고 있어 주목된다. 청매 인오(靑梅印悟)는 사승 관계에 있는 정심(正心)-벽송 지엄-부용 영관-청허 휴정과 휴정의 동문 부휴 선수(浮休善修)의 제문을 지었는

9) 이하 승려 행적은 『한국고승비문총집』과 문집의 행장 및 서·발문에 의거하였다. 김용태, 2000 「朝鮮中期 佛教界의 변화와 '西山系'의 대두」 『韓國史論』 44, 서울대 국사학과 참조.

데 이는 17세기 초 청허계의 계파 인식을 여실히 보여준다. 기암 법견(奇巖法堅)은 금강산 지역을 주요 근거지로 활동하면서 많은 중창불사와 법회를 열었고 소요 태능(逍遙太能)은 처음에 부휴 선수에게 배웠지만 다시 휴정의 법맥을 전수하여 소요문파를 이루었다. 중관 해안(中觀海眼)은 임제태고법통설 정립에 관여하였고 화엄사(華嚴寺), 금산사(金山寺), 대둔사(大芚寺)의 사적기를 짓는 등 불교사에 큰 관심을 가졌다. 또 영월 청학(詠月淸學)의 『영월당대사집(詠月堂大師集)』에는 이력과정의 사집(四集), 사교(四敎), 대교(大敎)를 정리한 최초의 글이 수록되어 있다. 휴정의 말년 제자인 편양 언기(鞭羊彦機)는 『청허당집』을 재간하고 휴정의 수행체계를 정비하는 등 스승의 선풍과 사상을 계승, 선양하였고 임제태고법통설을 주창하여 조선 불교의 정체성을 분명히 하였다. 편양파는 이후 청허계의 주류 문파로서 교단 내에서 가장 세력이 큰 전국적 문파로 성장하였다.

휴정의 높은 위상을 반영하여 청허계의 지역범위는 전국을 망라하였다. 휴정은 벽송 지엄과 부용 영관이 주석하였던 지리산 유역에서 출가하였고 장년 이후에는 금강산과 묘향산에 주로 머물렀는데 삼산(三山)이라 불린 이 세 산은 당시 불교의 중심지였다.[10] 먼저 지리산 일대는 소요 태능이 구례 연곡사(燕谷寺)를 근거지로 하여 지엄과 영관을 추숭하고 문도를 양성하였으며,[11] 영월 청학 또한 지리산 서쪽 금화산(金華山)에 주석하였다.[12] 정관 일선의 정관파는 덕유산(德裕山), 계룡산(鷄龍山),

10) 『浮休堂大師集』 권5, 「芙蓉堂大師百日疏」; 「薦登階大師疏」; 『鞭羊堂集』 권3, 「謝南陽處士書」(『한국불교전서』 8, 19~21쪽; 261쪽)에서 휴정과 三山과의 인연을 강조하였고 앞의 「동국제산선등직점단」(『한국불교전서』 7, 739~741쪽)에서는 휴정의 西來傳燈 전수를 '三山一點西來焰' 라고 표현하였다.

11) 태능은 新興寺와 燕谷寺를 중창하였고 탑도 연곡사, 金山寺, 寶蓋寺 등 같은 지역에 세워졌다(『逍遙堂集』 「逍遙大禪師行狀」(『한국불교전서』 8, 198~199쪽)). 한편 영관의 부도가 연곡사에 세워졌고 태능이 지엄의 별칭인 野老의 자취를 회상한 것은(「題燕谷寺壁上」), 이들에 대한 현창과 추숭으로 볼 수 있다.

12) 『詠月堂大師集』 「金華山上菴記」; 「澄光寺重創記」; 「物外菴勸善文」; 「行狀」(『한국불교전서』 8, 221~236쪽)에서 청학이 지리산 서쪽 金華山에서 주로 활동한 사실을 알

전주 종남산(終南山), 해남 대둔사 등 호서와 호남 일대에서 주로 활동하였다. 그런데 지리산과 호남, 호서 지역은 청허계 뿐만 아니라 부휴계 세력의 주된 기반이기도 하였다.[13] 다음 금강산 지역은 사명 유정이 주석하였던 곳이며 또 제월 경헌과 기암 법견의 오랜 연고지였다.[14] 마지막으로 묘향산은 휴정이 입적한 곳으로서 편양 언기 이후 17세기에는 편양파의 주류가 머물며 휴정의 유풍을 계승한 청허계의 본산이었다.[15]

한편 17세기에 활동했던 진묵 일옥(震默一玉)은 기이한 행적으로 유명한데 그는 "100년 후의 종승(宗乘)을 이을 자는 휴정의 문손 중에서 나올 것"이라고 예견하였다.[16] 비록 명리승(名利僧)이라는 단서가 붙어 비판적 시각이 표출되고는 있지만 당시 청허계가 불교계의 주류 세력으로 부상하였음을 보여주는 사례이다. 실제로 청허계는 전국적 범위에 걸친 최대 계파로 성장하여 후대에는 전국 사찰의 2/3를 점유하였다고 할 정도로 영향력이 컸다.[17] 청허계는 다시 몇 개의 문파로 나뉘고 계보 또한 여러 갈래로 분기되었다. 1764년에 나온 『불조원류』에서는 그 중 대표적인 4대 문파의 계보를 중심으로 정리하였는데 편양파, 사명파, 소요파, 정관파 가운데 편양파의 세력이 가장 컸다. 주류 문파의 위상을 가진 편

수 있다. 태능과 청학은 부휴 선수의 문하에 있다가 다시 휴정에게 수학하여 그 법맥을 이었다. 태능은 선수 문하에서 雲谷 冲徽, 松月 應祥과 함께 '法門三傑'로 칭해졌고(앞의 「소요대선사행장」), 부휴계 白谷 處能이 쓴 『詠月堂大師集』의 「序」(『한국불교전서』 8, 221쪽)에는 청학과 부휴계의 관계가 기술되어 있다.

13) 靜觀 一禪의 전법 제자인 任性 忠彥의 행장(「任性堂大師行狀」)을 처능이 짓는 등 정관파와 부휴계는 지역을 공유하면서 밀접한 관계를 유지했다.

14) 유정은 임란 이전 금강산에 주석하다가 승군 활동을 하면서 경상도에 머물렀고 海印寺에서 입적하였다. 사명파는 이후 금강산, 경상도 일대에서 활동하였고 법견의 『奇巖集』에는 금강산 지역 사찰의 중창과 관련된 記文과 疏가 다수 들어 있다.

15) 휴정의 입적 후 묘향산의 圓俊, 印英과 금강산의 自休, 雪岑 등이 사리를 봉안하였다. 『霽月堂大師集』 「淸虛大師行蹟」(『한국불교전서』 8, 120~121쪽)에서 휴정이 장년 이후 금강산과 묘향산 등 북방에서 주석하였음을 확인할 수 있다.

16) 「震默祖師遺蹟攷」(『한국불교전서』 10, 876~884쪽).

17) 金映遂, 1939 『朝鮮佛敎史藁』, 160쪽.

양파에 대해서는 뒤에 자세히 다루고 여기서는 사명파, 소요파, 정관파의 계보와 활동, 문파의 성쇠에 대해 살펴본다.

사명(四溟)문파의[18] 사명 유정(四溟惟政, 1544~1610)은 당대에 휴정의 수제자로 인정받았고 적전으로서의 위상을 가졌다.[19] 그는 처음 직지사(直指寺) 신묵(信默)에게 출가, 득도한 후 1561년 승과에 합격하고 직지사의 주지가 되었다. 이후 묘향산의 휴정에게 수학하고 법을 이었는데 그는 스승을 대신하여 임진왜란 때 승군을 통솔하였고 휴정의 명으로 통도사(通度寺)의 진신사리(眞身舍利)를 보호하기도 하였다. 전쟁은 물론 외교에도 공을 세워 국난 타개의 일등공신이자 불교계를 대표하는 명승으로 이름을 떨쳤다. 휴정은 그에게 "지금 그대가 팔방의 승려들을 대함에 본분사인 경절문의 활구로 스스로 깨우침을 얻게 하는 것이 종사(宗師)로서 모범이 되는 것이다. 정맥(正脈)을 택하고 종안(宗眼)을 분명하게 하여 부처와 조사의 은혜를 저버리지 말라"고 당부하였고 정법을 부촉하였다.[20] 유정은 왕명으로 일본에 사행을 떠나게 되면서 스승의 임종을 지키지 못하였지만 휴정의 탑을 금강산에 다시 세우고 그 문집 간행을 유명으로 남기는 등 전법제자로서 소임을 다하였다.[21] 사명파의 적전 계보는 〈도 2〉와 같다.

---

18) 『佛祖源流』에서 유정의 호를 松雲으로 기재하고 있지만 문집명이 『四溟堂大師集』이며 『四溟堂僧孫世系圖』나 『四溟堂支派根源錄』의 예처럼 직계 후손들은 堂號인 四溟을 썼다. 따라서 휴정의 당호를 따라 清虛系라고 한 것과 마찬가지로 松雲派가 아닌 四溟派로 칭한다.

19) 『清虛堂集』 권7, 「奇默年侍」(『한국불교전서』 7, 727쪽)에서는 휴정 스스로 유정이 법을 계승함을 인정하였고, 휴정 직계 제자들 대부분도 유정을 적전 제자로서 대우하였다(『奇巖集』 권2, 「松雲大師百齋疏」; 『浮休堂大師集』 권5, 「松雲大師小祥疏」).

20) 「禪教訣」(『한국불교전서』 7, 657~658쪽). 유정은 선뿐 아니라 교학에도 뛰어났던 것으로 보이는데, 다만 그의 저술이 임진왜란 중에 대부분 산실되어 구체적 내용을 알 수 없다.

21) 許筠, 「清虛堂集序」 『清虛堂集』(『한국불교전서』 7, 659~660쪽). 휴정이 입적한 직후 묘향산에 탑이 세워졌고 이후 유정에 의해 금강산에도 건립되었다.

사명유정 1544-1610 ─ 송월응상 1572-1645 ─ 허백명조 1593-1661 ─ 송파의흠 ? ─ 설월계변 ? ─ 영암지원 1643-1693

└ 춘파쌍언 1591-1658 ─ 허곡나백 1608-1681 ─ 운파청안 1651-1717

└ 오암의민 1710-1792

〈도 2〉 사명문파의 적전 계보

유정의 문하에서 3파가 분기되었지만 정법은 송월 응상(松月應祥)에게 전해졌다. 그는 선교양종을 겸비하였다고 평가되며 1624년 남한산성 팔도도총섭으로 임명되었지만 거절하고 교화에 힘썼다.[22] 대신 그의 전법제자 허백 명조(虛白明照)는 1627년 정묘호란 때 팔도승병대장으로 안주에서 4천여 승군을 이끌었고 병자호란 때는 군량 보급을 담당하는 등 유정의 활동을 계승하여 승군을 통솔하였다.[23] 명조는 응상의 선을 전수받았고 휴정의 제자 완허 원준(玩虛圓俊)에게 교학을 배우기도 하였으며 그 문하에서 송파 의흠(松坡義欽)이 나왔다. 명조의 동문형제인 춘파 쌍언(春坡雙彥)은 금강산을 주요 근거지로 하였고 그 문도 허곡 나백(虛谷懶白)도 금강산 지역에서 활동하였는데 17세기에 사명파는 유정이 주석하였던 이 지역 사찰에 연고를 두고 있었던 것이다.[24]

사명문파는 1612년 유정의 유촉을 받아 허균(許筠)에게 법통설을 의뢰하였고 이에 고려나옹(高麗懶翁)법통설이 나오게 되었다. 그러나 1625년부터 편양 언기가 임제태고(臨濟太古)법통설을 제기함에 따라 사명파는 그에 동조하면서 입장을 바꾸게 된다. 이는 유정 사후 편양파가 청허계 내의 주도권을 가지게 되었음을 보여주는 사례인데, 사명파는 17세기

22) 「楡岾寺松月堂大師碑銘」; 「貝葉寺松月堂石鐘碑銘」; 「金剛山松月堂應祥大師碑銘」(『한국고승비문총집』, 150~158쪽).

23) 『虛白集』 「虛白堂詩集序」(『한국불교전서』 8, 379~380쪽).

24) 유정은 乾鳳寺, 쌍언은 楡岾寺, 명조는 表訓寺에 비가 각각 세워졌고 쌍언의 문도인 허곡 나백과 제자 雲坡 淸眼의 비도 금강산 사찰에 건립되었다.

까지 주류 문파로서 세력을 유지하였지만 18세기 이후에는 현저히 약화되어 교단을 주도할만한 위상을 가지지 못하였다. 1768년 사명파 후손인 혜심(譓諶)이 찬한 『사명당근원록(四溟堂根源錄)』에는 "세력이 있는 각 산문의 종사들은 쇠잔한 이 산문의 후예를 비웃지 말라" 고 하여 문파의 쇠락 사실을 자인하고 있다.[25] 1764년에 나온 현행 『불조원류』에도 편양파에 비해 사명파 계보는 소략하게 서술되어 있다.

18세기 사명파의 쇠퇴를 보여주는 또 하나의 예는 유정을 향사한 밀양 표충사(表忠祠) 건립 과정에서 찾을 수 있다. 1738년(영조 14) 태허 남붕(太虛南鵬)의 청원에 의해 유정의 출생지인 밀양에 표충사가 사액되었는데 초대 원장(院長)에는 남붕의 스승 설송 연초(雪松演初)가 임명되었고 남붕은 표충사 도총섭으로 제수되었다.[26] 당시 남붕은 표충사 사액과 관련하여 유정의 관련 기문을 모은 『분충서난록(奮忠紓難錄)』을 간행하였는데 그는 자신이 유정의 5세 법손이라고 표명하였다. 하지만 스승 연초는 사명파가 아닌 편양파 환성 지안(喚惺志安)의 법맥을 전수한 이로서 남붕이 쓴 연초의 비문에는 "휴정 문도가 유정 계통의 교파(敎派)와 언기에서 지안으로 이어지는 선파(禪派)로 나뉘었는데 연초는 그 법을 모두 전수받아 휴정파가 처음으로 하나가 되었다" 고 하여[27] 편양파의 선과 사명파의 교, 두 법맥을 통합하였다는 인식을 표명하였다.

이러한 통합적 전법 관계의 설정은 연초가 편양파의 선종 법맥을 이었지만 표충사의 사액 청원 과정에서 유정과의 연고를 함께 부각시킬 필요에서 제기되었을 가능성이 크다. 연초는 실제로 사명파 승려에게 교학을

25) 『四溟堂支派根源錄』 「序」(『한국불교전서』 10, 135쪽).

26) 『奮忠紓難錄』 「備局甘結關」(『한국불교전서』 8, 112쪽). 禪敎兩宗正事 雪松 演初와 都摠攝 翠岩 朗聰이 주관하여 禮曹를 통해 시행되었는데 祭享은 南北漢山城 都總攝이 맡았다.

27) 李天輔, 「通度寺雪松堂大師碑銘」(『한국고승비문총집』, 258~259쪽).

배운 사실이 있고,[28] 그렇기에 편양파의 선과 사명파의 교를 모두 계승한다는 논리가 성립되지 않는 것은 아니다. 그러나 연초의 제자 남붕이 스스로 사명파임을 내세우면서도 유정의 사당 건립을 사명파가 독자적으로 추진하지 못하고 편양파 법맥의 권위에 기대었다는 것 자체가 편양파가 교계를 주도하고 사명파의 입지가 약화되었던 현실을 반영하고 있다. 표충사가 사액된 다음 해인 1739년에는 유정의 입적지인 해인사 측에서 자신들의 연고권을 내세워 사당인 홍제당(弘濟堂)을 해인사에 세우고 표충사 사액청원을 주도한 남붕을 고발하였다.[29] 또 1783년에도 해인사 측 입장을 두둔한 승려들이 표충사의 3대사 영정을 탈취하는 사건이 벌어졌는데,[30] 이 또한 18세기 사명파의 권위 약화와 분열 상황을 보여주는 사례이다. 1800년에 만들어진 금강산 건봉사(乾鳳寺)의 「사명대사기적비(四溟大師紀蹟碑)」에서는 표훈사(表訓寺)를 휴정의 '시교지지(施教之地)', 건봉사를 유정의 '모의지지(慕義之地)'라고 하여 휴정과 유정의 금강산 지역 연고를 내세워 사액 사우를 청원하기도 하였지만,[31] 이 또한 사명파가 주도한 현창사업은 아니었다.

사명파의 세력권은 유정이 주로 활동하였던 금강산과 경상도가 중심이 되었는데 밀양 표충사의 분쟁이 발생한 1739년 무렵에 작성된 『사명당승손세계도(四溟堂僧孫世系圖)』에서 영남지역 사명파의 존재 양상을 확인할 수 있다.[32] 이 책은 유정의 후손이 작성한 자파의 계보도로서 그

28) 앞의 「통도사설송당대사비명」.

29) 장동표, 2000 「조선후기 밀양 표충사(表忠祠)의 연혁과 사우(祠宇) 이건 분쟁」 『역사와 현실』 35. 이 사건은 그동안 향사해 온 사실을 자료로 입증한 표충사 측이 승리하였고 해인사 홍제당이 철거되는 것으로 일단락되었다.

30) 南東信, 2001 「朝鮮後期 불교계 동향과 『像法滅義經』의 성립」 『韓國史硏究』 113.

31) 南公轍, 1800 「乾鳳寺泗溟大師紀蹟碑銘」(『한국고승비문총집』, 100~102쪽).

32) 『四溟堂僧孫世系圖』(서울대 중앙도서관, 一石294.30922Y95sp.). 이 책의 서문은 1739년 9월 유정의 8대손이자 총섭인 尼巖 快仁이 썼고 표지 이면에는 1932년에 밀양 表訓寺(표충사의 오기로 보임)에 소장된 이 책을 구한 사실이 적혀 있다.

서문에는 "유정의 계파가 낙동강 좌우에 두루 펴져 있다" 고 하여 영남 지역에 사명파 후손이 근거지를 두고 활동하였음을 알 수 있다. 그런데 이 서문에는 밀양 표충사의 향사 과정이 적혀 있지만 본문에는 표충사에 대한 언급이 없고 대신 유정의 의발과 유품 전래를 내세워 표충사와 대립하였던 해인사와 대구 용연사(龍淵寺) 관련 기록이 비중 있게 서술되어 있다. 이는 이 책을 쓴 사명파의 후손이 표충사 측과는 일정한 거리를 두었음을 보여주는데, 특히 용연사에 대해 "본사는 송운(松雲)의 도량이며 승손(僧孫)이 지금까지 봉사(奉祀)하고 있다" 고 기술하여[33] 용연사와 관련된 승려가 작성한 것으로 추정된다. 이 책에서 또 한가지 주목되는 사실은 유정의 스승으로 전법사 휴정이 아닌 득도사(得度師) 신묵(信默)을 내세운 점이다.[34] 유정은 처음 직지사(直指寺)의 신묵에게 출가하여 득도한 후 휴정의 법맥을 이었는데 이 책에서는 이처럼 1세 신묵, 2세 유정에서 11세까지로 이어지는 영남 사명파의 계보를 작성하여 자파의 정체성을 확인한 것이다. 하지만 19세기 이후 사명파의 행적이나 구체적 활동 내용을 보여주는 자료는 그리 많지 않다.

소요(逍遙)문파는 휴정의 제자 소요 태능(逍遙太能, 1562~1649)을 조사로 하는 문파이다. 태능은 임진왜란 때 승장으로 활약한 후 남한산성 축성에도 조력하였고 뒤에 충군우국(忠君憂國)을 인정받아 1652년 효종에게 혜감(慧鑑)이라는 시호를 하사받았다.[35] 그는 처음 백양사(白羊寺)에서 출가한 후 부휴 선수에게 교학을 배웠고 이어 청허 휴정에게 선을

33) 海印寺에는 유정의 비가 세워졌고 弘濟庵에 의발과 影像이 전하지만 龍淵寺에는 의발, 영상 외에도 冠巾, 念珠, 詩帖, 文集이 모두 있다고 기술하고 있다. 權瑎, 「龍淵寺釋伽如來浮屠碑」(朝鮮總督府, 1919 『朝鮮金石總覽』 下, 亞細亞文化社(1976))에 의하면 유정이 1603년 青霞 印英에게 명하여 용연사를 중창하였다고 하며 유정의 문도 清振이 普賢寺에 이안되었던 通度寺의 眞身舍利 하나를 임시로 옮겨와 봉안하였다고 한다.

34) '清州出身 中德大禪士 信默' 이 유정의 스승으로 기재되어 있다.

35) 『逍遙堂集』 「逍遙大禪師行狀」(『한국불교전서』 8, 198~199쪽).

전수받아 그 제자가 되었다. 만년에는 지리산 연곡사(燕谷寺)에 주석하였는데 종문안(宗門眼)을 개할(開割)하였다고 자부하였다. 태능의 적전은 해운 경열(海運敬悅)로서 소요문파에서 종(宗)을 홀로 얻었다고 하며,[36] 경열 이후 적전 계통은 〈도 3〉에서 보듯 취여 삼우(醉如三愚), 화악 문신(華嶽文信), 설봉 회정(雪峰懷淨)을 거쳐 대둔사(大芚寺) 12대 강사(講師)인 아암 혜장(兒菴惠藏)으로 이어졌다.

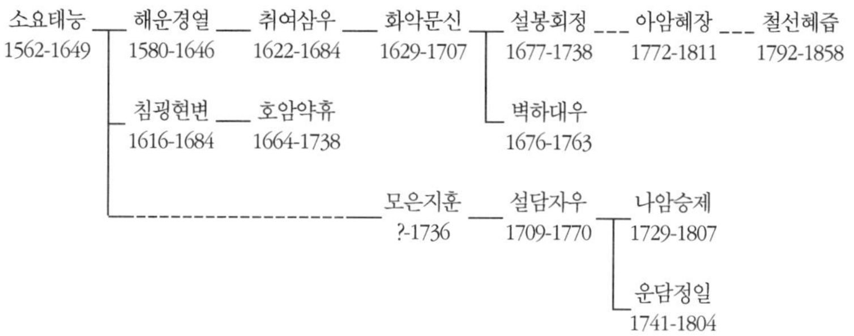

〈도 3〉 소요문파의 주류 계보

한편 경열의 동문인 침굉 현변(枕肱懸辯)의 제자 호암 약휴(護巖若休)도 유명한데 그는 1736년(영조 12) 북한산성 팔도도총섭으로서 승군의 교대 입역(立役) 폐해를 주달하여 방번전(防番錢)으로 전환하는 계기를 만들었다. 약휴는 청규(淸規)를 편찬하고 사찰에 대한 사적인 침탈이나 세력가의 사전(寺田) 사유를 막아 산문을 부흥시켰다고 평가되었다.[37] 소요문파는 이들 외에도 18세기의 모은 지훈(暮隱智薰), 설담 자우(雪潭自優) 등의 명승을 배출하였다. 소요파는 17세기 후반 이후 대둔사를 필

36) 『東師列傳』 권2, 「海運禪師傳」(『한국불교전서』 10, 1020~1021쪽). 海運은 『莊子』 「逍遙遊」 편의 '鵬徙' 에서 나온 것으로 스승 소요를 계승한다는 의미를 담고 있다.
37) 猊雲惠勤, 「昇平府仙巖寺重創主護巖堂若休大師傳」(『李朝佛敎』, 740~741쪽에서 부분 인용).

두로 한 남도 일대를 주요 근거지로 삼았는데 대둔사 12종사 중 취여 삼우, 화악 문신, 벽하 대우, 설봉 회정 4명이 소요파에 속하였다. 이들은 출생에서 출가, 입적까지 모두 대둔사, 백련사(白蓮寺), 미황사(美黃寺) 등 인근 지역에서 활동하였다.[38)]

18세기 전반의 「대둔사사적비(大芚寺事蹟碑)」에는 휴정과 유정의 '재조(再造)의 공적' 을 언급한 후 태능이 휴정의 강석을 계승하였다고 평가하였다.[39)] 그런데 이 사적비에는 소요파와 함께 편양파의 적전들이 함께 거명되어 있어 이 시기에 편양파의 대둔사 진출과 양 문파의 공조가 이루어졌음을 볼 수 있다. 이후 1798년에는 대둔사의 소요파 후손들이 주도하여 『소요당집(逍遙堂集)』을 중간하였는데 그 서문에는 "조사 문중에서 사명은 교종이고 소요와 편양은 선종으로 한때 병치하였다" 고 하여,[40)] 사명파를 교종으로 치부하고 소요파와 편양파를 같은 선종으로 인식하여 정체성을 공유하였다. 19세기 초반의 『대둔사지(大芚寺志)』에도 "휴정의 문도 중 공(功)이 사직(社稷)을 보존하고 가풍(家風)이 총림(叢林)을 뒤흔든 이는 소요 태능과 편양 언기였고 수백 년간 그 문호가 번창하였다" 고 밝히고 있어,[41)] 대둔사를 매개로 두 문파의 공조체제가 확고했음을 볼 수 있다. 대둔사에서 양 문파의 지분을 구체적으로 확인해 보면 「영각(影

38) 「大興寺醉如大師碑銘」(『한국고승비문총집』, 274쪽); 「大興寺華嶽堂文信大師碑銘」(『한국고승비문총집』, 288~289쪽). 취여 삼우와 화악 문신은 大芚寺를 거점으로 하였고 벽하 대우와 설봉 회정의 비는 美黃寺에 세워졌는데 미황사에는 편양파 연담 유일의 탑도 건립되어 양자의 친연성을 확인할 수 있다(李忠翊, 1803 「蓮潭大宗師碑銘」 『한국고승비문총집』, 572~573쪽). 한편 『龍興寺事蹟』(국립중앙도서관, 古1702-7)에서 담양 龍興寺도 18세기 전반 소요파의 근거지였음을 알 수 있다.

39) 蔡彭胤, 1727 「海南大芚寺事蹟碑」 『希菴先生集』(『韓國文集叢刊』 182, 437쪽).

40) 呂圭亨, 1798 「重刊逍遙堂集序」 『逍遙堂集』(『한국불교전서』 8, 185쪽). 「行狀」은 11세손 猊雲 惠勤이 썼고 「발문」을 쓴 李勉輝는 「逍遙碑銘幷序」를 쓴 李景奭의 6세손이다. 이 중간본 『逍遙堂集』 간행은 법손 春潭에 의해 주도되어 1800년에 담양 玉泉寺에서 간행되었다.

41) 『大芚寺志』(韓國學文獻硏究所, 1983, 亞細亞文化社), 21쪽.

閣)」 항목의 8노(老)에는 소요 태능, 침굉 현변, 해운 경열의 3명의 소요파가 포함되었고 8사(師)에도 소요파가 3명이 기재되었다.[42] 또 「비원(碑院)」 항목의 9사(師)에도 화악 문신, 설봉 회정이 들어가 있어,[43] 인적 구성상 소요파가 1/3이 넘는 지분을 가졌음을 알 수 있다. 두 문파는 대둔사의 역사를 담은 『대둔사지』를 편찬할 때도 동일 비율로 참여하였는데 소요파의 좌장은 아암 혜장이었다.[44] 혜장은 편양파의 교학 종장인 연담 유일에게 교학을 배웠고 30세에 대둔사의 대회를 주관했을 정도로 능력을 인정받았다.[45] 정약용은 유일과 혜장이 각각 대둔사 12종사와 12강사의 마지막 순서에 들어있지만 실상은 그 정화라고 하면서 '연노(蓮老; 蓮潭)는 대련(大蓮)이고 파공(坡公; 蓮坡)은 소련(小蓮)' 이라고 비유하였다.[46]

하지만 19세기에 들어 대둔사는 유일의 문손 완호 윤우(玩虎尹佑) 계통의 호의 시오(縞衣始悟), 초의 의순(草衣意洵), 범해 각안(梵海覺岸) 등 편양파가 장악하였고,[47] 소요파는 인근 만덕사(萬德寺; 백련사)를 근거지로 삼는 등[48] 두 파가 구분되는 양상이 나타난다. 혜장도 소요파 조사

42) 8師 중 편양파는 月渚 道安, 雪巖 秋鵬, 喚惺 志安, 虎巖 體淨, 蓮潭 有一이고 소요파는 醉如 三愚, 碧霞 大愚, 雪峰 懷淨이다.

43) 『대둔사지』, 100~104쪽. 그 밖에 「諸老의 塔」 항목에는 소요파 6명, 편양파 10명이 들어 있다.

44) 『大芚寺志』 편찬은 「鑑定」 玩虎 尹佑, 「留授」 兒菴 惠藏, 「編輯」 袖龍 頤(賾)性, 草衣 意洵, 「校正」 騎魚 慈弘, 縞衣 始悟으로 양 문파가 동등한 지분으로 참여하였다.

45) 丁若鏞, 「蓮坡大師碑銘」(『한국고승비문총집』, 670~671쪽). 소요파 혜장은 師祖의 말을 구차히 따르지 않았으나 오직 유일의 手箚에는 머리를 숙이고 聽命하였다고 한다. 정약용은 혜장의 대둔사 대회를 언급하면서 이 대회는 八道의 宗匠이 되는 이가 주관할 수 있음을 강조하였다. 『茶山詩文集』 권20, 文集 書, 「上仲氏 辛未(1811)冬」(『한국문집총간』 281, 437쪽) 참조.

46) 李忠翊, 「蓮潭大師碑銘」(『한국고승비문총집』, 572~573쪽)에 정약용의 「題蓮潭詩卷」 내용이 인용되어 있다.

47) 縞衣 始悟의 적전인 梵海 覺岸의 『東師列傳』에는 대둔사와 편양파 위주의 불교사 인식이 드러나 있다.

48) 萬德寺는 아암 혜장, 수룡 색성, 기어 자홍이 주지를 맡았고 태능의 적전 해운 경열과 혜장의 제자 晶巖 卽圓의 비가 세워지는 등 소요파의 주요 근거 사찰이었다. 자홍

인 화악 문신의 비문을 정약용에게 청하는 등 자파에 대한 자의식을 가졌는데,[49] 소요파의 독자적인 전통 인식은 1912년에 나온 『대흥보감(大興寶鑑)』에서 강하게 표출되었다. 그 서문에는 청허조(淸虛祖)의 유촉과 12종사의 배출, 수많은 탑비의 건립을 들어 소요파가 관여하였던 대흥사(大興寺; 대둔사)의 전통을 강조하면서,[50] 수록 내용 대부분을 소요파 조사의 비문으로 채우고 있다. 또 각 조사의 법명 앞에는 '동방(東方) 제○조(祖)'를 붙였는데,[51] 임제태고법통에 근거하여 고려말 태고 보우 이후 동방 7조 청허 휴정, 동방 8조 소요 태능을 거쳐 15조 아암 혜장과 마지막 17조 철선 혜즙(鐵船惠楫)까지 법맥이 이어진다는 소요파 중심의 전통 인식이 드러나 있다. 철선 혜즙은 "동방 불법이 소진하여 여러 전법의 갈래들이 다만 전곡(錢穀)을 주고받으며 이어졌는데 오로지 연파(煙坡; 혜장)의 일종(一宗)만이 심법을 서로 전한다"고 하여[52] 자파 계보에 대한 자부심을 나타냈다.

정관(靜觀)문파는 정관 일선(靜觀一禪, 1533~1608)에서 시작된 문파이다. 일선은 휴정의 심인을 전수하였고 백하 선운(白霞禪雲)에게 법화(法華) 교학을 이수하였다.[53] 백하 선운은 『법화경』에 정통한 정련 법준(淨

은 정약용의 감정을 받아 『萬德寺志』 편찬을 주도하였다.

49) 『與猶堂全書』 第一集 詩文集 第十七卷 文集 碑銘, 「華嶽禪師碑銘」(『한국문집총간』 281, 362쪽).

50) 圓應戒定, 1912 「大興寶鑑編集序」(『대둔사지』, 221~222쪽). 本山의 翠雲 慧悟가 '觀感'의 盛蹟을 모아 편집해 줄 것을 부탁하였다고 하며 원제는 '朝鮮全羅南道海南郡大興寺寶鑑'이다. 30本山의 성립과 함께 대둔사의 전통을 집성한 것인데, 이 시기에 소요파의 입장을 반영한 책이 나온 사실은 주목할 만하다.

51) 앞의 「大芚寺事蹟碑」. 휴정과 8명의 편양파 종사 외에는 모두 소요파 승려이다. 편양파 승려 앞에는 '東方○祖'가 아닌 朝鮮, 頭輪山, 大芚寺 뒤에 '○○大師碑銘' 식으로 제목을 붙였다.

52) 南秉哲, 「鐵船和尙碑銘」(『한국고승비문총집』, 700~701쪽).

53) 『靜觀集』 「靜觀集序」; 「印經後跋」(『한국불교전서』 8, 23~24쪽; 30쪽)에서 선뿐 아니라 법화 교학을 중시한 사실을 알 수 있다.

蓮法俊)의 제자였고 법준은 등계 정심(登階正心)에게 교학을 전수받았다. 등계 정심은 휴정의 조사 벽송 지엄에게 선법(禪法)을 전한 이였으므로 정관 일선이 정심 이후 선과 교의 양쪽 전법(傳法)을 모두 계승한 것이 된다. 교학 중에서도 특히 법화교학이 강조되고 있어 주목된다. 선과 함께 교의 전통을 계승한 일선은 휴정을 대신하여 『금강경(金剛經)』, 『능엄경(楞嚴經)』 등의 경전을 강의하였고 제자 임성 충언(任性冲彥)도 대둔사에서 일선의 강학을 전수하는 등 교학에 정통하였다. 충언의 「행장」 서문에는 당시 제기된 임제태고법통설에 입각하여 정심-지엄-영관-휴정과 선수로 이어지는 선의 사법계승을 기재하였고 정심-법준-선운-일선-충언으로 이어진 교의 계보도 〈도 4〉와 같이 병기하여 선과 교를 함께 잇는 전통 인식을 표명하였다.[54]

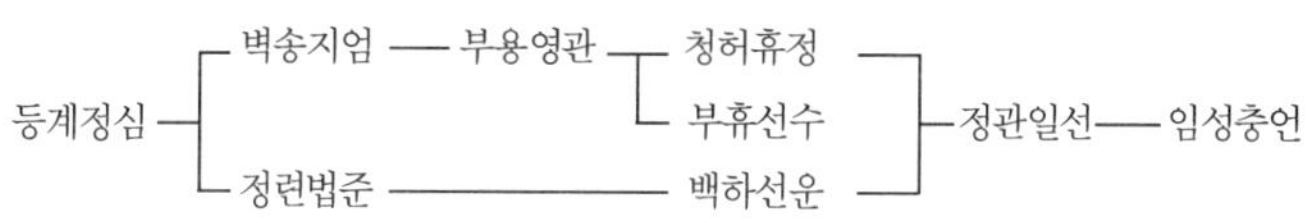

〈도 4〉 정관일선의 선 · 교 전법

다음 〈도 5〉는 정관파의 주류 계보인데 활동 근거지와 관련된 몇 가지 사항만 소개한다. 먼저 충언의 동문 형제인 운곡 충휘(雲谷冲徽)는 해인사, 지리산, 대둔사 등을 유력하였으며 계곡(谿谷) 장유(張維)와 주고받은 시에서도 대둔사에 주석한 사실이 확인된다. 또 충언의 문손 추계 유문(秋溪有文)은 1626년 대둔사에서 출가하고 수계하였는데,[55] 이를 통

54) 『大覺登階集』 권2, 「任性大師行狀後序」(『한국불교전서』 8, 323쪽). 이러한 시각은 당시 전해지던 釋譜와 傳法源流를 참고한 것이라고 한다.

55) 『大覺登階集』 권2, 「任性堂大師行狀」(『한국불교전서』 8, 343~344쪽); 『雲谷集』 「天眞臺寄上大提學谿谷張相公附次韻」(『한국불교전서』 8, 276쪽). 秋溪 有文은 13세에 대둔사 國隆和尙에게 출가하고 東林師에게 구족계를 받았다(高橋亨, 1929 『李朝佛敎』,

해 17세기 초에 정관파가 대둔사에 연고를 가졌음을 알 수 있다.

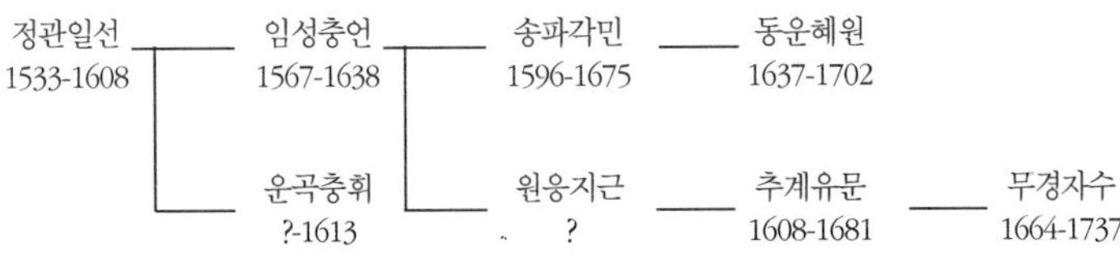

〈도 5〉 정관문파의 주류 계보

한편 추계 유문과 제자 무경 자수(無竟子秀)의 탑은 전주 종남산 송광사(松廣寺)에 세워졌고 자수는 그 사적비문을 짓기도 했는데 이 사찰은 부휴계 적전 벽암 각성(碧巖覺性)이 중창하고 주석한 곳이었다. 시문으로 이름 난 운곡 충휘는 각성의 수제자 취미 수초(翠微守初)를 통해 이안눌(李安訥)이 쓴 시를 전해받기도 하였고,[56] 임성 충언의 제자 송파 각민(松坡覺敏)은 각성에게 직접 배우는 등 정관파와 부휴계는 지역적 기반을 같이하면서 밀접하게 교류하였다. 이와 같이 정관파는 교학적 색채가 강하였고 부휴계와 강한 유대관계를 가지면서 호남 지역을 근거지로 삼았는데 무경 자수를 마지막으로 18세기 이후에는 뚜렷한 활동 모습이 보이지 않는다.

2. 편양파의 계보와 종통 의식

편양(鞭羊)문파를 개창한 편양 언기(鞭羊彦機, 1581~1644)는 휴정의

676쪽).

56) 『雲谷集』「敬次東岳李相公送初師韻附原韻」(『한국불교전서』 8, 276쪽). '徽公秀句人皆誦 性老高名世共聞' 에서 徽公은 충휘이고 性老는 수초의 스승 벽암 각성이다. 부휴계 白谷 處能의 문집 『白谷集續卷』의 序文도 자수가 썼다.

말년 제자로서 스승이 만년에 주석한 묘향산 보현사(普賢寺)를 주된 근거지로 삼았다.[57] 그는 휴정의 탑을 묘향산에 건립하고 문집 『청허당집』을 재차 간행하였으며 임제태고법통설을 주창하는 등 휴정의 유업을 잇고자 하였고 그로 인해 청허계를 대표하는 적전의 위상을 가지게 되었다.[58] 또한 휴정의 수행 기풍과 사상을 계승하여 선교겸수(禪教兼修)와 삼문수업(三門修業) 체계를 정립하고 새롭게 정비된 이력과정 교재들을 대규모로 간행, 유포시켰다.[59] 이처럼 언기는 사명 유정에 비해 대외적 활동은 소극적이었지만 수행방향 정립과 불교 교단의 정체성 확립에 매진하고 많은 후학을 양성하였기에 종문(宗門) 내에서 큰 권위를 가질 수 있었고 이후 편양파는 청허계의 주류 문파로 성장하였다. 휴정의 제자 중 가장 젊은 세대에 속했던 언기는 당대에 휴정의 적사로 인정된 유정이나 휴정의 동문 부휴 선수의 정통성과 권위를 넘어설 수 없었지만, 윗세대가 모두 입적한 후에는 명실상부하게 청허계를 대표하는 위상을 차지하게 되었다. 유정의 적전인 송월 응상도 스승의 영당(影堂) 건립을 위한 기문을 부탁하면서 "선사(先師)를 잘 알고 우리의 일을 살펴 기록할 만한 사람은 스님밖에 없다"고 하여[60] 그의 위상을 인정하였다. 언기가 휴정의 비문을 월사(月沙) 이정구(李廷龜)에게 청한 것을 계기로 이정구의 아들 이명한(李明漢)과 손자 이단상(李端相)이 언기와 제자 풍담 의심(楓潭義諶)의 비문을 대대로 써준 것도 편양파의 높아진 위상을 여실히 보여준다.

---

57) 『鞭羊堂集』(『한국불교전서』 8, 244~263쪽)에서 묘향산, 금강산에서 언기가 활동한 사실을 확인할 수 있는데 묘향산 普賢寺에 대한 勸善文이 특히 많다. 언기의 비는 보현사와 금강산 白華庵에 세워졌다.

58) 李敏求, 1647 「鞭羊堂集序」 『鞭羊堂集』(『한국불교전서』 8, 244쪽)에서도 언기가 휴정의 嫡嗣라는 것과 太古法統說이 강조되었다.

59) 『鞭羊堂集』 권2, 「禪教源流尋釰說」; 권3, 「上高城」(『한국불교전서』 8, 256~257쪽; 262~263쪽).

60) 『鞭羊堂集』 권2, 「蓬萊山雲水庵鍾峰影堂記」(『한국불교전서』 8, 253~254쪽). 태고법통설이 처음 제기된 글이다.

언기의 문하에서 많은 고승과 학승이 배출되었지만 적전은 '중흥(中興)의 조(祖)' 로 일컬어진 풍담 의심이었고 이후 편양파는 청허계의 주류 문파로서 확고히 자리를 잡게 된다. 그 결과 18세기 후반의 『불조원류』에서는 편양파가 가장 큰 비중으로 다루어졌고 근대에 이르러서도 대부분의 사찰이 편양파 법맥의 전승을 표방하는 등 조선후기 내내 그 세력이 유지되었다.[61] 편양 언기와 풍담 의심 이후 편양파 주류의 계보는 〈도 6〉과

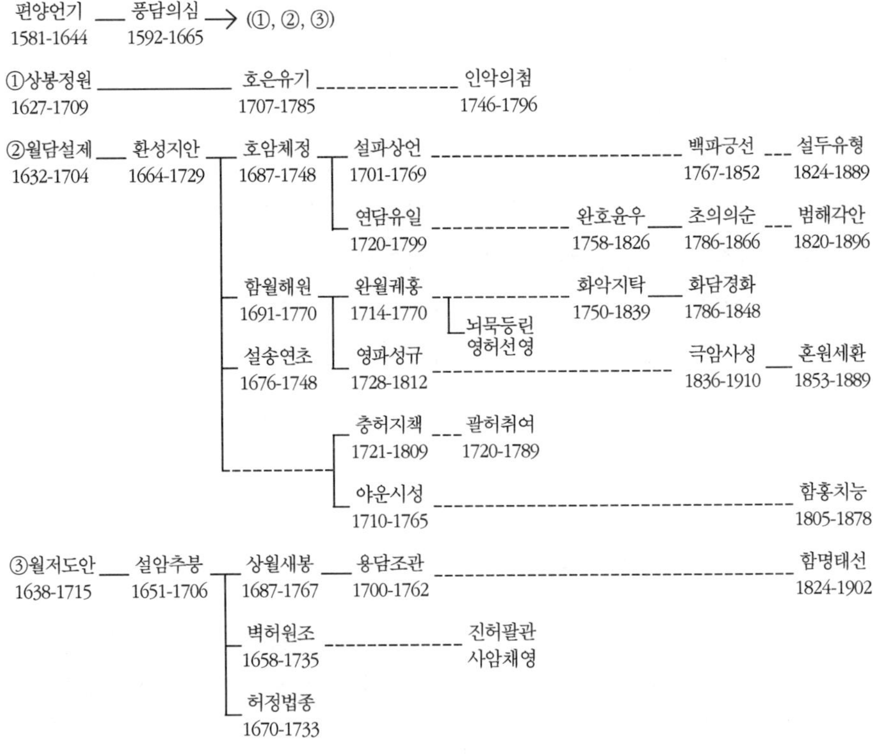

〈도 6〉 편양문파 주류의 계보

61) 『佛祖源流』나 『東師列傳』이 편양파 입장에서 찬술되었다는 점에서 형평성에 문제가 있을 수 있지만 다른 문파의 우위를 입증할 만한 근거가 없으며 또 1910년대 寺刹令

같다.

먼저 18세기 전반까지 편양파 주류의 활동 근거지 및 지역의 변화를 살펴보자. 편양 언기와 풍담 의심에 이어 ③ 월저 도안(月渚道安)과 제자 설암 추붕(雪巖秋鵬)까지는 묘향산에 주석하였는데 이처럼 17세기까지 편양파의 본산은 묘향산 보현사였다. 18세기에도 추붕의 문도 허정 법종(虛靜法宗)과 그 문손 천연 지문(天然智文)이 묘향산을 주요 근거지로 하면서 편양파의 터전을 지켰다. 그러나 17세기 후반부터 편양파 주류는 전국적으로 세력을 넓혀 나가기 시작한다. ① 상봉 정원(霜峰淨源)은 양평 용문사(龍門寺)에서 입적하였고 대구 동화사(桐華寺)와 충청도에도 그의 탑이 건립되었으며 후손 인악 의첨(仁嶽義沾)은 18세기에 영남에서 활동하며 교학의 종장으로 명성을 떨쳤다.[62] ② 월담 설제(月潭雪霽)는 금강산에 머물다가 만년에 전라도 승주의 금화산(金華山) 징광사(澄光寺)로 거처를 옮겼는데 이때 "호남에 경교(經敎)가 크게 열렸다"는 평가를 얻었고 징광사에 탑비가 세워졌다. 적전 제자인 환성 지안(喚惺志安)과 그 문도 호암 체정(虎巖體淨)의 탑도 해남 대둔사에 건립되었다.[63]

이처럼 편양파의 세력권은 북방의 평안도, 강원도를 벗어나 경기도와 삼남(三南) 지역으로 확대되었는데 그 중심은 호남(湖南) 지역이었다. 묘향산을 근거지로 삼았던 ③ 월저 도안도 소요파가 주류를 이루고 있던 대둔사를 방문하여 법회를 주관하였고 그 인연으로 입적 후에 평양과 해남(대둔사)에 법기(法器)가 보내졌다.[64] 그의 적전인 설암 추붕도 묘향산에

하의 30본산 寺法에서도 편양파가 주류였음을 확인할 수 있다.

62) 霜峰 淨源은 砥平 龍門寺에서 입적하였고 대구 桐華寺를 포함해 경상도, 충청도 지역에 부도가 세워졌다.

63) 1762년 喚惺 志安의 비가 大芚寺에 건립되었는데 雪松 演初, 虎巖 體淨, 涵月 海源 등 편양파 주류 승려들이 立石 주관자로 이름을 올리고 있다. 이를 주도한 것은 대둔사의 蓮潭 有一이었다.

64) 閔昌道, 1719 「普賢寺月渚堂碑銘」(『한국고승비문총집』, 314~315쪽)과 李德壽, 1739 「大芚寺月渚大師塔銘」(『한국고승비문총집』, 318~319쪽).

주로 주석하였지만 징광사와 대둔사 등에 탑이 봉안되었고 문도 벽허 원조(碧虛圓照)의 탑도 묘향산 안심사(安心寺)와 대둔사에 동시에 세워졌다.[65] 그런데 추봉의 제자 상월 새봉(霜月璽封)은 순천 출신으로 선암사(仙巖寺)에서 출가하였고 대둔사의 소요파 조사 화악 문신에게 구족계를 받는 등 평생 호남 지역에서 활동하였다. 편양파 주류가 남방에 대거 진출하게 된 데는 그의 역할이 특히 컸을 것으로 추정된다.[66] 이 지역에 연고가 없었던 ③ 월저 도안, 설암 추붕이 대둔사, 징광사와 인연을 맺은 것이나 도안의 사형인 ② 월담 설제, 환성 지안 계열이 이들 사찰에 와서 주석하게 된 것은 추붕의 제자 새봉의 역할을 상정하지 않고서는 설명하기 어렵다.

18세기 이후 편양파의 세력권은 호남은 물론 전국적 범위에 걸쳐 있었다. 먼저 경상도에는 앞서 언급한 ① 상봉 정원 계열을 필두로 하여 ② 월담 설제 계통 또한 영파 성규(影波聖奎) 이후 19세기 후반의 극암 사성(克庵師誠), 혼원 세환(混元世煥)까지 대구의 팔공산(八公山)과 주변 일대에서 활동하였다.[67] 또 ② 계통에서 분기한 괄허 취여(括虛取如)도 영남을 근거지로 삼았다.[68] 한편 ② 계통 환성 지안의 제자 함월 해원(涵月

65) 『振虛集』 권2, 「碧虛堂大師行跡」(『한국불교전서』 10, 174~175쪽). 벽허 원조의 계보는 『三門直指』를 쓴 振虛 捌關과 『海東佛祖源流』의 찬자 獅巖 采永으로 이어지는 편양파 주류 가운데 하나이다.

66) 상월 새봉은 1750년 禪教都摠攝主表忠院長을 맡았고 그의 탑은 선암사, 대둔사, 묘향산에 각각 세워졌으며 비는 선암사, 대둔사에 건립되었다. 새봉의 동문인 南岳 泰宇도 '受香山衣鉢 轉輪南土' 라는 표현처럼 주로 남방에서 활동하였고 金山寺에 탑과 비가 세워졌다(『南岳集』 「序」; 趙龜命의 書).

67) 영파 성규의 비(禪教兩宗正事華嚴大講主)는 팔공산 銀海寺에 세워졌고 극암 사성과 제자 혼원 세환도 팔공산에서 주석, 교화하였다. 『克庵集』 附錄, 「世家自序」; 「家狀」(『한국불교전서』 11, 585~586쪽)과 『混元集』 「混元集序; 「行狀」(『한국불교전서』 11, 712~713쪽; 732~733쪽).

68) 『括虛集』 권2, 「括虛大和尙行狀」(『한국불교전서』 10, 323~324쪽). 괄허 취여는 四佛山 大乘寺에서 출가하여 小白山 일대에서 활동하였고 雲峯山 養眞庵에서 입적하였다.

海源)은 함경도 석왕사(釋王寺)를 근거지로 삼았고 후손인 영허 선영(暎虛善影)도 만년에 석왕사에 주석한 사실이 확인된다.[69] 또한 해원의 문손인 화악 지탁(華嶽知濯)과 화담 경화(華潭敬和) 계열은 18세기 후반과 19세기 전반에 금강산 일대에서 활동하였다.[70] 이처럼 편양파 일부 세력은 관동과 관북에서도 세력을 형성하고 있었다. 해원의 문손 뇌묵 등린(雷默等麟)의 경우 경기도 양주의 불암산(佛岩山), 도봉산(道峰山), 수락산(水落山) 등을 유력하였고 만년에는 석왕사에 주석하였는데 묘향산과 석왕사의 총섭을 겸하고 대둔사 표충사의 원장에 임명되는 등[71] 활동범위가 전국에 걸친 모습을 볼 수 있다.

편양파는 묘향산에서 발원하여 이처럼 18세기 이후에는 전국에 걸쳐 포진하였는데 주류 세력이 대거 진출한 곳은 역시 호남 지역이었다. 호남은 "중국의 초분(楚分)과 마찬가지로 동방의 고선(高禪)을 많이 배출한 지역"으로 인식되었고,[72] 영남과 함께 조선후기 불교의 중심지였다. 17세기 전반까지 이 지역은 청허계의 소요파와 정관파, 그리고 부휴계의 주요 활동무대였는데 17세기 말부터 편양파 주류가 가세하기 시작하여 18세기에는 상당히 큰 영향력을 행사하게 되었다. 그 원인과 배경으로 여러 요인을 지적할 수 있겠지만 무엇보다도 불교가 성행할 수 있는 경제적 기반과 사회적 여건을 우선적으로 들 수 있다. 17세기 후반부터는 연안을 중심으로 한 개간과 수리사업이 활발히 일어나 경작지가 확대되었고,[73] 양란으로 인해 막대한 피해를 입은 국가재정도 회복기에 접어들게

69) 金相福, 1773「大芚寺八道禪敎十六宗糾正涵月堂大師碑銘」(『한국고승비문총집』, 462~463쪽).

70) 『三峯集』「行狀」(『한국불교전서』 10, 480쪽); 李裕元, 「懸燈寺華潭大師浮屠碑銘」(『한국고승비문총집』, 688~690쪽).

71) 『櫟山集』 권하, 「雷默老和尙行狀」(『한국불교전서』 10, 959~960쪽).

72) 申舜民, 「霜月大師詩集序」『霜月大師詩集』(『한국불교전서』 9, 591쪽).

73) 李景植, 1973「17世紀의 土地開墾과 地主制의 展開」『韓國史硏究』 9에서는 戰後 17세기의 토지 개간과 소유 문제를 다루고 있어 참고가 된다.

된다. 특히 농지의 비중이 컸던 호남에는 지주제 경영을 통해 부가 집중되었을 것으로 보이는데 이는 사찰 중창과 사원 운영을 위한 경제적 기반이 다른 지역에 비해 잘 갖추어져 있었음을 뜻한다. 따라서 17세기 편양파의 주요 활동 근거지였던 평안도와 비교할 때 호남의 경제적 여건은 종교적 수요 창출과 흡인력 면에서 상당한 우위를 가졌을 것으로 보인다. 또한 양란 이후 승역(僧役)의 형태와 부담 정도가 지역에 따라 달랐는데, 평안도와 황해도 지역 승려들은 주로 군역(軍役)에 종사하였고 삼남에서는 공진(貢進)을 담당하였다.[74] 남・북한산성 승역에 주로 삼남의 승려들을 교대로 차출하고 산성역에서 평안도 승려들을 제외시킨 이유도 그 지역의 과중한 군역 부담 때문이었다. 일반적으로 변경지역은 국방상의 이유로 조세나 잡역이 면제되는 대신 군역의 비중이 컸는데 이는 승역도 마찬가지였던 것이다. 더욱이 1734년(영조 10) 이후 묘향산 보현사에는 지역(紙役)까지 가중되어 승려가 줄고 사찰이 영락해져서 대다수 암자가 비는 상황까지 이르렀다고 한다.[75] 반면 남・북한산성의 승군 입역 부담이 컸다고 해도 18세기 중반에는 방번전(防番錢)으로 대체되었고 다시 액수가 반감되었다. 이러한 상황을 고려하면 편양파 주류가 공역과 사찰의 부담이 상대적으로 적고 경제적 여건이 좋았던 호남 지역을 선택한 것은 자연스러운 일이었다. 그 결과 18세기에는 묘향산 보현사를 대체할 새로운 본산격 사찰이 필요하게 되었고 이에 편양파 주류가 선택한 곳이 바로 해남 대둔사였다.[76]

---

74) 『大覺登階集』 권2, 「諫廢釋敎疏」(『한국불교전서』 8, 335~343쪽) 참조.

75) 高橋亨, 1929 『李朝佛教』, 745~748쪽. 한편 1634년의 화재와 곧 이은 병자호란, 1761년 절이 전소되는 참화 등 몇 번의 큰 재난도 사세 약화의 주요 요인으로 고려할 수 있다.

76) 智冠 편, 2000 『韓國高僧碑文總集-朝鮮・近現代編』, 伽山佛教文化研究院에 수록된 조선시대 승려 비의 소재지 중 대둔사가 23개, 송광사가 22개로 가장 큰 비중을 차지한다. 다음으로 많은 해인사와 통도사가 각각 14개이고 보현사가 12개인 사실에서 대둔사와 송광사가 청허계와 부휴계의 실질적 본산이었음을 알 수 있다.

대둔사는 휴정의 '유의(遺意)'에 의해 종통(宗統)이 돌아갈 곳으로 예견되었고 17세기 전반에 그의 의발이 전래된 곳으로 알려져 있다. 그러나 휴정 당대나 17세기의 사료에는 대둔사에 대한 휴정의 언급이나 직접적인 양자의 관계가 확인되지 않는다.[77] 다만 팔도도총섭을 지낸 사명파 허백 명조(虛白明照)가 1655년에 묘향산에 전하던 휴정의 바리와 의승대장의 가사를 대둔사에 보냈다는 후대의 기록이 있고[78] 대둔사의 종풍(宗風)과 관련하여 사적기 『죽미기(竹迷記)』의 저자 중관 해안(中觀海眼)과 허백 명조를 함께 추숭한 18세기 초의 「사적비(事蹟碑)」가 전하고 있다.[79] 또 같은 시기 남방에서 대둔사와 부휴계의 송광사가 병립한다는 유학자의 평가 등을 종합해 볼 때 현존하는 휴정의 의발이 17세기 중반 무렵 전해졌을 가능성은 크다.[80] 그렇지만 휴정이 대둔사와 직접적 관계를 맺거나 '서산유의(西山遺意)'를 언급한 사실을 입증하는 근거로 보기는 어렵다. 대둔사가 편양파뿐 아니라 청허계의 대표 사찰로서 사격(寺格)을 높이게 된 결정적 계기는 18세기 후반에 일어난 표충사(表忠祠)의 사액 청원이었는데 그 과정에서 대둔사와 휴정의 연고를 강조할 필요에서 서산유의가 제기되었을 가능성이 높다.[81]

---

77) 김용태, 2007「조선후기 大芚寺의 表忠祠 건립과 '宗院' 표명」『普照思想』27.

78) 『大芚寺志』, 132쪽. 이밖에 青蓮 圓徹이 휴정의 친필과 紅錦緣袈裟를 가져왔고 靈岑이 住持差帖 및 휴정과 유정의 禪語詩를 가져왔다고 전한다.

79) 蔡彭胤, 1727「海南大芚寺事蹟碑」『希菴先生集』(『한국문집총간』 182, 437쪽).

80) 李夏坤,「大芚寺」『頭陀草册十』詩 南行集(下)(『한국문집총간』 191, 371쪽). '休靜昔悟道 舍利埋此間… 寺有西山大師金線袈裟 碧玉鉢盂 筆蹟圓鑑諸法寶 四溟之後法嗣頓絶 至今藏弆寺中 僧輩徒以誇示過客', '居僧足萬指 坐佛自新羅 … 南方雄並峙 松廣定如何'. 여기서 사명 유정 이후 법사가 끊겼다는 표현이 주목되는데 이때까지 대둔사와 편양파의 관계가 확실히 정립되지 않은 것과 18세기에 사명파의 쇠락이 공공연한 사실이었음을 알 수 있다.

81) 大芚寺에 전하는 휴정의 의발 등이 정확히 언제, 어떤 목적으로 전해졌는지는 불분명하다. 휴정 입적 후나 17세기 중반 허백 명조에 의해 보내졌다는 후대의 기록이 사실이라면 전란을 겪으면서 안전한 보관을 위해 남도 끝의 대둔사가 선택되었을 것이다.

1788년(정조 12) 대둔사 측은 임진왜란 당시 '중흥의 공업'을 세운 의승들의 충효와 절의를 내세워 사액사우(賜額祠宇) 건립을 발원하였는데,[82] 이때 대둔사의 종통을 언급한 서산유의와 휴정의 의발 전수 사실을 크게 부각시켰다.[83] 다음해인 1789년 결국 사우가 건립되고 사액이 내려졌는데,[84] 휴정을 주향하고 좌우에 관동의 승장 유정과 호남의 승장 처영을 배향하였다.[85] 당시 대둔사의 표충사 지정에 가장 민감한 반응을 보인 것은 휴정의 연고지이자 편양파의 원래 본산이었던 묘향산 보현사였다. 보현사 측에서도 자신들의 연고권을 내세워 곧이어 사우 건립을 청원하였고 1794년 묘향산에 수충사(酬忠祠)가 건립되었다.[86] 보현사의 세력과 위상이 비록 이전 시기보다 약화된 것은 분명하지만 여전히 본산의 풍취와 대내외적 명성이 남아 있었던 것이다. 하지만 대둔사에서는 표충사 사액에 이어 본산으로서의 위상을 공고히 하기 위해 자사의 역사를 기록한 『대둔사지(大芚寺志)』를 편찬하였고 앞서 언급한 서산유의를 내세워 '종원(宗院)'을 표명하면서 사찰 명칭도 '대흥사(大興寺)'로 개칭하였다.[87] 『대둔사지』에는 '팔로(八路)의 종원(宗院)', '종원의 동표(銅標)'라는 표현이 나오며[88] "묘향산에 있던 휴정의 의발이 속속 남으로 와서 그 유의

82) 尹持範, 「表忠祠記」(『대둔사지』, 150쪽).

83) 『대둔사지』, 143~144쪽. 宋翼孝, 「癸酉賜額致祭文」(『대둔사지』, 148~149쪽)에서는 『(表忠祠)寶藏錄』에 기록된 휴정의 「三節」을 내세우면서 휴정이 대둔사가 宗統이 돌아갈 곳임을 유촉하였다고 한다. 하지만 『보장록』의 내용은 이전 시기에는 확인되지 않으며 표충사 사액을 위한 근거자료로 성립된 것으로 보인다.

84) 崔柄憲, 1985 「茶山 丁若鏞의 韓國佛敎史 硏究」『丁茶山硏究의 現況』, 民音社, 326쪽에는 정조대의 蔡濟恭, 丁若鏞 등 南人 관료들이 연담 유일을 비롯한 승려들과 밀접한 관계를 가졌음을 지적하였는데, 표충사 지정의 정치적 배경에 대해서는 구체적 검토가 필요하다.

85) 앞서 세워진 밀양 표충사에서 제자 유정이 주향된 것을 次序상의 흠격으로 지적하여 대둔사 표충사 건립의 명분으로 삼았는데 이에 휴정을 주향하고 유정 등을 배향하였다.

86) 徐有鄰, 1791 「西山大師表忠祠紀績碑」(『대둔사지』, 246~247쪽).

87) 『대둔사지』 첫 머리에 '大芚寺는 大興寺이다'라고 언명하였고 대흥사 명칭이 곳곳에 산견된다. 『대둔사지』에 수록된 『道具錄』에도 대흥사 명칭이 확인된다.

88) 『대둔사지』에는 표충사와 관련하여 本院, 設院 등의 용례가 보이는데 '宗院'은 계파

가 있는 종원으로 돌아왔다"는 인식이 표출되고 있다.[89]

그런데 『대둔사지』에서 표명된 종원의 정통성은 휴정과의 인연 외에도 청허계 대표 문파인 편양파 주류와 소요파 적전의 결합, 이들로 구성된 대둔사 12대 종사(宗師)와 강사(講師)의 교학 전통 및 권위에도 근거를 두고 있다. 『대둔사지』에 등장하는 역대 조사들의 인적 구성은 다음과 같다. 먼저 「영각(影閣)」, 「비원(碑院)」 항목에 기재된 조사는 태고 보우 이후 임제태고법통의 계보, 휴정과 그 주요 제자들, 그리고 편양파와 소요파 조사들로 구성되었다.[90] 또 휴정의 의발 전수와 관련된 서산유의의 조력자들도 포함되어 있다.[91] 이는 청허계 종원으로서의 위상을 고려한 전통 인식이었는데 그 중 청허 휴정, 편양 언기와 소요 태능, 12대 종사에 포함된 편양파와 소요파 조사들이 서술의 중심이 되었다. 12대 종사의 면면은 〈표 2〉와 같다.

12대 종사 중 편양파가 8명으로서 소요파의 두 배인데 이는 18세기 후반 이후 대둔사의 세력 양상을 반영하고 있다.[92] 이 편양파 종사들은 원래의 활동지역과 상관없이 입적 후 대둔사에 비가 세워졌고 그 중 5명은 탑까지 건립되었다. 1대 종사 풍담 의심의 비는 제자 월저 도안의 주도하에 이른 시기인 1668년과 1681년 사이에 대둔사에 세워졌다.[93] 이어

의 '宗'과 表忠(祠院)으로 공인된 '院'이 결합된 것으로서 청허계 공식 종찰의 의미를 갖는다.

89) 『대둔사지』, 121쪽.

90) 『대둔사지』, 99~104쪽.

91) 『대둔사지』, 100~104쪽. 청련 원철과 허백 명조는 휴정의 의발 등을 전래하여 서산유의의 생성에 큰 공을 세운 이들이고 學岑, 公敏 등 대둔사 중창과 관련된 승려들의 탑도 세워졌다.

92) 碑院 소재의 비는 편양파 일색으로 되어 있어 이들이 당시 대둔사 주도 세력임을 알 수 있다. 석왕사에 있던 함월 해원의 비도 1822년 종원인 대둔사에 이건되었다.

93) 풍담 의심의 비는 1668년 입적지 금강산과 출생지 通津 文殊寺에 세워졌고 대둔사 비는 金宇亨이 李端相의 금강산 비문을 토대로 글을 쓴 것이다(金宇亨, 「頭輪山楓潭大師碑銘」(『한국고승비문총집』, 230~231쪽)). 1681년 趙宗著가 쓴 묘향산 비문에 대둔사의 立碑 사실이 언급되고 있어 그 이전에 세워졌음을 알 수 있다.

〈표 2〉 대둔사의 12대 종사

순서	종사명	문파 (전법스승)	출가	입적지	탑	비(찬술년, 비고)
1	풍담의심 1592~1665	편양파 (편양언기)	圓徹	금강산	(금강산) 정양사	표훈사(1668), 보개산, (통진)문수사(1668) 대둔사(1668~1681), 보현사(1681)
2	취여삼우 1622~1684	소요파 (해운경열)	백련사			『대흥보감』 동방 제10조
3	월저도안 1638~1715	편양파 (풍담의심)	天信	묘향산	보현사 평양 대둔사	보현사(1719) 대둔사(1739)
4	화악문신 1629~1707	소요파 (취여삼우)	대둔사	대둔사	대둔사	『대흥보감』 대흥사 화악당
5	설암추붕 1651~1706	편양파 (월저도안)	(법흥사) 宗眼	징광사	징광사 대둔사	징광사(徐宗泰 『晩靜堂集』) (평남)동산사(月渚道安 문집) 대둔사(1739)
6	환성지안 1664~1729	편양파 (월담설제)	(미지산) 용문사	제주	대둔사	대둔사 (洪啓禧 찬, 1762년 立石)
7	벽하대우 1676~1763	소요파 (화악문신)	照淵	(미황사)	(미황사)	미황사(1764)
8	설봉회정 1677~1738	소요파 (화악문신)	달마산 照明	미황사	미황사 대둔사	미황사(1739)
9	상월새봉 1687~1767	편양파 (설암추붕)	선암사 極俊	(선암사)	선암사 대둔사 묘향산	선암사(1782) 대둔사(1782)
10	호암체정 1687~1748	편양파 (환성지안)		(금강산) 표훈사		대둔사 (홍계희 찬, 1762년 志安碑와 함께 입석)
11	함월해원 1691~1770	편양파 (환성지안)	(도창사) 釋丹	(석왕사)	석왕사	대둔사 (1773년 金相福 찬, 1822년 이건)
12	연담유일 1720~1799	편양파 (호암체정)	(법천사) 性哲	장흥 보림사	대둔사 미황사 법천사	대둔사(1803) 백양사(李建芳 찬, 20세기 초)

1727년의 「대둔사사적비」에는 소요파와 함께 편양파 종사가 언급되어 있는데 이는 17세기 후반부터 편양파의 대둔사 진출이 시작되었고 18세기에 이르면 양자의 결연 관계가 성립되었음을 보여준다. 즉 대둔사의 세력 구성은 소요파 주도, 편양파와의 공조, 편양파 세력의 강화라는 순서를 거치며 변화되었던 것이다.

그런데 같은 청허계이지만 애초에 지역기반을 달리했던 두 문파가 대둔사라는 하나의 공간에서 결합될 수 있었던 매개는 무엇이었을까? 그 해답은 문파 내 사승관계라는 기본 요인 외에 강학(講學)을 통한 상호 결연과 법석(法席)의 전수에서 찾을 수 있다. 먼저 편양 언기의 적전인 ① 풍담 의심은 일찍이 천관산(天冠山)의 청련 원철(青蓮圓徹)에게 사집(四集)을 배운 뒤에 소요 태능, 벽암 각성 등 남방의 조사들을 예방하였는데,[94] 원철은 휴정의 유품을 대둔사에 전래하였다고 알려진 인물이다. 의심의 제자 ③ 월저 도안은 대둔사의 강회(講會)를 일시적으로 맡아 남방에 명성을 떨쳤으며 스승 의심의 비문을 청하면서 "선사의 교화가 미치지 않은 곳이 있기에 '남유주석지소(南維住錫之所)' 에 비를 세우려 한다" 고 하여 대둔사에 그 비가 건립되었다.[95] 한편 소요 태능의 문손 ② 취여 삼우는 대둔사에서 화엄의 종지(宗旨)를 강설하였는데 그 설법을 듣고 돈오(頓悟)하여 법을 계승한 이가 ④ 화악 문신이었다. 그의 대둔사 강회에 ③ 도안이 참석하여 법을 논하자 문신은 그의 뛰어남을 알아보고 대회를 주관하게 한 것이다.[96] 화엄종주(華嚴宗主)로 명성을 떨친 도안

94) 李端相, 1668 「金剛山楓潭堂大禪師碑銘」(『한국고승비문총집』, 222~223쪽)과 趙宗著, 1681 「普賢寺楓潭大師碑銘」(『한국고승비문총집』, 218~219쪽).

95) 金宇亨, 「頭輪山楓潭大師碑銘」(『한국고승비문총집』, 230~231쪽). 이후 도안의 동문 月潭 雪霽가 스승 의심의 傳法이 묘향산에서 비롯되었다고 하여 묘향산에도 비를 세웠다.

96) 韓致應, 「華嶽堂文信大師碑銘」(『한국고승비문총집』, 288쪽). 「普賢寺月渚堂碑銘」(『한국고승비문총집』, 314~315쪽)에서는 南方의 총림이 평소 我慢의 기풍이 있었지만 묘향산의 도안에게 가르침을 청하러 왔음을 특기하였다.

이 입적하자 대둔사에 그의 법기(法器)가 보내졌고 1719년 묘향산에 먼저 비가 세워진 후 1739년에는 대둔사에도 탑비가 건립되었다.[97] 도안의 제자 ⑤ 설암 추붕도 묘향산에 있다가 남방의 교화를 위해 1702년 낙안의 징광사로 옮겨 강석을 열었고 대둔사의 강회를 맡았다.[98]

이처럼 편양파 종사들은 ③ 도안 이후 대둔사와 긴밀한 관계를 맺게 되는데 도안의 사형인 월담 설제의 적전 ⑥ 환성 지안도 양평 용문사에서 출가하였지만 생애 대부분을 주로 남방에서 지냈다. 지안은 부휴계의 교학 종장 모운 진언(慕雲震言)의 직지사(直指寺) 법회에서 법좌를 이어받았고 금산사(金山寺)에서 1,400명이 참가한 화엄법회를 여는 등 선은 물론 교학으로도 널리 알려진 인물로서 그 또한 대둔사 강회에 참여하였다.[99] 다음 ⑦ 벽하 대우(碧霞大愚)는 소요파 ④ 화악 문신과 편양파 ⑥ 환성 지안에게 각각 교와 선을 전수받았는데 특이한 사실은 그가 교를 전수한 소요파의 법맥을 이어 대둔사 강회를 주관한 점이다.[100] 다만 그와 소요파 ⑧ 설봉 회정의 비는 대둔사에 세워지지 않고 인근 미황사에 건립되었는데 이는 18세기 이후 소요파의 대둔사 지배력이 전에 비해 약화되었음을 말해준다. 이어 ⑨ 상월 새봉은 대둔사에서 소요파 ④ 문신에게 구족계를 받은 후 편양파 ⑥ 지안에게 교학을 배웠으며 ③ 도안의 제자 ⑤ 추붕의 법맥을 잇게 된다.[101] 이러한 이력을 보면 편양파가 대둔사

---

97) 李德壽, 1739 「大芚寺月渚大師塔銘」(『한국고승비문총집』, 318~319쪽).

98) 「澄光寺雪巖禪師碑銘」(『한국고승비문총집』, 340~341쪽)과 「東山寺雪巖碑銘」(『한국고승비문총집』, 344쪽). 추붕이 대둔사에서 講會를 연 기록은 『華嚴講會錄』(『대둔사지』, 30~31쪽)에 전한다.

99) 洪啓禧, 1762 「東山寺雪巖碑銘」(『한국고승비문총집』, 364~365쪽). 대둔사에서 淨供을 설할 때 공중에서 세 번 이름을 불러 字를 三諾, 號를 喚惺이라 했다 한다.

100) 李毅敬, 1764 「美黃寺碧霞大宗師碑銘」(『한국고승비문총집』, 398~401쪽); 『林下錄』「自譜行業」(『한국불교전서』 10, 283~286쪽). 『화엄강회록』에는 그가 대둔사 淸風寮에서 강회를 열었다고 한다(『대둔사지』, 37~38쪽).

101) 蔡濟恭, 1782 「霜月大師碑銘」(『한국고승비문총집』, 444~445쪽).

에 정착하는데 새봉의 역할이 컸던 것으로 추정된다.

하지만 편양파인 ⑩ 호암 체정과 ⑪ 함월 해원은 대둔사와 직접적인 관련이 없었고 지역 기반 또한 달랐다.[102] 그런 이들이 대둔사 종사에 들 수 있었던 것은 체정의 제자 ⑫ 연담 유일이 대둔사를 근거지로 삼으면서 영향력을 행사하였기 때문이다.[103] 유일은 1762년 숙부격인 해원의 부탁으로 ⑥ 환성 지안의 비를 대둔사에 건립하였고 이때 스승 체정의 비도 함께 세웠다.[104] 또 해원의 비는 『대둔사지』가 편찬되었을 무렵인 1822년에 석왕사에서 대둔사로 이건되었다.[105] 이처럼 유일 단계에 이르러 대둔사 전통과 편양파 사이의 공고한 결합이 완성되게 된다. 유일은 편양파와 소요파를 일통(一統)하였다는 평가를 받았고,[106] 『대둔사지』 편찬에 참여한 완호 윤우(玩虎尹佑), 호의 시오(縞衣始悟), 초의 의순(草衣意洵) 등 문손들이 이후 대둔사에서 그의 유업을 계승하였다.[107] 이처럼 대둔사 12종사의 구성은 편양파와 소요파의 결합, 법맥과 강학 전수의

102) 호암 체정은 해인사와 통도사에 주석하였고 금강산 표훈사에서 입적하였으며 함월 해원은 석왕사가 주요 근거지였고 이들의 문도들은 금강산 일대에서 활동하였다. 다만 『대둔사지』의 『화엄강회록』에는 체정이 대둔사 精進堂에서 설강하였다고 되어 있고 草衣 意洵은 해원 비문의 '行化南地來往'에 대해 대둔사 강회를 뜻한다고 설명하였다(『대둔사지』, 41~42쪽).

103) 유일이 수학한 碧霞, 靈谷, 虎岩, 霜月 4명이 대둔사의 종사와 강사에 들어갔고 유일의 제자들도 강사에 포함된 것을 보면 그의 영향력이 매우 컸음을 알 수 있다.

104) 연담유일, 「자보행업」(『한국불교전서』 10, 283~286쪽).

105) 해원의 손제자 雷默 等麟은 석왕사에서 출가한 후 묘향산과 석왕사의 총섭을 역임하였고 해남 표충사의 원장에 임명되었다. 따라서 등린과 앞서 언급한 유일이 해원비의 이건을 주도하였을 가능성이 크다.

106) 李忠翊, 1803 「大芚寺蓮潭大宗師碑銘」(『한국고승비문총집』, 572~573쪽)에 인용된 「題蓮潭詩卷」. "太古의 법맥이 西山에 6傳하고 그 제자에 彥機와 太能이 있어 大幹이 雙挺하고 千條가 並茂하여 그 末에 이르렀으나 빛나는 광채가 있어 八方諸山이 귀의하고 '萬殊而大一統' 하니 蓮潭이야말로 我東 緇林의 華이다." 이러한 통합양상은 당시 『대둔사지』 편찬에 두 문파가 동등하게 참여한 사실에서도 나타난다.

107) 이후 『東師列傳』의 편자 梵海 覺岸은 자신이 속한 편양파, 대둔사 중심의 불교사 인식을 드러냈다.

이중 구조를 그 특징으로 하며 종사 체계는 종원으로서의 정통성을 표명할 때 중요한 근거로 내세워졌다. 이와 함께 강학 전수에 보다 중점을 둔 12대 강사(講師) 체계도 만들어졌는데 그 구성은 〈표 3〉과 같다.

〈표 3〉 대둔사의 12대 강사

순서	이름 (생몰년)	문파	전법 관계	강회	비	비고
1	만화원오(1694~1758)	편양파	호암체정 제자	상원	대둔사	대둔사 출신
2	연해광열	편양파	호암체정 〃	약사전		
3	영곡영우	편양파	호암체정 〃	지장전		연담유일이 『원각경』 수학
4	나암승제	소요파	설담자우 〃	정진당		설파상언에게 수학
5	영파성규(1728~1812)	편양파	함월해원 〃	약사전	은해사	〃
6	운담정일(1741~1804)	소요파	나암승제 〃	정진당		〃
7	퇴암태관	편양파	설파상언 〃	청운당		
8	벽담행인(1721~1798)	부휴계	풍암세찰 〃	승당		
9	금주복혜	소요파	화악문신 증손	용화당		
10	완호윤우(1758~1826)	편양파	연담유일 법손	청풍료		
11	낭암시연	소요파	화악문신 증손	약사전	미황사	
12	아암혜장(1772~1811)	소요파	화악문신 〃	청풍료		

12강사 중 편양파는 6명으로 대부분 유일의 동문 형제나 법손이었고 소요파 5명 중 나암 승제(懶菴勝濟), 운담 정일(雲潭鼎馹)은 유일의 사형인 설파 상언(雪坡尙彥)에게 수학한 이들이었다.[108] 12대 종사가 연담 유일 이전 편양파와 소요파의 적전 계보로 구성되었고 대둔사와 큰 관련이

108) 雪坡 尙彥은 『華嚴隱科』를 저술한 당대의 화엄종사로서 유일도 상언에게 화엄을 배우고 30년간 강학에 매진하였다(앞의 「자보행업」). 유일의 제자 완호 윤우는 상언이 지리산에 머물면서 멀리 다니는 것을 좋아하지 않았고 衆望에 의해 여러 번 초청했지만 결국 대둔사에 오지 않아 12종사에 들지 못했다고 아쉬워하였다(『대둔사지』, 50쪽).

없는 이들까지 포함된 것에 비해, 12대 강사는 유일의 다음 세대까지 대둔사에서 직접 강회를 연 강사들만 추려 놓았다. 그런데 12대 강사의 구성에서 특히 주목할 점은 청허계가 아닌 부휴계 벽담 행인(碧潭幸仁)이 들어간 사실이다. 그는 당시 부휴계의 실세였는데 대둔사 승당(僧堂)에서 강회를 연 것을 계기로 12대 강사에 추대된 것이다. 이는 청허계뿐 아니라 부휴계까지 포괄하여 교단 전체의 종원으로 그 위상을 확대하려는 의도로도 해석된다.[109] 그러나 결과적으로 대둔사가 편양파의 주요 근거지는 되었지만 그 영향력은 호남의 지역 범위를 크게 벗어나지 못했고 불교계 전체에 미칠만한 권위를 확보했다고 보기는 어렵다. 다만 청허계 주류 문파 편양파의 위상은 20세기 초까지도 이어졌고 그 결과 1910년대 초반 사찰령 하의 30본사 대부분이 청허계, 그 중에서도 편양파의 법맥 계승을 주지 임명의 조건으로 명시하였다.[110]

109) 尹喜求, 1918「松廣寺碧潭大宗師碑銘」(『한국고승비문총집』, 580~581쪽)에는 벽담 행인이 대둔사 대회를 주관하고 大乘法을 강연한 사실과 12公案(강사)의 한 자리를 차지하였음을 강조하였다.

110) 李能和, 1918『朝鮮佛教通史』상편, 628~674쪽의「朝鮮寺刹禪教兩宗三十本寺幷其所屬末寺」. 부휴계 관련 사찰 4개, 소요파 1개를 제외하면 대부분 편양파의 법맥 계승을 표명하였는데 그 중 '派祖'로 지칭되는 환성 지안의 법계를 내세운 사찰이 많다.

2장

부휴계의 특성과 정체성

1. 부휴계의 계보와 지역적 기반
2. 부휴계의 활동과 정체성 인식

〈전주 송광사 주악비천도〉

1. 부휴계의 계보와 지역적 기반

부휴계(浮休系)는 청허 휴정의 동문인 부휴 선수(浮休善修, 1543~1615)의 법맥을 계승한 계파로서 청허계와 함께 조선후기 불교의 양대 세력을 이루었다.[111] 휴정과 선수는 부용 영관(芙蓉靈觀)의 동문 제자였고 선수 당시에는 가풍(家風)이나 사법(嗣法)상 양자 사이에 뚜렷한 차이가 없었다. 하지만 선수의 적전 제자 벽암 각성(碧巖覺性)이 계파의 토대를 마련한 이후 그 손제자 백암 성총(栢庵性聰) 대에 이르러 조계산(曹溪山) 송광사(松廣寺)를 본산으로 한 부휴계는 보조 지눌(普照知訥)의 유풍(遺風)을 내세우며 계파의 정체성을 확고히 다졌다. 18세기 후반에는 풍암 세

111) 부휴계와 관련된 주요 논문은 다음과 같다. 金仁德, 1975「浮休善修의 禪思想」·「浮休의 門流」『崇山朴吉眞華甲紀念 韓國佛教思想史』; 金煐泰, 1989「朝鮮朝佛教와 牧牛子思想」『普照思想』3; 崔柄憲, 1995「조선후기 浮休善修系와 松廣寺」『同大史學』1, 동덕여대 국사학과; 金龍泰, 2006「'浮休系'의 계파인식과 普照遺風」『普照思想』25; 2006「錦溟 寶鼎의 浮休系 정통론과 曹溪宗 제창」『韓國文化』37, 서울대 韓國文化研究所.

찰(楓巖世察) 문하에서 4파가 번성하였고 부휴계는 20세기 초까지도 자파의 전통과 계파인식을 계승하였다. 청허계가 다양한 성원으로 구성되고 몇 개의 큰 문파로 분기된 것과는 달리 규모가 작았던 부휴계는 비교적 단일한 계보로 이어졌다. 본사인 송광사 부도전(浮屠殿)에 서 있는 탑(부도)군의 공간적 구성은 전법상의 적전 순서대로 조성되어 있다. 이곳에는 고려, 조선시대의 송광사 역사와 관련된 5개의 탑비와 25개의 조사탑이 세워져 있는데 그 중 개창조 지눌의 「보조국사비(普照國師碑)」와 사찰의 역사를 기록한 「송광사사적비(松廣寺事蹟碑)」가 제일 상단에 위치해 있다. 나머지 3개의 탑비는 백암 성총, 묵암 최눌(默庵最訥), 용운 처익(龍雲處益)의 비로 해당 승려의 탑과 동일 항렬에 세워져 있다. 이들은 송광사의 부휴계 전통을 선양하고 정체성 확립에 기여한 조사들인데 성총은 지눌의 '보조유풍(普照遺風)' 을 내세워 계파적 정체성을 분명히 하였고 최눌은 부휴계 조사들을 현창하고 계파인식을 강화시켰다. 또 처익은 19세기 중반 화재로 소진된 송광사를 대대적으로 중건한 중창조(重創祖)였다.

탑은 부휴 선수를 필두로 하여 공인된 적전의 탑이 전법 순서대로 일렬로 배치되어 있다.[112] 〈도 7〉에서 보듯이 부휴 선수 밑의 중앙선상에는 벽암 각성(碧巖覺性)-취미 수초(翠微守初)-백암 성총(栢庵性聰)-무용 수연(無用秀演)-영해 약탄(影海若坦)-풍암 세찰(楓巖世察)-묵암 최눌(默庵最訥)-환해 법린(幻海法璘)으로 이어지는 적전의 탑이 늘어서 있다. 또 방계의 주요 승려 탑도 적전 동문형제와 동렬에 위치해 있다. 부도전에 탑이 세워진 이들은 탑 건립 당시에 전법제자로 위상을 인정받은 것인데, 시기별로 적전 인식의 형성과 그 특징을 살펴보도록 한다. 먼저

112) 修禪社 16國師 중 7국사의 부도가 송광사 각처에 산재되어 있는 것과 비교하면 부도전은 부휴계의 적전 인식이 표상된 공간이라 할 수 있다.

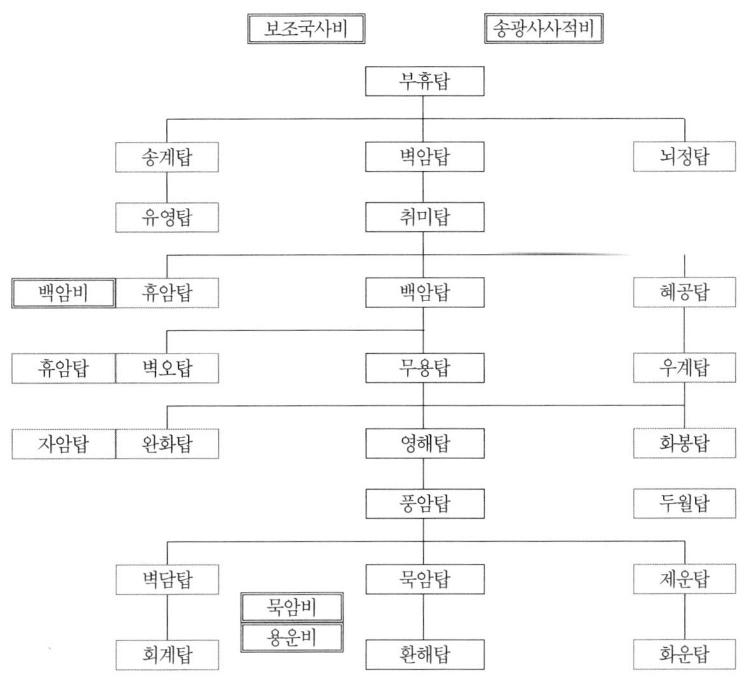

〈도 7〉 송광사 부도전 탑비 배치

선수 문하에서 벽암(碧巖), 뇌정(雷靜), 대가(待價), 송계(松溪), 고한(孤閑), 환적(幻寂), 포허(抱虛)의 7파가 나왔는데,[113] 이 중 적전 벽암 각성과 방계인 뇌정 응묵(雷靜應默), 송계 성현(松溪聖賢)의 탑이 부도전에 세워졌다. 각성 문하에서 다시 취미(翠微), 백곡(白谷), 침허(枕虛), 고운(孤雲), 모운(慕雲), 동림(東林), 연화(蓮花), 벽천(碧川)의 8파가 번성하는데,[114] 부도전에는 적전인 취미 수초의 탑만 서 있다. 수초의 제자 가

113) 高橋亨, 1929『李朝佛教』, 506~507쪽. 이는『佛祖源流』내용에 근거한 것이다.
114) 高橋亨, 1929『李朝佛教』, 510~518쪽.

운데는 백암(栢庵), 휴암(休巖), 혜공(慧空) 3명의 탑이 건립되었고 적전 백암 성총의 비는 1766년 후손인 묵암 최눌에 의해 세워졌다. 부도전에 탑과 비가 모두 조성된 것은 성총이 처음이었다. 성총의 문하에서는 무용(無用), 벽오(碧梧), 우계(友溪) 3인이 전법을 공인받았고 적전인 무용 수연은 선과 교를 겸수하여 성총의 법맥과 강석을 이었다. 한편 수연의 동문인 우계 준익(友溪雋益)의 탑도 제자 화봉(華峯), 손제자 두월(斗月)과 함께 부도전에 세워져 있어 이 계열의 비중도 컸음을 알 수 있다.

수연의 다음 대에는 영해 약탄과 완화 처해(玩華處海) 2명이 들어갔는데 영해 약탄과 그의 전법제자 풍암 세찰은 후대에 근세의 조사로 칭해졌다.[115] 완화 처해는 "부휴의 6세손 영해가 선조들이 누대에 걸쳐 개법한 송광사에서 화엄대회를 열었다. 전법제자 풍암이 함께 대회를 경영하니 이들 일종(一宗)의 사제 관계가 마치 부자 관계와 같다"[116]라고 하여 약탄과 세찰 사제의 전법상 위상을 인정하였다. 세찰의 문하에서는 수선사(修禪社) 16국사(國師)를 연상시키는 16현(賢)이 배출되었고 그 중 묵암 최눌, 응암 낭윤(應庵朗允), 제운 해징(霽雲海澄), 벽담 행인(碧潭幸仁)의 4걸(傑)이 가장 번성하였다. 이들 네 문중이 근세에 부휴계의 주류를 형성하였던 관계로,[117] 스승인 세찰이 근세조사로 추숭되었던 것이다. 4걸 중에 묵암 최눌이 적전 자격을 인정받아 세찰의 바로 밑에 탑이 세워졌고 벽담 행인과 제운 해징의 탑은 그 옆 방계 위치에 두어졌다.

묵암 최눌은 부휴계의 정체성을 강조한 백암 성총을 비롯하여 역대 조사들을 추숭, 선양하였는데 성총의 비를 부도전에 건립하면서, "태고(太

---

115) 부휴 선수와 벽암 각성은 遠世祖, 영해 약탄과 풍암 세찰은 近世師로 추숭되었다. 『茶松文稿』 권2, 「上大華嚴寺圓華函丈文」(『한국불교전서』 12, 718~719쪽); 宋泰會, 1920 「松廣寺浮休堂善修大禪師碑銘」의 陰記(『한국고승비문총집』, 79~80쪽).

116) 玩華處海, 1750 「影海和尙華嚴大會都錄序」(1983 『曹溪山松廣寺史庫』, 亞細亞文化社, 870~871쪽).

117) 앞의 「송광사부휴당선수대선사비명」 음기(『한국고승비문총집』, 79~80쪽).

古)에서 부휴로 이어진 임제(臨濟)의 법맥을 백암이 계승하였고 그 법은 다시 풍암으로 이어졌다" 고 하여 임제태고법통에 기반한 적전 계보를 언급하였다.[118] "임제종의 법이 풍암 세찰에서 묵암 최눌로 전해졌고 그 선교(禪敎) 양문에 제자들이 모여들었다" 는 후대의 평가처럼 최눌은 부휴계의 적전으로 위상을 인정받은 인물이었다.[119] 다음 항렬은 부도군의 마지막 단으로 세찰 휘하의 4걸 가운데 응암 낭윤을 뺀 나머지 3명의 전법 제자인 환해(幻海), 회계(會溪), 화운(華雲)의 탑이 각자의 스승 밑에 세워져 있다.

그러나 부휴계의 적전 인식을 표상하는 부도전의 조형 과정이 순조로웠던 것만은 아니다. 때에 따라서는 여러 문중의 세력 다툼이나 적전의 지위를 차지하려는 주도권 경쟁에 의해 공론 형성과 탑의 건립이 난항을 겪기도 하였다. 대표적 사례를 들자면 근세 조사인 풍암 세찰 문하의 4걸 중 누가 적전인지를 둘러싸고 문중 간의 갈등이 표출되었다. 즉 4걸 가운데 벽담 행인이 부도전에 모셔진 스승 세찰의 탑을 송광사 보조암(普照庵) 북쪽으로 옮겼고 이후 그의 탑은 세찰 탑의 왼쪽, 제자 회계 휘종(會溪輝宗)의 탑은 그 오른쪽에 세워지게 되었다. 이는 벽담 문중이 자파를 세찰의 직진 위상으로 올리려는 의도 하에 감행한 일로 보인다. 대둔사의 12대 강사에 들어간 행인은 부휴계를 소략하게 다룬데 불만을 품고 전주 송광사에 있던 『불조원류』의 판목을 불태운 인물로서,[120] 스승의 탑을 이건할 정도의 권위와 위상을 가졌고 그의 문중 또한 세력이 번성하여 영향력이 매우 컸다. 「송광사묵암최눌비명(松廣寺默庵最訥碑銘)」

118) 金相福, 1766 「松廣寺栢庵堂性聰大禪師碑銘」과 最訥의 「陰記」(『한국고승비문총집』, 299쪽).

119) 李容元, 1895 「松廣寺默庵大師碑銘」(『한국고승비문총집』, 558~562쪽); 『茶松文稿』 권1, 「默庵立石募緣文」(『한국불교전서』 12, 687~688쪽).

120) 李能和, 1918 『朝鮮佛敎通史』 하편, 870쪽.

(1895)의 시주질(施主秩)에는 벽담(碧潭), 팔봉(八峰) 등의 문중 명칭과 함께 문중별 관련 사찰명이 기재되어 있는데,[121] 벽담 문중에 기재된 사찰의 수가 가장 많으며 지역적으로도 전라도 선암사(仙巖寺), 화엄사(華嚴寺), 태안사(泰安寺)와 함께 경상도 해인사(海印寺), 통도사(通度寺), 범어사(梵魚寺), 동화사(桐華寺), 운문사(雲門寺) 등 영·호남의 거대 사찰들이 망라되어 있다. 이는 19세기 말까지 벽담 문중의 세력이 상당히 컸고 부휴계를 대표하는 위상을 가졌음을 보여준다.

한편 1908년 의병(義兵) 진압을 명분으로 일본군에 의해 송광사 보조암(普照庵)이 소각되었고 이때 세찰 이하 3기의 탑도 함께 탔다. 이에 1916년 부도전의 원래 자리로 풍암 세찰의 탑이 먼저 이안되었고 벽담 행인과 제자 회계 휘종의 탑도 1918년 부도전의 현재 위치에 다시 세워졌다.[122] 당시 기록에는 "행인이 보처(補處)와 관련된 참서(讖書)를 그릇되게 믿고 스승의 비를 마음대로 옮겼는데 결과적으로 그것이 잘못되었음이 증명되었다"는 비판적 시각이 표출되었고,[123] 또 "세찰 아래 서넛의 분파가 나왔지만 그 적손은 묵암 최눌이며 따라서 행인의 탑은 그 옆 방계 자리에 세운다"고 하여 부휴계의 적전 계보를 재차 확립하였다.[124] 이로써 부휴계의 적전 인식을 담은 부도전의 조형은 20세기 초에 일단락되었다. 이어 1920년 송광사 조계문(曹溪門)에 부휴 선수의 비가 다시 세워지는 등,[125] 부휴계 전통에 대한 현창사업이 이루어졌다.

조선후기 부휴계의 본산은 조계산 송광사였는데 양자의 결합은 임진

---

121) 앞의 「송광사묵암대사비명」.

122) 『다송문고』 권2, 「碧潭堂塔移安祝」(『한국불교전서』 12, 731쪽). 벽담과 회계의 탑은 임시로 옮긴다고 하였으나 그대로 존속되었다.

123) 앞의 「벽담당탑이안축」.

124) 『다송문고』 권2, 「碧潭堂塔會溪堂塔移安碑殿及築墻記」(『한국불교전서』 12, 732쪽); 권2, 「楓巖祖師浮屠奉安碑殿記」(『한국불교전서』 12, 726~727쪽).

125) 『다송문고』 권2, 「浮休禪祖立碑歷史序」(『한국불교전서』 12, 746쪽).

왜란 직후인 17세기 초에 시작되었다. 전란으로 인해 송광사는 보조암, 천자암(天子庵) 등 사우(寺宇)의 반 이상이 소실되면서 거의 폐사 상태가 되었다. 처음에 송광사 주지 응선(應禪)이 중수를 시도하였지만 역량이 미치지 않자 1609년(광해군 1) 부휴 선수를 초빙하였고 세 번이나 제의를 받은 선수가 제자 벽암 각성과 문도 400명을 이끌고 왔다. 이들은 조전(祖殿) 등을 개수하고 송광사 승려 200명과 함께 동안거를 보냈으며[126] 공역은 1612년에 끝났다. 이 중창사업을 계기로 부휴계는 송광사에 주석하게 되었고 송광사는 점차 부휴계 본산의 위상을 갖게 되었다. 부휴계 적전과 송광사의 관계는 〈표 4〉에 정리하였는데, 부휴계 적전의 탑은 예외 없

〈표 4〉 부휴계 적전의 입적지와 탑비 건립지

계보순	입적지	탑 건립지	탑비(찬자) 건립지	비고
부휴선수	칠불사	송광사, 해인사 칠불사, 백장사	속리산(백곡처능) → (송광사)조계문	1920년 조계문에 탑비 재건(주지 설월)
벽암각성	화엄사	송광사, 화엄사 법주사, 전주 송광사	화엄사(이경석) 법주사(정두경)	
취미수초	(함흥) 삼장사	송광사, 삼장사 석왕사		1732년 조계문에 탑 개수
백암성총	쌍계사	송광사, 칠불사	(송광사)부도전(김상복)	1766년 비 건립
무용수연	송광사	송광사		
영해약탄	능가사	송광사, 능가사		
풍암세찰	(송광사) 보조암	송광사		1916년 보조암에서 부도전으로 이안(설월)
묵암최눌	(송광사) 보조암	송광사	(송광사)부도전(이용원)	
환해법린	만경암	송광사	(송광사)조계문(송태회)	1920년 비 건립

126) 曹溪道源, 1612 「臨鏡堂水閣天子庵普照庵重創記」(『조계산송광사사고』, 188~192쪽).

이 송광사에 안치되었고 후대에는 더욱이 송광사에만 탑이 세워지게 된다. 비의 경우도 성총 이후에는 송광사에만 건립되었으며 적전의 입적지도 주로 송광사가 되었다. 이처럼 송광사는 후기로 갈수록 부휴계 본산으로서 그 위상을 확고히 다졌다.

계보 순으로 적전들의 활동 지역과 탑 · 비가 건립된 사찰을 살펴보고 이를 통해 부휴계의 세력 범위를 유추해 보자. 먼저 부휴 선수의 탑은 칠불사(七佛寺), 백장사(百丈寺), 해인사(海印寺), 송광사(松廣寺)에 세워졌고 비는 후대에 속리산 법주사(法住寺)와 송광사에 건립되었다. 선수는 1568년(선조 1) 칠불사 중수에 관여하였고 칠불사, 백장사 등 지리산 유역 사찰을 주요 근거지로 하였으며,[127] 송광사와 법주사는 부휴계가 중건 사업에 참여하면서 영향력을 확보하게 된 사찰이다. 또 해인사는 선수와 절친했던 사명 유정의 입적지였는데 양자가 당시 동문으로서 정체성을 공유했음을 볼 수 있다. 이처럼 부휴 선수 단계의 세력권은 지리산과 호남을 중심으로 하여 호서와 영남 일부를 포함하고 있었다.

선수의 적전 벽암 각성(1575~1660)은 전국을 유력하였고 남한산성 팔도도총섭을 역임하는 등 불교계 내외에서 그 위상을 인정받았다. 그는 호남과 호서 일대의 대규모 중창 불사를 주도하였는데 대표적인 사찰로 구례 화엄사(華嚴寺), 하동 쌍계사(雙磎寺), 전주 송광사(松廣寺), 보은 법주사를 들 수 있다. 조계산 송광사의 중건 사업도 고령인 스승을 대신하여 각성이 주도했던 것으로 보이는데 그는 화엄사에서 입적하였고 탑도 송광사, 화엄사, 법주사, 전주 송광사에 세워졌으며 화엄사와 법주사에 비가 건립되었다.[128] 이들 사찰은 모두 각성이 중창에 관여한 절들로서 각성 단계에서 지리산을 중심으로 한 호남 일대와 호서 지역이 부휴계의 세력 범위 안에 확실히 편입된 것이다. "동쪽의 (사명파) 송월 응상(松月

127) 앞의 「송광사부휴당선수대선사비명」(『한국고승비문총집』, 79~80쪽).
128) 鄭斗卿, 1664 「法住寺碧巖堂覺性大師碑銘」(『한국고승비문총집』, 174~177쪽).

應祥)과 남방의 벽암 각성이 삼한(三韓)의 사찰을 나누어 가졌다"는 17세기 초의 인식은[129] 당시 청허계 사명파에 필적하는 세력으로 부휴계가 성장하였음을 보여준다.

한편 각성의 적전인 취미 수초(1590~1668)는 40대 이후 함경도로 주석처를 옮겨 함흥의 삼장사(三藏寺)에서 입적하였고 탑도 삼장사와 안변 석왕사(釋王寺)에 세워졌다. 송광사에도 탑이 건립되기는 했지만 부휴계 적전인 그의 이러한 행보는 매우 파격적인 것이었다.[130] 성삼문(成三問)의 후예로 알려진 수초는 일찍이 선수와 각성에게 자질을 인정받았고 김육(金堉), 이식(李植), 장유(張維) 등과 교류하며 명성을 떨친 인물이다. 그는 1632년(인조 10) 석왕사의 초청을 받아 갔는데 18세기 전반에 부휴계 회암 정혜(晦庵定慧)가 강석을 열었고 또 1732년 석왕사에 조계문(曹溪門)이 개수된 사실을 고려하면,[131] 이 지역에서 수초와 부휴계의 영향력이 후대까지 미쳤음을 볼 수 있다. 한편 수초의 동문 형제 모운 진언(暮雲震言)도 1686년 팔공산 원공(遠公)의 청으로 은해사(銀海寺)에 가서 화엄(華嚴)법회를 열고 교화에 힘썼다. 그의 후손인 월하 계오(月荷戒悟)가 팔공산에서 출가하여 부휴계의 법맥을 이은 것을 보면,[132] 영남 지역에서도 부휴계의 활동이 이어진 것 같다.[133]

---

129) 『雲谷集』「敬次東陽尉申相公韻 原韻」(『한국불교전서』 8, 276쪽)의 '祥公東去覺公南分占三韓佛祖菴'.

130) 『翠微大師詩集』「翠微大師行狀」(『한국불교전서』 8, 305~306쪽); 「釋王寺翠微禪師守初浮屠碑銘」(『한국고승비문총집』, 212쪽).

131) 「雙溪寺定慧大師碑銘」(『한국고승비문총집』, 430~432쪽); 『翠微大師詩集』「安邊雪峰山釋王寺重修序」(『한국불교전서』 8, 303~304쪽). 부휴계는 1644년 벽암 각성이 중건하면서 석왕사와 깊은 인연을 맺었는데(涵月海源, 1761 「跋文」『釋王寺誌』), 18세기 후반에는 편양파 함월 해원 문중이 석왕사를 근거지로 삼게 된다.

132) 『伽山藁』 권4, 「月荷大和尙行狀」(『한국불교전서』 10, 794쪽).

133) 진언의 문손 회암 정혜의 비가 김천 쌍계사(雙溪寺)에 세워졌고, 30本山 「本末寺法」에서 八公山 銀海寺와 桐華寺가 청허계와 부휴계 양 법맥의 계승을 표명한 사실에서 이 지역에 부휴계 계보가 전해져 왔음을 알 수 있다.

이처럼 벽암 각성의 문도인 일부 부휴계 승려들이 스승의 대내외적 위상에 힘입어 경상도와 함경도까지 진출하기는 했지만, 부휴계의 중심 세력은 여전히 호남을 기반으로 하였다. 수초의 적전인 백암 성총(1631~1700)은 쌍계사에서 입적하였고 송광사와 칠불사에 탑이 세워졌다.[134] 그는 송광사의 전통을 현창하였고 그로 인해 송광사는 부휴계 본산으로서의 위상을 확고히 다질 수 있었다. 성총이 주도하여 세운 1678년의 송광사 사적비에는 "풍악산(楓嶽山)과 묘향산(妙香山)이 기이한 풍경으로 천하에 알려졌으나 선법(禪法) 사승의 중요함에 있어서는 이 절과 비견될 수 없는데 이것은 보조(普照)가 토대를 열어서 그렇게 된 것이다"[135]라고 하여, 당시 청허계의 주요 근거지인 금강산과 묘향산에 빗대어 본산 송광사의 전통을 부각시켰다. 성총의 비는 이후 송광사 부도전에 건립되었고 부휴계 적전과 송광사의 관계는 더욱 공고해졌다. 한편 18세기 전반 영해 약탄의 화엄대회에는 송광사 대중 4백여 명을 포함해 모두 6백여 명이 참가한 사실이 확인된다.[136] 이는 부휴 선수가 처음 송광사에 왔을 때의 사중(寺衆) 200명에 비해 2배가량 늘어난 것으로 송광사 부휴계의 세력 규모와 그 확대 양상을 잘 보여준다.

1842년(헌종 8)에는 송광사 낙하당(落霞堂)에서 발생한 화재로 대웅전 등 2,150여 칸의 전각이 소실되는 사건이 일어났는데, 이때 기봉 장오(奇峰藏旿)와 제자 용운 처익(龍雲處益)이 대대적인 중창 공사를 추진하였고[137] 불교계뿐 아니라 인근 군현과 중앙정부의 보조를 받아 1856년에

134) 백암 성총은 1689년 쌍계사와 金華山 澄光寺에서 佛書를 대대적으로 간행하였다. 징광사는 18세기 들어 月潭 雪霽를 비롯한 편양파 승려들의 탑비가 세워지는 등 주도 문파에 변동이 생겼을 가능성이 있지만 묵암 최눌이 1730년 징광사에서 출가하고 계속 관여한 것을 보면 부휴계의 영향력이 사라졌다고 보기는 어렵다.

135) 趙宗著, 1678「松廣寺嗣院事績碑」(『조계산송광사사고』, 27~42쪽).

136)「影海和尙大會目錄」(『조계산송광사사고』, 871~888쪽).

137) 趙性熹, 1924「松廣寺龍雲堂大宗師碑銘」(『한국고승비문총집』, 738~741쪽). 용운 처익은 海印寺 經閣 등 다수의 불사를 담당하여 '七寺重創主'로 칭해졌다.

완공되었다.[138] 부휴계는 19세기 말까지 송광사를 본산으로 삼으면서 기존의 지역적 연고를 대체로 유지하였다. 1912년에 제정된 「본말사법(本末寺法)」을 보면 30본산 중 부휴 선수의 법손만이 본말사 주지가 될 수 있는 곳은 송광사 하나였지만 속리산 법주사, 팔공산의 은해사와 동화사(桐華寺)는 청허계와 함께 부휴계 법맥 출신도 주지가 될 수 있었다.[139] 부휴계와 오랜 연고가 있던 법주사와 팔공산 지역 사찰들이 청허계와 함께 부휴계 계승 의식을 표명한 사실이 주목된다. 당시 30본산제가 시행되자 쌍계사는 법류(法類)가 다르다는 이유로 해인사의 말사 지정을 거부하고 본산 변경을 요청하였고 선암사의 말사로 편입된 화엄사도 격렬하게 반대하였다.[140] 화엄사는 본산에서 배제된 데에 끝까지 반발한 결과 1924년에 31번째 본산으로 승격되었는데, 「사법(寺法)」에 "부휴 선수와 벽암 각성이 본사에 주석하여 선과 교를 홍통시켰다"고 적시하여 부휴계로서의 정체성을 표명하였다.[141] 화엄사와 입장을 같이하여 그 말사로 편입된 천은사(泉隱寺)와 연곡사(鷰谷寺) 등 지리산 유역 사찰들도 조선후기에 부휴계의 영향권 하에 속했던 것으로 보인다.

2. 부휴계의 활동과 정체성 인식

부휴계의 조사 부휴 선수는 청허 휴정과 동문으로 평생 수행에 매진하

138) 沈膺泰, 1856 「曹溪山松廣寺重創記」(『조계산송광사사고』, 228~234쪽); 呂圭亨, 1918 「松廣寺奇峰堂藏旿大禪師碑文」(『한국고승비문총집』, 674~676쪽). 기봉 장오는 右議政 權敦仁에게 찾아가 禪宗巨刹의 중수를 청원하였고 정부의 지원으로 공사가 시작되었다.

139) 李能和, 1918 『朝鮮佛敎通史』 상편, 628~674쪽; 하편, 1137쪽.

140) 高橋亨, 1929 『李朝佛教』, 761쪽. 1913년 住持 대리 陳震應의 주도로 本山 청원운동을 펼쳤는데 새로 파견된 주지가 살해되었을 정도로 양자 사이의 갈등이 컸다.

141) 李能和, 1918 『朝鮮佛敎通史』 상편, 658쪽.

였는데 사명 유정을 비롯한 휴정의 문도들에 의해 부용 영관 문하에서 휴정 다음가는 위상으로 인정받고 존중되었다.[142] 또 광해군이 도를 묻고 홍각등계대선사(弘覺登階大禪師)의 시호를 내리는 등 대외적으로도 알려져 있었다.[143] 선수는 유정과 특히 절친하여 당시 불가의 '이난(二難)'으로 칭해졌는데 송광사를 중창할 때 유정이 도움을 준 사실을 「중창기(重創記)」의 내용에서 확인할 수 있다.[144] 선수 문하에서 소요 태능, 운곡 충휘, 송월 응상이 법문삼걸(法門三傑)로 칭해졌고 이들은 뒤에 청허 휴정, 정관 일선, 사명 유정에게 각각 수학하여 법맥상 청허계의 소요파, 정관파, 사명파에 속하게 되었다. 하지만 선수 당시 이들은 모두 영관 문하 동문으로서의 자의식을 가졌고 계파적 구분은 명확하지 않았다.

휴정의 말년제자 편양 언기는 자신을 선수의 제자로도 칭하였고,[145] 선수의 문손 백곡 처능(白谷處能) 또한 "「석보(釋譜)」와 「동승전법원류(東僧傳法源流)」를 살펴보니 태고 보우에서 부용 영관으로 이어진 선의 전등이 일대종사인 청허와 부휴에게 전수되었다"고 하여 양자를 같은 법맥의 동문으로 인식하였다.[146] 그러나 1615년 선수의 입적 후 그가 부용 영관의 정통을 이었고 "도통(道統)을 회통하여 선가(禪家)를 집대성하였

142) 『鞭羊堂集』 권2, 「蓬萊山雲水庵鍾峰影堂記」; 『四溟堂大師集』 권3, 「贈浮休子」(『한국불교전서』 8, 253~254쪽; 53쪽)에서 惟政과 彦機 모두 善修의 正眼과 道德을 칭송하였으며 『靑梅集』 권하, 「十無益」(『한국불교전서』 8, 154~155쪽)을 보면 靑梅印悟 또한 祖師堂에 모신 登階, 碧松, 芙蓉, 淸虛와 浮休의 5대 聖師를 추숭하면서 一家를 이루었다고 평가하였다.

143) 『大覺登階集』 권2, 「賜報恩闡敎圓照國一都大禪師行狀」(『한국불교전서』 8, 329~331쪽); 李景奭, 1663 「華嚴寺碧巖堂覺性大師碑文」(『한국고승비문총집』, 180~184쪽).

144) 曹溪道源, 1612 「臨鏡堂水閣天子庵普照庵重創記」(『조계산송광사사고』, 188~192쪽)에는 '社文校正 惟政 大功德主 國一宗師 善修 大施主 幹善 應禪'이 기재되어 있어 유정이 참여한 사실을 알 수 있다. 응선은 중창을 위해 선수를 초빙한 당시 송광사의 주지이다.

145) 『편양당집』 권3, 「上浮休堂書」(『한국불교전서』 8, 263쪽).

146) 『대각등계집』 권2, 「任性大師行狀後序」(『한국불교전서』 8, 323쪽).

다"는 계파적 자의식이 처음 표출되었다.[147] 선수의 적전 벽암 각성은 임진왜란 때 유정의 천거에 의해 스승을 대신하여 전장에 나갔고 휴정의 전법 제자들과 함께 활동하였다. 따라서 각성대에는 휴정 문도와의 친연관계에 큰 변화가 일어나지 않았지만 1663년에 지어진 각성의 비에는 "부용(芙蓉)이 임제의 법을 접하여 부휴와 청허가 모두 부용을 사사했으며 휴정의 적전은 송운(松雲), 부휴의 적전은 벽암(碧巖)"이라고 하여,[148] 청허계와 부휴계를 구분하는 계파인식이 점차 강화되기 시작했다.

각성은 부휴계가 계파로 성장하는데 기반을 구축한 인물로 이전에 선종 본사였던 봉은사(奉恩寺) 주지와 판선교도총섭(判禪教都摠攝)을 일시 역임하였고,[149] 1624년 남한산성 팔도도총섭 직책을 제수 받아 승군을 통솔하였다. 또 1636년 병자호란 때는 화엄사에서 근왕(勤王)을 위해 3천 명의 항마군(降魔軍)을 모집하는 등 충의의 공업을 쌓았다.[150] 그 밖에 무주의 적상산성(赤裳山城) 사고(史庫) 수호를 담당하는 규정도총섭(糾正都摠攝)을 맡기도 했다.[151] 그의 문도 회은 응준(悔隱應俊)도 입암산성(笠岩山城)의 승장, 항마군의 참모로 군무(軍務)에 30년간 종사하였고 1647년 스승을 이어 팔도도총섭 직책을 제수 받았다.[152] 남한산성 승군은 평안도와 함경도를 제외한 6도의 승려들이 교대로 입번하였는데 호남을 중심으로 삼남 지역에 영향을 미쳤던 이들 부휴계가 승군 동원과 통솔을 맡았던 것이다.

처음에는 강원도를 근거지로 했던 사명 유정의 적전 송월 응상에게 팔

147) 豊城後人 般桓子, 1619「序」『浮休堂大師集』(『한국불교전서』 8, 1쪽).
148) 앞의 「화엄사벽암당각성대사비명」(『한국고승비문총집』, 180~184쪽).
149) 李能和, 1918『朝鮮佛教通史』 상편, 628~629쪽의 奉恩寺「寺乘」.
150) 앞의 「사보은천교원조국일도대선사행장」(『한국불교전서』 8, 329~331쪽). 항마군은 華嚴寺에서 궐기하였는데 북상 도중 講和가 성립되어 해산하였다(金映遂, 1939『朝鮮佛教史藁』, 156쪽).
151) 『仁祖實錄』 권39, 인조 17년 10월 8일(신묘); 권40, 인조 18년 5월 21일(신축).
152) 『대각등계집』 권2, 「正憲大夫八道都摠攝兼僧大將悔隱長老碑銘」.

도도총섭 직책이 주어졌지만 그가 거절하였고[153] 관서(關西) 지역 승려들은 '변경(邊警)'에 대비하여 남한산성 승군에 차출되지 않았기에 북방에서 활동한 편양파 또한 참여하지 않았다.[154] 이처럼 근거 지역의 특성상 청허계의 주요 문파 대신 부휴계가 중책을 맡게 된 것이다. 또한 각성의 개인적 위상도 고려할 필요가 있는데 그는 광해군 때 부휴 선수와 함께 무고로 투옥되었지만 인품을 인정받아 사제가 각각 대불(大佛), 소불(小佛)로 칭해졌고 광해군이 석방을 명하면서 가사를 하사하였다. 이후 광해군의 요청으로 광주 청계사(淸溪寺) 재회(齋會)에서 설법하는 등,[155] 선조의 인정을 받은 휴정과 마찬가지로 각성도 조야에 그 명성이 알려져 있었다. 결과적으로 팔도도총섭 각성의 권위는 대내외적으로 공인되어 평안도 관찰사의 초빙으로 묘향산에서 법석을 열었고 훗날 효종이 된 봉림대군(鳳林大君)과 화엄(華嚴)의 종요(宗要)를 문답한 뒤 '보은천교원조국일도대선사(報恩闡教圓照國一都大禪師)'의 호를 하사받기도 하였다.[156] 각성이 화엄사, 쌍계사 등을 대규모로 중창하고 부휴계의 계파적 기반을 다질 수 있었던 것은 이러한 배경과 역량이 있었기에 가능한 일이었다.

부휴계는 이후 정체성과 계파인식을 확고히 하면서 성장하였는데 주목할 만한 활동내용 몇 가지만 소개한다. 먼저 각성의 손제자 백암 성총은 보조유풍의 계승을 내세워 송광사 부휴계의 정체성을 확립하였고 또 중국에서 새로 들어온 불서를 대량으로 간행하여 조선후기 교학 발전에 크게 기여하였다. 뒤에서 다룰 18세기 화엄교학의 성행 양상도 성총이 징관(澄觀)의 『화엄경소초(華嚴經疏鈔)』를 간행, 유포하면서 촉발된 것이었다. 그의 문손 영해 약탄은 1728년(영조 4) 이인좌(李麟佐)의 난 때 승

153) 鄭斗卿, 1647 「松月堂大師碑銘」(1977 『楡岾寺本末寺誌』, 亞細亞文化社).
154) 『仁祖實錄』 권7, 인조 2년 11월 30일(경진).
155) 앞의 「사보은천교원조국일도대선사행장」; 「화엄사벽암당각성대사비명」.
156) 앞의 「사보은천교원조국일도대선사행장」; 「화엄사벽암당각성대사비명」.

려 수백 명을 이끌고 왕사(王事)에 힘쓸 계획을 세우는 등 정치사회적 문제에 참여하기도 하였다.[157] 또 약탄의 손제자 묵암 최눌은 징광사(澄光寺) 지물공역(紙物貢役)의 폐단 시정을 요구하는 장문의 「폐지상소(廢紙上疏)」를 올렸고[158] 화엄종장으로서 많은 교학 저술을 남겼으며 편양파 연담 유일과 불교 심성(心性)에 대한 논쟁을 펼친 바 있다. 부휴계에서도 선교겸수의 수행방향에 입각하여 교학이 중시되었는데 교학의 종장을 대거 배출한 단일 계보가 성립되기도 하였다. 즉 각성의 제자 모운 진언(慕雲震言) 이후 보광 원민(葆光圓旻)-회암 정혜(晦庵定慧)-한암 성안(寒巖性岸)-추파 홍유(秋波泓宥)-경암 응윤(鏡巖應允)-지봉 거기(智峰巨機)-월하 계오(月荷戒悟)로 이어지는 계보가 부휴계의 교학적 특성을 대변한다.[159] 이 중에서도 모운 진언과 회암 정혜가 특히 유명한데 진언은 『화엄경』에 정통하여 『화엄경칠처구회품목지도(華嚴經七處九會品目之圖)』를 남겼고 정혜는 종밀(宗密)의 『선원제전집도서(禪源諸詮集都序)』, 지눌(知訥)이 주석을 단 『법집별행록절요(法集別行錄節要)』에 대한 사기(私記)를 써서 후세의 지남이 되었으며 『화엄경은과(華嚴經隱科)』와 『제경론소구절(諸經論疏句節)』을 찬술하였다.

부휴계와 청허계는 수행 기풍이나 사상 면에서 큰 차이를 보이지 않았고 또 계파를 불문하고 유명한 교학 종장에게 찾아가 수학하기도 하였지만 계파에 대한 법맥상의 구분 인식은 명확하였다. 회암 정혜를 예로 들면 그는 스승인 보광 원민에게 대장경(大藏經)을 배운 뒤, 묘향산에서 호남으로 와서 강화(講化)를 펼치던 편양파 설암 추붕(雪巖秋鵬)에게 수학하고자 하였다. 이때 스승 원민이 "바람에 먼지가 날리니 구슬이 다칠까 두렵다"고 우려하자 정혜는 송죽(松竹)에 비유하면서 "절개를 지키는데

157) 『林下錄』 권3, 「松廣寺影海和尙大會疏」(『한국불교전서』 10, 252~253쪽).
158) 『默庵集』 권후, 「廢紙上疏」(『한국불교전서』 10, 22~24쪽).
159) 『諸經會要』 「佛祖宗派圖」(『한국불교전서』 10, 56~57쪽).

풍진(風塵)이 어찌 두렵겠습니까"라고 하고 추붕에게 배운 뒤 다시 돌아와 원민의 의발을 전수하였다.[160] 이 일화는 당시 계파의 구분 인식을 잘 보여주는데 그럼에도 상호 교류와 수학의 길은 닫혀 있지 않았다. 19세기에도 편양파 설두 유형(雪竇有炯)과 함명 태선(涵溟太先)이 부휴계 침명 한성(枕溟翰醒)에게 구족계를 받고 배우는 등 교학 내용과 기풍은 계파를 넘어 공유되었다.

한편 부휴계는 전통 인식 면에서 청허계와 마찬가지로 임제태고법통을 정통으로 수용하였다. 그러나 부휴계만의 정체성을 부각시켜 청허계와의 차별성을 분명히 하려는 시도도 있었는데, 송광사를 매개로 한 보조유풍의 선양과 계승 인식 표명이 그것이다.[161] 17세기 초 부휴계는 중창을 계기로 송광사에 진출하였고 이후 옛 수선사(修禪社) 전통을 강조하기 시작하였는데 벽암 각성의 동문인 대가 희옥(待價希玉)의 「십육국사진영기(十六國師眞影記)」에는 "조계(曹溪)에 성스러운 자취가 많아서 덕망이 사산(四山)보다 높다"고 하여 조계산 송광사의 위상을 높이 평하였고 지눌과 수선사 16조사(祖師)를 추숭하였다.[162] 또 각성이 전주 종남산(終南山) 송광사(松廣寺)를 중건하였을 때 "이는 지눌의 뜻을 이루기 위한 것"이라고 언명하였다.[163] 이어 각성의 전법제자 취미 수초는 "동방의 대성인 보조국사는 도로 인하여 존숭되었고 남쪽의 대도량 송광사는 국사 때문에 드러나게 되었으므로 정유재란 때 부서진 김군수(金君綏)가 쓴 옛 비석을 다시 세우라"는 유훈을 남겼다.[164] 이처럼 부휴계는 근거지

160) 趙顯命, 1744 「雙溪寺定慧大師碑銘」(『한국고승비문총집』, 430~432쪽).

161) 浮休 善修에게 수학한 逍遙 太能과 詠月 淸學, 그리고 부휴계 白谷 處能의 문집에서 宗密과 『圓覺經』, 禪敎兼修와 『華嚴經』을 중시하는 모습이 나타나는데 이는 지눌 사상의 연장선상에서 이해할 수 있다. 송광사 중창에 참여한 碧巖 覺性은 지눌의 저술에 대해 주석한 『看話決疑』를 지었다.

162) 待價堂, 1621 「十六國師眞影記」(『조계산송광사사고』, 722~728쪽).

163) 申翊聖, 1636 「松廣寺開倉碑」(1996 『完州松廣寺』, 교원대 박물관, 69~72쪽).

164) 栢庵性聰, 1678 「普照國師甘露塔碑陰記」(崔柄憲, 1995 앞의 논문, 150~151쪽).

로 삼은 송광사 전통과 그 개창조인 보조 지눌의 위상을 드높이면서 자파의 정체성을 새롭게 인식하였다.

부휴계가 진출하기 시작한 무렵 송광사에서 지눌의 저작이 집중 간행된 사실도 주목된다. 1608년에서 1612년 사이에 『정혜결사문(定慧結社文)』, 『간화결의론(看話決疑論)』, 『계초심학인문(誡初心學人文)』 등 지눌의 주요 저작이 송광사에서 중간되었는데,[165] 선수가 송광사에 초빙된 것이 1609년임을 감안하면 부휴계의 진출과 동시기에 지눌과 송광사 전통에 대한 현창이 추진되었던 것이다. 이어 지눌의 『원돈성불론(圓頓成佛論)』이 1611년 지리산 능인암(能仁庵)에서 간행된 후 쌍계사(雙溪寺)로 옮겨졌고 1626년 장흥 천관사(天冠寺)에서 출간되었는데,[166] 이들 사찰은 부휴계의 영향력이 미치는 곳이었다. 또 후대인 1702년 성총의 『백암집(栢庵集)』이 간행된 후 『무용집(無用集)』, 『취미집(翠微集)』, 『영해집(影海集)』, 『묵암집(默庵集)』 등 부휴계 적전의 문집이 모두 송광사에서 간행되었는데,[167] 이는 송광사가 부휴계의 본산으로서 확고히 자리를 잡았음을 보여준다. 이처럼 서적의 출간 경향에서 부휴계의 정체성과 관련된 계파 인식, 추숭 및 선양 의식의 실체를 파악할 수 있다.

송광사 전통과 지눌을 강조하고 선양하는 경향은 17세기 후반 백암 성총에 의해 극대화되어 송광사와 연결된 부휴계의 독자적 정체성이 표명되었다. 성총은 스승 수초의 유훈을 받들어 1678년에 주지 설명(雪明)으로 하여금 「송광사사원사적비(松廣寺嗣院事蹟碑)」와 「보조국사감로탑비(普照國師甘露塔碑)」를 건립하게 하였고 이때 부휴계 적전의 탑을 모

165) 「湮滅部」; 「現存部」(『조계산송광사사고』, 760~774쪽). 지눌의 私記가 포함된 履歷課程의 四集科 교재도 같은 시기에 송광사에서 간행되었고 懶翁, 無學과 관련된 「普濟尊者三種歌」와 「佛祖宗派圖」도 함께 나왔다.

166) 黑田亮, 1940 『朝鮮舊書考』(1986, 岩波書店 復刊), 45쪽. 雙溪寺는 하동 雙磎寺의 오기로 보인다.

167) 앞의 「인멸부」; 「현존부」.

신 부도전(浮屠殿)도 조성되었다. 다음 「송광사사원사적비」에는 부휴 선수 이후 전법계승의 정통성을 지눌과 송광사의 권위에 연결시켜 자파의 정체성을 강조하는 모습이 보인다.168)

> 조계산 송광사는 동방 제일의 도량으로 16국사를 포함하여 많은 명승을 배출하였다. 나옹(懶翁)에서 무학(無學) 또한 전수(傳授)의 자취를 남겼으니 당시 다른 사찰보다 이 절을 특히 중시한 사실을 목로(牧老: 보조 지눌)와 선각(禪覺: 나옹 혜근)의 비명 및 여러 승지(僧誌)에서 확인할 수 있다. 불일보조국사(佛日普照國師)가 승안(承安) 5년(1200)에 이곳으로 사(社)를 옮겼는데 왕명에 의해 산의 옛 명칭인 송광(松廣)을 조계(曹溪)로 바꾸고 절의 옛 이름인 길상(吉祥)을 수선(修禪)으로 고쳤다. 뒤에 송광사(松廣寺)로 개칭한 것은 이 산의 옛 호칭이며 혹 정혜사(定慧社)라고 칭하는 것은 보조가 발원한 첫 이름이었기 때문이다. 이후 16대 국사가 법을 계승하고 사원이 끊기지 않은 것은 총림에서 드문 성대한 자취이다. 풍악(楓岳)과 묘향(妙香)이 기이한 경승으로 천하에 이름이 있지만 선법(禪法) 계승의 중요함에 있어서는 감히 이 절에 맞설 수 없으니 보조가 기반을 열었기에 그런 것이다. 목우자(牧牛子)는 공문(空門) 중의 산성(散聖)으로 전하며 이 절의 동쪽에는 16조사의 영당(影堂)이 있다. 근래 부휴(浮休)가 이어서 이 절에 거처하였고 벽암(碧巖), 취미(翠微)에게 법을 전하여 이들 모두 도법을 드날리니 국사 때에 비해 더욱 성대하였다. 취미의 적전 백암 성총(栢庵性聰)이 사원의 일을 도맡았는데 가까이는 조사(祖師)에게 훈습을 받고 멀리는 보조의 기풍을 접하였다.

168) 趙宗著, 1678 「松廣寺嗣院事績碑」(『조계산송광사사고』, 27~42쪽).

이 글에는 송광사 전통과 보조 지눌에 대한 선양 및 계승의식이 표명되어 있고 선수에서 성총으로 이어지는 부휴계의 적전을 보조유풍의 계승 주체로 내세우고 있다. 또한 당시 청허계의 주요 근거지였던 금강산과 묘향산을 적시하면서 그에 비해 지눌의 송광사 전통이 더 권위가 있음을 강조하였다. 이는 그것을 계승하는 부휴계의 위상을 높이고 정체성을 부각시키려는 의도가 개재된 것으로 이해된다. 성총은 「보조국사비」를 재건할 때 "보조의 덕을 비에 기재하니 그 유풍이 남아있는 것 같다. 목우자를 외며 조계산에 주석한 지 오래되었다"고 자신의 심회를 표출하였고,[169] 지눌의 사리를 봉환하면서 "국사는 일국의 사빈(師賓)으로 숭앙되었고 사산(四山)의 학자가 귀의할 바"라고 평가하였다.[170] 이처럼 성총 단계에서 송광사=보조유풍=부휴계의 등식이 확립되었고 이를 매개로 부휴계의 계파적 정체성은 더욱 강화되었다. 묵암 최눌이 송광사 부도전에 성총 비를 건립한 일에 대해 후대에 "보(普: 지눌)와 백(栢: 성총) 두 선사와 아름다움이 필적한다"고 평가한 것은[171] 최눌의 성총 추숭을, 지눌을 선양한 성총의 업적에 견준 것으로 부휴계의 보조유풍 선양 의식이 후대까지 지속되었음을 볼 수 있다.

그러니 조선후기 불교의 정체성과 직결되는 법통 인식에서는 부휴계도 청허계와 마찬가지로 임제태고법통(臨濟太古法統)을 내세웠다.[172] 임제태고법통설은 17세기 전반에 제기되었는데 부휴계는 중국 임제종의 석옥 청공(石屋淸珙)으로부터 태고 보우(太古普愚)를 통해 전해진 법이 부용 영관을 거쳐 청허 휴정과 부휴 선수로 이어졌다는 법통 인식을 그대로 수용하였다. 백곡 처능이 지은 부휴 선수의 비문에도 선수가 '임제

169) 『栢庵集』 권하, 「曹溪山松廣寺重竪普照國師碑慶懺疏」(『한국불교전서』 8, 467쪽).

170) 『백암집』 권하, 「奉安普照國師舍利疏」(『한국불교전서』 8, 470쪽). 四山은 지리산, 금강산, 묘향산, 구월산을 지칭한다.

171) 앞의 「송광사묵암대사비명」(『한국고승비문총집』, 558~562쪽).

172) 앞의 「송광사사원사적비」(『조계산송광사사고』, 27~42쪽).

후 24세 적손' 임을 내세웠고 1664년 「벽암대사비」에도 "고려 말 태고 보우가 중국에서 불지(佛旨)를 얻어 돌아온 이래 선풍이 크게 일어났는데 그 본원은 임제의 정종(正宗)이었다" 고 하여,[173] 임제태고법통을 공식화하였다. 부휴계의 계파적 정체성을 부각시킨 백암 성총 또한 부휴 선수가 송광사 보조유풍을 멀리 접하였다고 강조하면서도 "하지만 종파는 달라 임제 18대 석옥 청공의 법을 고려의 태고 보우가 전해 받았고 6대를 거쳐 부휴가 그것을 이었다. 이것이 여래의 정안(正眼)이며 목우(牧牛)의 법을 전해 얻은 것은 아니다"[174]라고 하여 보조유풍 계승인식과 법맥상의 정통성을 구분하였다.

부휴계는 이처럼 계파의 정체성과 관련해서는 조계산의 보조유풍을 중시하면서도 법통은 중국 임제종 법맥을 계승한다는 이중적 인식을 가졌다. 일례로 성총의 제자 무용 수연은 앞의 「송광사사원사적비」와 마찬가지로 지눌을 '산성(散聖)' 으로 기록하였고 그 자신도 조계(보조)종풍이 아닌 임제종풍을 크게 선양하였다.[175] 18세기 후반 묵암 최눌도 「불조종파도(佛祖宗派圖)」에서 부휴 선수가 임제 태고법통을 이었음을 인정하였고,[176] "태고(太古)는 마땅히 조녜(祖禰)에 두어야 하며 양계(兩桂: 청허와 부휴)를 기른 부용(芙蓉)은 중엽(中葉)의 중조(中祖)" 라고 하였다.[177] 또 19세기 초에 송광사의 영당(影堂) 자음당(慈蔭堂)에는 수선사 16국사가 봉안되어 있었지만 19세기 중반 용운 처익에 의해 새 영당이 건립된

173) 白谷處能, 「松廣寺浮休堂碑銘」(『한국고승비문총집』, 78~83쪽); 鄭斗卿, 1664 「法住寺碧巖大師碑銘」(앞의 책, 174~177쪽).

174) 앞의 「송광사사원사적비」.

175) 『無用堂遺稿』 「重刊禪門拈頌說話序」; 「無用堂大禪師行狀」(『한국불교전서』 9, 355~356쪽; 365~366쪽).

176) 『諸經會要』 「佛祖宗派圖」(『한국불교전서』 10, 56~57쪽). 중국 선종은 臨濟宗, 雲門宗, 法眼宗, 潙仰宗, 曹洞宗의 禪門 5宗 위주로 기재하였고 牛頭宗, 北宗, 荷澤宗은 宗密의 『都序』에 의거하여 각각 空宗, 相宗, 性宗에 배대시켰다.

177) 『默庵集』 권후, 「松廣寺影子殿上樑文」(『한국불교전서』 10, 19쪽).

후에는 태고 보우와 후세의 열조(列祖)가 모셔지는 등[178] 부휴계 전통과 법통에 대한 인식이 현창사업에 반영되었다.

부휴계의 계파적 자의식과 정체성 모색은 20세기 초까지도 지속된다. 송광사 주지를 역임한 금명 보정(錦溟寶鼎, 1861~1930)은 자파를 '부휴종(浮休宗)'으로 칭하고[179] 나아가 지눌과 선수를 종조로 내세운 '조계종(曹溪宗)' 중심의 전통인식을 피력하였다.[180] 보정은 "송광사는 보조의 도량으로 16국사를 거쳐 부휴, 벽암에 이르니 33대의 종맥을 잇고 불조(佛祖)의 종유(宗猷)를 천양한 것이다. 이는 불일로(佛日老: 지눌)의 원력이 멸하지 않았기 때문이다"[181]라고 하여 송광사를 매개로 재차 지눌과 부휴계를 연결시켰다. 하지만 그 또한 임제태고법통의 전통적 권위는 부정하지 않았는데, 그가 송광사에서 영향력을 행사하였던 1910년대 초에 나온 「본말사법(本末寺法)」의 사규(寺規)에는 보조유풍과 임제법통 양자를 결합하는 방식으로 서술되어 있다. 즉 〈종지(宗旨)〉와 〈등규(燈規)〉 항목을 보면, "보조 지눌이 선가(禪家) 5종의 장벽을 제거하고 조계(曹溪) 1가의 종의를 천양하였는데 다만 그 법통이 모두 실전되었기 때문에 태고 보우의 전법 후예인 부휴 선수의 법계를 계승한 이를 송광사의 주지로 삼는다"고 규정하였다.[182] 이는 보조유풍의 선양과 임제태고법통의 계승을 함께 표명하면서 양자의 결합을 추구한 역사 인식이었다.

178) 『茶松文稿』 권2, 「曹溪山眞影堂移建及新造影緣起論」(『한국불교전서』 12, 732~733쪽). 이후 1876년에 楓巖 아래 4문파의 影堂이 만들어지면서 太古 이하 祖師 영정은 大藏殿 벽으로 옮겨졌다.

179) 『다송문고』 권1, 「浩鵬堂學契序」(『한국불교전서』 12, 690쪽). 『다송문고』 부록1, 「行錄草」(『한국불교전서』 12, 771~773쪽)에도 '浮休宗' 14세 문파로 기재하였다.

180) 金龍泰, 2006 「錦溟 寶鼎의 浮休系 정통론과 曹溪宗 제창」 『韓國文化』 37 참조.

181) 『다송문고』 권2, 「曹溪山普照庵講堂選佛場緣化結社文」(『한국불교전서』 12, 721~722쪽).

182) 李能和, 1918 『朝鮮佛教通史』 상편, 654~656쪽의 「松廣寺本末寺法」.

3장

불교 법통의 성립과 역사적 의미

1. 17세기 전반의 법통 논의와 임제태고법통설
2. 임제태고법통의 불교사적 의미

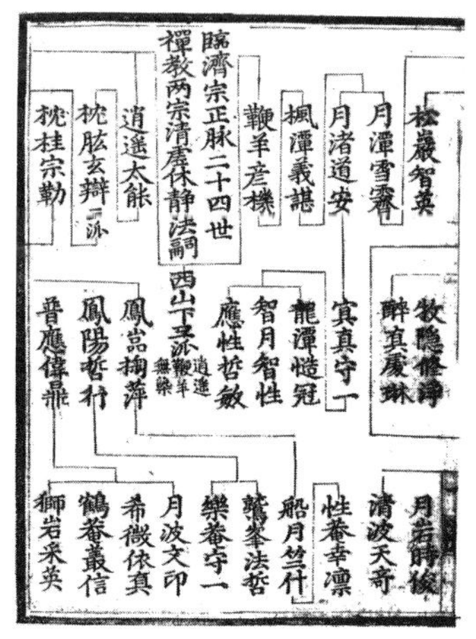

〈『해동불조원류』 '임제종정맥 24세 청허휴정' 부분〉

1. 17세기 전반의 법통 논의와 임제태고법통설

현재 한국불교 최대 종단인 조계종(曹溪宗)의 종규(宗規)에는 한국불교의 중흥조를 고려 말의 선승 태고 보우(太古普愚, 1301~1382)로 명시하고 있다. 태고 보우는 17세기 전반에 법통(法統)상의 조사로 처음 부상하였는데,[183] 그가 중국 임제종(臨濟宗)의 법맥을 계승하였다는 임제태고법통설(臨濟太古法統說)이 공인되면서 조선후기 불교의 법통이 확립되었다. 임제태고법통설은 '사실'이 아닌 '인식'의 문제였지만 그것이 법통이라는 역사성을 획득함에 따라 전통으로서 부동의 권위를 확보하게 된 것이다. 이 점에서 임제법통의 계승자로 인지된 태고 보우를 다시 조계종의 중흥조로 내세운 현대의 인식은 전통을 종합적으로 재구성한 또 하나의 '역사상(歷史像)의 정립'이고 새로운 전통 창출의 결과물이라 할 수 있

183) 기존 연구는 太古法統說에 대해 조선후기에 만들어진 불교사 인식이라는 시각, 그리고 여말선초의 실제 전법사실을 반영한 것이라는 상반된 입장으로 대별된다. 許興植, 1991「14, 5세기 曹溪宗의 繼承과 法統」『東方學志』73 참조.

다. 그럼 17세기 전반으로 돌아가 법통설이 제기되는 과정과 불교사 인식의 구체적 내용, 그에 영향을 미친 시대적 배경을 검토해 본다.[184)]

연산군과 중종대를 거치면서 승려와 사찰의 존립 자체가 큰 위기를 맞았고 선종의 전법 계승 또한 거의 단절되다시피 했다. 당시 법맥의 전승을 입증할만한 사례가 거의 확인되지 않으며 또 후대의 법통설에 나타난 계보의 사실 여부도 분명하지 않은 실정이다. 조선시대 불교의 중흥자인 청허 휴정조차 자신의 법맥 연원에 대해 조사(祖師)인 벽송 지엄이 정심선사(正心禪師)로부터 선을 전수받았으며 지엄이 실제 선풍에서는 중국 임제종 대혜 종고(大慧宗杲)와 고봉 원묘(高峰原妙)의 간화선풍(看話禪風)을 '멀리 이었다[遠嗣]'고 하였을 뿐 조선 초부터의 구체적 계보를 밝히지는 않았다.[185)] 즉 조사 지엄과 그의 선풍에 대한 추숭과 계승 인식만을 표명한 것이다.[186)] 그러나 임진왜란 이후 계파 의식이 강조되고 문파가 성립되는 과정에서 사명 유정의 입적을 계기로 하여 이전의 법맥 계승을 체계적으로 재구성한 법통설이 처음 제기되었다.

---

184) 법통에 관한 기존 연구 성과를 소개하면 다음과 같다. 李英茂, 1977 「韓國佛敎史에 있어서의 太古普愚國師의 地位-韓國佛敎의 宗祖論을 中心으로」『韓國佛敎學』 3; 高翊晋, 1985 「碧松智嚴의 新資料와 法統問題」『佛敎學報』 22; 金煐泰, 1985 「朝鮮 禪家의 法統考-西山家統의 究明」『佛敎學報』 22; 1988 「태고법통 확정의 사적 고찰」『太古普愚國師』, 대륜불교문화연구원; 김상현, 1998 「서산문도의 태고법통설」『태고보우국사』, 대륜불교문화연구원; 崔柄憲, 1988 「朝鮮時代 佛敎法統說의 問題」『韓國史論』 19, 서울대 국사학과; 1995 「조선후기 浮休善修系와 松廣寺-普照法統說과 太古法統說 葛藤의 한 사례」『同大史學』 1, 동덕여대 국사학과; 金龍泰, 2000 「朝鮮中期 佛敎界의 변화와 '西山系'의 대두」『韓國史論』 44, 서울대 국사학과; 박해당, 2000 「조계종의 법통설에 대한 비판적 검토」『철학사상』 11, 서울대 철학사상연구소.

185) 『三老行蹟』「碧松堂大師行蹟」(『한국불교전서』 7, 752~754쪽). 중국 臨濟宗 大慧 宗杲를 六祖 慧能의 17대 嫡孫, 高峰 圓妙를 臨濟 義玄의 18대 적손이라고 하여 선종의 정통으로 인식하였다.

186) 『中觀大師遺稿』「智異山三神洞內院庵三老影堂上梁文」(『한국불교전서』 8, 215~216쪽). 지엄과 영관의 행적은 휴정이 직접 썼고 影堂이 만들어지는 등 이들에 대한 계승인식은 분명히 나타났다.

1612년(광해군 4)에 유정의 유훈에 의해 휴정의 문집을 간행하면서 서문인 「청허당집서(淸虛堂集序)」와 비명인 「서산비명(西山碑銘)」, 또 유정의 「송운대사석장비명병서(松雲大師石藏碑銘幷序)」가 허균(許筠, 1569~1618)에 의해 작성되었다. 이들 글에서는 〈도 8〉처럼 고려 말의 선승 나옹 혜근(懶翁惠勤)을 법맥상의 조사로 비정하였고 이후 휴정까지의 적전 법맥을 소개하였는데 이는 조선후기에 제기된 최초의 법통설로서 큰 의미를 지닌다. 당시 유정의 뜻을 계승한 제자 혜구(惠球)가 스승과 친분이 깊었던 허균에게 글을 부탁하여 이 법통설이 제기된 것인데 여기에는 휴정에서 유정으로 이어지는 주류 계통의 불교사 인식이 반영되었을 것으로 추정된다. 「청허당집서」에서는 "도봉 영소(道峯靈炤)가 법안(法眼) 영명(永明)의 법을 전수받았고 임제(臨濟)와 조동(曹洞)의 가풍을 얻어 전수하였으며 그 법이 6대를 지나 보제 나옹(普濟懶翁)으로 이어져 남봉 수능(南峰修能), 등계 정심(登階正心), 벽송 지엄(碧松智嚴), 부용 영관(芙蓉靈觀)을 거쳐 청허 휴정에게 전해졌으며 휴정은 도봉 영소와 나옹 혜근의 가르침을 크게 선양하였다"고 밝히고 있다.[187] 또 「석장비명」에서는 "오직 목우(牧牛: 보조 지눌)와 강월(江月: 나옹 혜근)이 황매(黃梅: 선종 5조 弘忍)의 종지를 얻어 선문의 으뜸이 되었고 보제(普濟: 혜근)의 도맥(道脈)을 이은 휴정은 실로 근대의 임제 · 조동이다"라고 평가하였다.[188]

허균이 제기한 이 법통설의 특징은 첫째, 고려 선종의 역사성에 무게를 두면서 그 안에 법안종, 임제종, 조동종의 여러 전통을 포괄하고 있다

187) 許端甫, 1612「淸虛堂集序」『淸虛堂集』(『한국불교전서』 7, 659~660쪽). '唯道峰靈炤國師入中原得法眼永明之傳… 乃獲襲臨濟曹洞之風 其有功於禪宗也…師之正法眼藏 傳于…凡六世而得普濟懶翁… 傳其法者南峰修能爲嫡嗣 而正心登階寔繼之 卽碧松智嚴之師也 碧松傳于芙蓉靈觀 得其道者唯稱淸虛老師爲最杰… 道峰普濟之敎至此而益弘明矣'

188) 『四溟堂大師集』 권7, 「有明朝鮮國慈通弘濟尊者四溟松雲大師石藏碑銘幷序」(『한국불교전서』 8, 75~77쪽).

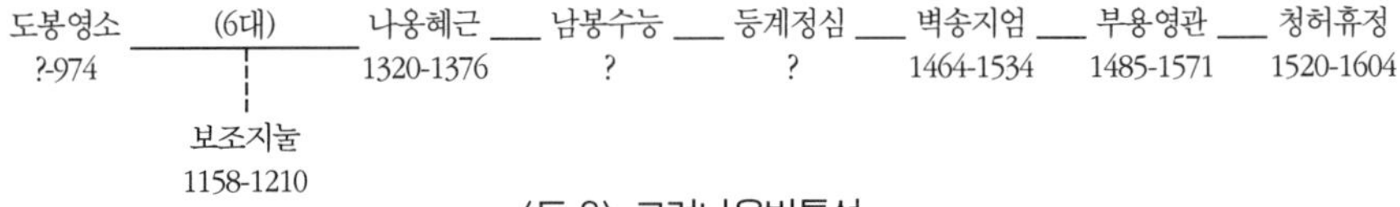

도봉영소 ─── (6대) ─── 나옹혜근 ─── 남봉수능 ─── 등계정심 ─── 벽송지엄 ─── 부용영관 ─── 청허휴정
?-974 | 1320-1376 ? ? 1464-1534 1485-1571 1520-1604

보조지눌
1158-1210

〈도 8〉 고려나옹법통설

는 점, 그리고 나옹 혜근을 대표자로 하여 도봉 영소,[189] 보조 지눌과 같은 고려의 선종 조사들을 법맥 계승에서 언급하였다는 점이다. 먼저 중국 선종의 5가 중 하나인 법안종은 법안 문익(法眼文益)이 개창한 종파로서 허균이 거명한 법안종의 영명 연수(永明延壽)는 '선교겸수(禪敎兼修)' 및 '선정일치(禪淨一致)'를 주창한 학승이다. 고려 광종은 선종과 교종이 대립하였던 교단 현실에서 영명 연수의 선교겸수론에 주목하여 유학승을 송에 파견하기도 하였다. 고려의 법안종은 의천(義天)의 천태종(天台宗) 개창 이후 종파로서의 존재가 확인되지 않지만 광종대의 혜거(惠居) 이후 법맥과 선풍이 전수되었을 가능성은 배제할 수 없다.[190]

고려시대에는 구산선문(九山禪門)의 전통에 더하여 법안종, 조동종, 임제종 등 다양한 선의 법맥과 기풍이 중국에서 들어왔고, 고려 후기에는 지눌의 조계종이 선종을 대표하는 한편 원에서 직수입된 임제종 간화선풍이 대세를 이루었다. 그런데 17세기 초의 법통인식에서 고려 선종의 다양한 역사적 흐름을 고려하면서도 그 중 법안종 계통의 법맥을 특별히 주목한 것은 의외의 일이었다. 다만 「석장비명」에서 보조 지눌을 함께 내세운 것을 보면 법안종의 연수와 지눌이 주창한 선교겸수의 방향에 초점

189) 道峯 靈炤는 고려 光宗대에 國師를 지낸 惠居(?~974)를 지칭하는 것으로 추정된다. 그는 광종대의 法眼宗 도입과 관련된 인물로 望月寺에 부도만 남아 있고 자세한 행적은 전하지 않는다.

190) 法眼宗 계통은 후대에 義天의 天台宗에 편입되었지만 고려 후기 九山禪門 안에는 臨濟宗, 曹洞宗, 潙仰宗 등의 다양한 기풍이 전해지고 있었다(국사편찬위원회 편, 2007 『신앙과 사상으로 본 불교전통의 흐름』, 두산동아, 3장 「불교사상과 신앙의 사회적 확대」).

을 맞춘 불교사 인식으로 평가할 수 있다. 휴정과 유정 당시에는 선과 교, 두 갈래의 전통을 포괄하고 양자를 모두 계승해야 할 현실적 필요성이 있었고 그러한 시대적 요청이 법통인식에 반영된 것으로 보인다.

또한 허균의 법통설에서 무엇보다도 주목할 점은 고려 선종의 전통을 계승한 나옹 혜근의 높은 위상이었다. 지눌과 같은 사굴산문(闍崛山門) 출신인 혜근은 공민왕대에 왕사(王師)를 지냈고 이후 그 문도들이 조선 초까지 불교계를 주도하였으며 또한 원의 임제종 평산 처림(平山處林)의 법을 전수받은 한편 지공(指空)-나옹(懶翁)-무학(無學)으로 이어지는 삼화상(三和尙)의 전법 계보로도 유명한 인물이다. 허균의 법통설은 고려 선종의 다양한 전통을 계승하고 중국 임제종의 정맥을 잇는 상징적 인물로서 혜근의 위상을 설정하여 대표성을 부여한 것이었다. 또 그로부터 휴정에게 전해진 법맥과 선풍의 요체로 임제종과 함께 법안종, 조동종을 언급한 점은 고려의 선종 전통 전체를 아우르는 종합적 역사 인식이라고 할 수 있다. 이 점에서 허균의 법통설을 「고려나옹법통설(高麗懶翁法統說)」이라고 명명한다.

둘째, 허균 법통설의 특징은 혜근 이후 청허 휴정까지 연결되는 사승 계보를 처음으로 제시한 점이다. 앞에서 언급한 것처럼 휴정 당대에는 정심에게 선법을 전수한 벽송 지엄의 법맥이 부용 영관을 거쳐 휴정으로 이어졌다는 단대적 계보인식만 나타났는데, 여기서는 등계 정심(登階正心) 앞에 남봉 수능(南峰修能)이라는 인물을 혜근의 전법 제자로 넣어 법맥 계승의 연속성을 강조한 것이다. 남봉 수능의 존재는 다른 사료에서는 확인되지 않는데 14세기에 활동한 혜근(1320~1376)과 연산군대(1495~1506)에 선을 지엄에게 전수해 준 정심[191] 사이의 100년 이상의 간극을 잇는

191) 智嚴은 1491년(성종 22) 軍務에 종사하다가 출가한 후 衍熙에게 教를 正心에게 禪을 배웠고 1508년(중종 3)에 『大慧語錄』과 『高峰禪要』를 보고 깨달았다고 한다(「碧松堂大師行蹟」 『한국불교전서』 7, 752~754쪽).

가교 역할을 맡게 된 것이다. 이를 실제 전법 사실로 볼 만한 근거는 없지만 단절된 법맥을 연결시켰다는 점에서 그 상징적 의미는 크다. 그런데 종래 혜근의 전법 제자로서 그 위상을 인정받은 태조대의 왕사 무학 자초(無學自初)나 『현정론(顯正論)』의 저자인 함허 기화(涵虛己和) 등 조선 초 나옹계의 주류 계보가 배제되고 남봉 수능과 같은 미상의 인물이 새롭게 내세워진 사실에 주목할 필요가 있다.[192)]

연산군, 중종대의 폐불 상황에서 나옹계를 비롯한 다양한 선종 법맥들이 사실상 단절되었을 가능성은 크다. 그렇지만 사료나 전승을 통해 전법관계가 분명히 확인되는 조선 초의 주요 계보를 법통에서 전혀 언급하지 않은 점은 다른 각도의 해석을 필요로 한다. 먼저 조선 초에 국왕이나 왕실, 종실과 훈척의 후원 하에 불교계를 주도한 자초나 기화, 세조대의 신미(信眉)와 수미(守眉) 등 주류 승려들은 유학자의 주된 비판의 대상이었고 성종대 이후 사림이 중앙정계에 진출하면서 불교에 대한 배척과 척결의 분위기는 더욱 강화되었다. 법통설이 제기되었던 17세기 초는 사림이 정국과 지방사회를 완전히 장악한 시기였고 명종대 양종복립 및 혁파 과정에서 일어난 유생들의 반발과 유불 갈등을 경험한 후였다. 이러한 정치현실과 시대상황은 조선전기 불교 주도세력이나 주류 계보를 법통에서 배제하게 된 중요한 요인이었을 것으로 보인다.

또 한 가지는 당대의 역사 인식에서 영향을 받았을 가능성이 있다. 당시 사림이 내세운 도통론(道統論)에서 조선 개창의 주도 세력보다 역성(易姓) 혁명을 반대한 재야의 학통이 중시되었는데,[193)] 조선 초 불교의 주류 세력을 배제한 법통 인식은 그와 유사한 성격을 지닌다. 다만 사림

192) 修能과 混修가 동일인인지 여부와 혼수의 계통 문제가 아직 논란이 있지만, 수능이 혼수이고 또 혼수를 태고 보우가 아닌 나옹 혜근의 제자로 본다고 해도 무학 자초와 같은 나옹계 주류와는 차별적 성격을 지닌다.

193) 李泰鎭, 1979 「16세기 士林의 歷史的 性格」 『大東文化研究』 13, 成均館大 大東文化研究院, 108쪽.

의 도통론은 고려 이전의 유학 전통이 아닌 원대 성리학의 전래를 기점으로 도통을 재구성한 것이지만 허균의 법통설은 그것과는 성격을 달리한다. 허균은 중국의 도통을 중시하는 도학(道學)적 인식에는 비판적이었는데,[194] 법통설에서 법안종과 조동종, 지눌과 임제종 등 고려의 다양한 선종 전통을 강조하고 혜근을 통해 고려에서 조선으로 법맥이 전수되었다고 한 것은 자국의 전통을 중시한 그의 성향이나 역사 인식과 무관하지 않은 것이다.[195]

사명파의 주도에 의해 성립된 허균의 고려나옹법통설은 불교 교단이 선종으로서의 정체성을 찾고 조선 불교의 정통성을 확보하려는 노력의 결과물이었고 나옹 혜근의 역사적 권위에 기댄 전통 인식이었다. 그런데 1618년(광해군 10) 허균이 반역죄로 참형을 당하고 1623년 광해군의 윤리적 흠결과 대명의리(對明義理)를 명분으로 일어난 인조반정(仁祖反正)이 성공한 직후 세태의 변화를 반영한 새로운 법통설이 제기되었다. 허균의 법통설을 부정하고 새 법통설을 제기한 이는 휴정의 말년 제자인 편양 언기였는데 그는 묘향산에 휴정의 비를 건립하고 1630년 삭녕 용복사(龍腹寺)에서 『청허당집』을 재간하는 등[196] 스승의 현창사업을 주도하였고 그 과정에서 새 법통설을 적극적으로 주창한 것이다. 먼지 1625년(인조 3) 언기가 쓴 유정의 영당 기문 「종봉영당기(鍾峰影堂記)」에서 처음으

194) 韓永愚, 1980 「16세기 士林의 歷史敍述과 歷史認識」 『東洋學』 10에 의하면 曺植과 徐敬德의 學風 계승자 중 中國의 道統을 계승하는 道學的 역사인식과 다른 입장에 섰던 이들이 있었는데 허균도 그 중 하나였다.

195) 法眼宗 및 知訥과 같은 高麗 전통을 강조하는 입장은, 元에서 전래된 性理學의 正統道脈을 강조하는 道學的 인식에 비판적이었던 허균의 성향과 일맥상통한다.

196) 『淸虛堂集』은 현재 2권본, 4권본, 7권본이 확인되는데 허균의 「淸虛堂集序」가 실린 泰安寺 2권본이 유정 사후 처음 간행된 것으로 보이며 언기가 새로 간행한 龍腹寺本은 7권본으로 李植의 서문이 들어 있다. 妙香藏板本인 4권본은 1794년 正祖 御製書와 祭文이 수록된 후대의 간본으로 유정이 부각된 「釋迦世尊舍利浮屠碑」와 언기가 쓴 「淸虛堂行狀」이 함께 실려 있어 2권본과 7권본을 절충한 것으로 보인다. 이 밖에 李廷龜, 張維의 碑銘이 수록된 8권본도 있었다.

로 나옹 혜근 대신 동시대의 태고 보우(太古普愚)를 법맥상의 조사로 내세운 법통인식이 등장했다. 이후 언기는 당대의 문장가들에게 자신이 작성한 「청허당행장(淸虛堂行狀)」을 토대로 하여 휴정 관련 글을 써줄 것을 청하였고 이에 1630년 용복사에서 간행된 『청허당집』 7권본에는 이식(李植)의 「청허당집서(淸虛堂集序)」가 수록되었다. 또한 이정구(李廷龜)가 「서산비문(西山碑文)」을 찬하였고 다음 해에는 장유(張維)가 「청허비문(淸虛碑文)」을 썼다.

청허계 내에서 영향력이 컸던 편양 언기의 새 법통설 주장에 대해 동문 사형인 기암 법견은 "언기 등은 서산 문하의 만년 고제(高弟)이며 골수를 얻은 자로 법맥과 연원을 궁구하고 세계(世系)의 본말을 탐구하였다. 스승 입적 후 30년 만에 이 일이 성사된 것은 동문 형제와 각지 승려들의 도움이 있어서 가능했다"고 높이 평가하였다.[197] 이는 언기가 제기한 법통설이 청허계를 비롯한 불교계의 공조 하에 큰 호응을 얻었음을 보여준다. 앞서 허균에게 휴정과 유정 관련 글을 의뢰한 사명파 문도들 또한 기존의 법통설을 폐기하고 언기의 주장에 적극 동조하였다. 새 법통설이 처음 제기된 1625년의 「종봉영당기」는 유정의 전법 제자 송월 응상이 스승의 영당을 건립하면서 종문의 일을 가장 잘 안다는 이유로 언기에게 부탁한 글이었다. 여기서는 "문호를 다투어 자파만을 알고 근원을 모르는" 당시의 풍조가 비판되었고 태고 보우의 정맥을 청허계의 휴정과 유정, 부휴계의 선수 등이 이었음을 강조하였다.[198]

사명문파는 앞서 잘못 이해된 '종원유파(宗源流派)'를 바로잡기 위해 유정 문집의 재간행을 추진하였는데, 그 이유로 "해인사에서 간행한 종

197) 『奇巖集』 권3, 「金剛山白華寺立碑跋記」(『한국불교전서』 8, 178쪽). 법견은 언기 등이 휴정의 법맥을 밝히고 名儒에게 비문과 글을 청해 얻은 사실을 높이 평가하였다. 법견의 『기암집』이 龍腹寺에서 간행된 것도 이들의 친밀한 관계를 잘 보여준다.

198) 『鞭羊堂集』 권2, 「蓬萊山雲水庵鍾峰影堂記」(『한국불교전서』 8, 253~254쪽).

봉(鍾峰: 유정) 수고(手稿)에 빠진 것이 많고 허균이 찬한 글이 종파를 잘못 이었으므로 후세에 전할 수 없다. 참석한 이들이 이를 탄식하여 각종 기문을 채집하고 종원유파를 밝혀 순서를 바로잡았다"[199]고 설명하였다. 허균에게 『사명당집』 서문을 부탁하였던 혜구도 법통 개정에 동참하였는데 사명파 문도들은 허균의 법통설에 대해 "영명 연수는 법안종이고 보조 지눌은 별종(別宗)이며 나옹 혜근은 평산 처림에서 분파되었다"고 하여 임제종 25세 적전인 휴정의 사법전승을 제대로 밝히지 못한 것이라고 비판, 부정하였다.[200] 유정의 행적을 새로 쓴 중관 해안(中觀海眼)도 허균의 법통설에 대해 반박하고 새 법통설을 지지하는 등 편양파, 사명파를 비롯한 청허계 주류의 공론이 태고법통으로 일거에 모아졌다.[201]

새로 등장한 언기의 법통설과 허균의 고려나옹법통설은 어떤 차이가 있으며 무슨 이유로 기존의 법통설이 폐기되고 새 법통설로 갑자기 대체된 것이었을까? 언기가 주창한 법통설은 내용상 「임제태고법통설(臨濟太古法統說)」이라 할 수 있는데 그 요체는 고려말 태고 보우가 원의 석옥 청공(石屋淸珙)에게 중국 임제종의 정법을 받아와 그 법맥이 청허 휴정에게 전수되었다는 것이다.[202] 앞서 허균의 고려나옹법통설에도 임제종 전법이 표명되어 있지만 그것은 법안종, 조동종, 보조 지눌 등 고려의 선종 전통과 함께 언급된 것이었다. 반면 이 임제태고법통설은 태고 보우를 통해 오로지 중국 임제종의 정통 법맥만 계승하였다고 한 점에서 큰 차이가 있다. 또한 임제태고법통설에서는 〈도 9〉와 같이 보우 이후 환암

199) 서울대 奎章閣本 『心法要抄』 말미에 부기된 글(『한국불교전서』 7, 654쪽). 유정을 휴정의 전법제자로 보고 『四溟堂集』 간행을 언급하였다는 점에서 사명파의 글로 보인다.

200) 사명파의 惠球, 丹獻 등이 八方 승려와 논의하여 公論을 모은 사실은 海眼, 1640 「四溟堂松雲大師行蹟」(『한국불교전서』 8, 73~75쪽) 참조.

201) 앞의 「사명당송운대사행적」; 『說禪儀』(龍腹寺, 1634 開刊本) 「後跋」(『한국불교전서』 7, 743쪽).

202) 李植, 1630 「淸虛堂集序」 『淸虛堂集』(『한국불교전서』 7, 658~659쪽).

혼수(幻庵混修)-귀곡 각운(龜谷覺雲)-벽계 정심(碧溪正心)을 거쳐 벽송 지엄-부용 영관-청허 휴정으로 이어지는 전법계보를 설정하였다. 허균의 법통설에서 나옹 혜근과 등계 정심 사이에 남봉 수능 한 명을 넣은 것과는 달리 여기서는 벽계 정심 앞에 환암 혼수와 귀곡 각운 두 명을 배치하여 시간적 간극을 메운 것이다.

석옥청공	태고보우	환암혼수	귀곡각운	벽계정심	벽송지엄	부용영관	청허휴정
1272-1352	1301-1382	1320-1392	(공민왕대)	?	1464-1534	1485-1571	1520-1604

〈도 9〉 임제태고법통설

먼저 두 법통설에서 전법 계승의 조사로 내세워진 나옹 혜근과 태고 보우의 공통점과 차이점을 살펴보자. 혜근과 보우는 고려 구산선문 출신으로 중국 임제종 승려에게 법을 전수받아 왔고 공민왕대에는 각각 왕사와 국사를 맡았으며 공식적으로는 모두 고려 조계종의 승려였다. 그런데 혜근과 보우는 전법상의 선명함이나 고려 전통과의 유착 정도에서 차이를 보인다. 혜근은 원의 평산 처림 뿐 아니라 인도 출신 승려 지공의 법을 전수하였고 이후 지공-나옹-무학의 삼화상 계보로 널리 알려졌다. 이에 비해 보우는 석옥 청공에게 법을 전수받은 것이 유일한 사승관계였고 이는 임제종 정통의 계승과 담지자라는 측면에서 훨씬 유리한 점이었다. 또 혜근이 지눌과 동일한 사굴산문 출신으로서 송광사에 주석하는 등 고려 조계종 전통과 밀착되었던 반면 가지산문(迦智山門) 출신인 보우는 혜근에 비해 조계종과의 유착 정도가 상대적으로 약했다.[203] 이러한 차이가 고려 선종 전통과 혜근을 연결시킨 고려나옹법통설, 보우의 중국 임제종 정맥 계승을 특화시켜 강조한 임제태고법통설로 나타난 것이다.

203) 최병헌, 1988 앞의 논문, 128~132쪽에서는 惠勤과 제자 混修가 修禪社와 관련이 있지만 普愚는 관계가 없어서 고려불교의 전통 계승에서 문제가 됨을 지적하였다.

태고 보우는 공민왕대에 왕사와 국사를 역임하고 승정(僧政) 기관으로 설립된 원융부(圓融府)를 주관하면서 구산선문의 통합과 교단 통솔을 도모하였다. 이때 그는 선·교 종문 주요 사찰의 주지 임명에 간여하는 특권을 누렸는데 그로 인해 당시 승려들이 다투어 보우의 문도로 이름을 올렸다. 이색(李穡)이 찬한 보우의 「원증국사탑명(圓證國師塔銘)」에는 임제태고법통설에서 적전으로 내세운 환암 혼수를 비롯한 당대의 고승들 이름이 문도명에 기재되어 있다.[204] 하지만 사료에서 보우의 실제 전법 제자임이 분명하게 확인되는 이는 찬영(粲英)과 조굉(祖宏) 정도이고 이후 이들의 사법전승 관계는 알려져 있지 않다. 바로 이 점이 태고 보우를 법통상의 종조로 내세우는데 매우 유리한 조건이 될 수 있었다. 즉 보우의 실제 제자와 그 계통은 조선 초에 큰 활약을 하지 못했지만 그의 비문에 기재된 문도의 수는 많아서 법통을 세울 때 의도에 따른 취사선택이 가능했던 것이다.

임제태고법통에서 보우의 전법 제자로 등재된 환암 혼수(1320~1392)에 대해서는 보우의 비문에 문도로 기재된 사실 이외에는 양자의 사제 관계를 입증할 구체적 근거를 찾기 어렵다. 자료를 보면 혼수는 오히려 혜근에게 수학하여 법을 계승하고 송광사 주지를 역임한 나옹계 승려였다.[205] 그는 혜근이 주관한 승과(僧科)를 거쳐서 국사에까지 오르는데,[206] 당시 문과(文科)의 좌주(座主)와 문생(門生)이 사제 관계를 맺었음을 고려하면 승과에서도 이와 비슷한 관계가 성립되었을 가능성이 있다. 이어 혼수의 계승자로 나오는 귀곡 각운(龜谷覺雲)은 공민왕대에 '대조계종사

204) 「太古寺圓證國師塔碑」(朝鮮總督府, 1919 『朝鮮金石總覽』 上(1976, 亞細亞文化社)).

205) 「神勒寺普濟尊者石鐘碑」; 「檜巖寺址禪覺王師碑」; 「忠州青龍寺普覺國師幻庵定慧圓融塔碑」(앞의 『조선금석총람』 상; 李智冠, 1997 『校勘譯註 歷代高僧碑文-高麗篇 4』, 伽山文庫) 참조.

206) 權相老, 1917 『朝鮮佛教略史』, 172쪽. 혼수는 1370년(고려 공민왕 19) 혜근이 주관한 승과에서 합격하였다.

(大曹溪宗師) 선교도총섭(禪敎都摠攝)' 으로 칭해졌고 숙부인 졸암 연온(拙庵衍昷)의 제자였는데 연온은 수선사(修禪社) 13세 사주인 진각국사(覺眞國師) 복구(復丘)의 문도였다.[207] 이처럼 각운 또한 지눌의 수선사 전통과 밀접한 관련이 있는 인물이었고 보우나 혼수와의 사제 관계를 입증할 만한 자료는 확인되지 않는다. 또 각운의 전법제자로 알려진 천봉 만우(千峰萬雨)가 임제태고법통설에서는 전혀 언급되고 있지 않다. 이러한 문제점들을 고려해 볼 때 임제태고법통의 보우 이후 전법사승 관계를 역사적 사실로 받아들이기는 어렵다. 다만 임제태고법통설에서 조선 초에 불교 교단을 주도했던 무학 자초 등 나옹계 주류를 배제한 점은 허균의 법통설과 크게 다르지 않다.

그런데 허균의 법통설과 마찬가지로 임제태고법통설의 보우 이후 계보 또한 사실 관계의 오류뿐 아니라 앞뒤의 시간적 격차를 해결하지 못한 한계를 가진다. 휴정에 의하면 벽송 지엄(1464~1534)은 28세 때인 1491년(성종 22) 이후에 조계(祖溪 또는 祖澄)에게 출가하였고 연희(衍熙)에게 『능엄경(楞嚴經)』을, 정심(正心)에게 선종의 전법 역사서인 『전등록(傳燈錄)』을 배웠으며 송의 대혜 종고와 원의 고봉 원묘가 선양한 간화선풍을 원사하였다고 한다.[208] 그렇다면 임제태고법통설에 나오는 벽계 정심은 적어도 15세기 말 이후에 지엄에게 선을 가르치고 법맥을 전한 인물이다. 하지만 정심에게 법을 전수한 것으로 되어 있는 귀곡 각운은 14세기 후반인 고려 공민왕대에 활동했던 인물로서 양자 사이에는 100년 가까운 시간차가 존재한다.[209] 이러한 문제점을 해소하려는 시도인지는 모르지만 1764년에 나온 『불조원류』의 벽계 정심 전기에는 그의 생애에 대

207) 忽滑谷快天, 1930 『朝鮮禪敎史』, 295~296쪽.

208) 『三老行蹟』「碧松堂大師行蹟」(『한국불교전서』 7, 752~754쪽).

209) 각운의 제자로 나오는 벽계 정심은 지엄의 스승 정심이 아닌 고려 말의 승려일 가능성도 있다. 金映遂, 1939 『朝鮮佛敎史藁』, 146~148쪽에서도 이에 대한 의문을 제기하고 있다.

해 다음과 같이 서술하고 있다.[210)]

> 벽계 정심(碧溪淨心)은 귀곡 각운(龜谷覺雲)을 원사(遠嗣)하였고 다시 명(明)에 들어가 임제종(臨濟宗) 총통화상(摠統和尙)에게 법을 전수받아 왔다. 공양왕(恭讓王) 이후 승려사태(僧侶沙汰)로 인해 머리를 기르고 처자식을 두었으며 황악산(黃岳山)에 은거하여 자취를 감추었다. 선은 지엄(智嚴)에게, 교는 정련(淨蓮)에게 전수하였다.

여기서 정심(淨心)은 정심(正心)의 오기인데 그가 각운을 '원사(遠嗣)'하였다고 한 것은 양자 사이의 시간 격차를 메울 수 있는 효과적인 방법이었다. 정심이 활동하였을 성종에서 연산군 또는 중종대 전반의 승려 사태 사건을 단지 '(고려) 공양왕 이후'의 일로 표현한 것도 각운과의 시간적 격차를 드러내지 않기 위한 서술 기법으로 볼 수 있다.[211)] 17세기 후반에 백암 성총이 찬한 「묘각화상비문(妙覺和尙碑文)」에는 15세기 중반인 세조대에 묘각 수미(妙覺守眉)가 귀곡 각운에게 참예하고 등계 정심에게 법을 전수받았다는 기록이 있는데[212)] 이 또한 각운, 정심, 수미 사이의 시간대가 혼착되어 있다는 점에서 임제태고법통설에 의거한 후대의 잘못된 이해로 볼 수 있다. 한편 정심이 명에 유학하여 임제종 총통화상의 법을 전수받았다는 내용은 이 기록 외의 자료에서는 거의 보이지 않는데,[213)] 중국 임제종의 정통 법맥과 조선불교의 계보를 연결시키려는 의도는 분명

---

210) 『佛祖源流』 碧溪淨心條(『한국불교전서』 10, 104쪽).

211) 『東師列傳』 권2, 「碧溪大師傳」(『한국불교전서』 10, 1011쪽)에는 恭讓王이 아닌 太宗 때의 沙汰로 기록되어 있는데 이 또한 시간 간극을 메우려는 노력으로 보인다.

212) 栢庵性聰, 1693 「月出山道岬寺王師妙覺和尙碑銘」(『한국고승비문총집』, 124~126쪽).

213) 敬一, 「慶聖堂行錄後跋」(1690, 雲興寺刊本 『二老行蹟』)에서 登階 正心이 각운의 법을 전수하고 臨濟下 雪堂摠統에게 인가를 받아 왔다고 되어 있지만 이 또한 태고법통설 성립 후의 기록이라서 신빙성에 의문이 있다.

히 드러나 있다. 이처럼 임제태고법통의 보우 이후 정심까지의 사승관계는 역사적 사실로 보기 어려운 일종의 조작이라 할 수 있지만 조선후기적 상황에서 요구된 역사인식을 담은 것으로 결국 공식적 권위를 획득하게 된다.

임제태고법통의 요체는 태고 보우를 통해 전해진 중국 임제종의 정통 법맥이 휴정에게 이어졌고 따라서 조선불교는 임제의 법통을 계승한다는 정체성의 표명이었다. 또한 앞에서 살펴본 것처럼 허균의 법통설에 나타난 고려 선종 전통에 대한 계승의식은 전혀 고려되고 있지 않으며 조선 초 불교계를 주도했던 나옹계 주류 세력도 철저히 배제되어 있다. 즉 중국 임제종 전통과의 결연(結緣)을 통해 조선불교의 정통성을 확보하고 고려 말 조선 초의 불교계 주류와는 절연(絶緣)을 선언한 것이다. 이는 인조반정과 정묘·병자호란 등을 겪으면서 명분과 정통성이 더욱 강조된 시대 분위기와 결코 무관하지 않은 역사 인식이었다. 이에 대해서는 뒤에 다시 살펴본다.

그런데 법통설이 집중적으로 논의된 17세기 전반에는 고려나옹법통설, 임제태고법통설과 함께 또 하나의 법통설이 제기되었다. 임제태고법통이 정립되던 시기인 1630년대에 휴정의 문도 제월 경헌(霽月敬軒) 계통에서 나온 「임제나옹법통설(臨濟懶翁法統說)」이 그것이다. 앞서 살펴보았듯이 나옹 혜근 계통은 여말선초 불교계의 주류였고 그러한 위상을 반영하여 조선후기까지도 혜근과 삼화상을 조사로서 존숭한 예가 적지 않게 확인된다.[214] 실제 불교사에 미친 혜근의 영향력은 쉽게 부정할 수 없

---

214) 高翊晋, 1984「祖源通錄撮要의 출현과 그 史料 가치」『佛教學報』21, 東國大 佛教文化研究院에 의하면 碧松 智嚴의「祖源通錄撮要跋文」에서 혜근의 행장이 가장 긴 분량을 차지한다. 혜근과 제자 無學 自超 등 나옹계 주류는『祖師禮懺儀文』「諸山壇」에서도 중시되었다. 18세기의「月渚堂大師集跋」과『佛祖源流』, 19세기의『東國僧尼錄』,『佛家日用集』등에서 祖師로서 혜근의 높은 위상을 확인할 수 있다. 조선후기에 指空-懶翁-無學의 三和尙에 대한 추숭은 지속되었는데 다만 태고법통의 권

는 것이었고, 따라서 허균의 고려나옹법통설이 폐기되고 임제태고법통설이 한창 논의되고 있었음에도 보우 대신 혜근을 내세운 법통설이 재차 제기되었던 것이다. 다만 당시의 분위기를 반영하여 임제태고법통설의 임제종 정통론을 그대로 수용하였다는 점에서 허균의 법통설과는 차이가 있다. 1637년 경헌의 제자 회백(懷白)이 쓴 『제월당집(霽月堂集)』 서문에는 다음과 같은 법통 인식이 표명되어 있다.

> 중국 선종이 자명 초원(慈明楚圓)에서 번성하였고 정통 법계가 10대 후에 설암 조흠(雪岩祖欽)으로 연결되었으며 조흠에서 방출(傍出)한 평산 처림(平山處林)으로부터 나옹 혜근이 종풍을 전수 받았다. 이 법이 7대를 거쳐 휴정에게 이어졌고 그 법을 경헌이 이었다. 이렇게 지파가 나뉘었어도 법인(法印)은 동일하다.[215]

이는 중국 선종의 정통 법맥(임제종)이 설암 조흠으로 이어졌고 그 방계에서 나온 평산 처림에게 나옹 혜근이 종풍을 전수받아 그 법이 다시 휴정으로 계승되었다는 인식, 그리고 지파는 다르지만 법인은 동일하다는 평기로 요약할 수 있다. 여기서 혜근이 전법한 평산 처림을 임제종 적전의 방계로 본 사실에 주목할 필요가 있다. 처림에 앞서 정통 법계를 이었다는 설암 조흠은 대혜 종고(大慧宗杲)의 법형제 호구 소륭(虎丘紹隆)의 법맥에 속한 이로서 이들은 모두 임제종 정통 법계였고 조흠의 문하에서 다시 평산 처림의 스승인 급암 종신(及岩宗信)과 조선불교에 큰 영향을 미친 고봉 원묘(高峰原妙)가 배출되었다. 그런데 혜근이 법을 이은 급암 종신-평산 처림 계통을 설암 조흠의 방계로 본 것은 조흠의 다른 제자인 고봉 원묘를 정통으로 인정한 것이다. 그러면서도 법맥상은 지파

위를 넘지는 못하였다.

215) 懷白, 1637「霽月堂大師集叙」『霽月堂大師集』(『한국불교전서』 8, 113~114쪽).

이지만 전수된 심인(心印) 내용은 같다고 하여 방계의 법을 이은 혜근이 임제종 간화선풍의 정통을 계승하는데 하자가 없다고 본 것이다.

대혜 종고는 임제 의현(臨濟義玄)의 적전인 원오 극근(圓悟克勤)의 제자이며 간화선을 처음 주창한 이였고 고봉 원묘는 그것을 계승, 선양한 원대의 임제종 승려였다. 고려 말 이후 이들의 임제종 간화선풍은 조선 불교에 지대한 영향을 미쳤는데 휴정의 조사인 지엄은 종고와 원묘의 선풍을 원사하였고 휴정 또한 중국 임제종 계보를 기술하면서 임제 의현 이후 11대 적전인 대혜 종고까지를 언급하며 정통 조사로서 인정하였다.[216) 또 종고의 『서장(書狀)』과 원묘의 『선요(禪要)』는 조선후기 승려교육과정에 교재로 들어간 책들이고 제월 경헌 또한 이를 배움의 지침으로 삼았다.[217) 임제태고법통설에서 태고 보우가 호구 소륭 계열의 석옥 청공에게 임제종 정통 법맥을 전수한 사실만을 강조한 반면, 경헌 계통의 이 임제나옹법통설은 대혜 종고와 함께 조선시대 선풍에 큰 영향을 미친 고봉 원묘의 사법상의 정통성을 인정한 것이다. 즉 당시의 선풍과 사상 내용을 의식하는 한편, 임제종 법맥의 계승자로서 나옹 혜근의 역사적 위상을 인정하는 독창적인 전통인식이었다. 하지만 임제법통을 전면에 내세운 공통점에도 불구하고 보우를 사법상의 조사로 하는 태고법통설이 교단의 지지를 받음에 따라 이 임제나옹법통설은 큰 반향을 일으키지 못한 채 사실상 폐기되는 운명에 처하였다.

---

216) 『禪家龜鑑』(『한국불교전서』 7, 644~646쪽)에 선종 五家의 嗣法傳承과 家風이 정리되어 있다.

217) 『霽月堂大師集』 권하, 「霽月堂大師行蹟」(『한국불교전서』 8, 126~127쪽). 경헌은 「淸虛大師行蹟」과 「薦師疏」를 짓는 등 스승 휴정의 전통을 선양하고 계승한다는 자의식을 가졌다.

2. 임제태고법통의 불교사적 의미

고려시대 선·교종의 통칭은 오교구산(五敎九山)에서 오교양종(五敎兩宗)으로 변화되었고,[218] 조선 세종대에는 선종과 교종의 각 종파가 통합되어 선교양종(禪敎兩宗)이 되었다. 또한 고려시대의 선종은 구산선문(九山禪門), 선적종(禪寂宗), 조계종(曹溪宗)으로 대표 명칭이 바뀌었다. 보조 지눌이 조계산에 수선사를 창건하고 조계종의 중흥을 자임하였기에 지눌을 고려 조계종의 종조로 비정하기도 하지만 조계종은 지눌보다 앞선 시기부터 조선 초까지 선종을 통칭하는 종명이었다.[219] 가지산문 출신으로 원의 임제종 승려로부터 인가를 받아 온 태고 보우도 비문에는 '조계사조(曹溪嗣祖)' 로 되어 있고 사굴산문에 속하는 나옹 혜근과 제자 무학 자초도 '조계종사(曹溪宗師)' 였으며,[220] 임제태고법통설에서 보우의 사법제자로 나오는 환암 혼수 또한 '대조계종사(大曹溪宗師) 선교도총섭(禪敎都摠攝) 오불심종(悟佛心宗) 도대선사(都大禪師)' 로 칭해졌다.[221]

조선 개창 후 1406년(태종 6)에 11개의 종단이 공인되었고 다음 해에는 다시 7개로 수가 줄었다. 여말선초의 사료에는 소승종(小乘宗)을 포함하여 12개의 종파명이 확인되는데[222] 태종대에 공인된 11종은 조계종(曹溪

218) 金映遂, 1939 『朝鮮佛敎史藁』, 106~122쪽에서는 고려의 五敎九山은 교종의 5교와 선종 9산을 통칭하는 것으로 義天의 天台宗 창립 후 선종이 曹溪宗과 천태종의 양종으로 나뉘어 五敎兩宗이 되었다고 보았다. 한편 의천의 「墓誌銘」에는 戒律, 法相, 涅槃, 法性, 圓融의 5교와 禪寂宗이 나온다.

219) 1172년(고려 명종 2) 「高麗國曹溪宗堀山下斷俗寺大鑑國師之碑銘」(앞의 『朝鮮金石總覽』 上). 이는 1205년(고려 희종 1) 왕명에 의해 '曹溪山 修禪社' 로 개칭되기 이전의 자료이며, 앞서 1132년의 「僊鳳寺大覺國師碑」에도 '曹溪' 명칭이 나온다.

220) 김영수, 앞의 책, 108~113쪽.

221) 權相老, 1917 『朝鮮佛敎略史』, 172쪽.

222) 김영수, 앞의 책, 115~116쪽에서는 태종대에 12宗을 혁파하여 兩宗을 두었다는 『慵齋叢話』 기록과 『東文選』 권27의 '小乘業 首座 官誥' 를 인용하였는데 이는 小乘宗을 포함한 12개 종파의 존재 가능성을 보여준다.

宗), 천태소자종(天台疏字宗), 천태법사종(天台法事宗), 화엄종(華嚴宗), 자은종(慈恩宗), 중도종(中道宗), 총지종(摠持宗), 시흥종(始興宗), 신인종(神印宗), 남산종(南山宗), 도문종(道門宗)이었다.[223] 이어 축소된 7종은 조계종, 천태종, 화엄종, 자은종, 중신종(中神宗), 총남종(摠南宗), 시흥종으로[224] 이는 고려의 오교양종과 종파의 수는 물론 구성에서도 유사한 모습을 보인다. 1424년(세종 6)에는 다시 7개의 종단 중 조계종, 천태종, 총남종을 선종으로 합치고 화엄종, 자은종, 중신종, 시흥종을 교종으로 통폐합하여 선교양종 체제가 시작되었다.[225] 이후 공식 명칭은 선교양종으로 칭해졌고 조계종이나 화엄종은 선종과 교종을 대표하는 종명으로서 관례적으로 사용되었을 뿐이다.

선종을 대표하는 조계종 명칭은 조선중기의 사료에도 나타난다. 명종대에 양종이 복립되었을 때 선교양종판사(禪教兩宗判事)에 제수된 청허 휴정은 '판대화엄종사(判大華嚴宗事) 판대조계종사(判大曹溪宗事)' 로 칭해졌고,[226] 사명 유정은 스승 휴정에 대해 '조계노화상(曹溪老和尙)' 이라 하였으며 자신도 '조계종유(曹溪宗遺)' 라고 표현하였다.[227] 그러나 17세기 전반 임제태고법통의 정립 후에는 선교양종은 쓰였지만 선종을 대표하는 명칭으로 조계종을 쓴 사례가 거의 확인되지 않는다. 조계산 송광사를 본사로 삼은 부휴계 승려들의 출신이나 계통을 표현할 때 종종 '조계(曹溪)' 를 칭하였지만 이는 조계산(송광사)을 뜻하는 것이지 종명으로

223) 『太宗實錄』 권11, 태종 6년 3월 27일(정사).

224) 『太宗實錄』 권14, 태종 7년 12월 2일(신사).

225) 『世宗實錄』 권24, 세종 6년 4월 5일(경술).

226) 『三老行蹟』 「跋文」(『한국불교전서』 7, 757~758쪽). '此卷 方外友 行判大華嚴宗事 判大曹溪宗事 賜紫都大禪師 靜公所撰也'. 휴정은 圓徹大師에게 '永爲曹溪嫡'이라고 표현하였고 또 1555년(명종 10) 봉은사의 주지 '曹溪 碧松大師 逍遙子' 에 대한 기록을 남겼다(『淸虛堂集』 권2, 「圓徹大師二」; 권5, 「奉恩寺記」(『한국불교전서』 7, 686쪽; 706~707쪽)).

227) 峴山醉隱, 「跋文」 『二老行蹟』(1569, 高麗大 소장본); 『禪家龜鑑』 「跋文」(1579)(『한국불교전서』 7, 646쪽).

쓰인 것은 아니었다. 예를 들어 무용 수연(無用秀演)의 『무용집(無用集)』 서문에는 '조계무용선자(曹溪無用禪子)'로 되어 있고 「보조암중창기(普照庵重創記)」를 쓴 벽오 초형(碧梧初泂)도 자신을 '조계후인(曹溪后人)'이라 칭하였는데 이들 모두 송광사에 연고를 둔 부휴계 승려였다.

앞서 살펴본 것처럼 17세기 전반에 임제태고법통설이 제기되어 공인됨에 따라 조선후기 승려들은 임제종 법맥을 계승하게 되었는데,[228] 임제법통의 성립은 곧 조선불교 선종이 임제종의 정체성을 표명한 것으로서 임제종이 조계종을 대신하여 선종을 대표하는 명칭이 되었다. 16세기 전반의 폐불 상황을 반영하여 선종의 사법계승이 사실상 단절되고 양종의 복립과 혁파 후에도 선·교종이 혼재하고 갈등하면서 일관된 방향을 찾지 못하던 불교계는 법통의 정립을 통해 선종으로서의 확고한 정체성을 다지게 된다.[229] 더욱이 임제법통은 시대적 요구에 부합하는 중화(中華)의 정통성을 담보한 전통 인식으로서 교단 내외의 적극적인 호응을 얻게 되었다. 임제태고법통은 청허계와 부휴계 모두가 수용하였고 이에 조선후기 불교는 법맥과 전통 인식을 공유하는 단일 교단으로 거듭날 수 있었다.

공인된 임제태고법통은 계파를 불문하고 수용, 계승되었는데 먼저 편양 언기의 적전 풍담 의심의 비문에는 '임제정맥(臨濟正脈)'이 강조되었고 그 제자 월저 도안 단계에서는 '임제정종(臨濟正宗)'이라는 표현이 나온다.[230] 또 도안의 동문형제 풍계 명찰(楓溪明察)은 휴정에 대해 '임제

228) 『說禪儀』 附, 「東國諸山禪燈直點壇」(『한국불교전서』 7, 739~741쪽)에서는 臨濟禪의 傳燈者를 高僧位에 기록하였다. 이는 임제태고법통설이 나오기 전의 자료라서 주목된다.

229) 伊吹敦 저·최연식 역, 앞의 책, 149쪽에 의하면 중국 송대인 11세기에 『景德傳燈錄』, 『傳法正宗記』가 황제의 칙명으로 대장경 편입이 허가되었는데 이는 국가를 통해 선종의 권위가 확립한 것이다. 공인된 종단이 존재하지 않았던 조선후기에는 법통의 표방으로 스스로의 정체성을 다지고 정통성을 표명한 것이다.

230) 趙宗著, 1681 「普賢寺楓潭大師碑銘」(『한국고승비문총집』, 218~219쪽). 한편 『月渚堂大師集』 권상, 「却其鉢言志」(『한국불교전서』 9, 93쪽)에도 "臨濟正宗의 전법을

종(臨濟宗) 종파(宗派)'로 규정하였고,[231] 정관파의 무경 자수(無竟子秀)도 스승 추계 유문을 '임제종 29세 적통'으로 보았다.[232] 한편 김석주(金錫胄)가 쓴 부휴계 취미 수초의 비문에는 '서산대승(西山大乘) 임제종'이라는 표현이 나오며,[233] 부휴계의 교학종장 회암 정혜도 '임제종 회당화상(晦堂和尙)'으로 칭해졌다.[234] 부휴 선수도 후대에 "처음에 화엄교학을 배웠고 뒤에 임제종이 되었다"고 평가되었다.[235] 조선후기 승려 문집과 행장, 비문의 전법 기록 대부분은 이처럼 '임제'의 법통과 그 법맥 계승을 강조하였는데 이는 불교사서도 마찬가지였다. 『동사열전(東師列傳)』과 같은 승전(僧傳)이나 전등(傳燈) 계보 등에서 임제태고법통의 계승 인식이 확인된다.

조선후기 불교의 법맥과 계파에 대한 인식을 보여주는 대표적 자료로는 1764년에 나온 사암 채영(獅巖采永)의 『해동불조원류(海東佛祖源流)』를 들 수 있다. 『불조원류』는 임제태고법통에 입각하여 해동정맥(海東正脈) 제1조로 태고 보우를 세우고 그 법맥을 계승한 청허계와 부휴계의 계보를 망라해 놓은 전등 사서이다. 저자인 채영이 지은 「후발(後跋)」에는 "선지(先志)를 계술(繼述)하고자 1762년 봄부터 팔방을 돌면서 여러 문파의 글을 수집하였고 전주 송광사에서 제산(諸山)의 석덕(碩德)이 모여 공의(公議)를 널리 모으고 전등 사실을 고증하여 순차를 정해 책을

다투어 칭하였다"는 기록이 있다.

231) 『楓溪集』 권하, 「幻寂堂大師行狀」(『한국불교전서, 156~158쪽). '西山大師 諱休靜 實臨濟宗之宗派也'.

232) 『無竟室中語錄』 권2, 「結制拈香」(『한국불교전서』 9, 436쪽). '臨濟宗二十九世嫡統秋溪堂大和尙'; 『無竟集』 권2, 「宗家先師祠祭祝」(『한국불교전서』 9, 408~409쪽). '祫祭于臨濟宗正脈二十九世大和尙 秋溪堂覺靈 圓應堂覺靈 任性堂覺靈 靜觀堂覺靈'.

233) 金錫胄, 「釋王寺翠微禪師守初浮屠碑銘」(『한국고승비문총집』, 212쪽).

234) 『好隱集』 권4, 「臨濟宗晦堂和尙行蹟記」(『한국불교전서』 9, 725~726쪽). 晦庵 定慧가 華嚴에 정통하여 화엄의 法乳를 이었다고 평하면서도 법맥은 임제종이라고 하였다.

235) 『茶松文稿』 권2, 「浮休祖師立石祭文」(1920)(『한국불교전서』 12, 746~747쪽).

만들어 간행한다"고 하였고 인쇄된 천여 질의 책을 제종(諸宗)에 보낸다고 기록하고 있다.[236] 그런데 이 책의 내용을 둘러싼 계파 간의 갈등이 불거지고 전통 인식의 미묘한 차이가 드러난 사건이 일어나 주목된다. 『불조원류』가 유통되자 부휴계 벽담 행인(碧潭幸仁)이 자파에 대한 서술 비중이 소략하다는 이유로 불만을 품고 책의 판본을 불태우는 일이 발생한 것이다.[237] 후대에 부휴계 금명 보정(錦溟寶鼎)이 편록한 『백열록(栢悅錄)』에는 「불조원류서(佛祖源流序)」라는 글이 수록되어 있는데, "조선의 전등을 기록한 『불조원류』가 한 곳에서 간행되었지만 자기 문파를 오로지 하여 공정하지 못하고 말류의 개탄함이 심하므로 서주(序註)를 제외하고 원류만을 기록하여 자가(自家)의 계보로 삼는다"고 밝히고 있다.[238] 현재 유통되는 『불조원류』에는 찬자 채영의 발문만 있고 서문이 없는데 조선의 조사(祖師)로 부용 영관 문하의 청허 휴정과 부휴 선수를 내세운 이 「불조원류서」는 『불조원류』의 내용에 문제가 있음을 비판한 후대의 글이다.

한편 현존하는 전주 송광사 판본의 『불조원류』는 1764년에 간행된 것인데, 행인이 『불조원류』 판본을 불태운 시점이 1755년 무렵이라는 기록이 있다.[239] 전주 송광사는 앞서 부휴계 벽암 각성이 중창한 사찰이며 또한 현행 『불조원류』의 「대시주질(大施主秩)」에는 부휴계의 본산격인 송광사와 청허계 세력의 주요 근거지였던 대둔사가 함께 간행을 후원하고

236) 『海東佛祖源流(이하 불조원류)』「佛祖源流後跋」(『한국불교전서』 10, 134쪽).

237) 『曹溪高僧傳』「曹溪宗師碧潭禪師傳」(『한국불교전서』 12, 405쪽)에 의하면 책의 내용에 '偏典之氣'가 있어 달려가 따지고 판본을 불태웠다고 한다. 李能和, 1918 『朝鮮佛教通史』 하편, 870쪽에서도 이 사건을 특기하고 있다.

238) 『栢悅錄』「佛祖源流序」(『한국불교전서』 12, 534쪽). 이 글은 『東師列傳』의 편자인 편양파 梵海 覺岸(1820~1896)이 쓴 것으로 확인되는데(『한국불교전서』 10, 1093쪽), 보정은 淸虛 休靜만 東國祖에 넣은 원문과는 달리 浮休 善修를 함께 기재하는 등 부휴계의 입장에서 일부 내용을 변경하여 수록하였다.

239) 앞의 「조계종사벽담선사전」.

조력한 사실이 나온다.[240] 그리고 현재 『불조원류』에 수록된 부휴계 계보는 1910년대 후반 금명 보정이 자파 계보의 전기를 집성한 『조계고승전(曹溪高僧傳)』에 들어 있는 승려의 면면과 큰 차이가 나지 않는다.[241] 이런 점들을 종합해 볼 때 행인이 원래의 『불조원류』 내용에 불만을 품고 방화 사건을 일으킨 후 부휴계 측의 입장을 반영하여 다시 보완, 편찬된 것이 현재의 『불조원류』일 가능성이 있다. 그럼에도 현행 『불조원류』에는 청허계 편양파의 서술 비중이 가장 크며 그에 비해 청허계의 다른 문파나 부휴계 계보는 소략하게 다루어져 있다. 그러나 이를 찬자인 채영이 편양파 입장에서 자파를 강조하고 사실을 왜곡한 것으로 보기는 어려우며, 원래의 『불조원류』에 비해 그나마 세력의 실상을 온전히 반영한 결과물로 보는 것이 타당하다.

또 원래의 『불조원류』 내용에 부휴계가 불만을 품은 이유에 대해서는 다른 측면에서도 생각해 볼 수 있다. 앞서 허균의 고려나옹법통설에서는 나옹 혜근과 함께 보조 지눌의 위상이 강조되었는데 이후 임제태고법통설에서는 철저하게 태고 보우의 전법 사실만이 중시되었다. 부휴계 또한 임제태고법통설을 전적으로 수용하였지만 17세기 후반 백암 성총 이후에는 자파의 정체성을 송광사 보조유풍(普照遺風)에서 찾고 그에 대한 계승인식을 적극 표명하였다. 이처럼 지눌과 송광사 전통을 선양하고 부각시킨 것은 청허계와 다른 부휴계의 계파적 정체성을 의식한 결과였고 이는 부휴계 전통 인식의 중요한 특징 중 하나였다. 따라서 원래의 『불조원류』에서 임제태고법통만을 내세우고 지눌이나 송광사(수선사) 전통에 대한 고

240) 金龍泰, 2006 「錦溟 寶鼎의 浮休系 정통론과 曹溪宗 제창」 『韓國文化』 37, 337~338쪽. 이 책의 간행을 재정적으로 후원한 이들의 명단인 「大施主秩」에는 부휴계와 관련된 曹溪山 松廣寺, 雙磎寺 등이 청허계의 大芚寺와 나란히 기록되어 있어 책의 내용에 대해 양측의 동의가 있었을 것으로 추정된다.

241) 벽담 행인을 포함하여 『조계고승전』에 수록된 부휴계 승려 대부분이 『불조원류』에 기재되어 있다.

려를 전혀 하지 않았다면 그에 대한 부휴계의 불만이 표출될 소지가 있는 것이다. 이 점에서 현행 『불조원류』의 말미에 장을 바꾸어 삼국시대부터 고려시대까지의 조사들을 '산성(散聖)' 항목에 명기하고 지눌과 '조계산(曹溪山) 16조사(祖師)'를 수록한 사실에 주목할 필요가 있다.[242] 또한 송광사에 주석했던 나옹 혜근과 관련하여 그의 스승인 지공의 행적을 부기하고 혜근의 문도 32명과 적전 무학 자초의 제자 18명의 명단을 본문 앞부분에 기재하였다. 따라서 현존 『불조원류』는 지눌과 송광사 전통의 배제에 대한 부휴계의 항의를 수용하여 이를 추가, 보완한 결과물로 해석할 소지가 충분히 있다.

『불조원류』에 나타난 전통 인식에 관해 또 하나 특기할 점은 무학 자초가 전법 원류를 기록해 놓은 족도(簇圖)에 대해 언급한 「발문」 내용이다. 자초의 족도는 지공-나옹-무학의 나옹계 삼화상을 중심으로 한 조선 초까지의 계보도인데 이를 편양파 월저 도안(1638~1715)이 중간하여 새로 「전등도(傳燈圖)」를 만들었다는 것이다. 도안은 혜근 대신 태고 보우를 조사로 내세웠고 또 휴정의 제자 완허(玩虛: 圓俊)와 송운(松雲: 惟政)에 이르는 후대의 계보까지 기재하였다고 한다.[243] 『불조원류』는 도안의 이 「전등도」를 토대로 18세기 중반까지의 주요 계보를 추가로 수록한 것인데 「전등도」에 나타난 사법 계승의 변화는 조선후기에 나옹법맥에서 임제태고법통으로 전법 인식이 뒤바뀐 사실을 여과 없이 보여주고 있다.

19세기 초에 나온 『대둔사지(大芚寺志)』에는 "태고 보우가 전수해 온 임제의 정맥을 휴정이 이어 받았고 그 의발이 전해진 대둔사는 우리 동

242) 『佛祖源流』(『한국불교전서』 10, 129~134쪽).

243) 獅巖采永, 1764 「佛祖源流後跋」 『佛祖源流』(『한국불교전서』 10, 134쪽). 완허 원준은 휴정의 탑을 세운 주요 제자였고 유정을 비롯한 휴정의 문도들이 그에게 교학을 배우기도 하였다.

방 선교(禪敎)의 종원(宗院)" 이라고 하여,[244] 임제태고법통의 상징적 구심체로서 종원 대둔사의 위상을 강조하였다. 대둔사 「영각(影閣)」에는 1조(祖) 해동불교조사(海東佛敎祖師) 태고 보우와 이후 휴정까지의 6종(宗)이 모셔졌는데,[245] 이는 법통상의 조종(祖宗)을 현창하는 추숭사업이자 전통 인식의 발로였다. 또 "우리 동방 선문(禪門)의 초조(初祖)는 태고이며 이후 청허와 부휴 양 대사가 중조(中祖)이다" 라고 하여 법통을 매개로 한 청허, 부휴 두 계파의 통합적 전통 인식도 나타났다.[246] 이처럼 임제태고법통의 권위는 19세기에도 지속되었고 공통의 준거틀 속에서 각 계파와 문파의 정체성이 유지될 수 있었다.

근대로 접어들어 한국불교를 총칭하는 여러 종명(宗名)이 부침을 거듭하였지만 조선후기에 확립된 임제태고법통의 역사적 위상은 계속 유지되었다. 20세기에 등장한 통합종단의 종명은, 원종(圓宗)을 필두로 하여 임제종(臨濟宗), 선교양종(禪敎兩宗), 조계종(曹溪宗)의 순으로 대두하였다. 먼저 원종은 1908년 원흥사(元興寺)에서 전국 사찰 대표 52인이 모여 종무원(宗務院)을 설립하고 창설하였는데 이를 주도한 사람은 초대 종무원장을 맡은 이회광(李晦光, 1862~1933)이었다. 원종의 창설에는 일본 조동종(曹洞宗) 승려이자 원종의 고문으로 추대된 다케다 한시(武田範之)가 막후에서 개입한 것으로 알려져 있다. 다케다는 일본 조동종의 한국포교 관리자로서 선종인 일본 조동종과 한국불교의 연합 가능성을 제기하였는데,[247] 합방된 해인 1910년 10월에 이회광은 원종과 일본 조동종과의 연합조약 체결을 실제로 추진하였다. 12월경 국내에 그 사실이 알

244) 『대둔사지』, 20~21쪽.

245) 『대둔사지』, 99~100쪽.

246) 朴漢永, 「靈龜山雪竇大師行狀」(『조선불교통사』 권상, 604쪽).

247) 崔柄憲, 2001 「일제의 침략과 불교 : 일본 曹洞宗의 武田範之와 圓宗」 『韓國史硏究』 114 참조. 다케다의 「勸佛敎再興書」는 曹洞宗을 중심으로 일본불교와 조선불교의 통합을 권장하는 내용이다.

려지자 일부에서는 이를 조선불교를 일본불교에 팔아먹는 '매종역조(賣宗易祖)' 의 망동으로 규정하고 맹약에 대한 강한 반발과 함께 반대 운동을 일으켰다.[248)]

이에 영·호남의 사찰을 중심으로 하여 독자적인 조선불교 통합종단으로서 임제종 건립운동이 추진되었다. 이는 조선 임제종과 일본 조동종이 계통 및 성격이 다르다는 종법상의 이유를 내세워 양자의 연합을 반대하고 조선불교의 정체성과 자주성을 지키려는 것이었다.[249)] 1911년 1월 15일 박한영(朴漢永), 진진응(陳震應), 한용운(韓龍雲) 등의 주도로 순천 송광사에서 1차 총회가 열렸고 한용운을 임시관장으로 하여 임시 종무원이 설치되었다.[250)] 이후 임제종은 동래 범어사(梵魚寺)에 정식 종무원을 두었고 삼보(三寶)사찰인 송광사, 통도사, 해인사를 3본산으로 정하였으며 서울의 중앙포교당을 비롯해 각지에 포교당을 열고 세력 확장을 꾀하였다. 당시 각 사찰의 이해관계와 종단의 주도권 문제가 얽힌 상태에서 불교계는 서울의 원종과 남방의 임제종으로 양분되었는데, 총독부는 원종과 임제종 어느 쪽도 정식으로 인가해 주지 않았다. 이는 조선불교가 독자적인 세력화를 꾀하는 것을 바라지 않았을 뿐 아니라 일본의 특정 종파가 조선불교를 전유하는 것도 허용할 수 없었기 때문이다.

대신 총독부는 조선불교를 직접 관할하고 통제하는 방식을 택하였다. 즉 1911년 6월 「사찰령(寺刹令)」이 제정, 반포되었고 이후 30본산(本山) 체제가 가동되었다. 조선불교의 새로운 명칭은 '조선불교선교양종(朝鮮佛教禪教兩宗)' 으로 정해졌는데 총독부에서는 옛 관습을 쫓아 종명을 취

248) 高橋亨, 1929『李朝佛教』, 918~941쪽; 李能和, 1918『朝鮮佛教通史』하편, 937~939쪽.
249) 韓龍雲, 1938「佛教青年運動을 復活하라」『佛教』新10.
250) 이능화, 앞의 책, 하편 938~940쪽. 이후 1912년 雙磎寺에서 2회 총회가 열리고 종무원이 梵魚寺로 바뀌었다.

하였다고 밝혔다.[251] 기존의 원종과 임제종은 모두 폐지되고[252] 총독부 주도하에 선교양종이 제3의 대안으로 채택된 것이다. 당시 반포된 「본말사법총칙(本末寺法總則)」에는 "태고 보우에서 이어진 청허 휴정과 부휴 선수의 법맥을 계승한 이를 주지로 삼아 법등(法燈)을 전지(傳持)함을 사문(寺門) 상속의 통규로 한다"고 규정하여,[253] 태고법통과 조선후기의 계파 전통은 그대로 존속되었다.

통합종단의 종명은 한국 불교 전통을 대표할 수 있는 상징성과 역사성을 가져야 했다. 하지만 원종은 그 연원이 불명확하였는데, 원종 창설을 주도한 이회광은 선교일치를 지향한 북송대 법안종 승려 영명 연수(永明延壽)의 『종경록(宗鏡錄)』에 근거하여 선과 교를 겸수하는 원종의 종문을 표방했다고 밝혔다. 이에 대해 이능화(李能和)는 원종은 창설 당시 단지 원융무애(圓融無碍)를 표명한 것일 뿐 『종경록』에서 그 뜻을 취한 것이 아니며 어떤 이는 그 유래를 의천(義天)의 『원종문류(圓宗文類)』에서 찾기도 하지만 이는 화엄을 의미하는 것이며 원종이라는 명칭은 아무런 역사적 연유와 근거가 없는 것이라고 보았다.[254] 한편 조선시대 불교가 선이나 교 한 쪽에 치우치지 않고 참선, 간경, 염불, 나아가 밀교까지 원수(圓修)했다는 의미에서 원종으로 종명을 정했다는 후대의 해석도 나왔다.[255] 이처럼 원종 명칭의 유래에 대해서는 의견이 분분하였고 설득력 있는 정설은 확립되지 않았다. 그런데 임제법통의 담지자로 내세워진 태고 보우는 "9산의 무리가 각각 그 산문에 기대어 우열을 뽐내고 싸움이

251) 李能和, 1918 『朝鮮佛教通史』 상편, 621쪽.

252) 선교양종의 제정과 사찰령 반포는 교육원불학연구소 편, 2001 『曹溪宗史 : 근현대편』, 조계종교육원, 57~63쪽; 金煐泰, 1988 「近代佛敎의 宗統宗脈」 『近代韓國佛教史論』, 民族社 참조. 선교양종 종명은 총독부 관리 渡邊彰의 제안에 의해 채택되었다고 한다.

253) 이능화, 앞의 책, 하편 1137쪽.

254) 이능화, 앞의 책, 하편 937쪽; 高橋亨, 1929 『李朝佛教』, 920~921쪽.

255) 金映遂, 1939 『朝鮮佛教史藁』, 171쪽.

심하여 피해가 큽니다. 선은 원래 하나의 문인데 사람들이 많은 문을 여니 부처의 무아평등의 뜻과 여러 조사의 격외청풍이 없어졌습니다. 마땅히 9산을 통합하여 하나의 문으로 만들어야 합니다"라고 공민왕에게 주청한 바 있고,[256] 원융부(圓融府)를 주관하며 그 뜻을 펼칠 기회를 얻기도 하였다. 따라서 법통상의 종조인 보우의 구산선문 원융의 취지에서 원종의 역사적 연원을 찾을 수도 있었지만 아쉽게도 그러한 논의는 나오지 않았다.

이처럼 역사적 유래가 불명확한데다 일본 불교와의 연합 논의로 그 권위가 크게 손상된 원종에 비해 새로 등장한 임제종은 분명한 역사적 연원과 정통성을 가지는 것이었고 또 조선불교의 주체성이 내포된 명칭이었다. 임제태고법통의 정립 이후 조선후기 불교계는 스스로 임제종을 표방하여 왔기에 조선불교의 정체성과 주권을 지키려는 종단 건립운동으로 임제종을 세운 것은 전통의 명실상부한 계승이었다. 임제종 측에서도 조선의 승려는 본래 임제종파에 속한다고 하여 종명의 정통성을 인지하고 있었고 원종과 조동종과의 연합에 대해 종지와 종조를 바꾸는 일로 인식하였다.[257] 나아가 태고 보우의 법맥을 소급하여 임제종의 비조인 임제 의현을 종조로 하여 조선불교를 임제종으로 칭해야 한다는 의견까지 제기되었다.[258]

한편 총독부가 불교계를 직접 통제하기 위한 방안으로 채택한 선교양종은, 조선 세종 때 기존 종파를 선종과 교종으로 통폐합하면서 생긴 종단 명칭으로 이후 『경국대전(經國大典)』에서 명문화되었고 선교양종이 공식 폐지된 후에도 선과 교 두 갈래의 전통은 후기까지 이어졌다. 이처

256) 『太古和尙語錄』 권하, 「行狀」(『한국불교전서』 6, 698쪽). 權相老, 1917 『朝鮮佛敎略史』, 173~174쪽 인용문 참조.

257) 『東亞日報』 1920년 7월 1일자 朴漢英의 대담; 이능화, 앞의 책, 상편 620~621쪽 참조.

258) 김영수, 앞의 책, 108쪽.

럼 선교양종은 조선시대 불교의 공식 명칭이었고 조선후기 선과 교학의 전통을 모두 포괄할 수 있는 것이었다. 하지만 종명의 정당성과는 별개로 이 선교양종 체제는 조선불교의 주체적 움직임을 가로막고 총독부가 불교를 직접 통제하려는 시도였다. 이능화는 선교양종은 500년간의 역사적 칭호이지만 총독부가 구태의연한 옛 관습을 존중하고 조금도 바꾸지 않는다고 비판하면서 이는 다른 의도를 가진 것이라고 평가하였다.[259] 실제로 당시 내무부 장관이 각도 장관에게 보낸 문서에는 사찰의 종지, 칭호를 임의로 바꾸지 못하게 하면서 특별히 임제종 본사 범어사가 위치한 경상남도 장관에게는 임제종을 쓰면 종파의 분합을 일으킬 수 있으므로 규칙과 격식을 지키고 사적 행위를 하는 것을 금지하도록 당부하기도 하였다.[260]

근대에 들어 통합종단의 건설을 둘러싸고 다양한 종명이 제기되면서 그 역사적 연원과 정통성에 대한 논의도 활발해졌다. 그 결과 대체로 태고법통의 권위와 지눌 및 조계종의 역사적 위상을 인정하는 방향으로 전통 인식이 귀결되었다. 이능화를 비롯해 권상로(權相老), 김영수(金映遂) 등 불교학자들 대부분은 임제태고법통의 역사적 권위를 인정하였다. 먼저 이능화는 『조선불교통사』에서 "태고와 나옹은 모두 임제파였지만 당시에는 종명을 별도로 세우지 않았고 조계종사(曹溪宗師)로 법칭(法稱)을 삼았다"고 하면서도 "조선시대에는 나라에서 선교양종을 지정하였고 청허와 부휴 모두 선과 교를 겸수하였는데 이후의 승려 저술에는 모두 임제를 귀의처로 하여 종지(宗旨)의 정신을 지켜왔다. 오늘날 조선 승려들은 모두 임제의 후손이며 태고의 법손이고 또 청허의 문파를 잇거나 부

259) 李能和, 1918 『朝鮮佛教通史』 하편 944쪽. 임제종 계통의 어록인 『碧巖錄』이 佛教中央學林의 교과서로 채택되자 이를 배운 승려들이 『벽암록』을 제창하며 임제종을 세울 것을 촉구하기도 하였다.

260) 이능화, 앞의 책, 하편 944~946쪽.

휴의 계맥을 잇고 있다"라고 하여 조선후기 임제태고법통의 역사적 정통성을 인정하였다.[261] 그는 또 "조선에는 오직 임제 한 종파만 전해져 왔는데 그러면서도 선교양종을 다 행한다고 하니 이 임제종은 원래의 임제종이 아니고 그저 이름이 임제종일 뿐이다"라고 지적하여,[262] 선교겸수의 전통과 선종인 임제종 명칭 사이에 놓인 모순점을 간파하기도 하였다.

권상로는 고려 조계종이 원융부 선교종문사사주지(禪教宗門寺社住持)였던 태고 보우 대에 와서 임제종으로 바뀌었고 그 안에 선과 교의 두 전통이 모두 포괄되어 있다고 보았는데,[263] 이는 임제태고법통을 지나치게 소급 적용한 것으로 역사적 사실과는 다르다. 고려 이후 선과 교의 통합적 종명은 김영수가 제시한 것처럼 오교구산, 오교양종, 선교양종에 이어 임제태고법통의 순으로 보는 것이 타당하다.[264] 또한 김영수는 여말선초의 선종은 임제종이 아닌 조계종으로 칭했음을 지적하였는데, 지금까지 살펴본 것처럼 조선후기에야 임제태고법통이 등장하였고 선종의 외피 속에서도 선과 교의 전통이 함께 이어져 왔다.

한편 부휴계 승려인 금명 보정은 조선 선종의 법맥에 대해 "부휴와 청허가 부용 영관의 골수를 얻어 전법의 비조가 되었고 원효(元曉)와 보조(普照)는 신라와 고려의 도를 얻은 산종(散宗)이다"라고 하여,[265] 임제태고법통에 기반한 조선후기적 전통을 그대로 수용하였다. 하지만 그는 1910년대 후반부터 부휴계의 본사격인 송광사 전통과 관련하여 일종의 보조

261) 이능화, 앞의 책, 하편 500~501쪽; 946쪽. 한편 같은 책, 중편 189쪽 이하의 「朝鮮禪宗臨濟嫡派」나 「源流」에서도 임제 법통이 강조되고 있다.

262) 이능화, 앞의 책, 하편 951쪽.

263) 權相老, 1917 『朝鮮佛教略史』, 266~267쪽.

264) 金映遂, 1939 『朝鮮佛教史藁』, 89~92쪽; 106~116쪽. 나옹 혜근은 공민왕대에 兩宗五教 대회를 主盟하였고 李穡은 불교를 '五教兩宗'이라 칭했다.

265) 『茶松文藁』 권1, 「受菩薩戒牒松廣寺戒壇」(『한국불교전서』 12, 684~685쪽).

종조론(普照宗祖論)을 주창하게 된다. 즉 1920년에 쓴 『조계고승전(曹溪高僧傳)』의 서문에서 "종주 지눌이 선종 9산과 교종까지 아우르는 선교통합의 종으로 조계종을 개창하였다"고 평가하였다.266) 그는 자파인 부휴계를 중심으로 한 조계종 계승의식을 표명하였는데, 지눌에 대해 송광사 조계산의 조사이며 조선후기 삼문(三門)의 종주라고 하면서267) '선교겸전(禪敎兼傳) 정혜균수(定慧均修)'로 요약되는 지눌의 유풍을 부휴계가 계승하였음을 강조하였다.268) 이는 조계종과 송광사 부휴계의 '정통(正統)'을 결합시킨 불교사 인식으로서 조계종 전통의 새로운 창출을 지향한 것이다.269)

앞서 보정은 자주성을 잃은 원종에 강한 거부감을 가졌고 송광사에서 열린 임제종 건립운동에는 우호적이었다.270) 그가 부휴계 정통론에 입각한 조계종 인식을 표명하게 된 것은 종단의 건립, 종명 논의와 같은 시대적 상황과 무관하지 않다. 임제종 운동이 현실적으로 좌절되고 총독부에 의해 선교양종의 종명이 규정된 상황에서 조계종은 또 하나의 대안이 될 수 있었다. 더욱이 보정이 『조계고승전』을 편술할 무렵 조선불교를 다시 일본 임제종에 통합시키려는 이회광의 기도가 발각되었다는 점에서271) 임제종을 대체하는 종명으로 조계종을 내세운 것은 매우 시의적절하였다. 또 그가 선과 교의 양종을 통합한 조계종을 강조한 것

266) 『曹溪高僧傳』 「曹溪高僧傳序」(『한국불교전서』 12, 381쪽). 이 책에는 보조 지눌과 송광사 16국사의 전기, 태고 보우에서 청허 휴정과 부휴 선수로 이어지는 태고법통설의 계보, 혜근과 나옹계 승려들이 함께 수록되어 있다. 하지만 조선후기는 대부분 부휴계 승려의 전기를 싣고 있으며 청허계는 거의 들어 있지 않다.

267) 『念佛要門科解』(『한국불교전서』 12, 426~427쪽)와 그 「跋文」. 발문에 의하면 『염불요문』이 유통되지 않았는데 보정이 綺山 珍公(林錫珍)의 소장본을 얻어 과주를 붙였다고 한다.

268) 『茶松文藁』 권1, 「宗師契案序」(『한국불교전서』 12, 690~691쪽).

269) 金龍泰, 2006 「錦溟 寶鼎의 浮休系 정통론과 曹溪宗 제창」 『韓國文化』 37.

270) 김용태, 2006 앞의 논문 참조.

271) 강석주 · 박경훈, 2002 『불교근세백년』, 民族社, 72~76쪽.

은 지눌과 조선후기 전통에 대한 올바른 이해였지만,[272] 당시 선교양종 명칭이 사용된 점을 고려하면 현실적 상황에 부합하는 것이기도 했다.

지눌과 조계종의 부상은, 1930년 방한암(方漢巖, 1876~1951)이 「해동초조(海東初祖)에 대하여」에서 신라의 도의(道義)를 해동선종의 초조로 삼고 선종 9산의 조계종 전통이 지눌과 수선사 계통을 통해 계승되었다고 주장한 것에서도 나타난다. 그는 해동 초조로 태고 보우를 내세운 당시의 주장에 대해 보우는 중흥조일 뿐 초조는 아니라고 반박하였고 보우를 비롯한 여말선초의 선종 법맥은 조계종 계통이 중심이었음을 재차 강조하였다.[273] 특히 임제태고법통설에서 보우의 문손으로 내세워진 귀곡 각운이 조계종 13대 국사 각엄(覺儼)의 손제자임을 부각시켜,[274] 기존 법통설의 신빙성에 의문을 제기하였다. 이러한 인식은 조계종을 나말여초에 성립된 구산선문에서 연원하여 지눌이 계승, 중흥시킨 것으로 보는 조계종 정통론이자 일종의 보조종조론이었다.

이후 1941년에는 「사찰령시행규칙」의 일부를 개정하여 조선불교선교양종 명칭을 조계종으로 바꾸고 총본사를 태고사(太古寺), 태고 보우를 종조로 하는 사법(寺法)이 인가되었다. 이는 조계종의 역사성과 태고법통의 정통성이 절묘하게 결합된 것이었는데 앞서 조계종의 역사적 위상을 강조했던 방한암이 초대 종정(宗正)이 된 사실도 흥미롭다. 다만 종명과 종조의 이중적 결합이 갖는 상징성에도 불구하고 실제 총본산 건립의 이면에는 전시(戰時) 통제를 위한 총독부의 의도가 깊숙이 자리 잡고 있었다.[275] 한편 조계종이 조선불교의 공식 종명으로 정해진 후 지눌을 종

272) 『다송문고』 권2, 「慈靜國師毁塔緣起」(1922)(『한국불교전서』 12, 753~754쪽).

273) 方寒巖, 1930 「海東初祖에 對하야」 『佛教』 70, 佛教社.

274) 방한암, 1930 앞의 글.

275) 太古寺는 앞서 1938년 10월에 건립되었다. 총본사의 설립 배경으로는 일본사찰 博文寺의 합병안에 대해 梵魚寺, 通度寺 등에서 주체적으로 총본산 건립을 기획하였다는 설(정광호, 2001 『일본침략시기의 한 · 일 불교 관계사』, 아름다운세상, 206~207쪽),

조로 세우려는 움직임이 확산되었다. 대표적인 학자로는 이재열(李在烈: 李載丙)과 이종익(李鍾益)을 들 수 있는데 이들은 지눌을 종조로 추숭하는 조계종 정통론자였다. 이재열은 『조선불교사지연구(朝鮮佛敎史之硏究)』에서 태고법통설의 오류를 논증하고 보조법통설의 정당성을 주장하였고 나아가 조선불교의 총본사로 송광사를 지목하였다. 이 책은 총본산 태고사의 설립 직후인 1942년에 치안방해라는 이유로 출판허가가 취소되었는데,[276] 구체적 이유는 알 수 없지만 종조-태고 보우, 총본산-태고사의 조합을 부정한 것이 문제가 되었을 가능성도 있다. 이종익 또한 지눌과 조계종을 한국불교의 정통성을 담보하는 주류 전통으로 이해하였고 적극적인 선양의지를 피력하였다.[277]

하지만 해방 직후인 1945년 10월에 열린 전국승려대회에서는 기존의 조계종을 폐지하고 임시로 '조선불교(朝鮮佛敎)' 라고 칭하였다. 이때 제정된 「교헌(敎憲)」에는 지눌의 정혜겸수를 계승한다고 하면서도 법맥은 태고 보우 이하 청허 휴정, 부휴 선수를 잇는다는 기존의 법통 인식을 답습하였다.[278] 1954년 이후 비구승과 대처승의 대립이 심화되는 와중에 비구 측이 일시 보우 대신 지눌을 종조로 삼자는 논의를 하였는데 새로 설립된 조계종의 종정 송만암(宋曼庵)은 이에 대해 '환부역조(換父易祖)' 라고 비난하였다.[279] 한편 이재열과 이종익 등은 이때도 지눌을 종조

불교계의 心田 개발운동을 효율적으로 통제하기 위해 총독부가 새로운 대표기관을 기획하였다는 설(金光植, 1996 『韓國近代佛敎史硏究』, 民族社, 414~425쪽)이 있다.

276) 李載丙, 1946 『朝鮮佛敎史之硏究(第一)』, 東溪文化硏揚社. 1946년에 쓰여진 서문에는 원래 『曹溪宗源流及傳燈史之根本的硏究』, 『曹溪宗傳燈譜竝開宗敎旨』 두 책이었는데 1942년에 출판허가가 취소당하자 해방 후 두 책을 합쳐서 개편하였고 3회 중앙교무회의에 의견을 개진하기 위해 출간하였다고 밝히고 있다.

277) 李鍾益은 『曹溪宗史』, 『普照國師의 硏究』 등을 썼고 『曹溪宗中興論』(1976 寶蓮閣)에서는 민족의 정신문화 부흥과 연계하여 불교사를 이해하였다.

278) 「朝鮮佛敎敎憲」, 1~2쪽(김영태, 1988 앞의 논문, 207~208쪽에서 재인용).

279) 강석주 · 박경훈, 앞의 책, 211~212쪽. 1954년에 이미 도의-보조-태고의 종조 계통이 확정되고 있었다.

로 하는 조계종 안을 적극 주장하였다.[280)]

1962년에 건립된 대한불교 조계종의 「종헌」을 보면 제1장 1조에서 가지산문의 도의에서 기원하여 보조 지눌의 중천을 거쳐 태고 보우가 제종을 포섭하여 조계종으로 공칭하였고 이후 그 종맥이 끊이지 않고 이어졌음을 밝히고 있다.[281)] 즉 구산선문의 도의, 고려 조계종의 지눌, 태고법통의 보우를 각각 개조(開祖), 중천조(重闡祖), 중흥조(中興祖)로 인정한 것이다. 이는 조계종과 태고법통, 양자의 역사를 결합한 전통 인식으로 이전부터의 논의가 귀결된 결과였다. 물론 태고 보우가 원융부를 통하여 구산선문을 통합하고자 한 것은 사실이지만 조계종은 그 이전부터 공칭되었고 또한 조계종의 실질적 비조는 보조 지눌임에 분명하다. 하지만 지눌과 보우를 아우르는 통합적 전통의 성립은 한국불교의 역사적 흐름을 통관하는 체계라는 점에서 또 다른 의의를 가진다. 다만 선종 일변도가 아닌 선과 교의 유구한 전통을 함께 아우를 수 있는 전통인식과 방향성 모색이 요구되며, 이 또한 선교겸수로 특징지어지는 지눌의 조계종 전통과 조선후기 불교의 역사적 전개 과정 속에서 그 해답을 찾을 수 있다.

---

280) 한국불교근현대사연구회, 2002 『22인의 증언을 통해 본 근현대불교사』, 선우도량, 50~51쪽.

281) 大韓佛教曹溪宗 〈宗憲〉 第1章 宗名 및 宗旨 第1條 "本宗은 大韓佛教 曹溪宗이라 稱한다. 本宗은 新羅 道義國師가 創樹한 迦智山門에서 起源하여 高麗 普照國師의 重闡을 거쳐 太古 普愚國師의 諸宗包攝으로서 曹溪宗이라 공칭하여 이후 그 宗脈이 綿綿不絶한 것이다."

제3부

불교의 사상적 지향과 교학 전통

1장 17세기 선교겸수의 방향과 수행체계의 정립

2장 18세기 강학의 성행과 화엄교학의 중시

3장 19세기 선 논쟁의 전개와 불교사적 함의

〈대둔사 조사진영〉

1장

17세기 선교겸수의 방향과 수행체계의 정립

1. 간화선 우위의 선교겸수 지향과 그 계승
2. 이력과정과 삼문수업 체계의 정비

〈칠장사 괘불〉

1. 간화선 우위의 선교겸수 지향과 그 계승

청허 휴정 이후 불교계는 임제종 간화선(看話禪) 우위의 선풍을 지향하였다. 이는 태고 보우를 매개로 중국 임제종의 법맥 계승을 표방한 법통 인식과 일맥상통하는 것이다. 하지만 조선후기 수행기풍과 사상의 전개과정을 보면 임제종 법맥과 간화선풍의 중시라는 지향에도 불구하고 그 실상은 선종 중심의 전통으로 해석하기에 곤란한 양상을 보인다. 선교겸수의 틀 속에서 오히려 강학(講學)과 주석서 집필이 성행하는 등 교학이 중시되는 모습이 나타나며 법맥상으로는 선승이지만 교학승을 자부하는 분위기가 형성된 것이다.[1] 20세기 초에 이능화는 당시 30본산의 주지와 유명한 고승 50여 명 가운데 선종은 불과 3~4명이고 나머지는 전부 교학을 종(宗)으로 삼고 강학을 업(業)으로 한다고 평가하였고 조선의

1) 중국도 당시 禪敎一致와 禪淨雙修, 三敎一致 경향이 일반화되었다(伊吹敦 저 · 최연식 역, 앞의 책, 243~244쪽).

전체 승려 7천 명 중에 8~9할이 교종에 속한다고 보았다.[2] 이러한 후대의 평가가 조선후기 불교에 그대로 적용될 수 있을지 단언하기는 어렵지만 적어도 불교전통을 선종 일색으로 파악하는 시각에는 문제가 있음을 보여주는 사례이다. 조선후기는 선종과 함께 교학 전통도 계승되었는데 성리학의 시대에 심성 이해와 같은 교학적 소양이 필요했던 것도 하나의 요인이 되었을 것이다.

여말선초에는 임제종 간화선풍이 일세를 풍미하였는데 그렇다고 교학 전통이 단절된 것은 아니었고 세종대의 선교양종 통합 때까지도 여러 교종 종단이 명맥을 유지하였다. 하지만 연산군, 중종대에 폐불 상황을 맞이하면서 교종은 더 큰 타격을 입은 것으로 보이며 명종대의 양종복립 때도 눈에 띄는 교종 승려의 활동 내역을 찾아보기 어렵다.[3] 이처럼 16세기 후반까지 선종에 비해 교종의 약화는 더욱 현저하였지만 그럼에도 교종의 명맥을 잇는 승려들이 남아 있었고 선과 교의 갈등도 나타났다. 1579년 사명 유정이 쓴 『선가귀감(禪家龜鑑)』의 발문에는 당시 상황을 다음과 같이 묘사하고 있다.[4]

> 200년간 법이 쇠퇴하여 선·교의 무리가 각각 상이한 견해를 가지게 되어 오교(五教)의 위에 바로 마음을 가리켜 깨우침을 모르고, 돈오(頓悟)한 후에 발심(發心) 수행함을 몰라서 선과 교가 뒤섞이고 옥석이 구별되지 못한다.

---

2) 李能和, 1918『朝鮮佛教通史』하편, 962쪽.

3) 教宗判事 守眞은 교단 내에서 영향력이 크지 않았고 선승인 휴정이 禪教兩宗判事를 겸한 사실에서 교종의 약화와 선과 교가 혼재된 상황이었음을 알 수 있다. 양종복립 후 한 절이 양종에 다 소속되어 있는 경우도 있어서 각 종에 소속을 분명히 할 것을 명하기도 하였다(『明宗實錄』 권18, 명종 10년 2월 2일(정묘)).

4) 隱峰惟政, 1579「跋」『禪家龜鑑』(『한국불교전서』 7, 646쪽).

이는 선종과 교종 승려들이 선과 교의 요체를 알지 못하고 상대에 대해 오해하고 갈등했던 당시의 폐단을 지적한 것이다. 이러한 상황에서 휴정을 비롯한 교단 주도 세력은 선과 교의 입장 차이를 좁히고[5] 각각의 상이한 전통 이해와 대립을 해소해야 했다.[6] 불교의 저변과 위상이 크게 약화된 현실에서 선과 교 어느 한 쪽의 전통만을 부여잡고 가기보다는 양자를 통합하여 함께 계승해야 할 필요성이 절실하였던 것이다. 즉 "교는 불어(佛語)이고 선은 불심(佛心)이며 양자가 근원에서 다르지 않다"는 절충적 통합론이 더욱 필요한 시기였다.[7]

주지하듯이 청허 휴정은 선의 법맥을 이은 선승이었고 수행방식에서도 간화선을 최상의 방안으로 내세웠다. 따라서 그는 선과 교를 차등적으로 이해하였는데 "선과 교는 일념(一念)에서 나왔지만 심의식(心意識)이 미치는 곳, 사량(思量)에 속하는 것이 교이고 심의식이 미치지 않고 참구(參究)에 속하는 것이 선"이라고 규정하였다. 또한 "조사의 일구(一句)에 8만 4천의 법문(法門)이 구족하며 원래부터 일시(一時)이고 전후가 없는 것이 선이다. 이에 비해 사사무애(事事無碍)하고 법문이 구족하지만 수증(修證)에 계급, 차례, 전후가 있는 것이 교이다"라고 하여 양자의 우열을 가렸다.[8] 휴정의 주저 『선가귀감』과 『심법요초(心法要抄)』, 「선교석(禪敎釋)」, 「선교결(禪敎訣)」 등에서는 선교의 근원적 일치와 양자의 겸수를 주장하면서도 간화선의 수승함을 강조하는 선 우위의 논리를 확인할 수 있다.

---

5) 淸虛休靜, 「禪敎訣」(『한국불교전서』 7, 657~658쪽). 禪과 敎 양자의 입장 차이와 法의 동일성, 臨濟宗의 연원을 밝힌 글이다.

6) 『大覺登階集』 권2, 「送處愿上人序」(『한국불교전서』 8, 324쪽).

7) 『心法要抄』(『한국불교전서』 7, 648쪽)에서는 교학자와 선학자의 병폐를 각각 지적하였다. 한편 조선후기에 '禪敎都摠攝'이나 시호에 '扶宗樹敎'를 쓴 것도 선교양종의 유풍으로서 선(宗)과 교(敎)의 병립 상황에서 기인하는 것으로 볼 수 있다.

8) 『心法要抄』 「三乘學人病」(『한국불교전서』 7, 648~649쪽). 忽滑谷快天, 1930 『朝鮮禪敎史』, 376~377쪽에서는 이에 대해 '圓頓法門'을 禪, '通別法門'을 敎로 본 것이며 기존의 華嚴 교판과는 다르다고 지적하였다.

이러한 논리적 모순을 해결하는 방식으로 휴정이 제시한 것은 '사교입선(捨教入禪)'의 방향이었는데 이는 선교겸수의 대의를 내세워 교학을 선 수행의 앞 단계에 배정하여 포섭을 도모한 것이다. 휴정의 사교입선론의 요체는 "여실언교(如實言敎)로 불변(不變)과 수연(隨緣)의 두 뜻이 자신의 성상(性相)이며 돈오점수(頓悟漸修)가 자행(自行)의 시종(始終)임을 판별한 연후에 교의(敎義)를 내치고 다만 자심(自心)으로 현전일념(現前一念)하여 선지(禪旨)를 참상함이 출신활로(出身活路)이다"라는 구절에 집약되어 있다.[9] 즉 입문으로서 교학의 필요성을 강조한 후 일정 단계에서는 지해(知解)에 얽매이지 말고 간화선의 참구(參究)로 나아가야 한다는 취지이다. 휴정은 가장 수승한 수행방식으로 간화선을 내세웠고 제자인 사명 유정에게도 경절문(徑截門) 활구(活句)를 중시할 것을 요구하였다.[10] 하지만 이 사교입선론을 '사교(捨教)'에 방점을 찍고 '입선(入禪)'만으로 해석하는 것은 그 원의를 제한적으로 이해하는 것이다. 휴정은 분명 '선주교종(禪主教從)'의 입장을 취하고 있지만 한편으로는 입문으로서 교학의 필요성을 강조하고 선교겸수의 방향을 재차 확인한 것이기도 하다. 이는 일부 근기가 높은 이들을 제외하면 교학을 통한 심법(心法)의 체득 과정이 반드시 필요하기 때문이다.

따라서 휴정이 제시한 수행방안의 취지는 '간화선 우위의 선교겸수'로 명명할 수 있는데 이는 선종과 교학 전통을 모두 포괄해야 했던 시대 상황에 부합하는 것이었다. 그런데 이러한 선교겸수의 방향성은 이전 시기부터 모색되어 왔다. 휴정의 조사인 벽송 지엄은 선교양종이 철폐된 연산군, 중종대에 활동한 인물로서 그는 "연희교사(衍熙教師)에게 원돈교

9) 『禪家龜鑑』(『한국불교전서』 7, 636쪽). '故學者 先以如實言教 委辨不變隨緣二義 是自心之性相 頓悟漸修兩門 是自行之始終 然後放下教義 但將自心 現前一念 參詳禪旨 則必有所得 所謂出身活路'. 지눌도 『法集別行錄節要幷入私記』에서 知見의 병을 없애는 것이 出身活路라고 하였다.

10) 「禪教訣」(『한국불교전서』 7, 657~658쪽).

의(圓頓教義)를, 정심선사(正心禪師)에게 서래밀지(西來密旨)를 깨쳤고 『대혜어록(大慧語錄)』을 보고 의심을 깨뜨렸으며 『고봉어록(高峯語錄)』을 통해 지해(知解)를 떨쳤다"고 한다.[11] 지엄은 대혜 종고와 고봉 원묘의 간화선풍을 원사(遠嗣)하였다고 하는데 선승임에도 원돈의 교학을 배웠고 초학자를 이끌 때도 선교겸수의 방향을 제시한 종밀(宗密)의 『선원제전집도서(禪源諸詮集都序)』와 지눌의 『법집별행록절요(法集別行錄節要)』를 먼저 읽게 한 후 간화선풍을 선양한 종고와 원묘의 『어록』으로 가르쳤다.[12] 그는 또 "도를 배우려면 먼저 성경(聖經)을 궁구하여야 하지만 경전은 다만 내 심두(心頭)에 있다"고 하여, 교학을 통해 지해를 얻은 후 '조사경절문(祖師徑截門)'으로 나갈 것을 촉구하였다.[13] 이러한 경향은 선교겸수와 간화선풍의 지향이라는 휴정의 기풍과 일맥상통한다. 휴정의 스승인 부용 영관 또한 신총법사(信聰法師)에게 교망(教網)을 탐구한 후 참선 수행에 전념하여 지엄의 인가를 받았고, 공안(公案)의 참구로 입문을 삼으면서도 선과 교를 모두 수학하였다.[14]

한국불교 전통에서 '선교겸수와 간화선의 선양'이라는 수행방향을 처음 제시한 이는 고려의 보조 지눌이었다. 지눌은 당의 규봉 종밀(圭峯宗密)이 주창한 선교일치론의 영향을 받아 선과 교를 병행하는 정혜쌍수(定慧雙修) 수행론을 주장하였고 당의 이통현(李通玄) 화엄교학을 수용하여 실천적 성격이 강한 교학관을 피력하였다. 즉 초기 저술인 「정혜결사문(定慧結社文)」에서는 종밀과 송의 법안종 승려 영명 연수(永明延壽)의 선교일치론에 기반을 둔 선교겸수를 지향하였고 이후 『원돈성불론(圓

11) 『三老行蹟』「碧松堂大師行蹟」(『한국불교전서』 7, 752~754쪽). 지엄은 『大慧語錄』의 '狗子無佛性話'와 『高峰語錄』의 찾아야 할 本分事는 따로 있다는 뜻인 '颺在他方'에서 깨우침을 얻었다고 한다.

12) 앞의 「벽송당대사행적」(『한국불교전서』 7, 752~754쪽).

13) 高橋亨, 1929 『李朝佛教』, 349쪽에서 「贈曦峻禪德」 재인용.

14) 앞의 「벽송당대사행적」(『한국불교전서』 7, 754~755쪽).

頓成佛論)』에서는 화엄교학에 입각하여 선교겸수의 이론적 체계를 세웠다. 그러나 말년의 『간화결의론(看話決疑論)』에서는 화엄교학을 '사구(死句)'로 비판하고 교외별전(教外別傳)의 선종 입장에서 대혜 종고의 간화선을 높이 평가했다. 그의 이러한 수행방식을 체계화시킨 것이 '성적등지문(惺寂等持門), 원돈신해문(圓頓信解門), 간화경절문(看話徑截門)'의 3문 이해이다. 이 3문의 핵심은 교학을 입문으로 삼고 선교겸수를 용인하면서 최후의 궁극적 수행방안으로 간화선을 제시한 것이었다.[15] 간화선 수행방식은 수선사(修禪社) 2세 사주(社主)인 진각 혜심(眞覺慧諶)에 의해 체계화되고 적극 선양되었다.

수선사 6세 사주 원감 충지(圓鑑沖止)는 선(禪)과 강(講)이 본래 근원에서 같음을 강조하였는데,[16] 이처럼 수선사 계통에서는 간화선과 선교겸수의 두 가지 흐름이 모두 계승되었다. 하지만 여말선초에는 원에서 직수입된 임제종 간화선풍이 크게 성행하였고 대혜 종고의 간화선을 계승, 발전시킨 고봉 원묘나 몽산 덕이(蒙山德異)의 중국 임제종 선풍이 큰 영향을 미쳤다. 간화선의 기풍이나 계승 인식에서 지눌 당대와 여말선초 사이에는 시대적 간극이 있을 수밖에 없는데,[17] 원에서 새로 들어온 간화선풍은 '대신근(大信根)·대분지(大憤志)·대의정(大疑情)'의 삼요(三要)를 중시하고 의심(疑心)을 특히 강조하는 것이었다.[18] 그런데 조선 초에

15) 인경, 2006『화엄교학과 간화선의 만남-보조의『원돈성불론』과『간화결의론』연구』, 명상상담연구원, 15~25쪽에서는 지눌의 이러한 수행방향에 대해 당대의 禪과 教의 대립을 극복하려는 시도로 보았다. 한편 吉津宜英, 1985『華嚴禪の思想史的硏究』, 大東出版社에서는 宗密의 禪教一致를 華嚴禪, 지눌의 禪教兼修는 祖師禪에 가깝다고 하여 각각 교와 선에 비중을 두고 통합을 모색한 것으로 평가하였다.

16) 忽滑谷快天, 1930『朝鮮禪教史』, 209~214쪽; 232~233쪽의 慧諶과 沖止 부분 참조.

17) 知訥과 고려말 太古 普愚의 사상적 특성은 崔柄憲, 1986「太古普愚의 佛教史的 位置」『韓國文化』7, 서울대 韓國文化硏究所와 1988「朝鮮時代 佛教法統說의 問題」『韓國史論』19, 서울대 國史學科 참조.

18)『禪家龜鑑』(『한국불교전서』7, 636쪽)에서도 고봉 원묘와 몽산 덕이의 글을 인용하여 三句 등을 설명하였다.

불교계의 전반적 '중국화' 경향에 대해 반발하는 움직임도 있어 주목된다. 태조대에 조계종 홍천사(興天寺) 감주(監主) 상총(尙聰)이 올린 상소문에서는 당시 명리(名利)를 다투는 폐단이 있고 선 수행과 강경(講經)을 제대로 하지 않는다고 개탄하면서 선교겸수의 필요성을 역설하였다. 그러면서 중국의 것을 쫓는 모화승(慕華僧)이 의례(儀禮)나 작법(作法)에서 전통적 의식을 따르지 않음을 비판하고 조계종 수선사의 작법으로 돌아갈 것을 주장하였다.[19] 이는 중국 임제종 간화선풍의 유입에 대한 직접적 비판은 아니지만 지눌의 수선사 유풍 계승과 선교겸수를 강조하였다는 점에서 토착 전통에 대한 애착과 자부, 변화하는 현실에 대한 위기의식이 표명된 것으로 이해할 수 있다.

이후 휴정이 활동했던 16세기 후반까지도 간화선풍은 주류적 위치를 차지했고 한편으로는 교학과 선교겸수의 전통 또한 명맥을 유지하였다. 이는 정혜쌍수와 간화선의 선양을 동시에 표방한 지눌의 종합적 수행체계가 여전히 효력을 가졌음을 의미한다. 16세기의 상황에서 지눌과의 법맥상 연결은 큰 의미가 없었고 그를 위한 노력조차 나타나지 않았지만 그럼에도 당시 유통된 불서의 면면을 보면 지눌의 사상적 영향력이 온존하였음을 알 수 있다. 휴정의 주저인 『선가귀감』에는 지눌의 수제자이며 간화선을 체계화시킨 진각 혜심의 『선문염송(禪門拈頌)』, 고려 말의 『선문보장록(禪門寶藏錄)』, 고봉 원묘와 몽산 덕이의 『고봉어록』 및 『몽산어록』, 그리고 종밀의 『도서』와 지눌의 『절요』가 주로 인용되어 있다.[20] 인용한 책들의 내용은 선교겸수와 간화선풍을 기조로 한 것으로 화엄교학이 고려되지 않은 점을 제외하면 지눌이 제시한 수행체계와 그 성격이 거

19) 『太祖實錄』 권14, 태조 7년 5월 13일(기미).

20) 金煐泰, 1984 「休靜의 禪思想과 그 法脈」 『韓國 禪思想 硏究』, 東國大 佛敎文化研究院; 宗眞, 1993 「清虛休靜의 禪思想」 『白蓮佛教論集』 3에서 『禪家龜鑑』의 인용 전거를 밝혔다.

의 유사함을 알 수 있다. 17세기 초 허균의 고려나옹법통설에서 지눌이 높게 평가된 것도 그의 사상 및 수행기풍이 당시까지 영향을 미쳤기에 가능했던 일이며 임제태고법통이 확립된 후에도 지눌은 '산성(散聖)' 의 위상을 부여받았다.

간화선 우위의 선교겸수라는 방향성은 휴정의 문도들에게 계승되어 수행체계로 정립되었다. 일례로 제월 경헌(霽月敬軒)은 제자를 교화할 때 "『도서(都序)』와 『절요(節要)』로 지견(知見)을 분별하여 토대를 쌓게 하고 원묘의 『선요(禪要)』와 종고의 『서장(書狀)』으로 지해(知解)의 병을 타파하게 한 후 여섯 개의 법어(法語)로 참구(參句)의 요절을 삼았다" 고 한다.[21] 이는 지엄과 휴정이 제시한 선교겸수와 간화선의 참구라고 하는 수행방안에 충실한 지도방법이었다. 이처럼 간화선으로 대표되는 선풍이 우위를 점하기는 했지만 승려 교육과 입문 과정에서 선교겸수를 통한 점차적 수행은 반드시 필요한 것이었다. 따라서 교학에 대한 이해를 키우는 교육과정이 마련되었고 선교겸수의 방향성을 강조하는 입론이 점차 강화되었다. 예를 들어 부휴 선수의 손제자 백곡 처능(白谷處能)은 선과 교의 공통점과 차이점에 대해 다음과 같이 설명하였다.

> 법이 동쪽으로 전해진 이래 선과 교가 병행하고 넓혀져서 불도가 홍성하였는데 선과 교가 문을 나누어 선은 돈점(頓漸)에서 달라졌고 교는 성상(性相)으로 나뉘었다. 성상의 무리는 공(空)과 유(有)에 집착하였고 돈점의 무리는 이(理)와 사(事)를 판별하기 어려워졌으니 법에 모순되며 그것을 오인하여 각기 전문 분야대로 일어나서 다투고 비방하는 자가 많아졌다. 선과 교의 이치는 근원을 같이하는데 다만 선은 마음(心)을 전하는 것이고 교는 입으로 가르침을 설명한 것이다. 비록 근기에 따른 방편상

21) 『霽月堂大師集』 권하, 「霽月堂大師行蹟」(『한국불교전서』 8, 126~127쪽). 이는 당시 정립된 履歷課程의 四集 구성과 정확히 일치한다.

의 차이는 있지만 양자가 서로 떨어져서 홀로 있는 것은 아니다.[22)]

이는 선교일치론을 주창한 종밀 이래의 원칙론을 다시 한 번 강조한 것으로 양자의 근원적 일치에 초점을 맞추면서 방편상의 차이만 있음을 주장한 것이다. 종밀은 『도서』에서 "선은 부처의 마음이고 경전은 부처의 언어"임을 천명한 후 "선에서는 경론을 별종(別宗)이라고 하고 교에서는 선문을 별법(別法)이라고 한다. 방편과 진실을 설한 경론을 가지고 깊고 낮은 단계를 갖는 선종에 배당시키지 않으면 어떻게 교에 의해 마음을 비출 것이며 어떻게 마음으로 교를 알 수 있겠는가"라고 하여 양자의 근원적 동일성과 병행 필요성을 강조하였다.[23)] 그는 또한 "서로 근원에 미혹하여 지금의 선가는 뜻을 모르면서 다만 마음을 선이라 부르고 강설하는 자들은 대개 법을 모르면서 단지 이름에 집착하여 뜻만 설할 뿐이어서 서로 회통하기 어렵다"고 하여 선과 교, 양측의 문제점을 진단하였다.[24)] 종밀의 입론을 계승한 송의 영명 연수는 『종경록(宗鏡錄)』에서 "교에 의하면 화엄이 일심광대(一心廣大)한 글을 보여주었고 종(宗: 선종)에 의하면 달마(達摩)가 중생의 심성(心性)의 뜻을 곧바로 현시하였다"고 하여,[25)] 심을 매개로 한 선교일치를 주장하였다. 이들의 문제의식은 지눌을 거쳐 조선후기까지 큰 영향을 미쳤고 선교겸수론의 이론적 기반이 되었다.

---

22) 『大覺登階集』 권2, 「禪教說贈勒上士序」(『한국불교전서』 8, 325쪽).

23) 『禪源諸詮集都序』 권상1(『大正新修大藏經(大正藏)』 48, 400b). '經是佛語 禪是佛意'; '今時弟子彼此迷源 修心者以經論爲別宗 講說者以禪門爲別法 聞談因果修證 便推屬經論之家 不知修證正是禪門之本事 聞說卽心卽佛 便推屬胸襟之禪 不知心佛正是經論之本意'.

24) 『禪源諸詮集都序』 권상1(『大正藏』 48, 401c). '今時禪者多不識義 故但呼心爲禪 講者多不識法 故但約名說義 隨名生執難可會通'.

25) 『宗鏡錄』 권34(『大正藏』 48, 614a). '若依教 是華嚴卽示一心廣大之文 若依宗 卽達磨直顯衆生心性之旨 如宗密禪師 立三宗三教 和會祖教 一際融通'.

휴정의 말년제자로서 선교겸수의 이론적 체계를 정립한 편양 언기는 스승의 심법을 전해 받은 후 법을 강하고 선과 교를 널리 해설하여 선교를 합일하였다는 평가를 받았다.[26] 그 또한 교외별전의 선을 수행의 빠른 길인 경절문(徑截門)으로 보아 높은 단계로 인정하였지만 선과 교의 근원적 일치와 선교겸수의 방향성을 긍정하였다. 언기는 천태(天台) 교학에서 제시한 화엄(華嚴), 아함(阿含), 방등(方等), 법화(法華)의 사교(四教)를 들어 이는 근기에 따른 구분일 뿐 법 자체에는 차별이 없다고 보았다. 이어 선문은 상근기의 경우 간화경절문이 적합하지만 하근기는 방편상 성(性)·상(相)·공(空)의 교학을 빌려 종(宗)을 밝혀야 한다고 주장하였다.[27] 언기는 물론 사명 유정이나 정관 일선도 교학적 이해가 깊었고 소요 태능 또한 종밀과 『원각경(圓覺經)』, 『화엄경(華嚴經)』을 중시하는 등[28] 선교겸수의 풍토는 휴정 이후 확고히 자리를 잡게 된다.

언기의 법맥을 이은 편양파 주류의 선교겸수적 경향을 정리하면 다음과 같다. 언기의 손제자이자 화엄종장(華嚴宗匠)으로 이름났던 월저 도안은 제자인 설암 추붕이 10여 년간 선과 교를 겸수하였음을 인정하였고,[29] 상월 새봉은 남산(南山)에게 선을 배우고 추봉에게 교를 수학하였는데 양자가 다르지 않아 평생 한결같이 하였다고 전한다.[30] 새봉의 제자 용담 조관(龍潭慥冠)도 조사인 월저 도안 회하에 참예하여 화엄일승

26) 李明漢, 1645「金剛山鞭羊堂大師碑銘」(『한국고승비문총집』, 196~197쪽). '開堂講法廣演禪教'.

27)『鞭羊堂集』권2,「禪教源流尋釰說」(『한국불교전서』 8, 256~257쪽). 교학을 天台의 化時四教에 의해 教判한 것이다.

28) 金龍泰, 2000「朝鮮中期 佛教界의 변화와 '西山系'의 대두」『韓國史論』44, 93쪽;『逍遙堂集』「感圭峯圓覺疏鈔」;「讀華嚴一部偶題」(『한국불교전서』 8, 191쪽).

29)『月楮堂大師集』권하,「東山寺雪巖碑銘」(『한국불교전서』 9, 120~121쪽).

30)『霜月大師詩集』「述懷」(『한국불교전서』 9, 593쪽). '禪參南山月 教說雪巖風 二處無他意 終身禮事同'. 스승 설암 추붕의 교학 기풍을 이었다는 것은 당시 교학이 전법의 한 기준이 되었음을 보여준다.

(華嚴一乘)의 묘지(妙旨)와 선가(禪家)의 선법(禪法)을 동시에 얻었다고 평가되었다.[31] 도안-추붕-새봉-조관으로 이어지는 이 계열은 선과 교를 겸수하였고 특히 화엄교학을 중시하는 '교주선종(教主禪從)'의 경향마저 보이고 있어 주목된다. 편양파의 다른 계보에 속한 충허 지책(沖虛指冊)은 과거불인 연등불(燃燈佛)이 석가(釋迦)에게 전한 교와 진귀조사(眞歸祖師)가 별도로 전한 선을 들어 사도(師道)를 언급하고 '종통선교(宗通禪教)'를 강조하였는데,[32] 이는 선교의 근원적 일치에 입각한 병행론이었다. 또한 도안의 동문 월담 설제는 대교과(大教科)에 들어간 『화엄경』과 『선문염송』에 정통하였고 그것으로 후학을 지도하였는데 손제자인 함월 해원도 삼장(三藏)을 독파한 후 40년간 『화엄』과 『염송』을 강의하였다. 특히 해원과 같은 계통의 연담 유일은 밤낮으로 경전을 외고 주문을 읊었으며 예불과 경전 강의를 지속하였는데 30년을 강학에 종사하면서 스스로 "대교(大教)와 여러 경전의 어려운 부분을 궁구하였다"고 자부하였다.[33] 그는 "10년간 남북으로 분주한 결과 얻은 것은 문자뿐이며 심지(心地) 법문(法門)에는 조금도 들어가지 못하여 구경(究竟)이 무엇인지 알지 못한다"고 고백하였는데,[34] 이 또한 그가 평생 교학에 매진하였음을 역설적으로 보여주고 있다.

이처럼 선교겸수의 지향은 후대로 갈수록 교학의 중시라는 풍조를 낳게 되었는데 이러한 경향은 청허계는 물론 부휴계에서도 나타났다. 앞서 살펴본 것처럼 부휴계 백곡 처능은 선교겸수의 대의를 표명하였고 그의 손제자대인 무용 수연이 수학한 송광사의 혜관(惠寬)은 "큰 도에 통하고 마음의 근원을 깨달은 자는 예로부터 선과 교의 쌍행(雙行)을 벗어나지

31) 『龍潭集』「龍潭大師行狀」(『한국불교전서』 9, 693~694쪽).
32) 『沖虛大師遺集』 권2, 「師弟辨」(『한국불교전서』 10, 352~354쪽).
33) 『林下錄』 附錄, 「自譜行業」(『한국불교전서』 10, 283~286쪽).
34) 『임하록』 권4, 「上龍巖老人」(『한국불교전서』 10, 277~278쪽).

않는다. 선문(禪門)만을 드러내는 것은 이치에 맞지 않는다"고 훈계하였다. 수연은 또한 소요파의 침굉 현변으로부터 "원돈법계(圓頓法界)가 모두 너에게 있다"는 인정을 받고 정혜(定慧)를 겸수하였으며 부휴계의 적전인 백암 성총에게 배우면서 경전을 읽고 내관(內觀)을 닦는 등 선교겸수를 몸소 실천하였다.[35] 18세기 후반의 묵암 최눌도 선과 교에 모두 정통하였는데 "날마다 납자(衲子)들과 대교의 화엄과 염송을 강설하였다"고 한다.[36] 이러한 부휴계의 교학적 경향에 대해 지눌의 '선교겸전(禪敎兼傳) 정혜균수(定慧均修)'를 계승하였다는 후대의 평가가 나온 것도[37] 눈여겨 볼 만하다.

이처럼 17세기 이후 계파를 불문하고 선교겸수의 틀 안에서 교학을 중시하는 경향이 두드러졌지만, 간화선 수행의 수승함이나 원론적 중요성이 부정되지는 않았다. 부휴계의 대표적 교학자인 회암 정혜의 경우에도 매일 경전을 독송하고 평생 화엄을 수십 번이나 강의하였지만 말년에는 "부처의 말씀만을 암송하고 본심에 계합되지 않으면 안 된다"고 하여 교를 버리고 좌선에 들어갔다. 이후 다시 강석을 열기는 했지만 간화선 우위의 선교겸수 원칙을 실천한 것이다.[38] 청허계의 취운 학린(翠雲學璘)도 『화엄경』을 읽다가 "경전에서 구하는 것이 마음에서 구하는 것만 못하다"고 토로한 후 9년간의 면벽 수행에 들어갔다.[39] 또한 영남의 교학 종장인 편양파 인악 의첨도 만년에는 선으로 전향하여 '폐강(廢講)과 참선(參禪)'을 주제로 한 시를 짓기도 했다.[40]

---

35) 『無用堂遺稿』「無用堂大禪師行狀」(『한국불교전서』 9, 365~366쪽). 수연은 호남과 영남 사찰에서 講席을 청하자 大敎科의 『拈頌』과 『華嚴』을 강하였다.

36) 『默庵集』 권중, 「答如是居士」(『한국불교전서』 10, 11~12쪽).

37) 『茶松文稿』 권1, 「應庵先祖行裝草」(『한국불교전서』 12, 708쪽).

38) 趙顯命, 1744 「雙溪寺定慧大師碑銘」(『한국고승비문총집』, 430~432쪽). '口舌騰而心學荒 敎宗崇而禪旨晦' 라고 표현하였다.

39) 鄭斗卿, 1652 「深源寺翠雲堂大師碑銘」(『한국고승비문총집』, 160~162쪽).

40) 『仁嶽集』 권3, 「仁嶽和上行狀」(『한국불교전서』 10, 422~423쪽).

'사교입선'의 원칙을 그대로 실천한 대표적 인물로는 19세기에 선(禪) 논쟁을 일으킨 백파 긍선(白坡亘璇)을 들 수 있다. 긍선은 화엄의 대가인 설파 상언에게 교학을 수학하였고 45세 때인 1812년 정혜결사(定慧結社)를 조직하였다. 그가 쓴 『수선결사문과석(修禪結社文科釋)』에는 "참학(參學)의 요체는 안목진정(眼目眞正)인데 선교겸수를 주창한 종밀과 지눌의 안목이 가장 뛰어나다"고 평하였지만 식심(識心)을 없애는 가장 뛰어난 방편으로 선정(禪定)을 꼽았다.[41] 이는 선교겸수의 필요성은 인정하면서도 사구(死句)인 교보다 활구(活句)인 선의 위상을 더높게 평가한 것이다. 그는 "일찍이 강사(講肆)에 두루 참여하였으나 종일토록 다른 이의 보배(他寶)만 세우고 스스로는 반전푼(半錢分)도 없었으며 무리를 버리고 입산하여 정혜(定慧)를 연마한 지 8년이 지났지만 아직 경지에 이르지 못하였다. 은둔하면서 벽견(壁見)으로 남은 생을 마칠 것을 다짐하며 자성(自性)을 돈오(頓悟)하고 밖에서 구하지 않는 것을 수행자의 귀감으로 삼는다"고 밝혔다. 또 결사문의 「사중규승(社中糾繩)」에서는 "자성을 돈오함을 급무로 하고 예불과 전경(轉經)에 집착하지 않으며 중생을 구제하고 정계(淨戒)를 엄수할 것"을 결의하였다.[42] 또한 긍선의 문손 설두 유형은 선문강회(禪門講會)를 열기도 했는데 그의 비문에는 "백파가 삼학(三學)을 관통하였지만 선학(禪學)에서 가장 뜻을 얻었고 설두가 그 종지를 이었다"고 하여 선법의 수승함과 그 계승 사실을 강조하였다.

그런데 긍선 당시의 대둔사 승려 초의 의순(草衣意恂)은 전혀 다른 각도에서 선과 교의 문제를 이해하였다. 의순은 선에 전념하였는지를 묻는 질문에 "근기가 뛰어나지 않은 경우에는 선에 전념하는 것과 교에 전념하는 것이 차이가 없다. 내 어찌 힘들여 그것을 하겠는가"라고 반문하면

41) 『修禪結社文科釋』「參學要在眼目眞正」第一(『한국불교전서』 10, 531쪽).
42) 『수선결사문과석』「略術鄙懷結勸同修」第十九(『한국불교전서』 10, 546~547쪽).

서 "선은 부처의 마음이고 교는 부처의 말씀인데 입으로 언설만을 하면 교뿐 아니라 선의 언구도 모두 교의 자취에 들어가며 마음에 직접 투철하여 얻으면 선뿐 아니라 교학이나 일상 언어도 모두 향상일규(向上一竅)이다"라고 답 하였다.[43] 이는 교학의 경우에도 마음으로 얻는 것이 중요하며 결국 선과 교의 본질적 차이는 없다는 입장을 표명한 것이다. 대둔사의 강학 전통을 잇는 소요파의 아암 혜장 또한 "지금처럼 이파(異派)가 종풍을 어지럽히는데 소림(少林: 달마)의 면벽(面壁)이 비록 뛰어나지만 종밀(宗密)의 전주(箋註: 교학)를 어찌 빠뜨릴 수 있겠는가? 진여불이문(眞如不二門)은 허공을 향하거나 달을 치지 않는다"고 하여,[44] 선교겸수의 측면에서 교학의 중요성을 강조하였다.

이처럼 조선후기에는 선교겸수의 전통이 정립되어 끝까지 지속되었고 선과 아울러 교학 계보를 인정하는 불교사 인식도 나타났다. 월저 도안이 작성한 「전등도(傳燈圖)」에서는 청허 휴정의 법이 교와 선으로 나뉘어 각각 완허 원준(玩虛圓俊), 송운 유정(松雲惟政)에게 전수되었다고 밝혔고,[45] 앞서 살펴본 것처럼 정관파의 조사 정관 일선은 휴정의 선맥을 잇는 한편 법화교학의 계보를 계승하였다. 또 19세기 초의 『대둔사지(大芚寺志)』에서는 종원(宗院)으로서의 정통성을 강조하면서 근거를 12대 종사와 강사 체계에서 찾았는데 그 구성은 선의 전법 계보와 함께 강학전수가 주된 기준이 되었다. 조선후기의 선교겸수 전통은 근대의 사찰 법령에도 반영되어 1911년에 제정된 「본말사법(本末寺法)」에는 '본말 사찰에서는 선과 교를 겸학한다' 고 규정하기에 이르렀다.[46]

---

43) 『艸衣詩藁』 권하, 「艸衣大宗師塔碑銘」(『한국불교전서』 10, 869쪽); 『禪門四辨漫語』 「格外義理辨」(『한국불교전서』 10, 828쪽).
44) 『兒菴遺集』 권1, 「叢林行」(『한국불교전서』 10, 692~693쪽).
45) 『佛祖源流』 「佛祖源流後跋」(『한국불교전서』 10, 134쪽).
46) 李能和, 1918 『朝鮮佛教通史』 하편, 1137쪽.

2. 이력과정과 삼문수업 체계의 정비

17세기 전반에는 수행체계 정립과 함께 강원(講院)의 승려 교육과정인 이력과정(履歷課程)이 정비되었고 그 체계는 현재까지도 큰 변동 없이 유지되고 있다.[47] 이력과정의 형태가 체계적으로 갖추어진 사실을 보여주는 최초의 기록은 17세기 전반 휴정의 제자 영월 청학(詠月淸學)의 「사집사교전등염송화엄(四集四教傳燈拈頌華嚴)」이다.[48] 여기서는 사집과(四集科), 사교과(四教科), 대교과(大教科)의 순서로 이력과정의 구성과 내용을 설명하고 있다. 이 중 사집과는 16세기에 이미 성립된 것으로 보이는데 휴정의 조사 벽송 지엄이 사집에 해당하는 책들을 중시하였고 휴정의 문도 제월 경헌도 이를 가지고 제자들을 가르쳤다. 또 편양 언기의 적전인 풍담 의심(1592~1665)은 "나이 14세에 출가의 뜻을 품었고 수년 뒤에 원철대사(圓澈大師)로부터 사집(四集)을 배웠다"고 하고 있어,[49] 17세기 초에 이미 사집을 통한 교육이 이루어졌음을 알 수 있다. 사교과나 대교과의 체계도 17세기 이전에 갖추어졌을 가능성이 높은데, 16세기 중·후반 휴정이 학습한 경서 중 『원각경(圓覺經)』, 『능엄경(楞嚴經)』, 『법화경(法華經)』, 『화엄경(華嚴經)』, 『선문염송(禪門拈頌)』, 『전등록(傳燈

47) 履歷課程 중 四教에 『大乘起信論』이 아닌 대신 『法華經』이 들어 있고 『誡初心學人門』, 『般若心經』, 『禮懺』, 『自警文』, 『緇門警訓』 등이 포함된 沙彌科가 개설되지 않은 점이 다를 뿐 근현대의 승려교육과정 체제와 동일하다. 사미과는 늦어도 19세기 이전에는 성립된 것으로 보이는데, 19세기에 활동한 優雲 禹行(洪基, 1822~1881)은 知訥의 「初心章」, 元曉의 「發心章」, 野雲의 「自警章」을 읽고 四教를 배웠다고 한다(『東師列傳』 권5, 「優雲講伯傳」(『한국불교전서』 10, 1058쪽).

48) 『詠月堂大師文集』 「四集四教傳燈拈頌華嚴」(『한국불교전서』 8, 234~235쪽). 『영월당대사문집』은 1656년 金華山 澄光寺의 留刊本이 전해지는데 청학이 1654년에 입적하였으므로 이 글은 17세기 전반에 작성된 것으로 보인다.

49) 趙宗著, 1681 「普賢寺楓潭大師碑銘」(『한국고승비문총집』, 218~219쪽). 虛白 明照(1593~1661) 또한 13세에 출가하여 유정에게 구족계를 받고 四集의 『大慧書狀』과 『高峯禪要』를 청강하였으며 후에 이를 간행하였다(誨機, 1630 「跋」 『大慧普覺禪師書』(국립중앙도서관 일산古3717-94)).

〈표 5〉 이력과정의 체계와 구성

과정	서명	저자	내용상의 특징	비고
사집과	고봉선요	(원) 고봉원묘	간화선풍	
	대혜서장	(송) 대혜종고	〃	
	선원제전집도서	(당) 규봉종밀	선교겸수론	
	법집별행록절요사기	(당) 규봉종밀 / (고려) 보조지눌	〃	지눌 주석
사교과	원각경		원각, 종밀이 중시	
	금강경		심, 선종(6조 혜능) 중시	
	능엄경		심, 선 · 교종 모두 중시	
	(법화경→) 기신론		일심(一心)	17세기에 바뀜
대교과	화엄경		화엄교학	
	경덕전등록		선종 전등 계보서	
	선문염송	(고려) 진각혜심	간화선풍	

錄)』이 바로 사교과와 대교과의 서책에 해당한다.50) 이력과정의 각 단계에 들어간 책들의 면면은 〈표 5〉와 같다.

먼저 사집과는 고봉 원묘의 『고봉선요(高峯禪要)』, 대혜 종고의 『대혜서장(大慧書狀)』, 규봉 종밀의 『선원제전집도서(禪源諸詮集都序)』, 종밀의 저술에 보조 지눌이 주석을 붙인 『법집별행록절요병입사기(法集別行錄節要幷入私記)』이다. 앞의 『선요』와 『서장』은 중국 임제종 승려의 어록과 서간문으로 간화선풍의 습득과 함양을 위한 책이었다. 송의 대혜 종고는 간화선의 주창자로서 지눌 또한 그의 『어록(語錄)』을 읽고 계발되어 간화선을 수용하였으며 고봉 원묘는 간화선풍을 체계화시킨 원대의 승려로서 몽산 덕이와 함께 여말선초 이후의 선풍에 큰 영향을 미쳤다.51)

50) 『淸虛堂集』 권7, 「上完山盧府尹書」(『한국불교전서』 7, 719~721쪽).

51) 蒙山 德異의 영향에 대해서는 姜好鮮, 2001 「충렬 · 충선왕대 臨濟宗 수용과 고려불교의 변화」 『韓國史論』 46, 서울대 國史學科 참조.

벽송 지엄도 이들의 간화선풍을 계승하였고 휴정도 간화선 우위의 수행 방향을 제시하는 등 임제종 간화선은 조선시대 선종의 주된 기풍이었다.

뒤의 『도서』와 『절요』는 선교일치를 제창한 종밀의 저술과 그에 대한 지눌의 주석서로서 정혜쌍수(定慧雙修), 돈오점수(頓悟漸修)에 입각한 선교겸수론을 그 요체로 한다.[52] 종밀은 당말의 선종 종파를 크게 북종(北宗), 우두종(牛頭宗), 홍주종(洪州宗), 하택종(荷澤宗)으로 나누고 '선오후수(先悟後修)'의 하택종을 최고 단계의 선종에 위치시켰고 홍주종은 돈오문(頓悟門)에서는 유사하지만 점수문(漸修門)에 차이가 있다는 이유로 한 단계 아래로 배정하였다. 이는 선교겸수의 이론적 기제인 돈오점수론을 기준으로 한 것인데,[53] 종밀은 특히 하택종의 '공적지(空寂知)' 개념을 중시하였다. 여기서 '지(知)'는 작용으로서의 분별지(分別智)가 아닌 체(體)의 개현(開顯)으로서 체용(體用)과 성상(性相), 인과(因果)의 두 측면을 포괄하는 절대지(絶對知)의 성격을 갖는다.[54] 이를 근거로 종밀은 일상작용을 중시하는 홍주종에 비해 하택종이 더 우월하다고 본 것인데 진지(眞知), 영지(靈知)로도 불리는 본체로서의 지는 그의 선교일치론의 중요한 이론적 기반이 되었다.

하지만 이후 선종의 주류로 부상한 홍주종 측에서는 종밀에 대해 '지해종도(知解宗徒)'라고 비판하였고 마음의 작용에 본체론적 성격을 부여한 홍주종 계통이 선종의 대세로 자리 잡았다.[55] 휴정의 조사인 벽송 지엄 또한 『선요』와 『서장』을 읽고 의심을 깨뜨렸고 자신의 지해(知解)를

---

52) 앞의 「四集四敎傳燈拈頌華嚴」(『한국불교전서』 8, 234~235쪽).

53) 『都序』 권하1(『大正藏』 48, 407c). 頓悟漸修는 頓速하게 佛解한 뒤 비로소 修證하는 것이며 깨닫지 못한 상태의 수행은 眞修가 아니라고 설명한다. 또 法에는 不變과 隨緣, 人에는 頓悟와 漸修의 兩門이 있다는 내용도 『都序』에 나온다. 앞서 荷澤 神會는 '南(宗)頓 北(宗)漸' 설을 제기하였고 頓悟와 定慧를 강조하였다.

54) 荒木見悟 저 · 심경호 역, 2000 『佛敎와 儒敎-성리학, 유교의 옷을 입은 불교』, 예문서원, 162~164쪽.

55) 荒木見悟 저 · 심경호 역, 앞의 책, 164~174쪽.

떨치는 계기를 얻었다고 한다.[56] 종밀의 『법집별행록』을 요약하고 주석을 붙인 지눌의 『절요』에서도 홍주종과 하택종을 '직현심성종(直顯心性宗)'에 함께 배당한 『도서』의 선종 판석을 따르기는 했지만 하택종의 아래 단계에 홍주종을 배정한 종밀의 입장만큼은 수용하지 않았다. 대신 종밀의 돈오점수론을 계승하여 '교(敎)로 인해 마음을 깨치는[悟心]' 선교겸수의 방향성만을 채택한 것이다. 결국 사집과의 구성은 교학을 방편으로 용인한 선교겸수적 지향, 지해에 얽매이지 않는 간화선의 선양을 그 요체로 하며 이는 지눌의 수행체계 및 방식과 매우 유사한 구조를 가진다.

다음 사교과는 처음에 『원각경(圓覺經)』, 『금강경(金剛經)』, 『능엄경(楞嚴經)』, 『법화경(法華經)』으로 구성되었는데 이 책들은 이전부터 매우 중시된 경전들이었다.[57] 그 중 『금강경』, 『능엄경』, 『원각경』은 마음(心)의 문제를 중점적으로 다룬 것으로서 선종 성립의 이론적 토대를 제공한 경전들이다. 『금강경』은 6조 혜능(慧能)과 보조 지눌이 특히 중시한 경전이었고 『능엄경』은 선종이 주류가 된 송대 이후 그에 대한 관심이 매우 높아져서 유학자들도 애독하였다. 또 원각심(圓覺心)을 주제로 한 『원각경』은 종밀이 특히 중시한 경전으로 그에 대한 방대한 양의 주석서를 남겼는데 『능엄경』, 『대승기신론(大乘起信論)』과 함께 선교일치의 소의 경론으로 송대 이후 각광을 받았다. 이들의 공통점은 마음의 구조를 분석하고 본체와 작용에 관한 이론을 체계화시킨 것으로 선종과 교종 모두에서 중시되었다.[58]

---

56) 『三老行蹟』 「碧松堂大師行蹟」(『한국불교전서』 7, 752~754쪽).

57) 金映遂, 1939 『朝鮮佛教史藁』, 142쪽에서는 세조대 刊經都監에서 『圓覺經』, 『法華經』, 『金剛經』, 『楞嚴經』 등이 언해, 간행된 사실을 소개하였는데 이 책들은 四教科에 해당한다. 明에서도 이 경전들이 유행하였고 연구와 주석이 성행하였는데 이들 경전을 통한 禪教一致 경향의 강화는 송대 이후의 일반적 현상이었다.

58) 木村清孝 저 · 정병삼 역, 2005 『中國華嚴思想史』, 민족사, 300~306쪽. 중국 曹洞宗 계열 선승인 萬松 行秀의 『從容錄』 100則 중 經說을 주제로 한 5칙에는 『금강경』, 『능엄경』, 『원각경』이 들어 있고 『화엄경』도 다루고 있어 이력과정에 포함된 경전들이 중국에서도 중시되었음을 알 수 있다.

한편 『법화경』은 일승(一乘)사상인 천태(天台)교학의 소의경전으로서 중국은 물론 신라, 고려에서도 매우 중시되었고 조선전기에는 수륙재(水陸齋)와 같은 불교 의례나 신앙에서 『법화경』의 독송이 이루어지는 등 이론과 실천 양면에서 효용성을 크게 인정받았다. 『법화경』은 조선전기에 가장 많이 간행된 경전 중 하나였고,[59] 17세기 초까지 법화교학을 계승하는 전법 계보가 이어졌을 정도로 교학 전통에서 차지하는 비중이 작지 않았다.[60] 하지만 18세기의 자료를 보면 사교과에서 『법화경』이 제외되고 『기신론』이 대신 들어간 사실이 확인된다.[61] 현재로서는 17세기 후반의 어느 시점에서 이러한 변동이 생겼을 것으로 추정되는데, 침굉현변(枕肱懸辨, 1616~1684)의 「태평곡(太平曲)」에는 사집의 서책들과 사교의 『능엄경』, 『(금강)반야경』, 『원각경』, 『법화경』, 그리고 『화엄경』과 『기신론』을 학습하였다고 하고 있어[62] 『법화경』과 『기신론』을 함께 공부한 시기가 있었음을 알 수 있다.

이후 『기신론』이 사교과에 포함된 채 이력과정의 전통이 그대로 이어져 왔다. 『대승기신론』은 여래장(如來藏)과 유식(唯識)사상을 종합하여 일심(一心)의 구조를 체계적으로 규명한 논서로서 동아시아의 교학 발전상 가장 큰 영향을 미친 책으로 손꼽힌다. 『법화경』이 대중적 성격이 두드러진 반면 『기신론』은 논리적, 분석적 성격이 강하여 신앙적 측면에서

59) 남희숙, 2004, 앞의 논문에 의하면 『法華經』은 刊經都監에서 언해된 대중적 경전이었고 水陸齋 의례에서 독송되었으며 실천수행 및 신앙 차원에서 중시되었다고 한다. 16세기에도 『법화경』의 간행 빈도는 매우 높은 편이었다(손성필, 2007 앞의 논문).

60) 『大覺登階集』 권2, 「任性大師行狀後序」(『한국불교전서』 8, 323쪽). 登階正心-淨蓮法俊-白霞禪雲-靜觀一禪-任性忠彥으로 이어지는 교학 계보에서 법화교학을 특히 중시하였다.

61) 18세기 月波 兌律, 蓮潭 有一 등의 기록에서 四敎에 『起信論』이 포함된 사실이 확인되므로 그 이전에 변경이 있었을 것으로 보인다. 金映遂, 1939 『朝鮮佛敎史藁』, 162쪽에서는 『法華經』의 文義가 평이해서 『기신론』으로 대체되었다는 후대의 인식을 소개하였는데 충분한 설명이 되지는 못한다.

62) 『枕肱集』 「太平曲」(『한국불교전서』 8, 370쪽).

는 별로 효용이 없지만 강원 교육에는 훨씬 적합한 교재였다.[63] 또한 17세기 후반 이후 『화엄경』과 화엄교학의 연구와 강학이 교계의 대세가 되었고 법화교학은 거의 주목되지 않았는데 이러한 교학 풍토 속에서 선과 교의 공통 관심사인 마음의 구조를 밝힌 『기신론』이 『법화경』을 대체하게 된 것이다.

이력과정의 마지막 단계인 대교과에는 『화엄경(華嚴經)』, 『경덕전등록(景德傳燈錄)』, 『선문염송(禪門拈頌)』이 포함되었는데 이들 경서는 조선전기 승과(僧科)의 시험 교재였고 교종과 선종에서 가장 중시된 책들이었다.[64] 이러한 높은 위상을 반영하여 이력과정의 최고 단계인 대교과에 편입된 것이다. 먼저 『화엄경』과 화엄교학은 중국 화엄종의 3조 법장(法藏)과 4조 징관(澄觀)의 이론적 체계화에 힘입어 가장 수승한 일승사상으로서 교학의 최고봉에 올라설 수 있었다. 신라의 의상(義湘)이 중국 화엄종의 2조 지엄(智儼)에게 수학하고 해동(海東) 화엄종(華嚴宗)을 개창한 이래 화엄은 유식(唯識)과 함께 신라교학의 중심이었고 고려시대에도 법상종(法相宗)과 함께 교종의 양대 종단을 이루었다. 이러한 역사적 위상을 반영하여 조선전기에도 화엄은 교학 전통을 대표하는 것으로 인식되었고 화엄종이 교종의 별칭으로 쓰이기도 했다. 양종 혁파 후 승과도 폐지되고 화엄교학 또한 제대로 전수되지 못한 것으로 보이지만, 이력과정의 대교과에 『화엄경』이 들어감에 따라 그에 대한 관심과 이해가 다시 높아지고 원래의 위상을 되찾게 된 것이다.[65]

『경덕전등록』은 11세기 초에 나온 선종 계보서로서 부처의 심인을 전

---

63) 『法華經』은 一乘사상의 대표경전이며 『起信論』과 선종은 모든 중생의 成佛 가능성에 주목한 佛性사상에 기반하고 있다. 唐 이후 동아시아 불교의 축은 일승사상에서 불성사상으로 다시 전환되었다.

64) 高橋亨, 1929 「李朝佛敎」, 257쪽.

65) 전통적으로 「華嚴玄談」, 『華嚴經』의 十住, 十行, 十回向의 三賢, 그리고 「十地品」이 화엄강학의 주된 대상이었다.

수받은 마하가섭(摩訶迦葉) 이후의 인도 조사, 보리달마(菩提達磨) 이후 법안 문익(法眼文益)까지의 중국 선종 계보를 망라한 전등사서이며 선종 역사의 전체상을 그린 책이다.[66] 마음의 전수를 요체로 하는 선종의 계보 성립은 선종의 정체성 및 정통에 대한 인식이 반영된 것으로 『경덕전등록』은 중국은 물론 고려에서도 매우 중시되어 이를 토대로 한 많은 계보서와 전등사서가 나왔다. 다음 『선문염송』은 수선사 2세 사주 진각 혜심이 편찬한 책으로서 역대 조사들의 공안(公案)과 법어(法語), 게송(偈頌) 등이 수록되었다. 「구자무불성화간병론(狗子無佛性話揀病論)」의 저자이기도 한 혜심은 간화선의 화두(話頭) 참구 방안을 탐구하고 이론적 체계화를 시도한 이로서 『선문염송』 또한 간화선 수행기풍의 진작을 위해 펴낸 책이다. 고려 말에는 각운(覺雲)의 『염송설화(拈頌說話)』를 비롯하여 『선문염송』에 대한 주석서들이 나왔는데 이는 이 책이 당시 매우 중시되었음을 보여준다.

이력과정의 구성과 내용을 보면 종밀에서 연원하여 지눌로 이어진 선교겸수의 전통과 임제종 간화선풍의 결합 사실이 분명히 드러나 있다. 사집과의 구성은 선교겸수와 간화선풍의 지향을 확실히 보여주고 있으며 사교과도 선종과 교종 모두에서 중시된 마음과 관련된 경전들로 구성되었다. 대교과에는 교학의 대표격인 화엄과 선의 기풍 및 역사를 접할 수 있는 책들이 함께 들어 있는데 교학 중에서 화엄을 특히 중시한 지눌의 사상과도 일맥상통하며 또 지눌의 제자 혜심의 저술이 포함된 점에서도 그의 사상적 영향력을 가늠할 수 있다. 조선시대에 비록 지눌의 법맥 계보가 단절되었고 법통 인식에서도 정통이 아닌 별종(別宗)이나 산성(散聖)으로 인식되었지만 그럼에도 사상 및 수행방식 면에서 보조유풍(普照

66) 편찬자 道源은 法眼宗 승려이며 이 책에는 신라와 고려 선승 30여 명의 이름도 기재되어 있다. 『景德傳燈錄』은 1004년(景德 1)에 宋의 眞宗에게 봉헌되어 1006년에 출간되었고 고려에서는 1372년 왕명을 받아 쓴 李穡의 서문과 함께 간행하였다.

遺風)이 차지하는 비중은 작지 않았다. 또한 이력과정 구성은 간화선 우위의 선교겸수라고 하는 휴정의 수행 방향에 부합하는 교육체계였고 완비된 수행체계의 안정적 계승을 담보할 수 있는 중요한 기제가 되었다.

불서(佛書)의 간행 경향을 통해 시기별로 유행한 사상 및 신앙의 조류를 유추해 본다. 먼저 15세기에는 불교 경전이 주로 간행되었고 세조대의 간경도감(刊經都監)에서는 일반 대중을 위한 언해(諺解) 불서가 다수 출간되었다.[67] 이에 비해 16세기에는 고봉 원묘의 『선요』와 몽산 덕이의 『육도보설(六道普說)』 등이 많이 간행되었는데 이는 선종 위주로 교단이 재편된 것과 간화선이 수행상의 대세였음을 말해준다. 특히 주목할 점은 이력과정에 포함된 서책들의 간행이 16세기 후반부터 급격히 늘어나기 시작했고 17세기 전반에 집중적으로 이루어진 사실이다.[68] 이는 앞에서 살펴본 것처럼 이 시기에 이력과정 체계가 정비되기 시작하면서 그 수요가 크게 증가하였음을 보여준다. 특히 이력과정 중에서도 가장 먼저 완비된 것으로 보이는 『도서』, 『절요』, 『서장』, 『선요』의 사집과와 대교과의 『선문염송』 등이 빈번히 간행되었다.[69] 따라서 사집과는 16세기 후반에 이미 성립된 것으로 보이며 나머지 과정도 대체적인 틀이 잡혔을 것으로 추정된다.

법통과 수행체계 정립을 주도한 편양 언기는 1630년 경기도 삭녕의 용복사(龍腹寺)에서 휴정의 『청허당집(淸虛堂集)』을 새로 간행하였고 비슷한 시기에 30여 명의 장인(匠人)을 모아 5~6년간에 걸쳐 사집과, 사교과, 대교과의 서책들을 대량으로 간행하여 제산(諸山)에 배포하였다.[70] 이는

67) 崔柄憲, 1993 「『月印釋譜』 編纂의 佛教史的 意義」 『震檀學報』 75, 震檀學會.
68) 黑田亮, 1940 『朝鮮舊書考』, 岩波書店; 손성필, 2007 앞의 논문 참조.
69) 李智冠, 1969 『韓國佛教所依經典硏究』, 寶蓮閣 참조. 黑田亮, 1940 앞의 책, 47~64쪽에서는 四集 서책의 판본을 각각 4종에서 10종으로 파악하였는데 현재 각 책별로 10종 전후의 판본이 확인된다.
70) 『鞭羊堂集』 권2, 「經板後跋」(『한국불교전서』 8, 255쪽).

청허계의 대표 문파인 편양파가 이력과정의 정비와 보급에 앞장섰음을 보여주며 이력과정은 계파나 문파를 불문하고 수용되었다. 이력과정의 전체 구성을 최초로 기록에 남기고 그 내용을 구체적으로 설명한 영월 청학은 휴정의 법맥을 이었지만 처음에는 부휴 선수의 문도였고 그의 문집 서문을 부휴계 백곡 처능이 지었으며 지역기반 또한 부휴계와 겹치는 모습을 보인다.[71] 무엇보다도 청학은 송광사 보조유풍의 선양과 계승인식을 표명하였는데,[72] 이력과정에 나타난 지눌의 사상적 영향을 고려해 볼 때 청학은 물론 부휴계도 이력과정 정립에 적극 동참하였을 것으로 보인다.

이력과정의 성립으로 인해 강원의 강학 교육이 체계적으로 이루어지게 되었고 이는 큰 변화 없이 후대까지 지속되었다. 몇 가지 사례를 살펴보면, 먼저 18세기 편양파의 월파 태율(月波兌律)은 사집에 이어 『원각경』, 『능엄경』, 『기신론』 등 사교를 수료하였고 『화엄경』과 화엄의 현의(玄義: 玄談), 『선문염송』을 여러 스승으로부터 배웠다.[73] 또한 당대의 교학 종장이자 대둔사의 12대 종사였던 연담 유일은 20세부터 당시 10대 법사(法師)로 알려진 호암 체정, 설파 상언, 상월 새봉, 용담 조관, 영해 약탄 등에게 사집, 사교, 대교 과정의 경서들을 차례대로 수학하였다.[74] 유일은 대교의 『염송』을 전법 스승인 호암 체정에게 배워 선지(禪旨)를 익혔고 『화엄경』과 『십지론(十地論)』은 법형이자 최고의 화엄종장이었

71) 枕肱懸辯 撰, 1661 「詠月大師原始要終行狀」 『詠月堂大師文集』(『한국불교전서』 8, 235~236쪽)에는 청학이 "南國의 浮休 善修 문하에서 昇堂하였고 이어 西山의 休靜 문하에서 入室弟子가 되었다" 고 하였다. 그는 지리산 서쪽 金華山에 주로 머물렀다.

72) 『詠月堂大師文集』 「曹溪山妙寂庵重創記」; 「重修羅漢記」(『한국불교전서』 8, 227~228쪽)에서 청학이 曹溪山을 중심으로 知訥의 도량과 법을 다시 밝히고 事跡을 새로 세우려는 의식을 가졌음을 알 수 있다. 지눌에 대한 추숭 인식은 송광사를 근거지로 한 부휴계에서 주로 확인된다(金龍泰, 2006 「'浮休系' 의 계파인식과 普照遺風」 『普照思想』 25).

73) 『月波集』 「月波平生行跡」(『한국불교전서』 9, 675~676쪽).

74) 『林下錄』 附錄, 「自譜行業」(『한국불교전서』 10, 283~286쪽).

던 설파 상언에게 수학하였다. 한편 1778년(정조 2) 왕명에 의해 조사된 『누판고(鏤板考)』의 석가류(釋迦類) 책판에는 묘향산 보현사에 소장되었던 『대혜서』, 『고봉선요』, 『금강경』, 『원각경』, 『능엄경』, 『기신론』, 『화엄경』, 『전등록』 등의 명칭이 보이는데,[75] 이는 모두 이력과정의 서책들로서 18세기 후반에도 그 수요가 많았음을 보여준다. 조선후기의 이력과정 체계는 근대에 들어서도 강학(講學)의 전문과(專門科) 필수과목으로 채택되었고 또 30본산의 각 본사에서 시험을 보아 사교과 이상 수료자에게 대선(大選)의 법계가 주어졌다고 한다.[76] 당시 이러한 이수 과목에 대해 "교종(敎宗) 의리(義理)의 학문에 중점을 두고 선문(禪門)의 참구법(參句法)에는 힘을 쏟지 않는다"는 비판도 제기되었는데,[77] 조선후기에 이력과정을 통하여 선교겸수 및 교학 중시의 경향이 전통으로 굳어졌음을 역설적으로 보여 준다.

한편 17세기 전반에는 법통, 이력과정의 정립과 함께 수행체계의 정비가 이루어졌는데 그것은 삼문수업(三門修業)의 형태로 가시화되었다. 삼문수업은 휴정이 제시한 간화선 우위의 선교겸수 지향을 기반으로 하여 참선 수행의 일환으로 염불(念佛) 수행을 추가한 것이었다. 이는 당시 선종을 위주로 하여 교학 전통까지 포섭해야 했던 것과 마찬가지로 시대적 요청에 부응하여 염불정토 신앙을 수용하고 불교의 저변 확대를 도모한 것으로 이해된다. 앞서 휴정의 조사인 벽송 지엄 단계에서 "조사선(祖師禪)을 참구하고 여러 부처의 가르침을 간(看)하며 여가에 정토왕생(淨土往生)을 희구한다"는 수행관이 피력되었는데,[78] 16세기 전반에 이미 삼

75) 남희숙, 2004 앞의 논문. 이 책은 奎章閣 서적 정리사업의 일환으로 전국의 官衙, 書院, 寺刹, 私家에서 간행한 판본을 조사한 목록이다.

76) 高橋亨, 1929 『李朝佛教』, 881~882쪽.

77) 李能和, 1918 『朝鮮佛教通史』 하편, 990쪽.

78) 高翊晋, 1984 「祖源通錄撮要의 출현과 그 史料 가치」 『佛教學報』 21, 東國大 佛教文化硏究院에서 智嚴의 「跋文」(『祖源通錄撮要』) 내용 재인용.

문수업 체계의 성립이 예고되었던 것이다.

선, 교, 염불의 종합적 수행 방향은 휴정의 『선가귀감』에서 '경절문(徑截門), 원돈문(圓頓門), 염불문(念佛門)'의 삼문으로 제시되었다.[79] 이 삼문 체계를 구체화시킨 것은 편양 언기로서 그는 다음과 같이 삼문을 규정하였다. 먼저 경절문에 대해서는 "공안(公案)을 들고 의단(疑團)을 일으키되 마음을 오로지 다하는 간화선"이며 "상근기를 위해 바로 마음을 가리키는 격외선풍(格外禪風)의 선문(禪門)"이라고 설명하였다. 다음 원돈문은 "무명(無明)에 덮이지 않은 본래의 마음을 반조(返照)하는 것"으로 교학에 해당한다고 보았고, 염불문은 "서방정토(西方淨土)를 생각하는 마음이 곧 부처라고 하는 자성미타(自性彌陀)의 염불법"으로 정의하였다. 즉 자신의 마음과 본성이 바로 정토이고 아미타불이라는 선정(禪淨)일치론의 시각을 표명한 것이다. 또한 언기는 삼문에 해당하는 사람의 근기는 각각 다르지만 법은 하나이며 선과 교, 염불 모두가 일심문(一心門)에서 나왔다고 하여 삼문이 근원에서는 같음을 주장하였다.[80]

그런데 조선후기의 이 삼문 체제는 지눌이 제시했던 3문의 수행체계와 얼핏 보아 유사한 측면이 많다. 지눌은 마지막 저술인 『절요』에서 '성적등지문(惺寂等持門), 원돈신해문(圓頓信解門), 간화경절문(看話徑截門)'의 3문을 정리하였다. 이 3문은 6조 혜능의 『단경(壇經)』, 이통현의 『신화엄경론(新華嚴經論)』, 대혜 종고의 『어록』에서 영향을 받은 것으로 각각 정혜쌍수(定慧雙修), 선과 화엄의 융합, 돈오(頓悟)와 점수(漸修)를 통

79) 『青梅集』 권하, 「西山大師祭文」(『한국불교전서』 8, 155쪽)에서 青梅 印悟는 스승 휴정이 禪風을 정리하고 三門을 열어 불교의 방향을 제시하였다고 평가하였다. 삼문의 수행체계에 대해서는 李鍾壽, 2010 「조선후기 불교의 수행체계연구-三門修學을 중심으로」, 東國大 史學科 博士學位論文에서 구체적으로 밝혔다.

80) 『鞭羊堂集』 권2, 「禪教源流尋釼說」(『한국불교전서』 8, 256~257쪽). 『편양당집』 권3, 「上高城」(『한국불교전서』 8, 262~263쪽)에서도 방편상 셋이지만 법은 하나임을 강조하였다.

합하는 간화선을 지향한 것이다.[81] 그런데 조선후기 삼문의 경절문과 지눌의 간화경절문은 같은 내용이지만 원돈문과 원돈신해문은 명칭만 유사할 뿐 그 성격이 다르다. 지눌의 원돈신해문은 공적영지(空寂靈知)와 근본보광명지(根本普光明智)를 결부시켜 마음의 본체적 측면을 강조하면서 자신의 마음이 곧 부처임을 믿고 수행해야 한다는 돈오점수의 방향을 제시한 것이었다.[82] 이에 비해 언기의 원돈문 해석을 보면 원돈신해문과 같은 의미에서 '본래의 마음을 반조' 하는 수행법으로 정의하면서도 이를 교학으로 규정하여 차이를 보인다. 즉 원돈문은 "망상과 집착에 빠진 하근기를 위해 의리를 세우고 언어로 이해시키는 교문(教門)" 으로 이해되었다.[83]

조선후기 삼문과 지눌 3문의 가장 큰 차이는 무엇보다도 정혜쌍수의 방향을 제시한 성적등지문을 빼고 염불문을 넣었다는 점이다. 선, 교, 염불을 포괄하는 삼문은 각기 다른 수행방식을 종합하여 모은 것이었고, 지눌의 3문은 정혜쌍수와 돈오점수, 즉 선교겸수의 방향을 기조로 하여 가장 수승한 간화선 수행을 마지막 단계에 배치한 것으로서 양자의 구조와 의미는 전혀 달랐다. 이 점에서 "조계산에는 선종, 교종, 염불종의 3종이 있으며 창사 이래 이를 모두 겸행하였다" 는 설명이나[84] 경절문과 원돈문을 '습정균혜(習定均慧)의 추요' 로 보고 정토문을 '제세도생(濟世度生)의 방편' 으로 이해하면서[85] 지눌을 '삼문의 종주' 로

81) 최연식, 2008 「知訥 禪思想의 思想史的 검토」『東方學志』144, 연세대 國學硏究院 참조.

82) 최연식, 앞의 논문에서는 「圓頓信解門」이 荷澤宗의 '靈知' 와 李通玄 『新華嚴經論』의 '根本普光明智' 를 결부시킨 것으로 荷澤 神會 계통의 선사상과 馬祖 道一 계통의 祖師禪을 결합시키는 사상적 시도로서 의미가 있으며 또 선교융합의 의미를 지닌다고 평가하였다.

83) 앞의 「禪教源流尋劒說」(『한국불교전서』 8, 256~257쪽).

84) 『茶松文稿』 권2, 「本寺革罷念佛堂感想說」(『한국불교전서』 12, 765쪽).

85) 『다송문고』 권1, 「宗師契案序」(『한국불교전서』 12, 690~691쪽).

평가한 후대의 인식은[86] 조선후기 삼문과 지눌의 3문을 혼동한 전형적인 오류였다.

휴정 당시에는 좌선과 간경, 염불은 물론 진언다라니(眞言多羅尼)와 같은 다양한 흐름의 수행방식이 공존하였는데,[87] 전통을 모두 포섭해야 했던 시대 상황을 반영하여 이러한 종합적 삼문체계가 등장하게 된 것이다. 하지만 이 '종합'이 모든 방식을 다 해야 한다는 '전수(全修)'를 의미하지는 않으며 선을 중심으로 교학과 염불 수행을 병행할 수 있다는 차원에서의 포괄적 종합이라 할 수 있다. 즉 무조건적인 통합이나 무분별한 회통이라기보다 각 수행방식의 독자성이 용인되는 열려 있는 공존 체계로 해석된다. 1769년에 나온 『삼문직지(三門直指)』에서는 "삼문이 서로 다르지만 그 본질은 같다"고 하여,[88] 근원적 일치와 개별적 차이 모두를 인정하고 있다. 조선후기에는 선, 교, 염불의 전통이 모두 명맥을 이어갔고 하나의 수행에 집중하는 '전수(專修)'를 기본 전제로 하여 다른 수행방식도 겸하는 '겸수(兼修)'의 형태가 적지 않게 나타난다. 부휴계 무용 수연의 제자 중에서 교는 영해 약탄(影海若坦), 선은 보응 위정(普應偉鼎), 염불은 완화 처해(玩華處解)가 가장 뛰어났다는 평가를 보면,[89] 전수(專修)를 기반으로 한 겸수의 지향을 읽을 수 있다.

앞에서 '선주교종(禪主教從)'의 사교입선(捨教入禪)이나 '교주선종(教主禪從)'에 대해 언급하였는데 선교겸수의 방향성에 입각한 교학의 전수(專修) 사례도 상당수 찾아 볼 수 있다. 먼저 정관 일선에게 교학을 가르쳐 준 백하 선운(白霞禪雲)은 벽송 지엄의 전법스승인 정심(正心)에게 교를 전수받은 정련 법준(淨蓮法俊)에게 교학을 배웠다. 법준

86) 『念佛要門科解』(『한국불교전서』 12, 426~427쪽).

87) 『淸虛堂集』 권2, 「寄東湖禪子書」(『한국불교전서』 7, 725쪽). 이후 蓮潭 有一이나 影波 聖奎도 '誦呪'를 禪定 공부의 한 방식으로 용인하였다.

88) 振虛捌關, 1769 「三門直指序」 『三門直指』(『한국불교전서』 10, 138~139쪽).

89) 『無用堂遺稿』 「無用堂大禪師行狀」(『한국불교전서』 9, 365~366쪽).

은 『법화경』의 대가로 유명하였는데 동문 격인 지엄도 『법화경』을 강의하였고 일선 또한 『법화경』의 강경과 간행에 힘썼으며[90] 제자 임성 충언(任性忠彥)에게도 법화교학을 전수하였다.[91] 법준–선운–일선–충언으로 이어지는 이 계보는 교학의 전수(專修)적 경향을 잘 보여주는데 이들의 사례와 이력과정에 『법화경』이 포함된 사실에서 16세기와 17세기 초까지 법화교학이 매우 중시되었음을 알 수 있다. 한편 이력과정 체계를 처음으로 제시한 영월 청학은 간화선의 맹목성에 대해 비판하면서 교에 의한 단계적 수행 방식의 중요성을 강조하였다. 그는 문자(文字: 교)보다 참구(參句: 간화선)를 중시해야 한다는 지적에 대해, "멀고 높은 것은 가깝고 낮은 것에서 시작하여야 하며 이(理)는 사(事)에서 드러난다. 교(教)를 버리면 어디에 근거할 것인가? 교화에 억양(抑揚)이 있는 것은 성인(聖人)의 상규(常規)이지만 수행에 취사(取捨)가 있는 것은 학자의 병(病)이다"라고 주장하였다.[92] 이는 선교겸수론에 입각하여 교의 필요성을 역설한 내용이다. 삼문수업의 방향을 체계화시킨 편양 언기도 선교겸수의 틀 속에서 교학을 중시하였다. 그는 종밀의 『도서』, 『원각현판(圓覺懸判)』과 함께 『천태사교(天台四教)』를 가지고 후학을 지도하였고,[93] 도덕이 높고 문장이 뛰어난 역대의 승려로 우두종(牛頭宗) 청량 징관, 하택종 규봉 종밀, 법안종 영명 연수 등을 들면서 휴정과 유정을 이들에 비견하였다.[94] 화엄종 조사인 징관과 종밀을 선종 승려로 본 것이지만 선교일치를 주장한 교학승과 선승을 높이 평가하고 휴정 등을 그에 견준 것

90) 『靜觀集』「靜觀集序」; 「印經後跋」(『한국불교전서』 8, 23~24쪽; 30쪽).

91) 『大覺登階集』 권2, 「任性大師行狀後序」(『한국불교전서』 8, 323쪽).

92) 『詠月堂大師文集』「抄出法數遮眼而坐有客非之故因爲此偈」(『한국불교전서』 8, 233~234쪽).

93) 편양 언기의 禪教에 대한 인식은 앞의 「禪教源流尋釰說」(『한국불교전서』 8, 256~257쪽)에 잘 드러나 있다.

94) 『鞭羊堂集』 권3, 「謝南陽處士書」(『한국불교전서』 8, 261쪽).

은 선교겸수의 지향과 교학의 가치를 인정하였기에 가능한 일이었다.

다음으로는 선과 교와 함께 삼문의 한 축이었던 염불문에 대해 검토해 본다. 염불 정토신앙은 중국에서 5세기 초에 여산(廬山) 혜원(慧遠)이 백련사(白蓮社) 염불결사(念佛結社)를 조직하면서 본격화되었고 당의 도작(道綽)과 선도(善導)를 거치면서 칭명염불(稱名念佛)이 일반화되고 정토교(淨土敎)로 발전하였다. 이후 혜일(慧日) 등이 정토교와 나른 종파를 융합하는 시도를 하였고 송대 이후 선종과 정토교가 교계의 대세를 이루면서 염불선(念佛禪)의 형태로 나타났다. 북송대의 화엄종 조사인 장수자선(長水子璿)은 화엄과 선, 염불을 결합한 수행 방향을 제시하였고,[95] 법안종의 영명 연수는 불성(佛性)이 내재한 마음을 근거로 하여 '자성미타(自性彌陀) 자심정토(自心淨土)'를 요체로 하는 선정(禪淨)일치론을 주장하였다.[96] 선과 염불이 결합된 염불선은 정토왕생을 자력에 의한 깨달음의 길로 이해한 것이었고 아미타불의 원력(願力)에 의한 타력적 정토신앙과는 구별된다.

고려시대에도 염불정토의 자력수행과 타력신앙의 두 측면이 공존하였지만 지눌은 염불을 하근기를 위한 방편으로 보아 타력신앙의 차원으로 이해하였고 염불정토를 수행방안으로서 중시하지는 않았다. 하지만 원에 유학한 태고 보우나 나옹 혜근, 그리고 조선 초의 함허 기화 등 이후의 선승들은 염불을 자력수행의 방식으로 인정하는 모습을 보인다.[97] 원대에는 임제종 간화선과 함께 정토교가 성행하였고 여말선초의 불교계에도 그 영향이 미친 것이다. 그 결과 조선후기에 이르러 자력적

95) 木村清孝 저 · 정병삼 역, 2005『중국화엄사상사』, 민족사, 261쪽.

96)『岩波佛教辭典(二版)』(2002 岩波書店)의 淨土敎 항목과 앞의『중국화엄사상사』참조. 도작은 聖道門(難行道)과 淨土門(易行道)을 구분하였고 영명 연수는 선과 교, 염불 등의 근원을 眞心으로 설명하였다.

97) 高橋亨, 1929『李朝佛教』, 89~93쪽.

인 염불선 방식이 염불문 형태로 수행체계 안에 포섭되었고 타력적 정토신앙과 함께 성행하였다.[98] 청허 휴정은 "참선과 염불이 마음을 닦고 깨달음을 얻을 수 있다는 점에서 본질적으로 같다"고 하여[99] 염불선을 수행방안으로 인정하고 염불문을 열었던 것이다. 그는 또한 "미혹한 사람은 염불왕생하고 깨달은 사람은 스스로 그 마음을 깨끗이 한다"고 하여[100] 하근기 중생의 타력신앙과 상근기의 자력적 염불선 수행을 모두 용인하였다. 이러한 방향성은 부휴계에서도 나타나는데 부휴 선수는 격외선과 함께 정토를 중시하였고,[101] 백암 성총은 『정토보서(淨土寶書)』를 편록, 간행하여 염불문의 내실을 기하였다.

염불문 수행은 참선의 일환인 염불선의 형태를 주로 취하였다. 『선문염송』과 화엄 원돈법(圓頓法)에 정통하였다고 하는 편양파 용담 조관은 50세 이후 문자 공부와 의해지견(義解知見)을 버리고 참선 수행에 진력하였으며 만년에는 유심자성(唯心自性)과 적조염불(寂照念佛)을 강조하며 염불수행에 전념하였다.[102] 또한 유명한 강사였던 풍악 보인(楓嶽普印)도 만년에 강설(講說)을 그만두고 염불과 좌선삼매에 빠졌으며,[103] 월파 태율은 "격외선(格外禪)을 참구하고 하룻밤 꿈에 서천(西天)에 이른다"고 하여 선과 염불정토를 동시에 추구하였다.[104] 연담 유일도 염불문

98) 宗梵, 1995 「朝鮮後期의 念佛觀」 『中央僧伽大學論文集』 4 참조.

99) 『心法要抄』 「念佛門」·「念頌」(『한국불교전서』 7, 650~651쪽). 휴정은 '參禪卽念佛'과 함께 '自性彌陀' 등을 강조하였다.

100) 『禪家龜鑑』(『한국불교전서』 7, 640~641쪽). '迷人念佛求生 悟人自淨其心'.

101) 忽滑谷快天, 1930 『朝鮮禪敎史』, 409~411쪽에서는 『浮休堂集』의 詩文에서 看話禪風과 禪淨兼修의 풍모를 볼 수 있다고 평가하였다.

102) 『龍潭集』 「龍潭大師行狀」(『한국불교전서』 9, 693~694쪽). 龍潭 慥冠은 '講壇虛弄說玄奇 看經縱許年青日 念佛偏宜髮白時'라는 시를 남겼고 「遺偈」에서는 "먼저 九品蓮臺에 올라 彌陀 옛 주인을 우러러 대한다"고 하면서 法友에게 사후에 아미타 불공을 올려달라고 청하였다.

103) 李福源, 1774 「榆岾寺楓嶽堂大禪師浮屠碑銘」(『한국고승비문총집』, 496~498쪽).

104) 『月波集』 「閑居卽事」(『한국불교전서』 9, 661쪽). '參詳格外禪 一夢到西天'.

을 자심정토·자성미타의 선정자력문(禪定自力門)으로 이해하여 선 수행과 동일시하였다. 19세기의 범해 각안은 대둔사에서 무량회(無量會)를 열면서 "아미타불을 협시하는 대세지보살(大勢至菩薩)은 염불로 사람을 제접하고 관음보살(觀音菩薩)은 참선으로 대중을 가르치니 염불과 참선은 두 개의 이치가 아니다"라고 하여 염불과 선의 합일을 주장하였다.[105)]

이들 사례에서도 나타나지만 염불문의 수행은 주로 만년에 행해지는 경우가 많았다. 17세기 후반 석실 명안(石室明安)은 선을 배운 후 백암 성총에게 교를 수학하고 화엄원융(華嚴圓融)의 취지를 전수받았는데 만년에는 염불왕생문에 귀의하여 70명이 참여한 염불결사(念佛結社)를 조직하고 서방도량(西方道場)을 결성하였다.[106)] 추파 홍유(秋波泓宥)도 선과 교를 모두 배웠지만 만년에는 선과 교, 두 문도의 병폐를 지적하고 염불왕생문을 교화 방편의 요체로 삼았다.[107)] 또한 18세기의 기성 쾌선(箕城快善)은 선과 화엄을 모두 수학한 후 말년에 『염불환향곡(念佛還鄕曲)』을 저술하여 염불정토문의 입장에서 선과 교를 포섭하고자 하였다.[108)] 쾌선은 선문과 교문은 근기에 차등을 두지만 염불문은 선과 교, 범인과 성인, 선과 악을 모두 포괄하고 수행의 단계를 제하하지 않아 가장 뛰어나다고 보았는데 이러한 인식은 '사교염서(捨教念西)'라는 그의 표현에 잘 드러나 있다.[109)]

---

105) 『梵海禪師文集』「無量會重修募緣疏」(『한국불교전서』 10, 1094~1095쪽).

106) 『百愚隨筆』 附錄, 「石室先師行狀」(『한국불교전서』 9, 166~168쪽).

107) 『秋波集』 권2, 「靈源萬日會序」(『한국불교전서』 10, 72쪽). 泓宥는 '一念彌陀佛 直往西方極樂教' 라는 臨終偈를 남겼다.

108) 이종수, 2008 「18세기 기성쾌선의 念佛門 연구」 『普照思相』 30 참조. 『念佛還鄕曲』은 故鄕을 찾아가는 도중에 禪과 華嚴을 접하지만 결국 阿彌陀佛을 稱名하면서 고향에 돌아간다는 내용이다.

109) 『念佛還鄕曲』(『한국불교전서』 9, 650~659쪽). 편양파 화엄종장인 雪坡 尙彥도 만년에 지리산 靈源庵에서 10년간 염불을 일과로 삼았다고 한다.

한편 염불문의 교학적 위상과 수행의 성격에 대한 논의도 일어났다. 먼저 경암 응윤(鏡巖應允)은 명의 지욱(智旭)이 『아미타경』을 원돈교(圓頓教)에 배정한 예를 들면서 『화엄경』과 함께 『아미타경』도 원돈교에 해당한다고 주장하였다.[110] 그는 '칭성(稱性)'의 측면에서 『아미타경』과 『화엄경』이 서로 부합하며 '총상(總相)'의 관점에서도 일체 방편은 모두 염불의 방편으로서 염불문과 원돈문이 일치한다고 보았다. 다른 한편 염불문의 성격을 타력신앙이 아닌 자력수행에 한정시켜야 한다는 의견도 제기되었다. 즉 백파 긍선은 염불을 취사선택하여 수심(修心)을 권면해야 한다고 주장하면서[111] 서방왕생은 진승(眞乘)이 아니며 상근기의 염불만 서래밀지(西來密旨)와 부합된다고 보아,[112] 염불선의 자력수행에 국한하여 염불문을 이해하였다. 이처럼 염불문은 원돈문의 화엄과 같은 위상을 가지는 한편 경절문의 간화선과도 결합될 수 있는 유력한 수행방안으로서 삼문의 한 축을 이루게 된 것이다.

110) 『鏡巖集』 권하, 「碧松社答淨土說」(『한국불교전서』 10, 452~454쪽).

111) 『修禪結社文科釋』 「料揀念佛結勸修心」 第八(『한국불교전서』 10, 538~540쪽). 대부분의 내용은 지눌의 글을 인용한 것이다.

112) 『수선결사문과석』 附錄, 「三根念佛辨」(『한국불교전서』 10, 551~552쪽).

2장

18세기 강학의 성행과 화엄교학의 중시

1. 강학을 통한 교법 전수와 주석서 찬술
2. 화엄교학 중시의 역사적 배경과 양상

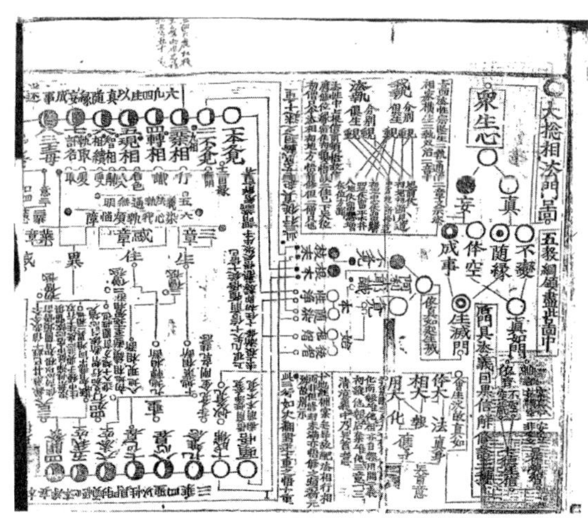

〈『제경회요』 대총상법문도〉

1. 강학을 통한 교법 전수와 주석서 찬술

17세기 전반 이력과정과 수행체계가 정비된 후 그 내용을 교육하고 전승하는 강학(講學)이 정착되었고 강경(講經) 이해를 위한 사기(私記)가 다수 만들어졌다. 조선후기는 법맥상으로 선종의 임제법통을 표방하였고 수행체계도 간화선 우위의 선교겸수를 지향하였지만, 강학을 통해 교학에 대한 이해가 심화될 수 있었다. 선의 깨달음과 사법 전승은 '이심전심(以心傳心)'을 통해 이루어지고 또 '불립문자(不立文字)'를 표방하는 관계로 시문이나 승려의 행장 등에서 선의 기풍과 참선 수행에 매진한 이력은 알 수 있지만 그 내용과 실체를 파악하기는 어려움이 있다. 반면 교학 학습의 양상은 자료를 통해 확인이 가능한데 그럼에도 조선후기의 교학 전통에 대한 역사적 이해는 상당히 부족한 실정이다. 이에 교학의 성행과 계승 측면에 주안점을 두어 살펴보고자 한다. 17세기 후반 이후 18세기에는 교학을 원론적으로 배제하고 선종의 절대적 우위를 강조하는 모습은 거의 보이지 않으며, 법맥상 선종 승려임에도 교학 학습에 평생 매진한 사례가 다수 확인되는 등 선과 교의 공존 양상이 나타났다.

이러한 '외선내교(外禪內敎)' 경향의 강화로 인해 교학 강습과 강맥 전수가 법맥상의 사승관계를 결정짓는 중요한 요인이 되기도 하였다. 김영수(金映遂)는 편양파 월저 도안의 대회(大會) 이후 교단이 경쟁적으로 경론 강학에 치중하였고 강경사(講經師)를 전등(傳燈)의 표준으로 삼는 풍조가 생겼음을 지적하면서 강경석(講經席)을 전하는 것을 '전강(傳講)', 전강 후 강회를 처음 여는 것을 '개강(開講)'이라 하였다고 설명한다.[113] 또 강학 내용의 토대가 되는 사기(私記)의 전수가 전강의 신표였다는 주장도 있다.[114] 이는 교학이 간화선 수행에 앞선 방편적 입문 단계에 머물지 않고 선교겸수의 측면에서 수행의 중요한 한 축으로 기능하였음을 의미한다. 여기서는 강학의 성행 양상을 다시 한 번 조명하고 '교법(敎法)의 전수'가 '전법(傳法)'으로 인정된 사례를 살펴본다.

17세기 후반부터는 교학이 중시되고 강학과 주석서 편찬이 성행하였는데 이는 각 계·문파의 주류 승려들에게 나타난 일반적 현상이었다.[115] 최대 문파인 청허계 편양파에서는 풍담 의심 이후 상봉 정원과 월저 도안이 강학으로 유명하였고 다음 대인 환성 지안, 설암 추붕 또한 강석으로 이름을 알렸으며 18세기에 활동한 상월 새봉, 설파 상언, 연담 유일, 인악 의첨 등도 강학과 사기 편찬으로 당대 교학 종장의 반열에 들었다. 예를 들어 환성 지안과 상월 새봉의 화엄대회에는 무려 1,000명이 넘는 대규모 청중이 운집하여 명성을 떨쳤고 대둔사의 12대 종사이기도 한 연

113) 金映遂, 1939『朝鮮佛教史藁』, 162~163쪽.

114) 奉先寺 楞嚴學林, 2004『華嚴淸凉疏鈔懸談記-遺忘記(天字卷-荒字卷)』, 동국역경원의 「刊行序」.

115) 편양파 月潭 雪霽, 霜峰 淨源, 부휴계 白谷 處能, 暮雲 震言 등 다수의 고승들이 모두 講經業에 종사한 것으로 평가된다(김영수, 앞의 책, 160~162쪽).

담 유일은 30년간 전국의 크고 작은 사찰과 암자에서 선과 교를 강설하였다. 19세기에는 영허 선영(映虛善影)이 "강장(講場)에 주유하여 남북에 이름을 떨친 것"으로 높이 평가되었고 용호 해주(龍湖海珠)는 화엄의 종주(宗主)로 추대되었다. 또 교남대강주(嶠南大講主)로 칭해진 환경 우인(幻鏡雨仁)의 경우 남북 강사(講肆)의 이름난 학승들이 그 문하에서 배출되었다고 한다.[116] 화악 지탁(華嶽知濯)의 『삼봉집(三峯集)』에는 수법제자(受法弟子), 수선제자(受禪弟子)로 구분하여 선교를 포괄하는 법과 선 자체의 사승관계를 나눈 점이 주목된다.[117]

청허계와 마찬가지로 부휴계 또한 백암 성총, 무용 수연, 묵암 최눌로 이어지는 적전 계보 대부분이 교학에 정통하였고 강학으로 널리 알려졌다. 무용 수연의 경우 득도사인 혜관(惠寬)이 선교겸수를 특히 강조하였고 침굉 현변에게 교를 배워 원돈(圓頓)의 이치를 깨달았다. 수연은 백암 성총의 법을 잇고 성총의 불서 간행에 참여하였으며 선암사의 화엄회(華嚴會) 때는 스승을 시종하였다. 또 송광사에서 영·호남의 승려 300여 명이 모여 『화엄』과 『염송』을 강할 때 그 강석을 담당하기도 하였다. 한편 묵암 최눌이 편찬한 『제경회요(諸經會要)』의 「불조종파도(佛祖宗派圖)」에는 선수 이후 적전의 계보와 함께 벽암 각성의 방계로 모운 진언(慕雲震言)-보광 원민(葆光圓旻)-회암 정혜(晦庵定慧)로 이어지는 계보가 특기되어 있는데,[118] 이 계열은 강학을 통해 부휴계의 교학 전통을 드높인 것으로 유명하다. 이처럼 계파나 문파를 불문하고 수많은 강학의 대가들이 배출되었고 수백 명 이상이 참여하는 대규모 강회가 성행하는 등 18

116) 權相老, 1917 『朝鮮佛敎略史』, 242~244쪽과 248~249쪽.

117) 『三峯集』 「跋」(『한국불교전서』 10, 481쪽)의 말미에는 受法, 修禪, 受戒 제자명이 각각 부기되었다. 화악 지탁의 적전인 華潭 敬和는 '受法'에 기재되어 있는데 경화의 「行狀」(『한국불교전서』 10, 485쪽) 뒤에도 受法과 受禪으로 구분하여 문도 이름을 적고 있다.

118) 『諸經會要』 「佛祖宗派圖」(『한국불교전서』 10, 56~57쪽).

세기는 특히 강학의 전성시대였다고 할 수 있다.[119)]

조선후기에 이루어진 강회(講會)의 구체적 모습은 대둔사의 사례에서 찾아 볼 수 있다. 대둔사는 편양파와 소요파가 공조하여 12대 종사와 강사를 배출하였고 그것을 매개로 팔도의 종원(宗院)을 표명한 강학 전통의 상징적 공간이었다. 이 대둔사 강회에는 경전 수업을 받는 승려들만 참여하였는데 규모는 백여 명을 넘지 않았지만 늘 '지경수과(持經修課)' 하는 교학승들이 머물렀다고 한다. 또 강사는 해당 분야의 이름난 학승을 초빙하여 방장실(方丈室)을 별도로 마련해 주었다.[120)] 19세기에 들어 대둔사의 강회 횟수가 점차 줄어들자 다음과 같은 강회 부흥 방안이 제기되었는데,[121)] 그 내용에서 강회의 구체적 모습이 확인된다. 즉 "대둔사 강회에 계급(階級)을 만들고 10년에 한 차례 대둔사 표충사(表忠祠) 제향일에 여러 대사들을 추천하여 한 사람을 의논해 정한다. 그를 모시고 와서 침계루(枕溪樓) 위에 그 당호(堂號)를 내걸게 한다. 강의를 하려면 책을 들고 오는 대중이 100명을 넘어야 허락하고 대사의 이름을 '전등(傳燈)의 계보'에 기재하면 선문(禪門)이 높아지고 명사(名師)가 배출될 것이다. 영남은 가야산 해인사에 밀양의 표충사를 이설하여 이와 같은 방법을 쓰면 좋을 것이다"라고 하여 강회의 활성화 방안이 모색되었다.[122)] 여기서 강회의 규모와 강사 초빙 방식, 강회 전수가 전등계보에 등재된 사실, 그리고 사격(寺格)을 유지하는 데 표충사가 구심점이 된 것과 자기 사찰이나 지역 단위를 넘어선 공통의 문제의식 등을 확인할 수 있다.

---

119) 金映遂, 1939 『朝鮮佛教史藁』, 162~164쪽. 한편 김상현, 2006 「유생들도 감탄했던 강학(講學)의 전통과 그 풍경」 『불교와 문화』 1-2에는 편양파 月潭 雪霽, 喚惺 志安, 부휴계 翠微 守初, 暮雲 震言 등의 講學 풍경에 대해 洪萬宗 등 유학자가 見聞한 내용이 소개되어 있다.

120) 「講會錄序」(『大芚寺志』, 55~56쪽).

121) "10년 이래 종풍이 더욱 쇠하여 이 大芚寺의 講會 또한 적어졌다"고 기록되어 있는데 『大芚寺志』는 1820년대 초에 완성되었다.

122) 앞의 「강회록서」.

강학의 성행은 문파별로 선파와 교파, 선종과 교종을 나누는 풍조를 낳았다. 조선후기의 법맥은 선종의 사자전승 계보를 위주로 한 것이기에 교종보다는 선종 쪽에 정통성을 부여하는 것이 일반적이었지만 일부에서 원래 선종 법맥이던 것을 교종 계보로 인식하였다는 사실 자체가 강학이 성행했던 시대 분위기를 반영한다. 18세기에 선과 교를 구분하여 인식한 대표적 사례는 다음과 같다. 편양파에 속한 설송 연초(雪松演初)의 제자 태허 남붕(太虛南鵬)은 휴정의 문도가 사명 유정 계통의 교파와 편양 언기에서 환성 지안으로 이어지는 선파의 두 파로 나뉘었다고 하면서 스승 연초는 양쪽의 법을 모두 전수받았고 이로 인해 청허계가 하나가 되었다고 주장하였다.[123] 연초는 처음에 사명파 춘파 쌍언(春坡雙彥)의 제자인 석제(釋霽)에게 배웠고 뒤에 편양파 환성 지안의 법을 이었는데 이를 선과 교 양종에 통달하고 양쪽의 법을 모두 전수하였다고 평가한 것이다. 이러한 통합적 인식은 이들 사제가 유정을 주향하는 밀양 표충사의 사액 청원을 주도하고 그 운영을 맡게 되면서, 법맥상 편양파임에도 사명파와의 연고를 부각시키려는 의도에서 나온 것으로 보인다.[124] 유정은 교학을 배우기는 했지만 휴정의 선을 전수받아 전법제자가 된 인물이었고 그의 뮤손 허백 명조도 완허 워주에게 교를 수학한 후 유정의 적전 송월 응상에게 선을 배워 그 법을 계승하였다. 이처럼 다른 문파와 마찬가지로 17세기 사명파의 전법 기준은 교가 아닌 선이었고 더욱이 청허계 주류 문파의 위상을 가졌다.[125] 그럼에도 18세기에 사명파의 계보를 교파로 비정하고 선과 교의 두 가지 흐름을 설정하여 양자를 연결시키려 한 것은 사명파가 편양파에 비해 세력이 약화된 사실을 반영하는 한편 선과 동일한 차원에서 교학 전승을 통한 법맥의 전수

123) 李天輔, 1754 「通度寺雪松堂大師碑銘」(『한국고승비문총집』, 258~259쪽).

124) 김용태, 2007 앞의 논문 참조.

125) 『虛白集』 「虛白堂詩集序」(『한국불교전서』 8, 379~380쪽).

가 인정되었음을 말해준다.

소요파 또한 18세기 말에 자파와 편양파는 선종이며 사명파는 교종이라고 하여,[126] 대둔사의 전통을 함께 만든 소요파와 편양파의 법맥상 정통성을 강조하면서 사명파와의 차별성을 부각시켰다. 그렇지만 이러한 인식에도 불구하고 소요파는 일찍부터 교학적 경향이 매우 강하였고 교가 전법의 기준이 되기도 하였다. 일례로 벽하 대우는 화악 문신에게 교학을 배우고 편양파 환성 지안에게 선을 수학하였으며 고압(孤鴨)에게 참회하여 선, 교, 염불의 삼문을 모두 계승하였다. 그런데 대우는 교학을 전수한 화악 문신의 전법제자로서 소요파의 법맥을 이었다. 문신 또한 스승인 취여 삼우의 화엄법회를 통해 법을 전수한 바 있다. 비록 소요파가 선종으로서의 정통성을 표명하기는 했지만 이처럼 교법(敎法) 전승이 사법(嗣法)의 기준이 되기도 했다는 점에서 강학 성행과 교학 중시 풍조의 확산을 엿볼 수 있다.

19세기에도 교법의 계승 사례가 확인된다. 침명 한성(枕溟翰醒)은 부휴계 대운 성기(大雲性起)에게 경론을 배웠고 편양파 백파 긍선에게 선법을 수학하였는데 30년을 강의에 주력한 그는 부휴계의 법을 전수하였다. 우담 홍기(優曇洪基)도 한성에게 '수교(受敎)' 하고 인파율사(仁坡律師)에게 '수선(受禪)' 하였는데 그 또한 한성의 부휴계 계보를 이었다.[127] 이와 같이 교법의 전수가 법맥 사승의 기준이 되는 일이 일반적이었다고 볼 수는 없지만 선교겸수의 전통과 강학 성행이 낳은 중요한 변화 중 하나였음은 분명하다. 한편 편양파 설두 유형이 1863년에 쓴 『산사약초(山史略抄)』에서는, 소요파는 마음을 밝혀 불성을 보는 선승(禪僧)을 다수 배출하였고 편양파는 법을 강설하여 이치에 통달한 좌주(座主)가 많

126) 呂圭亨, 1798 「重刊逍遙堂集序」 『逍遙堂集』(『한국불교전서』 8, 185쪽).

127) 李秉輝, 1915 「仙巖寺枕溟堂大禪師碑銘」(『한국고승비문총집』, 714~715쪽); 『東師列傳』 권5, 「優曇講伯傳」(『한국불교전서』 10, 1058쪽).

이 나왔다고 총평하고 호암 체정, 설파 상언, 연담 유일 등 편양파의 대표적 교학자들과 그 업적을 비중 있게 다루고 있다.[128] 이들은 편양파 주류 계보에 속한 고승들로서 편양파 승려가 자파의 전통에 대해 교학적 경향이 강하다고 판정하고 교학 위주로 불교사를 서술한 것은 주목할 만하다. 『산사약초』에는 부휴계 적전인 묵암 최눌 계통에 대해서도 교학의 계보로 서술하였다. 이는 19세기에 교학 중시 전통이 계속 이어지는 한편 선종으로서의 자의식은 점차 옅어졌음을 보여주는 중요한 사례라 할 수 있다.

강학의 성행은 경론에 대한 주석서인 사기(私記)의 편찬으로 이어졌다. 조선후기의 교학 이해는 강학을 통해 배우는 이력과정 교재에 집중되었는데, 그 중에서도 선교겸수의 방향을 제시한 종밀의 『도서』와 지눌의 『절요』, 그리고 교학의 최고 단계인 『화엄경』이 중심이 되었다. 강학은 교학 뿐 아니라 이력과정에 포함된 선종 서책에 대한 이해도 심화시켰는데 선종 5종의 역사와 요체, 임제삼구(臨濟三句)와 삼현(三玄)·삼요(三要), 운문삼구(雲門三句), 조동오위(曹洞五位) 등의 요점을 적시한 환성 지안의 『선문오종강요(禪門五宗綱要)』가 나오기도 했다. 강학을 통한 선·교 이해의 지침이 된 것은 여러 교학종장들이 쓴 사기였는데, 주요 사기와 저자를 시기별로 정리하면 〈표 6〉과 같다. 다만 아쉬운 것은 이러한 사기류가 현재 전해지지 않거나 있더라도 필사본 상태로 '산전(散傳)' 되고 있어 그 전모와 구체적 내용을 확인, 검토하기가 쉽지 않은 점이다.

사기나 과문을 쓴 저자들 가운데 편양파에서는 상봉 정원, 월저 도안, 환성 지안, 설파 상언, 연담 유일, 인악 의첨, 백파 긍선 등이 교학의 종장으로 널리 이름을 떨쳤다. 먼저 상봉 정원은 경론을 배운 후 『열반경

128) 金南允, 1995 「朝鮮後期의 佛教史書《山史略抄》」 『同大史學』 1, 동덕여대 국사학과.

〈표 6〉 조선후기 불교 사기

〈계파〉저자	주석 대상	서명 (권수)	현존	비고
〈부〉벽암각성	간화결의론	『간화결의(看話決疑)』	×	사기(私記)
1575~1660	도서	『선원집도중결의(禪源集圖中決疑)』	×	
〈부〉모운진언 1622~1703	화엄	『화엄품목문목관절도(華嚴品目問目貫節圖)』 1	○	과도(科圖)
〈편〉상봉정원	도서	『도서분과(都序分科)』 2	○	
1627~1709	절요	「절요과문(節要科文)」	△	과문(科文)
	화엄	『화엄일과(華嚴逸科)』	×	
〈부〉백암성총	사교과	『기신론필삭기회편(起信論筆削記會編)』 4	○	회편(會編)
1631~1700		『사경지험기(四經持驗記)』 4	○	
	치문경훈	『치문경훈주(緇門警訓註)』 3	○	
	정토보서	『정토보서(淨土寶書)』 1	○	
〈편〉월저도안 1638~1715	화엄	『화엄경음석(華嚴經音釋)』	×	음석(音釋)
〈부〉석실명안 1646~1710	반야심경	『반야심경약소연주기회편(般若心經略疏連珠記會編)』 2	○	회편
〈편〉설암추붕	도서, 절요	『도서과평(都序科評)』 2	○	과평(科評)
1651~1706		『절요사기(節要私記)』	×	
〈편〉환성지안 1664~1729		『선문오종강요(禪門五宗綱要)』 1	○	저작(著作)
〈부〉회암정혜	도서	『선원집도서착병(禪源集都序著柄: 都序科記)』 2	○	
1685~1741	절요	『별행록사기화족(別行錄私記畵足: 節要私記解)』 1	○	사기
	사교과	『제경론소구절(諸經論疏句節)』	×	
	화엄	『화엄경소은과(華嚴經疏隱科)』	×	과문
〈편〉함월해원 1691~1770	절요	『법집별행록사기증정(法集別行錄私記證正)』	×	
〈편〉설파상언	화엄	『화엄십지품사기(華嚴十地品私記: 雜貨腐)』 9	○	사기
1707~1791		『화엄청량소은과(華嚴淸凉疏隱科)』	×	과문
		『구현기(鉤玄記)』	×	사기
〈부〉묵암최눌	사교과	『제경문답반착회요(諸經問答盤錯會要)』 1	○	사기
1717~1790	화엄	『화엄품목과도(華嚴品目科圖)』 1	×	과도
〈편〉연담유일		『도서사기(都序私記)』 1 『절요사기(節要私記)』 1	○	
1720~1799		『원각사기(圓覺私記)』 2	○	
	사집과	『서장사기(書狀私記)』, 『선요사기(禪要私記)』	△	△
	사교과	『기신사족(起信蛇足)』, 『금강하목(金剛蝦目)』	△	필사본
	대교과	『능엄사기(楞嚴私記)』, 『제경회요(諸經會要)』	△	유통
		『대교유망기(大敎遺忘記)』, 『현담사기(玄談私記)』	△	가능성
		『염송착병(念頌着柄)』	△	

〈편〉인악의첨 1746~1796	사집과 사교과 대교과	『화엄십지품사기(華嚴十地品私記: 雜貨記)』 16 『서장사기(書狀私記)』, 『능엄사기(楞嚴私記)』, 『기신사기(起信私記)』, 『금강사기(金剛私記)』 『원각사기(圓覺私記)』 『화엄사기(華嚴私記)』, 『염송기(拈頌記)』	○ ▲ ▲ ▲ ▲	▲ 필사본 존재
〈편〉도봉유문	법성게	『법성게과주(法性偈科註)』 1	○	과주(科註)
〈편〉백파긍선 1767~1852	수선결사문 선요, 금강경, 염송단경, 오종강요 태고암가	『수선결사문과석(修禪結社文科釋)』 1 『선요사기(禪要私記)』, 『금강팔해경(金剛八解經)』 『염송사기(拈頌私記)』 『법보단경요해(法寶壇經要解)』 『오종강요사기(五宗綱要私記)』 「태고암가과석(太古庵歌科釋)」	○ ▲ ▲ ▲ ▲ ▲	▲ 필사본 존재
〈편〉함명태선 1824~1902	치문경훈	『치문사기(緇門私記)』	▲	▲ 필사본 존재

전거: 정병삼, 1998 「불교계의 동향」 『한국사』 35, 국사편찬위원회의 〈표 2〉, 〈표 3〉에 기초
〈계파〉: 〈편〉 편양파, 〈부〉 부휴계

(涅槃經)』 등 3백여 부의 경전에 구결을 달았고 『도서』와 『절요』, 『화엄경』의 내용전개를 도표로 정리한 과문(科文)을 지었다. 정원의 동문인 월저 도안은 조사 편양 언기와 스승 풍담 의심의 유훈에 의해 『화엄경』에 음석(音釋)을 붙였고 경전의 간행, 유포에도 힘썼다. 『선문오종강요』의 저자 환성 지안은 부휴계의 화엄 종장 모운 진언의 직지사(直指寺) 강석을 맡기도 하였고 금산사(金山寺)에서 화엄법회를 열 때는 1,400명이나 운집하였을 정도로 이름난 강사였다. 설파 상언은 편양파 화엄교학의 대가로서 그의 『화엄청량소은과(華嚴淸凉疏隱科)』는 강학의 지남이 되었고 유일과 의첨, 긍선 등에게 큰 영향을 미쳤다. 연담 유일은 대둔사의 강학 전통을 집성한 당대 교학의 종장으로서 『도서』와 『절요』를 포함한 사집과정 교재와 화엄에 대한 다수의 사기를 남겼고 이후 100여 년간 호남의 강학은 그의 교학 이해를 표준으로 삼았다. 유일은 문집 『임하록(林下錄)』과 경전 내용을 요약한 『제경회요(諸經會要)』, 사전류인 『석전유해(釋典類解)』 외에 사집과와 사교과의 사기, 그리고 대교의 『화엄』과 『염송』에

대한 주석을 남겼다.[129] 당대에 유일과 쌍벽을 이룬 인악 의첨도 『원각경』, 『기신론』, 『화엄경』 등 사교과와 대교과의 경론에 대한 사기를 써서 영남의 강학에 큰 영향을 미쳤다. 한편 수선결사(修禪結社)를 결성하고 선 논쟁을 제기한 것으로 유명한 백파 긍선 또한 선뿐 아니라 화엄에도 일가견을 가졌고 선종 관련 다수의 사기를 저술하였다.

부휴계도 일찍이 벽암 각성 단계부터 교학적 경향이 강하였는데 각성은 보조 지눌의 『간화결의론(看話決疑論)』과 종밀의 『도서』에 대해 주석한 『간화결의(看話決疑)』와 『선원집도중결의(禪源集圖中決疑)』를 찬술하였다.[130] 그의 제자인 모운 진언은 화엄에 정통하여 『화엄품목문목관절도(華嚴品目問目貫節圖)』를 남겼고 팔공산 은해사(銀海寺)에서 화엄법회를 열기도 하였다. 또 각성의 손제자 백암 성총은 징관의 『화엄경소초』 등 다수의 불전을 간행, 유포하여 교학 성행의 기반을 다진 것으로 유명하다. 진언의 법손이자 부휴계의 대표적 교학자인 회암 정혜도 『도서』와 『절요』에 과문을 붙인 사기를 지었고 또 『화엄경소』에 대해 『은과(隱科)』를 찬하였다. 정혜는 독보적인 '강수(講授)의 묘(妙)'를 인정받았고 선교일치를 제창한 종밀의 후신으로 칭송되기까지 하였는데 『도서』에 대해 '이량(二量)'으로 뜻을 세웠고 『절요』는 '이현(二玄)'으로 자취를 정하여 발군의 지남이라는 평가를 얻었다.[131] 부휴계의 적전 계보를 이은 묵암 최눌도 『제경문답반착회요(諸經問答盤錯會要)』, 『화엄과도(華嚴科圖)』 등을 남겼다. 『제경회요』는 사교과의 『기신론』의 요체와 『원각경』,

129) 『林下錄』 「自譜行業」(『한국불교전서』 10, 283~286쪽).

130) 「華嚴寺碧巖碑銘」(『한국고승비문총집』, 180~184쪽). 각성의 이 저술들은 현존하지 않으며 李睟光 『芝峰集』의 「書圖中決疑後」에서 당시 『선원집도중결의』의 존재를 확인할 수 있다.

131) 『天鏡集』 「次呈晦庵和尙」; 「刊都序法集科解序」(『한국불교전서』 9, 611쪽; 620~621쪽). 『천경집』은 유일의 숙부격인 涵月 海源의 문집으로서 여기에는 「圓覺經疏訬中編鋟梓序」, 「新編疏金剛經序」, 「重刻金剛經疏記序」, 「重刊起信論筆削記序」, 「楞嚴義解抄集序」, 「禪門五宗綱要序」 등 이력과정 관련 주석서 간행을 다룬 글이 많다.

『(금강)반야경』, 『능엄경』 등 경전 내용을 정리하는 한편 알라야식(阿羅耶識)과 같은 유식(唯識)설을 활용하여 번뇌(煩惱)와 소지(所知)의 '이장(二障)'을 해석하였고 80권본 『화엄경』의 대요에 관한 과석(科釋)과 「사법계십문도(四法界十門圖)」 등이 수록되어 있다.[132)]

2. 화엄교학 중시의 역사적 배경과 양상

화엄교학은 『화엄경』을 소의경전으로 하는 교학이며 가장 수승한 일승(一乘) 사상으로서 당의 법장(法藏)과 징관(澄觀)에 의해 이론 체계가 확립되었다.[133)] 중국 화엄종 4조 징관은 법장에 의해 이론적 체계가 세워진 화엄교학을 집대성하였는데 『화엄경』에 대한 주석서인 『화엄경소(華嚴經疏)』 20권과 상세한 재주석인 『수소연의초(隨疏演義鈔)』 40권, 『화엄경』 「입법계품(入法界品)」에 해당하는 40권본 『정원화엄경(貞元華嚴經)』에 대한 주소(註疏) 등을 남겨 이후 화엄 이해의 지남을 제시하였다. 징관이 화엄교학을 토대로 한 선교 융통을 주장하였다면 중국 화엄의 5조로 추앙되는 종밀(宗密)은 하택종(荷澤宗) 계열의 선종과 화엄, 원각 등의 교학을 병행할 것을 주창한 선교일치론자로서 이후 불교의 이론적 방향을 결정지었다. 북송대에 천태종이 부활하였고 진수 정원(晋水淨源)

132) 『諸經會要』(『한국불교전서』 10, 26~57쪽)에는 「華嚴科圖」, 「四法界十門圖」, 「性相唯識圖」, 「相入相卽二門句數圖」, 「唯識習氣圖」, 「十本經論二章體說」, 「大摠相法門圖」와 같은 唯識 및 華嚴 관련 圖說이 상당수 들어 있다.

133) 木村淸孝, 1977 『初期中國華嚴思想の硏究』, 春秋社의 序文에서는 華嚴思想을 『華嚴經』에 근거하여 형성된 사상 일반이라고 정의하여 기존에 혼동된 채 사용된 華嚴敎學이나 『華嚴經』 思想과 구분하였다. 한편 木村淸孝, 1992 『中國華嚴思想史』, 平樂寺書店 1장에서는 華嚴敎學은 동아시아 華嚴宗 승려에 의해 제시된 체계적 사상이며 『화엄경』에 직접 설해져 있는 사상은 『화엄경』 사상이라고 정의하였다.

이후 화엄종도 재건되어 남송대에는 화엄 전적(典籍)의 대장경 입장(入藏)을 계기로 항주(杭州) 혜인원(慧因院)을 중심으로 화엄교학에 대한 재해석과 계승이 이루어졌다. 송대 화엄교학은 법장과 징관의 화엄 이해를 기조로 하였고 내용 면에서는 별교(別敎)와 동교(同敎)의 해석 문제가 중심이 되었다.[134] 또한 송대에는 선종이 교계의 주류가 되면서 교종에서는 그에 대응하여 일심(一心)을 내세운 『기신론』과 『능엄경』, 원각(圓覺)을 강조하는 『원각경』 등이 중시되었는데 이 또한 종밀 교학의 영향을 받은 것이었다.

한편 신라에 이어 고려시대에도 화엄종은 대표적 교종 종단으로서 높은 위상을 지녔고 신라 화엄학의 전통을 계승한 균여(均如)와 송의 진수 정원으로부터 화엄을 직접 수학한 의천(義天) 등에 의해 교학 이해가 심화되었다. 이후 보조 지눌은 선승으로서 송의 대혜 종고가 주창한 간화선을 최고의 수행방안으로 인정하였지만 종밀의 영향을 받아 선과 교를 함께 연마하는 정혜겸수(定慧兼修)를 주창하였고 화엄교학 또한 중시하였다. 그는 당의 이통현(李通玄)이 제시한 실천적 화엄 이해에서 많은 계발을 받았으며 징관 화엄의 토대와 종밀 교학의 융섭적 방향에서 크게 벗어나지 않았다. 한국불교사의 흐름에서 선종 승려가 화엄을 중시하는 전통은 지눌에서 비롯된 것인데 선교겸수의 방향과 간화선의 선양을 내세운 그의 3문 수행체계에서도 화엄교학의 이론틀이 다수 적용되고 있다. 지눌 이후 선과 화엄의 공조 및 융합은 중요한 지적 전통으로 자리 잡았고 조선시대에도 화엄은 교학 중 최고의 위상을 부여받았을 뿐만 아니라 선승들도 화엄교학을 매우 중시하는 경향을 보인다.

고려시대에 화엄종과 법상종을 중심으로 한 교종 종단은 무인집권기

134) 金龍泰, 2003 「笑菴觀復の華嚴思想研究 - 〈華嚴經大疏玄文隨疏演義鈔會解記〉を中心として」 『韓國佛教學SEMINA』 9, 韓國留學生印度學佛教學研究會; 2003 「笑菴觀復の華嚴思想と祖統說」 『印度學佛教學研究』 102(51-2), 日本印度學佛教學會 참조.

와 원간섭기를 거치면서 큰 타격을 입었고 선종인 조계종 중심으로 교단이 재편되었다. 비록 조선 초인 태종대까지 화엄종이 종단으로 존속되기는 했지만 세종대에 선교양종으로 통합된 이후에는 역사의 전면에서 사라졌다. 그럼에도 조선전기 승과(僧科)에서 교종 시험과목은 『화엄경』과 『십지론(十地論)』이었고 교종을 대표하는 명칭으로 관례적으로 화엄종이 쓰인 것을 보면 교학의 주류였던 화엄의 위상과 그에 대한 인식은 존속된 것 같다.[135] 다만 조선전기의 화엄 자료는 의상(義湘)의 「화엄일승법계도(華嚴一乘法界圖)」에 대한 김시습(金時習)의 『화엄법계도주(華嚴法界圖註)』와 『화엄경석제(華嚴經釋題)』 정도만 현존하고 있어 당시 교학의 구체적 내용을 확인하는데 한계가 있다. 이후 명종대에 양종복립을 주도한 허응 보우(虛應普雨) 또한 선승임에도 화엄에 대한 이해가 높았는데 그는 "진언밀주(眞言密呪)로 불공을 올려도 화엄의 이사원융(理事圓融)의 원관(圓觀)을 체득하지 않으면 공덕을 이룰 수 없다"는 실천적 화엄관법을 주장하여,[136] 유구한 화엄 전통의 한 편린을 보여주고 있다.

청허 휴정은 선과 교의 겸수를 지향하면서 불설(佛說) 3구(三句)의 1구 삼처전심(三處傳心), 2구 화엄방편(華嚴方便), 3구 일대소설(一代所說)을 인용하여 선, 교와 함께 화엄을 언급하였지만,[137] 이는 방편적 입장이었고 그가 화엄을 특별히 중시하는 모습은 보이지 않는다. 하지만 앞서 교종의 승과 교재였던 『화엄경』의 위상은 휴정 당대에도 매우 높아서 17세기 전반에 이력과정의 최고 단계인 대교과에 포함되었다. 또

135) 1538년에 간행된 『拈頌說話』의 「跋文」을 쓴 '華嚴宗裔 宇宙翁' 은 교종을 대표하는 화엄종명이 관례적으로 쓰인 예이다.

136) 忽滑谷快天, 1930 『朝鮮禪敎史』, 364~365쪽에서 보우의 「水月道場空花佛事如幻賓主夢中問答」 재인용.

137) 『心法要抄』 「佛說三句」(『한국불교전서』 7, 652쪽).

휴정의 적전제자 사명 유정은 「화엄경발(華嚴經跋)」을 썼고 유정의 후손 허곡 나백(虛谷懶白)은 화엄일승(華嚴一乘)의 법문을 설하여 후학을 양성하는 등 화엄 중시 경향이 곳곳에 나타난다.[138] 편양 언기 또한 휴정과 유정을 청량 징관, 규봉 종밀, 영명 연수에 비견하여 높이 평가했는데 이들은 중국 화엄종의 조사이거나 선교겸수를 주창한 선승이었다.[139] 언기는 『화엄경』을 간행, 유포하였는데 『화엄경』, 『원각경』 등에 대한 주석서가 제대로 된 기준이 없고 산만하며 판본에 결락이 많고 온전하지 못함을 평소 아쉽게 여겨 제자인 풍담 의심에게 교정을 부촉하였다.[140] 의심은 스승의 뜻에 따라 화엄 등의 판본 오류를 살펴 바로잡고 종지(宗旨)를 드러내 밝혔다고 하는데, 그 제자인 월저 도안대에 가서 『화엄경』에 대한 음석(音釋)이 이루어졌다.[141] 부휴계에서도 화엄교학에 대한 관심은 일찍부터 나타났다. 고한 희언(孤閑熙彥)은 부휴 선수에게 직접 법성원융(法性圓融)의 취지를 들었다고 하며,[142] 선수의 적전 벽암 각성은 뒤에 효종이 된 봉림대군(鳳林大君)과 화엄의 종요(宗要)를 문답하였다고 전한다.

그러나 17세기 전반에는 『화엄경』에 대한 본격적인 주석서가 나오지 않았고 화엄교학의 이해도를 구체적으로 알 수 있는 자료가 전하지 않는다. 강학을 통해 화엄교학이 전수되었겠지만 『화엄경』 이해의 첩경인 징관의 『화엄소초』가 유통된 사실 또한 확인되지 않는다. 이에 비해 18세기 이후에는 화엄 강회가 눈에 띄게 성행하였고 주석서인 사기의 저술 또

138) 『四溟堂大師集』 권6, 「華嚴經跋」(『한국불교전서』 8, 62쪽). 詠月 淸學의 『詠月堂大師集』에도 「重刊華嚴經讚疏」(『한국불교전서』 8, 229~230쪽)가 있다.

139) 『鞭羊堂集』 권2, 「蓬萊山雲水庵鍾峰影堂記」(『한국불교전서』 8, 253~254쪽).

140) 趙宗著, 1681 「普賢寺楓潭大師碑銘」(『한국고승비문총집』, 218~219쪽).

141) 「普賢寺月渚堂碑銘」(『한국고승비문총집』, 314~315쪽). 澄觀의 『華嚴疏鈔』가 栢庵 性聰에 의해 간행, 유통된 이후로 보인다.

142) 「法住寺孤閑大師碑銘」(『한국고승비문총집』, 132쪽).

한 급격히 증가하여 '화엄의 중흥'이라고 할 만한 상황이 도래하였다. 그런데 이러한 급작스러운 전환의 계기는 매우 우연한 사건에서 비롯되었다. 1681년 전라도의 임자도(荏子島)에 정체를 알 수 없는 중국 배가 표착하였는데 사람은 타고 있지 않았지만 수많은 불서(佛書)가 가득 실려 있었다. 그 중 손상되지 않은 서책들은 서울로 옮겨졌다가 남한산성 내의 개원사(開元寺)에 보관하게 하였고, 당시 숙종이 불교 전적에 해박하였던 승지(承旨) 임상원(任相元)에게 『유마경(維摩經)』을 해설하도록 하였지만 고사하였다는 일화가 전한다.[143] 이때 들어온 책의 상당수를 부휴계의 백암 성총(栢庵性聰)이 입수하였고 그는 1695년까지 낙안 징광사(澄光寺)와 하동 쌍계사(雙溪寺)에서 190권 5천판을 대대적으로 간행하여 널리 유통시켰다.[144]

성총은 당시의 간행 경위에 대해, 배에 실려 온 불서의 태반이 조가(朝家)에 유입되었지만 능가사(楞伽寺), 소요사(逍遙寺), 선운사(禪雲寺) 등 여러 사찰에서 간혹 책을 얻어 보관하고 있던 것을 자신이 찾아 구하여 400여 권을 입수하였다고 밝혔다.[145] 이 불서들이 어떤 경로로 누구에 의해 중국에서 조선으로 오게 되었는지를 알 수 있는 명확한 기록은 전하지 않는다.[146] 다만 "청의 태학사(太學士)인 명주실각라(明珠室覺羅)가 1679년에 중국 천불사(千佛寺)에서 대장경을 인각하였는데 1681년에 불서가 도래한 것은 그의 법시(法施)의 여력(餘力)"이라는 글에서[147] 직전

143) 高橋亨, 1929 『李朝佛教』, 690~692쪽에서 水觀居士 李忠翊의 「維摩經序」와 東平尉 申翊聖의 『閑居漫錄』 내용 재인용.

144) 金相福, 1766 「松廣寺栢庵大禪師碑銘」(『한국고승비문총집』, 298~302쪽)의 「陰記」; 『天鏡集』 권중, 「重刻金剛經疏記序」(『한국불교전서』 9, 619~620쪽). 17세기 말에 편양파 주류가 북방에서 澄光寺 등 남방으로 내려와 교화를 펼치기 시작한 것이 성총에 의한 책의 간행, 유통과 관련이 있을 가능성이 있다.

145) 『栢庵集』 권하, 「與九峰普賢寺僧」(『한국불교전서』 8, 474쪽).

146) 앞의 「중각금강경소기서」(『한국불교전서』 9, 619~620쪽).

147) 水觀居士 李忠翊, 「刊修心訣眞心直說跋」 『眞心直說』(『한국불교전서』 4, 723쪽).

에 간인된 대장경의 일부가 유입된 것으로 추정된다. 중국의 대장경 판본 중 시기상 가장 근접한 것은 명대인 1589년에 시작하여 청대인 1677년(康熙 16)에 조성된 경산장(徑山藏: 嘉興藏本)인데,[148] 앞의 기록에 의하면 그 직후인 1679년 천불사에서 간인된 판본이 조선에 전해진 것이다. 이에 대해 표류해 온 중국 선박은 당시 동아시아 해상을 장악하고 있던 대만 정(鄭)씨 일가의 비호 속에서 일본으로 가던 무역선이며 그 안의 서책들은 일본의 황벽판일체경(黃檗版一切經: 일명 鐵眼版) 판각을 위해 보내진 가흥속장(嘉興續藏) 및 가흥장 불서임을 밝힌 연구가 나와 주목된다.[149]

당시 중국에서 들어온 불서가 가흥장 계열임은 다음 기록에 의해서도 뒷받침된다. 불서 중에는 명의 평림(平林) 섭기윤(葉棋胤)이 교정, 간행한 징관의 『화엄경소(華嚴經疏)』와 『연의초(演義鈔)』 합본이 들어 있었다. 1625년에 쓰인 「화엄경소초이합범례(華嚴經疏鈔釐合凡例)」에는 명 가정(嘉靖) 연간(1522~1566)에 『화엄경소』와 『연의초』를 80권 『화엄경』에 합본하고 『화엄현담(華嚴玄談)』 9권을 별도로 간행하였으며 그 판본이 소경사(昭慶寺)에 보관되었는데 섭기윤이 이를 저본으로 대장경을 비교 검토, 교정하여 판각하였음을 밝히고 있다.[150] 이 중 『화엄현담』 9권은 동선사(東禪寺) 명득(明得)이 교정하여 1558년에서 1563년 사이에 판각하였다고 구체적 시기를 명기하였는데 이를 섭기윤이 8권으로 줄이고 경소초를 합본하여 80책으로 낸 것이다.[151] 이 평림본이 가흥장 11·12

148) 中華電子佛典協會(CBETA)의 「歷代漢文大藏經概述」(李圓淨, 民國 37년 『南行』 第六期, 上海 南行學社) 참조.

149) 이종수, 2008 「숙종 7년 중국선박의 표착과 백암성총의 불서간행」 『불교학연구』 21, 佛教學硏究會.

150) 蓮潭有一, 「大敎私記序」(奉先寺 楞嚴學林, 2002 『華嚴經清涼疏鈔十地品三家本私記-遺忘記』, 曹溪宗敎育院, 3~5쪽)에서 「華嚴經疏鈔釐合凡例」 재인용.

151) 『華嚴疏鈔玄談』 권1, 刊記; 葉棋胤, 1627 「疏鈔後序」. 日字에서 官字까지 본문은 총 70책이며 「別行疏普賢行願品」(人字)과 「凡例」(皇字), 「經疏鈔音釋」을 더해 80책이

책에 수록된 사실에서 조선에 들어온 불서가 가흥장 계열임이 확인된다.[152)]

성총이 수집하여 간행한 불서 가운데는 『정토보서(淨土寶書)』, 『기신론기(起信論記)』, 『금강기(金剛記)』, 『대명법수(大明法數)』, 『사대사소록(四大師所錄)』, 『인천안목(人天眼目)』 등이 포함되어 있었다. 이 중 『정토보서』는 성총이 제일 먼저 판각을 마친 책으로 가흥속장에 들어있는 여러 정토서적을 발췌, 요약하여 펴낸 것이다. 성총은 이와 별도로 「정토찬(淨土讚)」을 짓기도 하였는데 조선후기 삼문수업의 하나로 염불문이 세워진 사실을 고려해 볼 때 당시 정토에 대한 관심이 매우 컸음을 알 수 있다. 또한 성총의 『정토보서』 간행 이후 1704년에 명연(明衍)의 『염불보권문(念佛普勸文)』이 나오는 등 염불문 수행과 정토 신앙이 크게 진작되었다.[153)] 한편 『대승기신론소필삭기회편(大乘起信論疏筆削記會編)』은 가흥장의 『기신론소필삭기』를 회편한 것으로 성총의 서문에는 "당의 현수대사(賢首大士: 法藏)가 소(疏)를 지어 풀이하였고 뒤에 석벽사(石壁師)가 광기(廣記)를 지어 그것을 해석하였으나 실로 뜻이 어긋나고 번잡하여 쓸모없었다. (송의) 장수법사(長水法師: 子璿)가 필삭하였으니 『기신론』의 핵심에 들어맞고 소를 이해하는데 가장 절실한 것이다. 우리 해동에는 이것이 있다는 말을 들어보지 못하였다"[154)]고 기술하고 있다. 『기신론소필삭기』는 고려시대에 이미 판각되어 해인사에 전해지고 있는데 성총 당시에는 유통되지 않았던

된다. 조선후기 화엄 私記도 이에 준하여 字號로 卷數를 표시하였는데 玄談은 天에서 黃까지 4字 8권이다.

152) 『卍續藏經』 8-11책에도 昭慶寺板 계열의 『華嚴疏鈔』가 수록되었다.

153) 이종수, 2008 앞의 논문.

154) 性聰, 「刻起信論疏記會編敘」 『起信論疏筆削記會編』(『한국불교전서』 8, 654쪽). '唐賢首大士 造疏以釋 嗣後石壁師 作廣記以解之 實傷繁冗 長水法師卽筆削 而於中節論通疏最爲切 當我海東 則未有聞'.

것 같다. 앞서 17세기 전반에 성립된 이력과정의 사교과에 처음에는 『법화경』이 들어 있다가 17세기 후반 이후 『기신론』으로 대체되었음을 살펴보았는데 성총의 『기신론소필삭기』의 회편과 간행은 이력과정의 변동과 관련하여 매우 주목할 만하다.

그런데 성총의 간행 불서 중 조선후기 교학 이해의 흐름을 좌우했다고 할 수 있을 정도로 큰 의미를 갖는 것은 역시 평림본 『화엄경회편소초(華嚴經會編疏鈔)』 80권의 존재였다. 성총이 불서를 간행할 때 완질을 얻기 위해 가장 고심했던 것이 바로 이 『화엄소초』였고 『소초』를 간행하면서 1692년에 대화엄회(大華嚴會)를 개최하여 큰 성황을 이루기도 하였다.[155] 그는 표착해 온 『연의초』 등을 1682년 불갑사(佛甲寺)에서 얻어 본 후 1689년 징광사에서 각판을 시작하였다.[156] 성총이 처음에 얻은 『소초』는 80권의 완질이 아니었고 반 이상만 온전한 상태였는데 그는 묘향산 보현사에 있던 1갑 8권을 입수해 부족한 부분을 보충하고 여러 군데 산재되어 있는 것들을 재차 모아서 간행하였다고 한다.[157] 그럼에도 결락이 있는 부분은 송광사의 호월(湖月)이 명의 영락남장(永樂南藏) 『연의초』를 별도로 입수하여 평림본에 누락된 80자호(字號) 중 제7 홍자호(洪字號)를 다시 추가하였고 이에 1700년 『소초』의 합본 80자호가 완성될 수 있었다.[158] 이러한 『소초』의 유전(流轉)과 간행경위에 대해 후대의 연담 유일은 다음과 같이 구체적으로 정리하고 있다.

155) 金相福, 1766 「松廣寺栢庵堂性聰大禪師碑銘」과 最訥의 「陰記」(『한국고승비문총집』, 299쪽).

156) 石室明眼, 「新刻華嚴疏鈔後跋」(奉恩寺板 『華嚴經』 卷80(78冊 官字號)).

157) 『栢庵集』 권하, 「與九峰普賢寺僧」(『한국불교전서』 8, 474쪽).

158) 佛典國譯硏究院, 1997 『譯註 華嚴經懸談』 1, 中央僧伽大出版部, 241쪽의 「華嚴經疏鈔第七合錄後跋」. 洪字號는 梵魚寺에서 따로 판각하여 원래 판본이 있던 澄光寺로 옮겨졌다.

> 『화엄경』 80권과 『청량소(淸凉疏: 징관의 화엄경소)』 20권, 『연의초(演義鈔)』 40권이 각각 별도로 유통되다가 송의 진수 정원(晋水淨源)이 소를 경에 합쳐 120권으로 펴냈고 명의 가정 연간에 누군가 초를 소의 밑에 기록하고 경에 합쳤다. 이에 경소초 3부를 1부로 합쳐 판각하고 무림(武林) 소경사(昭慶寺)에 두었는데 그것이 번쇄하여 천계(天啓, 1621~1627) 초에 평림(平林) 섭기윤(葉棋胤)이 이를 저본으로 다시 편찬하였다. 『현담(玄談)』 8권은 천자문(千字文)의 천(天)에서 황(黃)까지 4자, 『정경(正經)』 80권은 일(日)에서 관(官)까지 70자로 70권이 되었으며 『별행행원품(別行行願品)』 1권은 인자(人字)권이며 『이합범례(釐合凡例)』 1권은 황자(皇字)권이니 모두 합치면 80자 80권이 된다. 우리 동방에 청량의 『소초』가 이미 유전되었지만 어느 때부터인가 『초』는 인멸되어 전하지 않고 다만 정원이 편찬한 『소화엄(疏華嚴)』만이 있어서 근고(近古)의 화엄강사(華嚴講師)가 이를 지남으로 삼았다. 지난 신유년(1681)에 중국에서 불경을 유통시켜 사고팔다가 상선이 풍랑에 표류하였고 이를 연해의 여러 사찰에서 거두었는데 조계(曹溪)의 백암(栢庵)이 섭거사의 『화엄경(소초)』 합본 80권을 얻어 징광사(澄光寺)에서 판각하고 여러 지역에 유포시킨 이후로 동방의 학자가 『연의초』의 무애법문(無碍法門)과 명상식수(名相識數)를 알 수 있게 되었다.[159]

징관의 『화엄소초』는 고려시대 이전에 전해져서 큰 영향을 미친 책이었기에 17세기 말의 『화엄소초』 간행이 어떤 역사적 의미와 비중을 지니는지 의문을 가지지 않을 수 없는데, 이 글에서 성총의 간행 이전에 특히 『연의초』가 유통되지 않았음을 알 수 있다. 조선 초에 징관의 『화엄경소』

159) 蓮潭有一, 앞의 「大敎私記序」(앞의 『十地品三家本私記-遺忘記』, 3~5쪽).

판목 또한 쉽게 구하기 어렵다는 기록이 있지만,[160] 특히 『연의초』는 17세기 무렵에는 거의 찾아 볼 수 없는 상황이었던 것이다.[161] 『연의초』는 『화엄경』의 1차 주석인 『화엄경소』에 대해 저자인 징관 자신이 다시 상세히 설명한 해설서로서 징관 화엄학의 가장 중요한 성과였고 이후 화엄교학 이해의 지침서 역할을 하였다. 따라서 그 간행과 유통 자체가 화엄에 대한 관심과 강학을 촉발시키는 계기가 될 수 있었다. 또한 성총이 간행한 『소초』가 송, 원, 명의 주석 및 교열 성과를 반영한 최신 교정본이었다는 점, 그리고 원의 보서(普瑞)가 쓴 『연의초』 주석서 『회현기(會玄記)』가 이때 함께 들어와 간행된 점도 화엄학 이해를 높이고 관심을 증폭시키는 한 요인이 되었다.

『연의초』에 대한 중국 역대의 주석서 중 요의 선연(鮮演)이 쓴 『화엄경담현결택(華嚴經談玄決擇)』 6권과 남송의 관복(觀復)이 저술한 『화엄경대소현문수소연의초회해기(華嚴經大疏玄文隨疏演義鈔會解記)』 10권이 전해지는데, 이 책들은 『화엄경소』의 서론이나 총론에 해당하는 『연의초』 현담(玄談) 부분에 대해 주석한 것이다. 『결택기』는 1096년 고려에서 재간되어 1123년에 송에 역수입되었고 『회해기』는 원대의 『회현기』 40권과 함께 일본 가마쿠라(鎌倉) 시대의 화엄종 학승인 담예(湛睿)의 『연의

160) 앞의 『譯註 華嚴經懸談』 1, 235쪽에서 15세기 전반 姜碩德의 「華嚴經跋文」 재인용. 하지만 金時習의 『華嚴釋題』에 澄觀의 『華嚴經疏』와 『貞元華嚴經疏』가 인용되어 있고 1564년 歸進寺에서 판각한 『華嚴疏鈔』 일부가 전해지고 있으며 海印寺에도 북송대 晋水 淨源이 교정, 합본한 『錄疏注經』 판목이 있는 점(『東方學志』 11, 「海印寺刊樓板目錄」의 no.59 『華嚴經疏』) 등에서 『소』는 물론 『연의초』도 널리 유통되지는 않았지만 전해지고 있었음이 확인된다.

161) 栢庵性聰, 1690 「海東新刻淸凉華嚴疏鈔後序」(앞의 『譯註 華嚴經懸談』 1, 240쪽에서 재인용); 石室明眼, 앞의 「新刻華嚴疏鈔後跋」; 蓮潭有一, 앞의 「大敎私記序」. 성총은 澄觀의 『疏鈔』가 華嚴의 哲理를 밝힌 것인데 특히 『演義鈔』가 일실되어 안타까움이 컸다고 하였고 제자인 明眼도 고려의 義天이 신라, 고려에서 유행하던 『소초』를 晋水 淨源에게 보내기도 했지만 성총 당시에는 『연의초』를 구할 수 없었다고 토로하였다.

초찬석(演義鈔纂釋)』 등에 큰 영향을 미쳤다. 『회해기』는 송과 요의 『연의초』 이해를 집성한 책으로 저자 관복은 당시 법장의 『오교장(五教章)』을 중시한 사회(師會) 등이 화엄별교일승(華嚴別教一乘)을 강조한 것과는 달리 징관과 종밀 사상에 기초하여 종교(終教)・돈교(頓教)를 원교(圓教)의 입장에서 모두 일승(一乘)으로 포섭하는 동교일승(同教一乘)에 중점을 두었다.162) 이는 화엄을 중심으로 여러 교학의 융합을 지향한 것으로 송대 이후 불교사상의 일반적 경향과도 부합한다. 원대의 『회현기』 또한 「현담」을 중심으로 징관의 『연의초』를 주석한 것으로 조선후기에 나온 화엄 사기나 강학 교육 또한 총설인 「현담」에 집중되었고 그 외에 조선전기 승과의 시험과목이었던 「십지품(十地品)」 등 『화엄경』의 주요 내용도 연찬되었다.163)

일찍이 징관은 『소초』에서 '화엄경제(華嚴經題)의 의취(義趣)'를 일심(一心)에 귀섭시켰고 교와 선의 구분을 편중된 것으로 보아 경계하였는데,164) 선교겸수의 방향을 지향한 조선후기에 일심을 매개로 화엄과 선을 연결시킨 징관의 화엄교학이 다시 각광을 받은 것은 매우 의미있는 일이다. 성총의 『소초』 간행은 이후 화엄교학의 연구와 강학 성행의 일대 진기가 되었다. 후대에 "100년이 지나지 않아 온 나라의 법보를 인열(印閱)하는 이들이 옛 것을 버리고 성총의 새 판본을 좇았다"165)고 했을 정도로 그의 전적 간행이 미친 영향은 지대하였다. 성총의 후손 묵암 최눌은 "옛날의 진풍(眞風)을 행하고 화장(華藏)의 불사(佛事)를 넓혔으며

162) 金龍泰, 2003 「笑菴觀復の華嚴思想と祖統說」 『印度學佛教學研究』 102(51-2), 日本印度學佛教學會.

163) 「현담」에 대한 조선후기의 私記는 『華嚴清凉疏鈔懸談記-遺忘記(天字卷-荒字卷)』; 『華嚴清凉疏鈔懸談記-鉢柄・懸談記』(奉先寺 楞嚴學林, 2004, 동국역경원)가 있고 「십지품」 사기는 『華嚴清凉疏鈔十地品三家本私記-遺忘記/雜華記・雜貨腐』(奉先寺 楞嚴學林, 2002, 曹溪宗教育院)로 脫草, 影印되어 나왔다.

164) 『演義鈔』 권16(『大正藏』, 123b).

165) 「松廣寺栢庵堂性聰大禪師碑銘」의 「陰記」(『한국고승비문총집』, 299쪽).

지난 성인(聖人)을 계승하였다. 화엄의 도는 단단하여 떨어지지 않고 백암(栢巖)의 공은 커서 오래 남아 있구나"라고 칭송하였고 『화엄소초』를 간행, 유통시킨 성총의 공적은 징관과 섭기윤의 업적에 비견되었다.[166] 1766년에 지어진 「송광사백암비」에도 성총의 법명 앞에 '해동중흥불일(海東中興佛日) 홍양화엄(弘揚華嚴)'이라고 하여 『소초』를 유통시켜 화엄을 선양한 사실을 특기하고 있다.

『소초』가 간행된 이후 18세기는 화엄이 교학의 중심이 된 '화엄의 시대'였다고 할 수 있다. 『이조불교』에서는 "부휴계 벽암파(碧巖派)가 교학을 전수하였고 벽암 각성의 제자 모운 진언 이후에는 화엄종사(華嚴宗師)가 배출되어 그 법계를 통해 '화엄의 법유(法乳)'가 전해졌다"고 하여 부휴계의 교학적 경향과 화엄학의 전승 사실을 강조한 바 있다.[167] 『화엄경칠처구회품목지도(華嚴經七處九會品目之圖)』를 펴낸 모운 진언은 만년에 특히 화엄을 중시하여 팔공산에서 화엄법회를 열었고 "그 법의 교화가 영호남에 퍼지고 교화가 삼남에 넘쳤다"는 평을 들었다.[168] 모운 진언(1622~1703)의 만년은 바로 성총에 의해 소초가 간행된 직후였다. 진언의 문손 회암 정혜 또한 『화엄경소은과(華嚴經疏隱科)』를 지었고 중국 화엄종 5조 종밀의 후신으로 추앙되면서 '화엄종(華嚴宗) 회암장로(晦庵長老)'로 불렸다.[169] 묵암 최눌의 「불조종파도」에서도 부휴계의 적전 계보와 별도로 이들 화엄종사들의 사승 법계를 특별히 표시하고 있는데 이를 통해 '화엄의 법유'가 전해진 것이다.

부휴계는 일찍부터 화엄교학을 중시하는 모습을 보이지만 성총의 간

166) 『默庵集』 권후, 「勸善疏三栢庵碑石勸疏」(『한국불교전서』 10, 18~19쪽).
167) 高橋亨, 1929 『李朝佛教』, 758~760쪽.
168) 忽滑谷快天, 1930 『朝鮮禪教史』, 416~417쪽.
169) 『天鏡集』 「次呈晦庵和尙」; 「刊都序法集科解序」(『한국불교전서』 9, 611쪽; 620~621쪽).

행 이후 그 경향은 더욱 심화되었다. 성총의 전법제자인 무용 수연은 1688년 송광사로 성총을 찾아가 『화엄소초』를 전해 받고 그 정수를 얻었으며 소요파 침굉 현변에게서도 "원돈법(圓頓法)이 모두 너에게 있다"라는 인정을 받았다.[170] 성총에게 화엄 원융(圓融)의 뜻을 직접 전해 받았다는 석실 명안(石室明眼) 또한 「화엄법계품(華嚴法界品)」을 판각하였고 그의 「사교행위도(四教行位圖)」에서는 소승(小乘), 통교(通教), 별교(別教), 원교(圓教)의 사교 중에서 화엄을 가장 높은 대승원교의 첫머리에 배정하였다.[171] 한편 화엄사, 쌍계사 등 부휴계가 주도했던 사찰의 경우 후대에 교종 승려가 다수였다는 평가를 얻었다.[172] 화엄사는 선수와 각성이 주석하면서 선과 교를 홍통(弘通)시켰다고 하며 각성의 사찰 중창 직후인 1650년(효종 1)에 '선종대가람(禪宗大伽藍)'의 명호를 국왕에게 하사받았고 장육전(丈六殿)을 복원하여 각황전(覺皇殿)으로 개칭되기 직전인 1701년(숙종 27)에 다시 '선교양종대가람(禪教兩宗大伽藍)'의 칭호를 내려받게 되었다. 부휴계 성총에 의해 『화엄소초』가 간행된 직후 화엄사가 선과 교를 포괄하는 대가람으로 사격을 높이게 된 것은 매우 의미심장한 일이 아닐 수 없다.

18세기 후반 부휴계 묵암 최눌은 화엄의 내의를 총괄하여 「품목(品目)」을 만들고 「화엄과도(華嚴科圖)」를 그렸으며 사교(四教)의 행상(行相)을 채록하여 『제경회요(諸經會要)』를 편술하였다. 화엄교학에 정통하였던 그는 화엄대회를 개최하고 대화엄종주(大華嚴宗主)로 현창되기도 하였다.[173] 또 김정희가 쓴 「비명」에는 그를 '화엄종'이라고 기재하였으며 후대에 '오종선풍(五宗禪風)과 (화엄의) 칠조교강(七祖教綱)', '임제삼구(臨濟三

170) 『無用堂遺稿』「無用堂大禪師行狀」(『한국불교전서』 9, 365~366쪽).
171) 高橋亨, 앞의 책, 710~713쪽; 『百愚隨筆』「四教行位圖」(『한국불교전서』 9, 162~174쪽).
172) 高橋亨, 앞의 책, 761쪽. 아래 화엄사 관련 내용은 김용태, 2009 「조선후기 華嚴寺의 역사와 浮休系 전통」『지방사와 지방문화』 12-1, 역사문화학회 참조.
173) 『茶松文稿』 권2, 「默庵禪師立石祭文」(『한국불교전서』 12, 757쪽).

句)의 일로향상(一路向上)과 일승(一乘)의 공가중(空假中)' 을 각각 배대시켜 '선과 교를 겸하여 전수하였다' 는 평을 얻었다.[174] 최눌뿐 아니라 그의 고제(高弟) 18인 중 적전으로 평가되는 환해 법린(幻海法璘)도 양종을 융합한 화엄대종사로 추숭되었고,[175] 그 문손인 침명 한성(枕溟翰惺)도 교학에 정통하였는데 이들 계보는 '묵암과 침명의 교장부리(敎場部理)' 라고 하여 최눌의 동문 '벽담(碧潭)과 우담(優曇)의 선구투현(禪句透玄)' 과 대비되는 교학 계통으로 평가되었다.[176]

화엄교학의 성행은 부휴계뿐 아니라 청허계에서도 일반적으로 나타난 현상이었다. 청허계의 주류 문파였던 편양파 또한 17세기 후반 이후 다수의 교학 종장들이 배출되었고 이들의 강학과 교학의 중심은 화엄이었다. 묵암 최눌의 「불조종파도」에는 편양 언기-풍담 의심-월저 도안에서 호암 체정에 이르는 편양파 주류 계보가 소개되어 있는데 의심, 도안, 체정 등은 모두 교학의 대가였고 특히 화엄 강학으로 유명한 이들이었다. 도안은 언기와 의심의 뜻을 이어 『화엄경』의 음석 작업을 완수하였고 그의 비문에는 "화엄 원교는 끝없이 넓고 경계가 없는데 도안이 『화엄경소연의초』와 『회현기』에 의거하여 한글로 장과 구절을 나누고 정각최상승문(正覺最上乘門)을 열어 대화엄종주가 되었다" 고 평하였다.[177] 즉 성총의 『소초』와 『회현기』가 간행된 이후 도안이 『화엄경』 음석을 완료하여 선사들의 유훈을 지킬 수 있었다. 그는 묘향산에서 화엄대의를 강구하고 원교의 진수를 강설하였으며 늘 화엄법계(華嚴法界)에 뜻을 두었다고 한다. 또한 '비로장해(毘盧藏海)에 유영(遊泳)' 하기 위해 동지 승속(僧俗) 천여 명을 모아 원돈시종교(圓頓始終敎) 천백여 권을 간인하기도

174) 『茶松文稿』 권1, 「宗師契案序」(『한국불교전서』 12, 690~691쪽).

175) 宋泰會, 1920 「松廣寺幻海堂法璘大禪師碑銘」(『한국고승비문총집』, 642~644쪽); 『다송문고』 권2, 「幻海和尙立石祭文」(『한국불교전서』 12, 747쪽).

176) 『다송문고』 권1, 「浩鵬堂學契序」(『한국불교전서』 12, 690쪽).

177) 「普賢寺月渚堂碑銘」(『한국고승비문총집』, 314~315쪽).

하였다.[178] 삼교(三教)에 널리 통하여 서산(西山)의 밀전(密傳)을 얻었다고 칭해진 도안은 스승 의심에 대해 "동방의 대각사(大覺師)로서 편양을 종(宗)으로 하여 서산의 법을 이었고 교학을 연찬하여 뜻을 오직 원돈상승(圓頓上乘)에 두었다"고 평가하였다.[179]

이처럼 편양파는 17세기 후반 이후 화엄교학을 더욱 중시하는 모습을 보였고 앞서 살펴본 것처럼 이를 매개로 공간적 세력 확대도 꾀하였다. 도안은 주로 묘향산에 주석하였지만 대둔사의 화엄강회에 참여하여 법석을 넘겨받기도 하였고 "남방의 총림은 평소 자신을 불교의 기북(驥北)이라 여겨 과신하는 풍조가 많았는데 도처에서 도안의 가르침을 청하러 서쪽으로 왔다"[180]고 평해졌다. 도안이 활동한 시기에 편양파 주류는 강학과 교화를 위해 점차 남방으로 진출하게 된다. 도안의 동문인 상봉 정원은 스승 의심의 가풍을 이어『화엄경』에 대한 과문(科文) 4과 중 일실된 3과를 궁구한 끝에 누락된 부분을 교정하여『화엄일과(華嚴逸科)』를 지었고 이는 성총이 간행한『소초』의 내용과 비교해도 큰 차이가 없을 정도로 정확히 요체를 간파하였다고 한다.[181] 그는 해동 화엄의 조사로 원효(元曉)와 의상(義湘)을 들면서 이들을 형제로 표현하였고 화엄에서는 법장의 현수종중(賢首宗中), 선은 조계문하(曹溪門下)가 가장 큰 공헌을 했다고 보아,[182] 선과 함께 화엄의 역사적 전통에 대한 자각을 드러냈다. 정원은 해인사에서 300여 부 경전에 구결을 하였고 지평(砥平) 용문사(龍門寺)에서 입적하였는데 그의 탑이 대구 동화사, 예천 용문사, 청주 보살사 등에 세워진 것에서 넓은 지역에 걸친 영향력을 확인할 수 있다.

18세기는 대규모 화엄대회가 열리는 등 화엄교학이 본격적으로 성행

---

178)『月渚堂大師集』권하,「印華嚴經法華經跋」(『한국불교전서』9, 119~120쪽).

179) 앞의「인화엄경법화경발」.

180) 앞의「보현사월저당비명」.

181)「鳳巖寺霜峯淨源大師碑銘」(『한국고승비문총집』, 282~283쪽).

182) 忽滑谷快天, 1930『朝鮮禪教史』, 442쪽에서「孔雀山水墮寺事蹟」재인용.

한 시기였다. 도안의 동문 월담 설제의 전법제자인 환성 지안은 선과 교의 대장(大匠)으로서 남북에 두루 교화를 미쳤다. 그는 당대 화엄의 일인자로 평가되는 부휴계 모운 진언의 직지사 화엄법회에 참여하여 법석을 물려받았는데 그가 강설한 내용은 이전의 것과 달랐고 성총이 간행한 『화엄소초』와 비교해 뜻이 모두 부합하였다고 한다. 1725년(영조 1)에는 1,400여 명이나 운집한 금산사의 화엄대법회를 개최하였고 그로 인해 무고를 당해 1729년 제주도로 유배 가서 7일 만에 입적하였다. 또 도안의 수제자 설암 추붕은 대둔사의 강회를 주관하였는데 그의 『화엄강회록(華嚴講會錄)』이 『대둔사지(大芚寺志)』에 일부 수록되었다. 18세기 전반에 주로 활동한 교학자로는 지안의 문도인 호암 체정, 함월 해원과 추붕의 제자인 상월 새봉을 들 수 있다.[183] 부휴계 무용 수연이 '지안 이후 제1인자'로 평가한 새봉은 '강명진해(講明眞解) 심천지증(心踐智證)'을 법문으로 삼았고 1734년과 1754년 선암사에서 대규모 화엄강회를 두 차례 열었는데 후자의 경우 1,200여 명이나 참석하는 성황을 이루었다.[184]

18세기 중후반에는 권위 있는 화엄사기를 쓴 설파 상언, 연담 유일, 인악 의첨 등이 나와 화엄교학의 수준이 절정에 도달하였다. 먼저 설파 상언은 호암 체정의 강회를 이어 전법제자가 되었고 부휴계 교학종장인 회암 정혜의 가르침도 받았다. 상언은 『화엄경』을 무려 25회나 강설하였고 징관 『화엄경소』의 은회(隱晦)한 부분을 해인사의 대장경과 일일이 비교해 살펴서 『소』와 『연의초』의 오타와 오류를 정정한 『구현기(鉤玄記)』 1

183) 虎巖 體淨 문하에서는 雪坡 尙彦과 蓮潭 有一이 배출되어 편양파 화엄교학의 본류가 되었고 涵月 海源은 스승 喚性 志安의 行狀을 쓰고 책을 간행하는 등 계승의식을 표출하였다.

184) 忽滑谷快天, 1930 『朝鮮禪敎史』, 456~457쪽에 의하면 霜月 璽葑의 華嚴講會에 참가한 會衆의 명단을 기록한 『海珠錄』 1권이 仙岩寺에 소장되어 있다고 한다. 「序文」은 편양파 연담 유일과 부휴계 묵암 최눌이 썼으며 새봉의 제자 龍潭 慥冠을 비롯한 1,200여 명의 명단이 기재되어 있다.

권과 『화엄은과(華嚴隱科)』를 펴냈다. 그는 화엄 「십지품」에 대한 사기도 남겼는데 그 발문에 의하면 "『화엄경』은 근기에 따른 수기(隨機)의 설이 아니며 칭성(稱性)의 극설(極說)로서 실로 여러 경전 중 가장 뛰어난 근본이다. 「십지품」은 그 중 더욱 깊이가 있는데 이 사기를 쓴 설파장로는 당대의 화엄종주로서 해인사의 여러 경론에서 『소초』의 인용처를 찾아 근원을 밝혔고 의망(疑網)을 풀어주었으니 교해(敎海)의 지남(指南)이다"라고 하여[185] 화엄의 수승함과 함께 상언의 교학적 업적을 높이 평가하였다. 또 1770년(영조 46)에 낙안 징광사에 화재가 나서 성총이 간행한 『화엄소초』 판목이 불탔는데 1775년에 상언이 이를 중간하고 영각사(靈覺寺)에 경판각을 세워 보관하였다. 당대의 화엄종장이었던 그의 위상은 후대에도 높이 평가되었는데 채제공(蔡濟恭)이 쓴 비문에 '화엄의 충신(忠臣)'이라는 표현이 나오며 편양파 설두 유형의 행장에도 상언에 대해 "화엄을 교정 간행하고 『연의초』의 상세한 과문(科文)을 써서 업적이 남달리 컸으며 화엄보살로 칭해졌다"고 서술하고 있다.[186]

상언에게 수학한 후 30여 년간 화엄 강석을 이끈 대둔사의 연담 유일은 상언에 대해 "화엄의 무너진 강령을 정비하여 십현(十玄)의 법문을 폈으니 이는 청량 징관이 다시 온 것"이라 하였고 그의 『소초』 주석이야말로 '조선 화엄과(華嚴科)의 금과옥조'라고 평하였다.[187] 징관과 함께 종밀과 지눌을 높이 평가한 유일은[188] 「현담」과 「십지품」을 포함한

185) 「雜貨廥十地經私記後跋」(奉先寺 楞嚴學林, 2002 『華嚴淸凉疏鈔十地品三家本私記-雜華記·雜貨廥』, 曹溪宗教育院, 445쪽). 이 글은 설파 상언에게 수학한 승려가 쓴 것으로 보인다.

186) 蔡濟恭, 1796 「禪雲寺雪坡大師碑銘」(『한국고승비문총집』, 518~519쪽); 李能和, 1918 『朝鮮佛教通史』 상편, 604~605쪽의 「靈龜山雪竇大師行狀」.

187) 『林下錄』 권4, 「雪坡和尙傳」(『한국불교전서』 10, 271쪽).

188) 『임하록』 권3, 「萬淵寺兩國師影子重修記」(『한국불교전서』 10, 259쪽)는 知訥과 제자 慧諶에 관한 글이며 권3, 「重刊華嚴經序」; 「題自述序要二記後」에도 澄觀, 宗密과 함께 지눌이 언급되어 있다.

『화엄경』 사기를 남겼는데 유일 계통의 필사본 사기는 '유망기(遺忘記)' 라는 명칭으로 전하고 있다.[189] 그는 당시의 화엄 강석과 교학 전통에 대해 다음과 같이 언급하면서 자신이 새로 쓴 사기에 대한 자부심을 드러냈다.[190]

이전의 우리 동방 교가(敎家)는 『연의초』를 보지 못하여 성상(性相)의 법문에 막혔는데 지금은 크게 달라졌다. 이전의 강사들은 상세히 연구하지 못하였지만 설파(雪坡)대사가 회암(晦庵)화상에게 수학한 후 탈석(脫席)의 명성을 떨쳤고 강좌에 올라 오직 『화엄경』을 널리 펴서 15번이나 강하였으니 지금의 강사들은 모두 그를 종(宗)으로 삼고 나 또한 그에게 전적으로 의지하였다. 사기는 중국에서 일찍이 만들어졌는데 현담(玄談)에 대한 보서(普瑞)의 『회현기(會玄記)』가 함께 전래되었다. 지금 오문(吾門)에 이르러 감히 사기를 내어 과석(科釋)하고 고증하여 보충 설명과 첨삭을 하였다. 설파와 다른 점이 많은 것은 참월한 짓이지만 징관(澄觀)도 법장(法藏)에 의지하면서 개역한 것이 많았고 선진(先進)의 미발처(未發處)를 발하는 것은 후학의 마땅히 해야 할 일이다. 대경(大經)은 현미하고 소초는 호한하여 강의할 때마다 이해처가 다른데

---

189) 東國大 소장 필사본 『華嚴遺忘記』(동국대 D213.415 화63.5)에는 「玄談」은 물론 「十地品」까지 포함되어 있으며 서두에 필사자 枕月의 이름이 나온다. 각 권 말미에는 1835년이나 1836년, '曹溪普照蘭若 枕溟師主會中' 이 기재되어 있고 또 '求禮泰安寺 枕溟師主' 라고 적혀 있다(奉先寺 楞嚴學林, 2004 『華嚴淸凉疏鈔懸談記-遺忘記(天字卷-荒字卷)』, 동국역경원의 「刊行序」). 枕溟 翰醒은 부휴계 默庵 最訥의 문손으로서 유일의 私記가 계파를 막론하고 湖南 일대에서 강학 교재로 이용되었음을 알 수 있다. 한편 담양 龍華寺에 『遺忘記』, 『蓮老記』, 『懸談記』가 소장되어 전해졌는데 모두 유일 계통의 華嚴私記이지만 내용은 각각 다르다. 또 奉先寺 月雲 소장본 『鉢柄』도 표지는 '遺忘記' 이지만 계통이 다른 것으로 보인다. 私記類는 필사본으로 여러 곳에 전해지고 있어 구체적 내용과 계통을 파악하기 쉽지 않은데, 그 影印과 판독이야말로 조선후기 교학에 대한 이해를 심화시키기 위한 필수 과제이다.

190) 蓮潭有一, 앞의 「大敎私記序」(『十地品三家本私記-遺忘記』, 3~5쪽).

나이 60이 넘어 사기를 냈으니 젊었을 때 쓴 것보다는 나을 것이다. 지금의 사기를 정두(正頭)로 삼기 바란다.

영남 교학의 대가인 인악 의첨도 상언이 당대 화엄의 대종장이라 하여 그 회하에 참여하여 수학하였는데 그 또한 유일과 마찬가지로 상언의 『화엄은과』에 의거하여 『화엄소초』에 대한 사기를 남겼다.[191] 이후 화엄에 대한 이해는 유일과 의첨의 사기에 주로 의지하였는데 이들의 사기는 19세기에 각각 호남과 영남에서 중시되어 전승되었고,[192] "법당(法幢)이 대치하고 강종(講鐘)이 서로 화합하니 교문(敎門)이 융성하였다"는 평가를 들었다.[193]

화엄교학의 성행은 연담 유일이 주석한 대둔사에서 그 화려한 결실을 맺었다. 편양파가 주축이 되어 소요파와 함께 일군 대둔사의 강학 전통은 12대 종사의 체계화와 종원의 표명으로 귀결되는데, 12대 종사와 12대 강사의 구성에서 가장 중요한 기준이 되었던 것이 바로 화엄강학의 전수였다. 대둔사는 이미 18세기 초부터 "항시 화엄지축(華嚴之軸)이 걸려 있고 원교(圓敎)가 대대로 흥하였다"고 자부하였고,[194] 19세기 초에 나온 『대둔사지』에는 "편양과 소요의 후손들이 화엄대회를 서로 전수하여 팔로(八路)의 치림(緇林)이 귀의하고 종(宗)으로 삼았다"고 하여 종원 대둔

191) 상언의 華嚴私記는 雜貨腐, 유일 계통의 사기는 遺忘記, 의첨에서 비롯된 것은 雜貨記로 칭해진다. 상언의 『華嚴隱科』가 섭기윤본 『疏鈔』를 기준으로 한 것이어서 이후의 사기는 모두 千字文 字號 순으로 편철되어 있다(奉先寺 楞嚴學林, 2002 『華嚴經淸凉疏鈔十地品三家本私記-遺忘記』, 曹溪宗敎育院의 「일러두기」).

192) 金映遂, 1939 『朝鮮佛敎史藁』, 164쪽에는 두 사람의 私記가 호남과 영남의 講學에서 각각 전승되었는데 『華嚴經』은 蓮潭記가 상세하고 四敎科는 仁嶽記가 좋다는 평가가 인용되어 있다. 또 이들은 禪의 『拈頌』에 대해 주석하지 않았기에 白坡 亘璇이 『拈頌記』를 지었다고 한다.

193) 權相老, 1917 『朝鮮佛敎略史』, 228쪽.

194) 蔡彭胤, 1727 「海南大芚寺事蹟碑」 『希菴先生集』(『韓國文集叢刊』 182, 437쪽).

사가 화엄강회의 계승을 통해 그 권위를 인정받았음을 보여준다.[195] 대둔사에서는 당대의 이름난 교학 종장들을 강사로 초빙하여 전통을 축적하였고 이들이 종사나 강사의 주요 계보를 이은 것이다.[196]

대둔사 12대 종사 중 2대 취여 삼우는 소요 태능의 제자 가운데 교종으로 평가된 해운 경열의 적전 제자로서 대둔사에서 화엄종지를 강설하였고[197] 4대 종사인 화악 문신은 삼우의 화엄강회에서 깨달음을 얻고 법을 계승하였다. 또 8대 설봉 회정도 문신의 제자로서 경열의 교학 전통을 계승한 이였으며 7대 벽하 대우는 교를 화악 문신, 선을 환성 지안으로부터 계승하였는데 소요파 문신의 교종 전법을 이었다.[198] 나아가 화악 문신이 월저 도안의 강설을 인정하고 화엄강회를 양도한 것이 편양파가 대둔사 강학 전통에 참여하는 계기가 되었다. 대둔사 12대 종사의 구성은 이처럼 전법 계보뿐 아니라 화엄강회의 계승이 중요한 기준이 되었던 것이다. 이와 같이 강학의 전승을 통해 전통이 계승된 점은 화엄교학이 성행한 시대상을 여과 없이 보여주는 것이며 임제법통의 정통성과 화엄종풍의 시대성이 결합된 모습을 볼 수 있다.

---

195) 『大芚寺志』, 23~24쪽.

196) 大芚寺는 각 건물(寮)마다 方丈室을 별도로 두어 講師를 머물게 하였고 항상 '持經修課' 하는 教學僧이 머물렀다. 또 이름난 宗匠이 있으면 초빙하여 學人들을 가르치게 하였다(「講會錄序」 『대둔사지』, 55~56쪽).

197) 『대둔사지』, 22~26쪽. 騎魚 慈弘은 逍遙派에서 禪宗을 얻은 이는 枕肱 懸辯이고 教宗을 전수한 이는 海運 敬悅이라고 평가하였다. 소요파의 조사인 태능은 浮休 善修에게 교학을 배우고 清虛 休靜에게 禪의 깨달음을 얻어 전법제자가 되었다.

198) 李毅敬, 1764 「碧霞大宗師碑銘」(『한국고승비문총집』, 398~401쪽). 지안도 그를 '東國大宗匠 碧霞長老' 라고 칭하고 있어 사법제자로 보기는 어렵다(『대둔사지』, 25~26쪽; 34쪽).

3장

19세기 선 논쟁의 전개와 불교사적 함의

1. 삼종선의 구분과 판석 논쟁
2. 교학 전통에서 바라본 선 논쟁의 새로운 해석

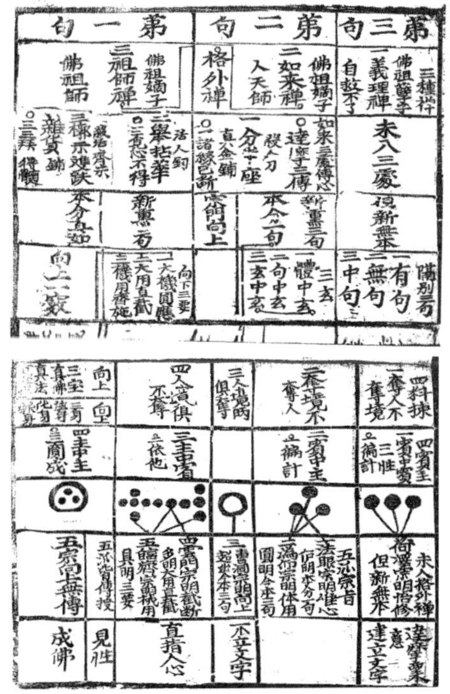

〈『선문수경』 삼구도시〉

1. 삼종선의 구분과 판석 논쟁

조선후기 불교는 간화선 우위의 선교겸수를 지향점으로 하였고 18세기에는 강학을 매개로 한 교학 연구와 전승이 활발해져서 강학의 전수가 사법전승의 한 척도가 되기도 하였다. 교학 전통의 계승은 19세기에도 지속되었는데 삼종선(三種禪)을 둘러싼 선(禪) 논쟁의 전개는 이전 시대부터의 선교겸수 및 교학 중시 경향에서 배태되어 나온 것이었다. 기존 연구에서는 19세기 선 논쟁에 대해 선종을 교리적으로 이해하여 체계화시킨 것으로 보았고 또 선을 원칙적으로 구분할 수 없다는 입장과 임제종 우위론 사이에 펼쳐진 대결로 파악하였다. 이와 함께 고증학(考證學)이라는 시대사조의 영향을 전제로 하여 새로운 방식의 전통 이해와 기존 통설 간에 마찰을 일으킨 것으로 선 논쟁을 해석하기도 하였다.[199] 하

199) 韓基斗, 1975「白坡와 草衣時代 禪의 論爭點」『崇山朴吉眞博士華甲記念韓國佛教思想史』에서는 긍선의 三種禪 주장이 전통설을 고수한 것으로 보았고 의순의 二種禪은 實學의 영향으로 새로 제기된 혁신설이라고 평가하였다. 高亨坤, 1975「秋史의

지만 조선후기 불교의 사상사적 전개과정을 통관해 볼 때 선 논쟁의 본질은 간화선 우위의 선수행과 임제법통, 그에 대비되는 선교겸수의 지향과 교학의 중시라는 두 가지 전통을 어떻게 자리매김하고 결합시킬 것인지의 문제였다. 즉 논쟁의 핵심이었던 조사선(祖師禪)과 여래선(如來禪)의 구분은 단순한 선종 내의 차등화나 위계 문제였다기보다 선과 교의 관계를 어떻게 설정할 것인지에 대한 모색이었던 것이다. 여기서는 교학을 배제한 임제 선종 우월주의, 그리고 선의 체계 안에 교학을 배치하여 선교겸수의 원론적 가치를 강조하는 상반된 입장에 대해 살펴본다.

19세기 선 논쟁의 불씨를 지핀 것은 백파 긍선(白坡亘璇, 1767~1852)이었다. 그는 전라도 선운사(禪雲寺)에서 출가한 후 지리산 영원암(靈源庵)에서 당대 최고의 화엄종주였던 설파 상언에게 구족계를 받았고 26세에 백양사(白羊寺) 운문암(雲門庵)에서 개당하였다. 긍선은 상언이 머물렀던 영구산(靈龜山) 구암사(龜岩寺)에서 상언의 문손 설봉 거일(雪峰巨日)의 법을 전수받았다. 교학을 연찬하였던 그는 1812년 45세에 이르러 법의 진제(眞諦)가 문자 밖에 있음을 깨닫고는 강안(講案)을 거두고 선수행에 전념하였다. 이후 백양사에서 선지(禪旨)를 현양하고 구암사에서 선강(禪講) 법회를 여는 등,[200] 선문을 중흥한 호남의 선백(禪伯)으로 명성을 떨쳤다. 그의 입적 후 탑은 출가했던 선운사에 세워졌고 영정은 화장사(華藏寺)에 봉안되었으며 김정희(金正喜)가 찬한 비가 선운사에 건립되었다.[201]

긍선은 격외선전(格外禪詮)뿐 아니라 화엄법문에도 정통하였고 또

「白坡妄證十五條」에 대하여」『學術院論文集』 14, 173~222쪽에서 당시 논쟁의 성격을 이해할 수 있다.

200) 『少林通方正眼』 「行狀」(『한국불교전서』 10, 651~653쪽).

201) 金正喜, 「像讚幷序」 『소림통방정안』(『한국불교전서』 10, 628쪽)에는 雪峰의 達摩像이 긍선과 닮아서 靈龜(龜岩, 華藏)山에 白坡像으로 모셨다 한다.

계율을 잘 수지하여 김정희가 '화엄종주(華嚴宗主) 대율사(大律師) 대기대용(大機大用)' 을 비명의 제명으로 붙이기도 하였다.[202] 그렇지만 긍선의 관심은 45세 이후 선에 집중되었고 특히 임제 간화선의 종지를 강조하였다. 그의 저술 면면도 『수선결사문과석(修禪結社文科釋)』, 『선문수경(禪門手鏡)』, 『법보단경요해(法寶壇經要解)』, 『오종강요사기(五宗綱要私記)』, 『고봉선요사기(高峰禪要私記)』, 『선문염송사기(禪門拈頌私記)』 등 대부분 선종 관련 서적이었다.[203] 즉 대교과의 『선문염송』, 간화선풍을 적시한 사집과의 『고봉선요』, 선종 각 종의 개요를 담은 『선문오종강요』 등의 사기를 주로 쓴 것은 그가 가진 선종 우위의 시각을 여실히 보여주고 있다. 긍선의 법맥은 문손 설두 유형(雪竇有炯)을 거쳐 박한영(朴漢永)으로 이어졌는데,[204] 이 계열은 19세기와 20세기의 전환기적 과정에서 불교전통에 대한 재고와 학문적 계승에 큰 역할을 담당하였다.

선 논쟁을 촉발시킨 문제의 저작은 긍선의 주저인 『선문수경(禪門手鏡)』이었다. 여기서는 선을 조사선(祖師禪), 여래선(如來禪), 의리선(義理禪)의 3종으로 분류하고 있다. 긍선의 분류 기준은 임제삼구(臨濟三句)였는데, 그는 임제삼구가 "일대선교(一代禪敎)의 전지(詮旨)를 두루 통섭하지 않음이 없다" 고 하면서 각 구를 삼종선에 각각 배당하였다. 그의 설명을 요약하면 다음과 같다. 제1구는 기용(機用)을 갖추고 살활(殺活)을 겸전하여 불조(佛祖)의 스승이 되는 것으로 조사선에 해당한다. 제2구는 살

202) 앞의 「行狀」에서는 禪師로 칭하였고 金正喜, 「華嚴宗主白坡大律師大機大用之碑銘」 『소림통방정안』(『한국불교전서』 10, 628~633쪽)에는 華嚴宗主와 律師가 덧붙여졌다.

203) 忽滑谷快天, 1930 『朝鮮禪教史』, 498~499쪽에 의하면 金剛山 神溪寺에 긍선의 「太古歌釋」과 『識智辨說』이 소장되어 있었다 한다.

204) 설두 유형의 법명은 봉기(奉琪)이며 유형(有炯)은 자(字)이지만 저술인 『禪源遡流』에 설두 유형으로 되어 있는 등 보통 유형으로 칭해진다. 박한영은 긍선이 주석했던 白羊寺, 仙巖寺, 龜岩寺 등에서 四教와 大教를 수학하였고 유형의 제자 雪乳 處明의 법을 이었다.

(殺)은 있지만 활(活)은 없고 인천(人天)의 스승이 되는 것으로 여래선이 이에 해당된다. 제3구는 다만 새로울 뿐이지 근본이 없으며 스스로도 구제하지 못하는 것으로서 이는 의리선에 지나지 않는다. 또한 심인(心印)의 3단계와 근기(根機)를 기준으로 하여 조사선은 인공(印空)과 상근기, 여래선은 인수(印水)와 중근기, 의리선은 인니(印泥)와 하근기에 해당하는 것으로 보았다.[205]

이처럼 긍선은 선을 명목상 조사선, 여래선, 의리선의 3단계로 차등적으로 나누어 분류하였는데, 앞서 임제삼구가 선교를 통섭한다고 전제한 것에서 구분의 대상이 선만이 아니라 교까지 포함된 것임을 유추해 볼 수 있다. 실제로 긍선은 삼종선 중 조사선과 여래선을 다시 격외선(格外禪)으로 묶고 의리선은 그보다 한 차원 낮은 단계로 비정하였다.[206] 전통적으로 조사선을 격외선, 여래선을 의리선으로 설명해온 것에 비추어 보면 이는 매우 파격적인 주장이었다. 이처럼 의리선을 여래선과 분리시켜 하위 단계로 분류한 긍선의 의도는 의리(義理), 즉 문자의 습기(習氣)를 벗어나지 못한 낮은 단계의 것을 교학과 같은 것으로 보고 그에 대해 격외(格外)로서 선의 우위를 주장한 것이었다.

나아가 긍선은 이 삼종선 분류를 기준으로 임제종(臨濟宗), 운문종(雲門宗), 조동종(曹洞宗), 위앙종(潙仰宗), 법안종(法眼宗)의 선종 5가를 차등적으로 나누었다.[207] 즉 가장 높은 단계인 조사선에는 임제종과 운문

205) 『禪門手鏡』「臨濟三句圖說」;「向上新熏三禪」;「三句圖示」(『한국불교전서』 10, 514~519쪽). 『修禪結社文科釋』에도 格外禪(祖師禪, 如來禪)과 義理禪을 구별하는 인식이 나타나며 『作法龜鑑』의 「看堂論」에서도 三玄, 三要, 三處傳心, 三禪, 三句 등에 日用作法을 맞추는 등 여러 저술에서 일관된 주장을 펼쳤다. 『少林通方正眼』「答金參判正喜」(『한국불교전서』 10, 635~646쪽)에서도 긍선의 입장을 확인할 수 있는데 禪宗과 관련된 『五宗綱要私記』, 『高峯禪要私記』에 대한 검토도 필요하다.

206) 『선문수경』「義理禪格外禪辨」(『한국불교전서』 10, 519쪽).

207) 『선문수경』「義理禪格外禪辨」;「新熏本分辨」;「圓相說」(『한국불교전서』 10, 519~520쪽).

종을 배정하였고 이를 본분진여(本分眞如)를 깨달은 불조(佛祖)의 적자(嫡子)로 보았다. 그 중 임제종은 기용(機用)을 밝히고 삼요(三要)를 갖추었음에 비해 운문종은 대용(大用)을 밝히고 직절(直截)로 종의를 삼아 조사선에 해당하지만 기용을 다 드러내지 못한다고 하여 임제종을 더 뛰어난 것으로 판정하였다.[208] 다음 여래선에는 조동종, 위앙종, 법안종을 포함시켰는데 그 가운데 조동종이 정맥(正脈)이고 위앙종은 단지 체용(體用)만 밝히고 향상(向上)을 드러내지 않아서 그 다음 단계이며 법안종은 유심(唯心)만 밝히고 용(用)을 통섭해 체(體)로 돌아가므로 가장 낮은 차원이라고 보았다. 이처럼 긍선은 선종 5가를 임제-운문-조동-위앙-법안종의 순서로 차등적으로 파악한 것이다. 그 외에 우두종(牛頭宗)과 신수(神秀)의 북종(北宗), 신회(神會)의 하택종(荷澤宗) 등 초기 선종, 그리고 교종은 "단지 오수성불(悟修成佛)을 밝힐 뿐 아직 진여자성(眞如自性)과 본분(本分)을 밝히지 못한" 의리선의 단계로 보고 이를 불조(佛祖)의 얼자(孽子)로 낮게 평가하였다.[209]

긍선이 격외선으로 묶은 조사선과 여래선을 차등적으로 나누고 양자의 우열을 구분한 기준은 기(機: 體)·용(用)과 살(殺)·활(活), 그리고 '삼처전심(三處傳心)'이었다. 부처가 제자 가섭(迦葉)에게 세 곳에서 심인(心印)을 전수하였다는 삼처전심설은 '다자탑전분반좌(多子塔前分半座: 분반좌)', '영산회상거염화(靈山會上擧拈花: 염화)', '사라쌍수곽시쌍부(沙羅雙樹槨示雙趺: 시부)'를 말한다. 긍선은 제1처인 분반좌에 대해 진공(眞空)의 불변진여(不變眞如)의 측면만을 전하므로 활(活)이 없는 살인도(殺人道)라고 규정하고 이는 적전이 아닌 방전(旁傳)으로서 청원 행사(青

208) 여기서 機는 體이고 靜이며 用은 作用이고 動인데 性理學 용어로 말하면 大機는 未發을, 大用은 已發을 의미한다. 三種禪의 구분 기준이 臨濟三句인 것 자체가 臨濟宗 중심의 이해이며 결국 임제종은 體用과 未發·已發을 모두 포괄한 최고의 선이고 선과 교를 통틀어 가장 수승한 법으로 인식되었던 것이다.

209) 『선문수경』「新熏本分辨」(『한국불교전서』 10, 520쪽).

原行思)가 여기에 해당된다고 보았다.[210] 청원 행사는 6조 혜능의 제자이며 그의 법을 이은 석두 희천(石頭希遷)의 석두종(石頭宗)으로부터 후대에 조동종, 운문종, 법안종이 갈라져 나왔다.[211] 다음 제2처 염화는 묘유(妙有)로서 살활(殺活)을 겸하고 기용(機用)을 구족한 활인검(活人劍)으로 보고 이에 해당하는 남악 회양(南嶽懷讓)이 혜능의 적전이 되었다고 설명한다.[212] 남악 회양의 대표적 제자는 홍주종(洪州宗)을 일으킨 마조도일(馬祖道一)이었고 이 계통에서 임제종과 위앙종이 나왔다. 즉 삼처전심의 1처와 2처를 기준으로 혜능 이후 선종을 두 갈래로 대별하였고 임제종을 배출한 남악 회양 계열을 살활과 기용을 겸비한 제2처에 해당한다고 하여 적전으로 인정한 것이다. 긍선은 『수선결사문과석』에서도 '심체(心體)를 깨쳐 활구(活句)로 오입(悟入)' 하는 조사선의 종주로 남악 회양을 내세웠고 '향상일로(向上一路)를 꿰뚫어 깨닫고 활구로 오입' 하는 여래선의 종주로는 청원 행사를 적시하였으며 '지해(知解)가 남고 사구(死句)로 오입' 하는 의리선의 종주로 하택 신회를 배당한 바 있다.[213] 이는 의리선을 사구(死句)로 보고 격외선인 여래선과 조사선은 모두 활구(活句)로 인정한 것인데 『선문수경』의 앞의 내용에서 조사선을 활구, 여래선을 사구로 본 것과는 모순된다.[214]

---

210) 『禪門手鏡』「殺活辨」(『한국불교전서』 10, 520쪽). 殺은 三玄의 如來禪, 活은 大機大用의 祖師禪에 해당한다.

211) 伊吹敦 저 · 최연식 역, 2005 앞의 책, 132~133쪽의 「선의 계보 3」 참조.

212) 忽滑谷快天, 1930 『朝鮮禪敎史』, 503쪽; 504~509쪽에서는 曹洞宗 계통이 出自한 靑原을 방계로 본 것에 대해 격렬한 어조로 비판하였다. 누카리야는 일본 曹洞宗 승려 출신으로서 臨濟宗 우위론에 거부감을 표출한 것인데, 한편 三處傳心도 妄說이라고 하면서 제2 염화미소는 僞經에 근거하여 후대에 만들어진 조작이라고 보았다.

213) 『修禪結社文科釋』「略引公案以示榜樣 第四」(『한국불교전서』 10, 533~535쪽).

214) 긍선은 三種禪을 唯識의 三性說에 배당하여 義理禪과 如來禪은 識情이 드러난 遍計所執의 妄情이며 祖師禪만이 三要와 本分眞如를 갖추어 依他起性, 圓誠實性에 해당한다고 보았다. 즉 여래선과 조사선을 차별화시켜 조사선 우위의 입장을 분명히 한 것이다.

이러한 긍선의 주장에 대해 연담 유일의 문손이자 대둔사 강사인 초의 의순(草衣意恂, 1786~1866)이 즉각 이의를 제기하고 나섰다. 의순은 주저 『선문사변만어(禪門四辨漫語)』에서 긍선의 오류에 대해 조목조목 지적하고 비판하였는데, 우선 근기의 우열에 따라 선을 3단계로 차등화시켜 구분한 것을 반박하였다. 그는 전통적으로 사람을 기준으로 조사선과 여래선으로 나누고, 법을 기준으로 조사선은 교외별전(教外別傳)의 격외선, 여래선은 모든 의리를 포괄하는 의리선으로 구분하지만 이는 방편상의 구별일 뿐 각각의 우열을 나눈 차별적 판석(判釋)이 아님을 강조하였다.[215] 즉 조사선은 언교(言教)에 말미암지 않고 부처로부터 이심전심으로 이어지는 격외별전의 격외선이며, 여래선은 부처가 교화한 법문으로서 언교의리(言教義理)로 깨달아 들어가고 말로 이치를 증득하는 의리선이라는 것이다. 이는 조사선-여래선-의리선이라고 하는 3단계의 수직적 선 판석을 배격한 것이었다.

의순은 또한 임제삼구의 분류 기준에 대해서도 다르게 해석하였다. 그는 제1구가 불조(佛祖)의 스승이 되는 이유는 권실조용(權實照用)의 현요(玄要)가 갖추어져 있고 의론언설(議論言說)이 아직 없이 진종(眞宗)이 홀로 드러난 활구(活句)이기 때문이며 제2구는 점차 분석과 언설이 일어나고 진종이 숨어 버린 불살불활(不殺不活)의 구이므로 언교(言教)라는 방편을 활용하여 인천(人天)의 스승이 된다고 보았다. 마지막 제3구는 삼요(三要)의 기용(機用)과 삼현(三玄)의 권실(權實)을 열어 해석한 것으로서 이는 다른 언구(言句)에 막혔기 때문에 스스로 구제하지 못하는 것이라고 설명하였다. 이를 전제로 긍선이 제1구 조사선에 해당하는 격외선에 제2구 여래선까지 갖다 붙이고 제3구로 의리선을 별도로 세운 것은 조사선-격외선, 여래선-의리선 조합의 전통적 해석과는 동떨어진 잘못

215) 『禪門四辨漫語』「格外義理辨」(『한국불교전서』 10, 827~828쪽).

된 견해라고 비판하였다.[216]

또한 긍선의 살활(殺活) 구분을 비롯한 삼종선의 분류 기준에 문제가 있음을 지적하였다. 먼저 귀곡(龜谷)의 『염송설화(拈頌說話)』 등에서 분반좌를 '전살(專殺)', 염화를 '전활(專活)', 시부를 '살활제시(殺活齊示)'로 규정한 것은 살활과 기용, 체용 등이 서로 의지하는 불가분의 관계이므로 전살과 전활이라 해도 반드시 활과 살을 겸함을 전제로 한 것인데, 긍선은 여래선에 살만 있고 활은 없다고 하는 등 잘못된 이해를 하였다고 보았다. 또 조사선을 설명할 때도 기용을 떠나서 별도로 절단(截斷) 및 직절(直截)이 있을 수 없음에도 긍선이 기용을 임제종, 직절을 운문종의 특징으로 규정한 것은 언구에 집착하여 미혹에 빠진 것이라고 비판하였다.[217] 이어 긍선의 논리대로라면 부처와 조사도 기용을 드러내 설하지 않으면 임제에 미치지 못하는 것인지 반문하였다. 또한 위앙종과 조동종은 연원이 같고 우열이 없는데도 양자를 차등적으로 본 것은 문제가 있으며 법안종에도 조사선이 있는데 이를 여래선으로 낮게 배정한 것은 잘못이라고 반박하였다.[218]

의순은 긍선의 주장이 어떤 점에서 문제가 되는지를 「격외의리변(格外義理辨)」에서 다음과 같이 통찰하고 있다. 먼저 여래선과 조사선 개념은 위앙종의 앙산(仰山)에서 비롯된 것이고 그 이전에는 격외나 의리라는 말은 있었지만 여기에 선(禪)을 덧붙여 양자 사이의 우열을 논하지는 않았다고 지적한다. 또 앙산 이후에도 방편상 언교를 따르지 않고 이심

216) 『禪門四辨漫語』(『한국불교전서』 10, 821~823쪽).

217) 『선문사변만어』(『한국불교전서』 10, 820~822쪽). 같은 책의 「眞空妙有辨」(『한국불교전서』 10, 829~830쪽)에서는 긍선이 眞空을 不變眞如로 보고 妙有를 隨緣眞如로 보아 體와 相, 偏과 正을 나눈 것에 대해서도 비판하였다.

218) 『선문사변만어』(『한국불교전서』 10, 823~825쪽). 法眼 文益의 '若見諸相非相 卽不見如來' 를 들어 법안종이 祖師禪임을 강조하였다. 『人天眼目』에서도 선종 5家의 특성과 차이를 설명하면서 임제종과 다른 선종 사이에 차등을 두지 않았고 위앙종, 법안종, 조동종 등을 모두 조사선으로 인정하였다.

전심으로 전하는 것을 조사선, 말로 설명하여 이치를 증득하는 것을 여래선으로 구분하면서 조사선은 교격(教格)의 밖에 멀리 나가 있다고 하여 격외선, 여래선은 언교와 의리로 말미암은 것이라서 의리선으로 칭하였을 뿐이라고 설명한다. 즉 방편상 사람을 기준으로 여래선과 조사선을 나누고 법을 기준으로 의리선과 격외선을 구분하는 것이 전통적 통설이라는 것이다.219) 이에 따라 의순 자신은 「이선래의(二禪來義)」에서 '의리명자(義理名字)가 여래선이고 언교 외의 밀계(密契) 전수가 조사선'이라고 정의하고 의리의 종류는 많지만 불조(佛祖)의 '지명연의(指名演義)'가 의리선이라고 보아 여래선=의리선, 조사선=격외선의 구도를 명확히 하였다.220) 그는 긍선이 전통설을 잘못 이해한 점에 대해 추가로 다음과 같이 지적하고 있다.221)

> 긍선의 설은 앞서 호암 체정과 연담 유일이 인용한 청풍 일우(淸風一愚)의 설에 의거하여 그 자신이 해석한 것이다. 그런데 앞서의 논의는 삼처전심을 모두 조사선으로 보고 이것이 임제 1구에 해당한다고 본 것인데 긍선은 삼처전심을 나누어 분반좌는 살(殺)만 있고 활(活)은 없다고 하여 여래선과 임제 2구에 배당하였다. 또 살활을 겸한다고 하여 염화만 조사선과 임제 1구에 배정하였으니 이는 오류이며 그가 근거로 삼은 이전 설과도 다른 것이다. 더욱이 여래선을 격외선에 집어넣은 것은 옛사람들의 설을 뒤엎은 것이다.

의순의 비판에 이어 우담 홍기(優潭洪基, 1822~1881)의 『선문증정록

219) 『선문사변만어』 「格外義理辨」(『한국불교전서』 10, 827~828쪽).

220) 『선문사변만어』 「二禪來義」; 「격외의리변」(『한국불교전서』 10, 826~828쪽). 義理는 華嚴의 圓融無碍의 의리, 격외선의 의리 등 여러 종류가 있지만 佛祖가 드러낸 것이 의리선의 의리이며 곧 여래선의 의리라고 설명한다.

221) 『선문사변만어』 「격외의리변」(『한국불교전서』 10, 828쪽).

(禪門證正錄); 소쇄선정록(掃灑先庭錄)』이 나왔는데 이 책의 주장 또한 의순의 입장과 크게 다르지 않다. 홍기는 부휴계 출신의 송광사 승려로서 대둔사 12대 강사에 들어간 벽담 행인의 법을 계승한 이였다. 그는 『화엄』과 『염송』에 정통하였고 강석(講席)과 선학(禪學) 모두에 탁월하다는 평가를 받았다.[222] 『선문증정록』의 서문에는 "선문(禪門)을 배우고자 하면 임제삼구를 알아야 하고 삼구를 알려면 『선문강요(禪門綱要)』를 숙독해야 하며 나머지 해석을 보려면 『염송설화』를 읽어야 한다. (긍선이) 『선문강요』, 『염송설화』와 다르게 해석하여 옛날의 주석과 차이가 나므로 이를 인증(引證)하여 바로잡는다" 고 하여,[223] 전통설에 의해 긍선의 오류를 교정하겠다는 의도를 밝히고 있다. 부휴계 금명 보정이 쓴 「인간발(印刊跋)」에서도 "귀곡조(龜谷祖)의 『염송설화』는 『선문강요』를 따랐고 청허 휴정, 부휴 선수, 설파 상언, 연담 유일, 묵암 최눌, 벽담 행인 등 (청허계와 부휴계의) 여러 선정(禪正)들이 그것을 준수하였는데 근래에 육은(六隱: 긍선)이 『염송』 등에 대해 화족(畵足)을 쓰면서 그 원류와 명실(名實)을 잃고 법유본말(法喩本末)을 착오하여 『선문강요』, 『염송설화』와 내용상 차이를 보였다" 고 하여, 홍기의 입장을 두둔하였다.[224]

『선문증정록』에서는 조사선과 격외선이 임제삼구 중 제1구에 해당하는 것은 맞지만 여래선을 격외선에 넣고 이를 제2구에 배당한 것은 오류임을 지적하였다.[225] 홍기는 여래가 스스로 증득한 것이 아직 극진하지

222) 『東師列傳』 권5, 「優曇講伯傳」(『한국불교전서』 10, 1058쪽).

223) 『禪門證正錄』 「禪門證正錄幷序」(『한국불교전서』 10, 1137쪽). 이는 홍기가 쓰고 의순 계통의 대둔사 梵海 覺岸이 교정을 본 글이다.

224) 『선문증정록』 「禪門證正錄印刊跋」(『한국불교전서』 10, 1145쪽).

225) 『선문증정록』 「初 三處傳心說」; 「第四 三句一句說」(『한국불교전서』 10, 1138쪽; 1145쪽). 또 殺活의 이름은 1구 조사선에만 있는데 긍선이 殺人刀를 2구에 배당한 것은 잘못이라고 지적하였다. 홍기는 『景德傳燈錄』, 『禪門綱要』, 『拈頌』, 『說話』 등 많은 서책을 인용하여 논변하였는데 긍선의 「三句圖」(『한국불교전서』 10, 517쪽)에서 1

않아 진귀조사(眞歸祖師)에게 물어서 비로소 제1구를 증득하였기에 이를 조사선이라고 부르며 또한 경교(經敎)의 밖에 있으므로 격외선으로 칭한다고 설명하였다. 또 제2구는 오수(悟修)가 없어지고 제1구의 법신(法身)을 증득한 여래가 스스로 증명하여 얻은 선이기 때문에 여래선이며 여기에는 의리와 경교의 흔적이 나타나므로 이를 의리선으로 부른다고 하였다.[226] 즉 조사선=격외선, 여래선=의리선의 전통설을 다시 한 번 확인한 셈이다.

한편 홍기는 6조 혜능이 청원 행사에게 살을 전하고 남악 회양에게 활을 전하여 살에서 조동종이 나오고 활에서 임제를 비롯한 4종이 분기된 것으로 보아 조동종을 제외한 나머지 선종을 같은 근원에서 나온 것으로 파악하였다.[227] 이는 긍선의 해석과도 달랐지만 전통설과도 차이가 있는 독특한 선종사 인식이다. 홍기의 주장에서 특히 주목되는 것은 교가 여래선=의리선에 해당한다고 직접적으로 표명한 사실이다. 교를 선으로 간주함은 잘못이라는 비판에 대해 그는 『화엄경』, 『법화경』, 『기신론』 등 일승(一乘)의 경론은 모두 삼매(三昧)의 의리를 설하여 경교(經敎)를 이루며 법신의 여래선을 증득하는 것이라고 반박하였다. 다만 하근기의 사람이 언교에 빠지면 교 안의 여래선은 깨닫지 못하므로 선게(禪偈)를 통해 교의 의리를 나타내야 한다고 부연하면서 여래선=의리선으로 교를 자리매김하였다.[228]

처 분반좌를 2구 여래선에, 2처 염화와 3처 시부를 1구 조사선에 배당하고 있어 긍선이 분반좌를 제1구 조사선에 배치하였다고 본 홍기의 해석은 착오인 것 같다.

226) 『선문증정록』 「第二 如來禪祖師禪義理禪格外禪說」(『한국불교전서』 10, 1138쪽).

227) 『선문증정록』 「第三 殺人刀活人劍說」(『한국불교전서』 10, 1141쪽). 伊吹敦 저 · 최연식 역, 2005 앞의 책, 150~151쪽에 의하면 達觀 曇穎의 『五家宗派』에서도 북송대의 양대 세력인 臨濟宗과 雲門宗을 포함하여 4家를 동일한 馬祖 道一 계열로 보았고 曹洞宗만 제외시켰는데 이후 조동종 세력이 커지면서 이것이 논란이 되었다고 한다.

228) 『禪門證正錄』 「第二 如來禪祖師禪義理禪格外禪說」(『한국불교전서』 10, 1139쪽).

이러한 일련의 비판에 대해 긍선의 3대손 설두 유형(雪竇有炯, 1824~1889)이 『선원소류(禪源溯流)』를 써서 조사인 긍선의 입장을 변호하였다. 유형은 긍선이 주석했던 백양사에서 출가하였고 침명 한성에게 구족계를 받았다. 그는 선과 교를 겸수하였고 긍선의 구암사 강석을 마친 후 강사로 활동하면서 1889년 천마산에서 선강(禪講)대회를 열기도 하였다. 유형은 긍선의 주장을 논박한 의순의 『선문사변만어』에 대해 "뜻은 비록 막혀 있지만 글의 내용이 뛰어나서 사람들이 애독한다"고 일정한 평가를 한 반면 홍기의 『소쇄선정록(선문증정록)』에 대해서는 "내용이 빠진 것이 많고 글도 뒤엉켜서 뜻을 취할 것이 없다"고 혹평하였다. 나아가 선사(先師)에 대한 의리를 문제 삼아 홍기를 비판하였다. 즉 "홍기는 침명에게 법을 배워 선을 얻었고 침명은 백파에게 법을 배워 선을 닦았는데 선사에게 비록 작은 허물이 있다고 해도 그것을 척파하는 것은 선현을 아래로 내려다보는 것이니 이는 사문의 난적이요 불가의 역손이다"라고 하여[229] 도의를 상실한 비윤리적 행위로 단정하였다.

『선원소류』에서는 "선론(禪論)에는 교외별전의 선지(禪旨) 외에 선의 종류별로 요약 가능한 선전(禪詮)이 있다"고 하여 선종을 차등적으로 구분한 긍선의 설에 지지 입장을 표명하였다.[230] 유형은 앞서 나온 진귀조사설을 들어서 부처가 진귀조사에게 직접 전해 받았으므로 조사선이 여래선보다 높으며, 6조 혜능 밑에서 청원 행사와 남악 회양으로 살과 활이 나누어져 선종 내에 조사선과 여래선의 구분이 생겼다고 설명한다.[231]

또 「第四 三句一句說」(『한국불교전서』 10, 1145쪽)에서는 華嚴을 교학 중의 禪이라고 보았다(華嚴一乘 敎中之禪).

229) 『禪源溯流』(『한국불교전서』 10, 676~677쪽).

230) 『선원소류』(『한국불교전서』 10, 667~668쪽). 禪旨는 以心傳心으로 전수되는 心印과 깨달음을 뜻하며, 禪詮의 연원은 宗密의 『都序』에서 선종을 차등적으로 분류하고 우열을 정한 데서 비롯되었다.

231) 『선원소류』(『한국불교전서』 10, 653 · 657쪽).

이어 남악 회양 이후를 세분하여 마조 도일(馬祖道一)-백장 회해(百丈懷海) 계통을 살로 보고 황벽 희운(黃檗希運)-임제 의현(臨濟義玄) 계열을 활이라고 하여 홍주종 내에서도 임제종이 가장 뛰어남을 강조하였다. 이에 비해 신회(神會)의 하택종은 지해(知解)에 막힌 의리선으로 보아 가장 낮은 단계로 취급하였다.[232] 그가 그린 「삼구도(三句圖)」를 보면 임제삼구 중 제1구에 삼요(三要), 제2구에 삼현(三玄)이 각각 배치되어 있는데 '직지인심(直指人心)'을 제1구에, '불립문자(不立文字)'를 제2구에 배당한 점이 특이하다.[233]

유형의 주장에서 가장 눈에 띄는 것은 화엄의 법계관(法界觀)을 삼종선의 각각에 배당한 점이다. 그는 임제삼구의 제3구인 의리선은 사(事)·리(理)·이사중(理事中), 그리고 제2구 여래선은 이무애법계(理無碍法界)·사무애법계(事無碍法界)·이사무애법계(理事無碍法界)와 이사쌍망(理事雙忘)에 해당하며 제1구 조사선은 사사무애법계(事事無碍法界)로 보았다.[234] 즉 의리선은 현상 세계[事]와 보편 원리[理] 일반에 대한 것이며 여래선은 현상에 원리가 투영되어 진여(眞如)의 묘용(妙用)이 드러남을 깨닫는 단계, 조사선은 현상 및 개체가 서로 장애 없이 융통하고 이치가 저절로 드러나는 경지인을 나타낸 것이다. 또한 "이사무애를 설한 것은 여래가 깨달은 근저이고 사사무애를 설한 것은 조사가 전수한 기저"라는 『염송설화』의 글을 인용하면서[235] 조사선과 여래선 명칭이 나온 이유를 덧붙여 설명하였다. 유형은 화엄의 이사무애와 사사무애 법계관을 기준으로 여래선과 조사선을 나누고 조사선-여래선-의리선 순서의 계

232) 『선원소류』(『한국불교전서』 10, 658~660쪽).
233) 『선원소류』(『한국불교전서』 10, 665~666쪽).
234) 『선원소류』(『한국불교전서』 10, 666쪽).
235) 『선원소류』(『한국불교전서』 10, 654쪽). 바로 앞에서 '教說事事無礙 禪行事事無礙'라는 구절을 들어 교는 사사무애를 설한 것이고 선은 그것을 행하는 것임을 강조하였다.

서화된 구조를 천명한 것이다. 여기서 교학인 화엄의 법계관을 선 판석의 기준으로 삼은 것은 주목할 만한 일이다.

당의 징관은 법장을 계승하여 화엄을 교학의 최고 단계인 원교(圓教)에 위치시켰고 선은 '단박에 이치를 갖춘다(頓詮此理)'는 차원에서 그 아래 돈교(頓教)에 배당하였는데 이는 이법계(理法界)에 해당하는 것으로 간주되었다.[236] 종밀 또한 돈교에 대해 '언설을 떠난 진성(眞性)의 자리인 능전(能詮)'으로 해석하여 징관과 비슷한 입장을 표명하였다.[237] 하지만 이후 선종이 교계의 주류가 됨에 따라 선과 교의 위상이나 그에 대한 해석이 변화하게 되었다. 한 예로 송대의 원오 극근(圓悟克勤)은 선종이 화엄의 사법계 중 사사무애법계와 통한다고 보아,[238] 선을 최고 단계로 격상시켜 이해하였다. 고려의 지눌도 선종을 돈교에 배당한 전통 화엄교학의 교판(教判) 분류에 대해 부정적이었다. 그는 돈교의 내용은 '진여이성(眞如理性)'인데 이성과 뜻을 드러내는 데는 화엄이 오히려 부합하며 선은 집착을 깨고 근원을 드러내는 것이므로 돈교의 취지와는 다르다고 보았다.[239] 또 선에서 깨닫는 내용은 화엄의 무진법계(無盡法界)나 사사무애법계에 해당하므로 이를 돈교에 배정할 수 없다고 하면서,[240] 선의 자심(自心)과 화엄의 사사법계를 함께 관(觀)할 것을 주장하였다.[241] 이처럼 지눌은 화엄을 사사무애의 성기문(性起門)으

236) 인경, 2006 『화엄교학과 간화선의 만남-보조의 『원돈성불론』과 『간화결의론 연구』, 명상상담연구원, 53~60쪽.

237) 인경, 앞의 책, 92~96쪽.

238) 木村清孝 저 · 정병삼 역, 2005 『중국화엄사상사』, 290~300쪽.

239) 인경, 앞의 책, 61~67쪽.

240) 『圓頓成佛論』(1989 『普照全書』, 普照思想研究院, 79쪽). 인경, 앞의 책, 67~78쪽에서는 지눌이 看話禪을 不變의 體性이 아닌 隨緣의 作用을 중시하는 事事法界 측면에서 수용하였고 이는 衆生心이 그대로 華嚴法界이고 自性이 그대로 사사법계라는 性起論에 기초한 것으로 보았다.

241) 普照知訥, 1207 「序」『華嚴論節要』(앞의 『보조전서』, 173쪽).

로 파악하여 선종의 돈오(頓悟)와 일치시켰고 결국 양자가 모두 원교에 해당한다고 판정하였다.[242] 선종의 흥기에 의해 선은 돈교 차원에서 벗어나 화엄의 사사무애법계에 해당하는 교판상 최고의 위상을 가지게 되었고 화엄교학과는 다른 교외별전의 뛰어난 가르침으로 스스로의 영역을 확보하였던 것이다.

고려 말에 임제종 간화선풍이 대세가 되었고 조선전기에는 교종이 더욱 위축되면서 화엄 또한 전통적 권위를 상실하였다. 16세기에 활동한 허응 보우의 경우 '화엄 돈교의 체용'을 언급한 바 있고 사명 유정 또한 화엄을 돈교에 비정하였다.[243] 오랜 기간 교학의 최고 단계이자 원교로서 높은 위상을 누려왔던 화엄은 선종의 성행으로 인해 많은 지분을 내주어야 했고 원교와 돈교를 겸하는 애매한 위치까지 위상이 실추된 것이다. 앞에서 살펴본 것처럼 유형이 화엄 법계를 기준으로 삼종선을 구분하고 조사선을 최고 위치인 사사무애법계로 배당한 것은 송대 이후 선종 우위론의 지속이라는 관점에서 이해할 수 있다. 다른 한편 조선후기에 강학 등을 통해 화엄교학에 대한 이해가 심화된 점도 배경으로 지목할 수 있다. 유형은 당시 잘 알려져 있던 화엄의 법계 관념을 활용하여 조사선의 수승함을 설명한 것이었고, 이는 화엄교학의 성행이라는 시대 조류 속에서 화엄과 선이 다르지 않다는 선교융통의 논리로도 해석될 소지가 있다.[244]

선 논쟁의 대미를 장식한 것은 축원 진하(竺源震河, 1861~1926)의 『선문재정록(禪門再正錄)』으로 그 주된 논지는 백파 긍선의 삼종선 설에 대한 반박이었다. 또한 앞서 나온 선 논쟁의 오류를 답습하고 있는 당시의

242) 최연식, 2008 「知訥 禪思想의 思想史的 검토」 『東方學志』 144 참조.

243) 『懶庵雜著』 「華嚴經後跋」(『한국불교전서』 7, 579~580쪽); 『四溟堂大師集』 「華嚴經跋」(『한국불교전서』 8, 62쪽).

244) 기존 연구에서는 설두 유형이 교학을 낮은 義理禪에 배정하면서도 華嚴法界觀으로 선종을 구분하고 祖師禪까지 事事法界의 틀로 정의한 것에 대해, 낮은 것으로 높은 것을 제약하는 논리적 모순이라고 지적하였다.

현실을 비판적으로 바라보면서 구학(舊學)을 전문으로 하면 모순을 면하기 어렵다는 결론을 내리고 있다.[245] 조선의 몰락과 문명개화를 향한 불교의 빠른 변신을 직접 목도했던 저자는 전통의 계승이 아닌 극복이나 폐기를 지향했던 것이다. 그의 주장 가운데 구체적 내용에서 주목할 만한 점은 다음과 같다. 먼저 긍선이 조사선과 여래선을 격외선으로 통칭하고 그 아래 단계에 의리선을 두면서 교승(敎乘)으로 본 것은 이사융즉(理事融卽)의 원돈교(圓頓敎)를 선에 배정하는 오류임을 지적하였다. 이어 조사선, 여래선, 의리선은 모두 교(敎)가 아닌 '교외(敎外)'이며 차이점이 있다면 의리선이 격(格)임에 비해 다른 두 선은 '격외(格外)'라는 점을 강조하였다.[246] 즉 긍선 등이 문자가 교라는 것만 알고 전지(詮旨)와 의리(義理)가 교임을 알지 못하여 선에 넣었다는 것이다. 또한 앞선 시기에 만들어진 조사선, 여래선 명칭을 후대에 나온 임제삼구의 개념으로 설명할 수 있는지 반문하고 있다. 나아가 설두 유형처럼 화엄의 이사무애를 여래선에 배당하고 사사무애를 조사선에 배당한다면 화엄이야말로 조사선과 여래선을 모두 구족하는 교외의 법이 되는데, 왜 삼처전심만을 별전(別傳)의 기준으로 삼는지에 대해서도 의문을 제기하였다.[247] 이처럼 진하의 『선문재정록』은 기존 선 판석의 오류와 모순점을 지적하고 있지만 종합적 결론이나 새로운 접근방식을 제시한 것은 아니었고, 결국 전통에 대한 해석과 재평가를 과제로 남겨둔 채 선 논쟁은 유야무야 끝나고 말았다.

245) 『禪門再正錄』(『한국불교전서』 11, 868쪽 · 871쪽).

246) 『선문재정록』(『한국불교전서』 11, 869~870쪽). 진하는 義理의 자취가 있는 義理禪을 배당할 法이 없이 별도의 선으로 세운다면 格外 또한 별도로 세워서 모두 四種禪이 되어야 한다고 보았다.

247) 『선문재정록』(『한국불교전서』 11, 869~871쪽).

2. 교학 전통에서 바라본 선 논쟁의 새로운 해석

19세기 선 논쟁은 조선후기의 교학 중시 경향과 그로부터 배태된 선 판석의 필요성에 의해 제기된 것이었다. 또한 그 이면에는 이전부터의 선·교 논쟁과 관련 논의들이 여러 텍스트를 통해 전승되어 온 역사적 맥락이 있었다. 여기서는 선 논쟁에 등장하는 핵심 개념과 기준 등이 역대로 어떻게 이해되어 왔는지, 그리고 긍선 등의 삼종선 주장이 전통적 통설과 어떤 차이점을 가지는지 구체적으로 검토해 본다.

먼저 선종을 수행방식 및 내용에 따라 분류한 선구적 입론은 선교일치를 주창한 종밀(宗密)의 『도서(都序)』에서 찾을 수 있다. 『도서』에서는 선종을 '식망수심종(息妄修心宗)', '민절무기종(泯絶無寄宗)', '직현심성종(直顯心性宗)'의 3종으로 구분하였는데 각각을 대표하는 종파는 북종(北宗), 우두종(牛頭宗), 홍주종(洪州宗)과 하택종(荷澤宗)이었다.[248] 종밀은 이 중 하택종을 가장 높은 단계로 상정하였지만, 이후 홍주종이 대세가 되어 선종의 주류로 부상하였고 가풍에 따라 다시 임제종(臨濟宗), 운문종(雲門宗), 조동종(曹洞宗), 위앙종(潙仰宗), 법안종(法眼宗)의 5가(家)로 분기하였다. 송대 이후에는 임제종이 주류의 위상을 확보하였고 북송대에는 운문종, 남송대 이후는 조동종이 그에 필적하는 세력을 이루었다. 중국에서도 선종 5가에 대한 우열 논란이 일어났는데 명말청초인 17세기에 논쟁이 활발히 전개되었다. 그 중 비은 통용(費隱通容)의 『오등엄통(五燈嚴統)』(1650)에서는 기존의 통설과는 달리 운문종과 법안종이 청원 행사가 아닌 남악 회양 계통에서 나왔다고 하여 격렬

248) 『禪源諸詮集都序』(『大正藏』 48). 宗密은 단계가 낮은 北宗의 '看心說'이 마음에 의해 마음을 보고자 하는 것이어서 주체적으로 파악해야 할 것을 境界化한다고 하였는데, 후대에 성리학이 선종을 비판할 때도 동일한 논리를 내세웠다.

한 비판에 직면하였고 책의 판목이 폐기되는 일까지 벌어졌다.[249] 같은 시기 조선에서는 임제법통을 정립하고 선 수행방식으로 간화선을 금과 옥조로 삼는 등 임제종 일변도의 선종 전통이 유지되고 있었다. 18세기의 『불조원류』에서도 남악 회양 계열에서 나온 홍주종의 대표 주자로 임제종을 내세웠고 나옹 혜근과 태고 보우와 같은 고려 말 선승들이 직접 법을 전해 받은 평산 처림과 석옥 청공 등이 속한 임제종 양기파(楊岐派)를 중심으로 정리하였다.[250] 이러한 임제종 중심의 선종사 인식 전통에 의해 19세기의 선 판석에서 임제종이 절대적 우위를 점하게 되었던 것이다.

다음으로는 삼종선(三種禪) 각각의 어원과[251] 그에 대한 조선후기의 여러 해석을 살펴본다. 먼저 조사선과 여래선의 구분은 9세기 후반 위앙종의 앙산 혜적(仰山慧寂)에서 비롯된 것으로, 앙산 혜적이 동문인 향엄 지한(香嚴智閑)의 깨달음에 대해 "여래선은 깨쳤지만 조사선은 아직 아니다"라고 평한 후 뒤에 다시 "사형이 조사선을 알아 기쁘다"고 말한 것이 시초라고 전해진다. 이로부터 여래선보다 조사선을 우월한 것으로 여기는 관념이 생겨났는데, 고려 말의 『선문염송』「서문」에서도 "여래선은 공관(空觀)으로 관하여 만법(萬法)을 통일하고 일심(一心)을 밝히지만 불법(佛法)의 취기(臭氣)를 탈피하지 못한 것이고 조사선은 불보살 및 불법의 흔적까지도 없애 만법인아(萬法人我)가 각각 모두 진여(眞如)의 전체

---

249) 중국의 禪 논쟁 내용은 伊吹敦 저 · 최연식 역, 2005 앞의 책, 238~241쪽 참조. 明淸 교체기에 선종 각종에서 자파의 전통을 강하게 의식하면서 燈史와 源流頌 등이 대거 등장하였다.

250) 『佛祖源流』(『한국불교전서』 10, 97~134쪽).

251) 祖師禪은 眞空과 妙有, 眞如와 萬法이 卽如함을 깨닫는 '平常心卽佛'의 경지이고 각 개체에 보편적 원리가 현현되어 있음을 증득하는 것이다. 如來禪은 현상 만물을 통합하는 一心의 원리를 드러내어 그 실재를 체득하는 것이다. 義理禪은 義理를 통해 事와 理, 有와 無, 현상과 실재를 판별하는 것으로 心得에 이르지 못한 단계이다.

상임을 드러낸 것이다"라고 하여 조사선 우위론을 설파하였다.[252]

한편 청허 휴정의 『선가귀감』에서는 '제불설경(諸佛說經)의 교(敎)'와 '조사시구(祖師示句)의 선(禪)'을 나누었는데 이는 여래의 교와 조사의 선을 구분한 것이다. 휴정의 제자 편양 언기는 "선문의 최하근자가 교를 빌려 종(宗)을 밝히는데 교는 '이로어로(理路語路) 문해사상(聞解思想)'이 있으므로 원돈문(圓頓門) 사구(死句)이며 격외선이 아닌 의리선이다"라고 규정하였고, 이어 "격외선과 의리선은 그 뜻이 정해진 것이 아니라 사람의 근기에 따라 다른 것"이라고 하여 근기의 우열에 의해 격외선과 의리선을 구분하였다.[253] 이처럼 조사-격외선, 여래-의리선의 조합은 각각 선과 교에 해당하는 것으로 이해되었고, 근기에 따라 적용에 차이가 있을 수 있었다. 한편 조사선과 여래선, 격외선과 의리선의 구분과 그에 대한 해석의 차이도 나타났는데, 정관파 무경 자수(無竟子秀)는 조사선과 여래선의 구별을 인정하면서도 다음과 같이 양자를 모두 격외선으로 보았다.[254]

> 여래선과 조사선은 모두 선종의 격외선이지만 그 풍격과 취지는 다르다. 여래선은 만법은 일심(一心)이 만든 것이고 일심은 각각 스스로 증득한 것이며 부처도 법도 인정하지 않고 오로지 유심(唯心)의 독존을 세우는 경지이다. 조사선은 더 나아가 만법이 진여와 같으므로 일심의 독

---

252) 『禪門拈頌』 「禪門拈頌集序」(『한국불교전서』 5, 1쪽).

253) 『鞭羊堂集』 권2, 「禪敎源流尋釰說」(『한국불교전서』 8, 256~257쪽). '禪門爲最下根者 借敎明宗 所謂性相空三宗也 有理路語路聞解思想故 爲圓頓門死句 此義理禪也 非前格外禪也 雖然之二者 亦無定意 只在當人機變 若人失之於口 則拈花微笑 盡落陳言 若得之於心 則麤言細語 皆談實相也 凡夫見生死 二乘見涅槃 諸佛出 說諸正法 只度其生死涅槃 二種邪見而已 非別有能事也 而二人聞法知非 只改從前錯解'. 이는 『人天眼目』과 『禪門綱要集』을 전거로 한 내용이다.

254) 『無竟室中語錄』 附錄, 「禪敎對辨」(『한국불교전서』 9, 440~442쪽)에 대한 高橋亨, 1929 『李朝佛敎』 677~678쪽의 해석에 의거하였다.

존을 불식 배제하고 각각의 사람들, 개개의 사물들이 각기 그러하여 천하와 함께 태평을 즐기는 선경(禪境)이다.

여기서 개개의 마음이 각각 원만하다는 것은 공통 전제이지만 여래선은 일원적 원리로서 일심의 궁극성에 무게를 둔 것이고 조사선은 일심이 만법에 투영되어 개체 각각의 완결성이 보장되는 다원적 세계를 상정한 것이다. 자수는 또 『기신론』의 진여(眞如)와 생멸(生滅)의 이문(二門)을 들어 진여문은 법의 측면에서 상망(相望)과 불상망(不相望)의 피차(彼此) 횡수(橫竪)이며 생멸문은 방편 교화의 측면에서 시간[時]과 공간[處]을 구분한 것이라고 설명하고 여래선의 불조(佛祖)는 융통차조(融通遮照)하며 조사선의 조의(祖意)는 쌍조적조(雙照寂照)하다고 보아 양자의 불이(不二)적 관계를 강조하였다. 그는 일심의 이름과 자취를 세워 말하면 여래선이고 흔적을 없애어 말하면 조사선이라고 하여[255] 여래선은 선자(禪者)의 존귀두각(尊貴頭角)이 드러나고 조사선은 혼연하여 일점도 나타나지 않는 경지라고 보았다. 즉 다원적 개체성에 부합하는 조사선의 우위를 인정하면서도 조사선과 여래선이 일심의 진여문, 생멸문과 같은 불가분의 관계임을 설파한 것이다.

자수의 설에서 또 한 가지 주목할 만한 것은, "조사선의 경지에 교학이 해당되지 않는다고 하면 교학자들이 긍정하지 않으므로 화엄의 사사무애법계를 조사선에 비정한다" 고 한 점이다.[256] 이는 송대 임제종 원오극근의 주장이나 고려말의 『염송설화』에 전거를 두고 있지만 화엄교학이 성행했던 조선후기에 화엄의 최고 경지와 조사선을 같은 것으로 상정하는 경향이 있었음을 알 수 있다. 이후 긍선이 여래선을 조사선과 함께

255) 『無竟室中語錄』 권2, 「示學人橫竪法」(『한국불교전서』 9, 436쪽).
256) 『무경실중어록』의 「禪敎對辨」(『한국불교전서』 9, 440~442쪽) 등에 대한 高橋亨, 1929 『李朝佛敎』, 677~679쪽의 결론에 근거하였다.

격외선에 배당했고 유형이 조사선을 사사무애법계로 이해했다는 점에서 이러한 논리가 후대에 계승되었음을 볼 수 있다. 다만 긍선은 여래선을 격외선에 포함시키면서 가장 낮은 단계로 의리선을 상정하여 교를 여기에 배정하였고 임제종 우위의 선종 중심적 입론을 세웠다는 점에서 본질적인 차이가 있다. 한편 여래선을 부처의 최초 설법인 화엄회를 가리키는 것으로 보는 독창적 인식이 우담 홍기에 의해 제기되었는데,[257] 이는 선과 화엄을 병렬적으로 등치시키는 시각이었다.

18세기 전반에 나온 환성 지안(喚惺志安)의 『선문오종강요(禪門五宗綱要)』에서는 선종 5가의 요체를 적시하였는데,[258] 선종이 6조 혜능 이후 남악과 청원의 살·활로 나뉜 뒤 다시 5종으로 분기하였고 그 중 '기용(機用)'을 밝힌 임제종이 가장 뛰어나다고 보았다. 이는 임제법통을 표방한 조선후기 불교의 전통에서 보면 당연한 것이기도 한데 『선문오종강요』에 대해 사기를 쓴 긍선은 선종 5가와 관련하여 이 책에서 다수의 전거를 채용하였다. 그런데 지안의 제자이자 『선문오종강요』의 간행 사업을 주도한 함월 해원(涵月海源)은 「이선경위록(二禪涇渭錄)」에서 조사선, 여래선을 격외선으로 보고 원돈문(圓頓門)을 의리선으로 보는 당시의 주장에 대해 반박하면서 격외=조사, 의리=여래의 통설은 재확인하고 다음과 같이 선과 교의 근원적 일치를 강조하고 있어 주목된다.[259]

> 여래선과 조사선은 설하는 사람, 의리선과 격외선은 설해지는 법을 기준으로 명명한 것이다. 여래가 일심의 현(玄)을 현양한 것은 원돈문

257) 『禪門證正錄』 「第二 如來禪祖師禪義理禪格外禪說」(『한국불교전서』 10, 1138~1140쪽).

258) 『禪門五宗綱要』(『한국불교전서』 9, 459~467쪽)는 지안의 제자 涵月 海源이 서문을 쓰고 간행하였다. 분량상으로는 조동종의 서술 비중이 가장 크며 『禪門拈頌』과 『傳燈錄』 등이 주로 인용되었다.

259) 『天鏡集』 권하, 「二禪涇渭錄」(『한국불교전서』 9, 625쪽).

(圓頓門)의 의리이고 조사 서래(西來)의 활인검(活人劍)은 격외선이다. 하택종, 홍주종 등 후대의 설법은 모두 원돈문의 요의에서 나왔으니 선과 교가 사체(事體)는 다르나 법체(法體)는 같다. 종밀의 『도서』와 『법집별행록』에는 격외선에 상대되는 의리(義理)의 명칭이 처음으로 나온다. 징관은 이 법체의 동일함에 의거하여 선지(禪旨)를 밝히고 달마의 이심전심(以心傳心) 소식이 원교(圓敎: 화엄) 중 '증입생(證入生)' 에서 나왔다고 하였다. 다만 원교의 학자는 헛되고 교만한 병에 빠져 선과 교의 높고 낮은 것을 알지 못하였으므로 지눌이 원교의 증입생이 어로(語路) · 의로(義路)의 자취를 면하지 못했음을 논파하고서 격외의 경절문을 드러낸 것이니 격외선 안에 여래선이 있지 않음을 알 수 있다.

이는 조사선과 여래선에 대한 역대의 논의를 종합한 것으로 격외 조사선(선)과 의리 여래선(교: 화엄 원교)을 구분하는 한편 근원에 있는 법체의 동일성을 강조한 것이다. 18세기의 연담 유일 또한 조사선, 여래선 밖에 별도로 의리선을 두는 것을 인정하지 않았고 당시 화엄학자들이 『능엄경』, 『법화경』 등의 경전(교)을 여래선에 배속한다고 하면서, 조사선이 비록 진선진미(盡善盡美) 하지만 화엄원교의 원융무애한 현문(玄門)에는 미치지 못한다고 보았다.[260)]

이처럼 조선후기의 통설은 조사선=격외선, 여래선=의리선의 조합을 충실히 따랐고 대개 전자는 선, 후자는 교로 이해되었다. 조사선의 우위

260) 『林下錄』 권4, 「佛像點眼法語」(『한국불교전서』 10, 274~275쪽). 『楞嚴經』을 萬有=부처로 『法華經』은 萬法一一實相으로 설명하였다. 高橋亨, 1929 『李朝佛敎』, 659~660쪽에서는 이에 대해 如來禪은 개개 사물이 全眞임을 뜻하는 것, 祖師禪은 화엄의 '一卽多' 와 같은 '現象卽實在' 를 설한 것으로 이해하였다. 한편 心學과 理學은 상호작용을 통해 발전하면서 불교와 성리학, 양명학과 성리학의 대결 구도를 낳았는데 불교 안에서 양자를 절충한 입장이 바로 禪敎一致, 禪敎兼修의 흐름이었다는 해석도 있다(荒目見悟 저 · 김석근 역, 1993 『불교와 양명학』, 서광사, 49~56쪽).

를 강조하거나 여래선과의 근원적 일치를 주장하는 등 입장에 따른 차이는 있었지만 선과 교를 병렬적으로 파악했다는 점에서는 공통적이었다. 특히 자수의 경우처럼 여래선을 조사선과 함께 격외선에 위치시킨 것은 비록 조사선의 우위를 전제하기는 했지만 교를 격외 선종의 위상으로 끌어올린 파격적 인식이었다. 이와 함께 화엄의 사사무애법계로 조사선을 해석한 것도 화엄을 선종과 같은 반열이나 그 이상으로 보았다는 점에서 큰 의미를 지닌다. 이는 간화선 우위의 선교겸수를 지향하면서 강학을 통해 교학이 중시된 결과였고 특히 화엄학이 성행했던 시대상황을 반영한 것으로 이해된다. 이러한 교학 중시의 현실에 불만을 가졌던 긍선은 결국 교를 버리고 선으로 전향하였으며 여래선을 조사선과 함께 격외선으로 넣고 교학이 포함된 의리선을 별도의 하위 단계로 설정하여 교로부터 여래선의 자격을 박탈한 것이었다. 이에 대해 의순 등이 조사선과 여래선의 근원적 일치와 선과 교의 동등함을 전제로 반박을 가한 것이며 이는 격외-조사선과 의리-여래선의 구도 속에서 선과 교를 병렬적으로 파악하는 전통적 입장에 충실한 것이었다.

다음으로 삼종선의 중요한 구분 기준이 되었던 임제삼구(臨濟三句)의 연원과 그에 대한 해석을 검토해 본다. 임제삼구는 임제 의현(臨濟義玄)의 『임제록(臨濟錄)』에 나오는 개념으로 이후 『인천안목(人天眼目)』 등 여러 서책에서 인용되었는데, 제1구는 불조(佛祖)를 스승으로 삼고 제2구는 인천(人天)을 스승으로 삼고 제3구는 스스로도 구제하지 못하는 것으로 단계적 순차로 배열되었다. 또한 일구(一句)는 체중현(體中玄), 용중현(用中玄), 현중현(玄中玄)의 삼현(三玄)을 갖추고 있고 일현(一玄)은 대기원응(大機圓應), 대용전창(大用全彰), 기용제시(機用提示)의 삼요(三要)를 갖추며 권실(權實)과 조용(照用)이 있다고 설명되었다.[261] 이에 대

261) 임제삼구는 三要, 三玄, 三句를 가리키는데 忽滑谷快天, 1930 『朝鮮禪敎史』, 508쪽에서는 臨濟의 글에는 '用中玄, 體中玄, 玄中玄'을 구분하는 삼현 개념이 나오지 않

해 보조 지눌은 임제선에 삼현문(三玄門)이 있는데 그 중 체중현은 사사법계(事事法界)로 초기(初機)의 깨달음이지만 언교(言教)에 대한 이해와 분석이 존재하며 구중현은 언구(言句)로 불법에 대한 지해(知解)를 타파하였음에도 여전히 지견(知見)과 언구가 남아 있는 것이며 현중현은 법계처에서 단박에 증득한 수승한 것이라고 해석하였다.[262] 조선후기에는 삼현 중 구중현은 화두(話頭), 현중현은 할(喝)과 방(棒)으로서 모두 조사 격외선이며 삼계일심(三界一心)과 원돈교의(圓頓教義)를 전하는 체중현은 여래 의리선이라는 설이 제기되기도 하였다.[263]

고려 말에 나온 『선문강요집(禪門綱要集)』은 「삼성장(三聖章)」, 「이현화(二賢話)」, 「일우설(一愚說)」, 「산운편(山雲篇)」, 「운문삼구(雲門三句)」로 구성되어 있는데,[264] 「삼성장」에서는 임제의 삼구(三句), 삼현(三玄), 삼요(三要) 개념을 정리하였고 「이현화」는 삼구 등의 조용(照用)을 설명하고 이를 살(殺)과 활(活)로 나누어 조동종과 임제종의 차이점을 드러내었다. 이어 「일우설」은 임제삼구의 개념을 다시 정의하여 임제종풍을 밝혔고 「산운편」과 「운문삼구」는 운문종의 삼구(三句)를 해설하면서 임제삼구와 운문삼구, 그리고 천태의 삼관(三觀)이 근원에서 같음을 강조하였다. 긍선은 이 책의 영향을 크게 받았는데 임제종과 운문종을 모두 조사선에 배당한 것은 『선문강요집』에 근거한 것으로 보인다.[265] 특히 「이현화」에서는 임제의 제3구를 의리(義理)와 결부시키고 있

으며 이는 후대에 만들어진 것이라고 보았다.

262) 『圓頓成佛門』(『普照全書』, 80쪽).

263) 高橋亨, 1929 『李朝佛教』, 828~831쪽에 인용된 晦庵 定慧, 涵月 海源, 蓮潭 有一의 사례 참조.

264) 『禪門綱要集』은 1531년 지리산 鐵窟 개간본(국립중앙도서관 한貴古朝 21-185)을 저본으로 『한국불교전서』 6에 수록되었다.

265) 『東師列傳』 권5, 「優曇講伯傳」(『한국불교전서』 10, 1058쪽)에 의하면 긍선은 고려 眞靜 浮庵의 『禪門綱要』에 의거해 『禪門手鏡』을 지었다 한다. 『선문강요』의 결론에서 禪宗과 天台宗의 근원적 일치를 주장하고 있으므로 眞靜(天頙), 浮菴(無寄 雲默)

어 조사선, 여래선, 의리선의 삼종선을 주장한 긍선의 발상이 이로부터 나온 것으로 추정된다.

한편 부처에게 조사선을 전수한 주체로 등장한 진귀조사(眞歸祖師) 관념은 중국에는 없는 독특한 인식이었다. 진귀조사설이 처음 제기된 고려말 천책(天頙)의 『선문보장록(禪門寶藏錄)』에는 신라의 범일국사(梵日國師)가 선과 교의 유래를 설하면서 진귀대사(眞歸大師)의 교외별전(教外別傳)을 언급한 사실을 『해동칠대록(海東七代錄)』이라는 책을 인용해 밝히고 있다. 그런데 선종의 교외별전, 불립문자(不立文字), 직지인심(直指人心), 견성성불(見性成佛)이라는 대표적 표어가 하나의 조어(造語)로 묶여 확립된 것은 송대였고 고려후기에 임제종이 수용되면서 교종과 대비되는 교외별전의 선사상이 더욱 강조되었다.[266] 따라서 진귀조사의 교외별전설은 선종을 특화하기 위해 고려후기에 만들어진 것이었을 가능성이 크다. 휴정 또한 「선교결(禪教訣)」에서 부처가 진귀조사에게 별도로 전수받은 사실을 강조하였고 충허 지책(沖虛指冊)도 교는 연등불(燃燈佛)이 석가에게 전하고 선은 진귀조사가 세존에게 전수하였다고 하는 등,[267] 진귀조사설은 조선후기에 널리 통용되었다. 선 논쟁에 참여한 우담 홍기의 『선문증정록』에서도 진귀조사설을 수용하여 그 내용을 담은 「달마송(達磨頌)」을 인용하였고 홍기를 비판한 설두 유형 또한 진귀조사설은 이의없이 받아들였다.

하지만 근대에 들어 진귀조사설이나 삼처전심 등이 경전적 근거가 없는 후대의 가설이라는 비판이 불교학자들에 의해 제기되었다.[268] 권상로

등 천태종 계열에서 나온 책일 가능성이 높다.

266) 인경, 2006 앞의 책, 18~19쪽에서는 『都序』에 '以心傳心', '不立文字'가 나오고 唐代에 각 句가 확인되지만 이것이 4구의 결합으로 체계화된 것은 宋代 이후이며 이는 禪教一致論에 대한 반동의 의미를 지닌다고 설명하였다.

267) 『冲虛大師遺集』 권2, 「師弟辨」(『한국불교전서』 10, 352~354쪽).

268) 忽滑谷快天, 1930 『朝鮮禪教史』, 538~544쪽.

(權相老)는 「제종강요(諸宗綱要)」에서 염화미소라는 개념은 『대범천왕문불결의경(大梵天王問佛決疑經)』이라는 후대의 위경(僞經)에 기재된 것이라고 보았고,[269] 『이조불교』에서도 조선시대 불교 전적에 나오는 개념상의 오류나 불충분한 근거를 지적하였다. 그런데 다카하시는 선 논쟁 자체를 조선사상의 특성과 관련시켜 부정적으로 평가하였는데,[270] "삼종선(三種禪) 논의는 사상의 일관성이 없고 혼돈스럽고 불철저하여 조선 유파(流派)의 오류에 빠진 것이다. 이는 조선 학인의 공통 특성인 형식논리에 얽매이는 편벽성에서 기인한다"고 비판하였다. 그는 조선시대 불교 전통을 임제-태고, 대혜-보조로 이어지는 임제종 순혈주의로 간주하였고 이로 인해 선종의 다른 유파를 차별하고 폄하하는 잘못된 누습이 생겨났다고 보았다. 또한 삼종선을 처음 제기한 백파 긍선이 조사선을 높이고 의리선을 배척한 것은 순수 선의 입장에서 교를 누르고 평론한 것에 불과하다고 의미를 제한하였다.[271] 덧붙여 그는 "이러한 선 우위의 사고나 선을 교 이상의 고매한 것으로 위치 지으려는 노력은 중국에서 당 이후에 생겨났는데, 조선은 사상적 고착성이 현저한 국민성으로 인해 신라부터 조선에 이르기까지 이를 감히 의심하고 비판하는 자가 없었다"고 촌평하였다. 하지만 이러한 '의타성'과 '정체성'의 시각에 입각한 평가는 학문적 논의라고 할 수는 없으며 조선후기 불교에 대한 정확한 이해를 가로막는 장애요인이 되어 왔다.

지금까지 살펴본 것처럼 조선후기는 간화선 우위의 선교겸수를 수행

269) 權相老, 1917 『朝鮮佛教略史』, 264~265쪽.

270) 高橋亨, 1929 『李朝佛教』, 816~817쪽에서는 부처가 眞歸祖師로부터 전수받은 것을 祖師禪, 부처가 正覺을 얻고 華嚴會에서 最上根機에게 설한 것을 如來禪으로 보는 것이 朝鮮 禪門의 특징이라고 보았다.

271) 高橋亨는 禪 논쟁에 대해, 수행순서에 의해 여래선과 조사선을 나누는 전통설과 宗密의 영향을 받은 교종 승려의 주장을 단순히 형식상으로 종합한 것이라고 평가절하 하였다. 또 조선 선종이 기백을 잃고 교종 입장에서 선종을 바라보았기에 나타난 문제라고 보았다.

상의 기조로 삼았고 18세기에는 교학이 더욱 성행하여 화엄교학과 조사선을 같은 위상으로 파악하기도 하였다. 이러한 양상은 조사선=선, 여래선=교의 이해에서도 나타나는데 19세기의 선 논쟁은 이러한 선과 교의 이중적 전통에서 기인한 것이었다. 긍선은 교학을 중시하는 당대의 분위기에 반발하여 선의 우위를 재차 천명한 것이었고 그에 대한 비판론은 교학 전통의 계승과 시대사조를 전제로 한 것이었다. 긍선의 설을 지지한 설두 유형조차도 화엄의 사법계를 조사선, 여래선, 의리선에 각각 배당하고 최고 단계인 사사무애법계와 조사선을 등치시키는 등 화엄 중심의 교학 전통에서 자유롭지 않았다.

이처럼 선 논쟁은 조선후기 불교의 교학 중시 흐름 속에서 그 배경과 성격을 파악할 수 있으며 선에 대한 판석 형식을 취하였지만 내용상으로는 선종과 교학을 아우르는 선교 판석의 의미를 갖는 것이다. 법장과 징관 단계의 화엄 교판에서는 화엄을 일승(一乘) 원교(圓敎)의 가장 수승한 가르침으로 보고 선종은 그 아래의 돈교(頓敎)로 위치지었지만, 송대 이후 교종이 쇠퇴하고 선종이 주류가 되면서 전세가 역전되었다. 선은 돈교의 자리를 거부하였고 가장 뛰어난 가르침이자 수행법으로 스스로의 위상을 높였다. 조선후기에도 선을 위주로 교를 포섭하는 것이 기본 틀이었지만, 18세기 이후 화엄교학이 중시되면서 선과 교의 위상을 재정립하려는 움직임이 일어났다. 즉 사람과 법을 기준으로 선과 교를 방편적으로 구분할 뿐 화엄과 선이 근본적으로 다르지 않다는 인식이 점차 확산되었다. 19세기의 선 논쟁은 이러한 선 우위와 선교 병행의 두 입장이 부딪치면서 일어난 사건이었다. 조사선과 여래선을 모두 격외선에 포함시키고 의리 교학을 낮은 단계의 의리선으로 규정한 긍선의 구상은 휴정의 사교입선(捨敎入禪)과 유사한 선 우위의 시각이었고, 그에 대비되는 격외 조사선(=선), 의리 여래선(=교)의 병렬 구도는 선교겸수의 지향과 추세에 부응하는 것이었다. 간화선 우위의 임제법통을 표명한 조선후기에 선과 교의 위상을 둘러싼 일대 논쟁이 펼쳐진 것은 교학 전통의 확립과 계승이라는 점에서 중요한 사상사적 의미를 가진다.

제4부

조선시대 불교의 시대성 추구

1장 유불의 대립과 불교의 공존 모색

2장 심성 인식의 역사적 전개와 불교심성론

3장 불교의 시대적 변용과 전통 인식

〈사문탈사〉(간송미술관 소장)

1장

유불의 대립과 불교의 공존 모색

1. 조선전기 배불론과 호불론의 전개

2. 조선후기 불교 공효론과 유불조화의 논리

〈김정희 초상〉

1. 조선전기 배불론과 호불론의 전개

성리학의 나라인 조선의 유학자들은 불교를 이단(異端)으로 배척하였고 시기에 따라 그 강도가 달라지기는 했지만 배불(排佛)은 전 시기에 걸친 공론이었다. 원대에 성리학이 국교로 표방되어 관학화(官學化)되었고 고려에서도 1340년대에 원과 마찬가지로 주희(朱熹)의 『사서집주(四書集註)』가 과거 시험의 정식 교재로 채택되었다.[1] 이후 성리학적 소양을 갖춘 신진 유학자들이 고려 말에 대거 등장하였고 이전과는 다른 강한 벽불(闢佛)의 논조가 대두되었다. 여말선초에 제기된 배불론 또는 척불론은 크게 두 가지 범주로 유형화할 수 있다. 하나는 불교의 사회경제적 폐해를 지적하고 그 혁파를 주장한 현실론적 비판이고 다른 하나는 불교의 내세관과 윤리, 인식론적 문제점을 비판하고 발본색원을 추구한 벽이론

---

1) 도현철, 2003 「〈특집: 원간섭기 유교지식인의 사상적 지형〉 원간섭기 『사서집주』 이해와 성리학 수용」 『역사와 현실』 49, 한국역사연구회.

(闢異論)적 시각이다.[2] 전자는 대규모 토지와 노비를 소유하고 있던 비대한 사원경제의 폐단, 정교(政敎)의 손상과 사회적 문제점 등을 지적한 것으로 구제(舊制)를 일신하고 신생 왕조국가의 창업 기반을 다지기 위한 현실적 필요에서 제기되었다. 이에 비해 벽이론은 인과응보(因果應報)와 윤회(輪廻)로 상징되는 불교의 내세관, 부모와 군주를 저버렸다고 하는 인륜상의 문제, 화이론(華夷論)적 시각에서 시·공간을 달리하는 오랑캐 교로서의 불교, 리(理)의 부재로 도덕의 근거를 세우지 못한 불교의 심성(心性) 인식 등을 대상으로 하였다.

먼저 불교가 국제(國制)를 거스르고 사회경제적 문제를 야기한다는 현실론적 비판은 여말선초 유학자 관료들 상당수의 공통된 견해였다. 고려의 국체(國體) 유지를 지지하고 불교에 대해 비교적 호의적이었던 이색(李穡, 1328~1396) 또한 "(불교의) 오교양종(五教兩宗)이 이익의 소굴이 되었고 놀고먹는 백성들이 많다. 도첩(度牒)이 없는 승려는 군오(軍伍)에 충당하고 새로 지은 절은 철거하여 양민(良民)이 승려가 되지 않도록 해야 한다"고 하여 현실적 폐단 개선을 촉구하였다.[3] 또 강회백(姜淮伯, 1357~1402)은 "불도(佛道)는 청정과욕(清淨寡慾)을 제일의로 삼는데, 사찰과 탑을 조성하며 백성의 힘을 고갈시키는 일은 부처에 도리어 죄를 얻어 화가 미칠 것이다"라고 하여 불사(佛事)의 남발을 경계하기도 하였다.[4] 당시 대다수 신진 사류(士類)들은 "불교는 인륜을 저버리고 국가에 해독이 되는 악법이며 창업의 기반을 닦는데 저해되는 것"이라 규정하여 불

2) 기존 연구에서 排佛, 斥佛, 抑佛 등의 용어가 명확한 구분 없이 사용되었다. 여기서는 불교를 비판하는 논의를 배불론, 척불론이라 하고 그 중 闢異論을 특화시켰다. 또 불교를 억제, 억압하는 시책 및 정책은 억불책으로 총칭하였는데 이는 불교의 폐지를 의미하는 폐불과는 구분된다.

3) 『東文選』 권53, 奏議, 「陳時務書」. 고려말의 대표적 유학자인 이색의 불교관은 崔柄憲, 1996 「牧隱 李穡의 佛教觀」 『牧隱 李穡의 生涯와 思想』, 일조각 참조.

4) 權相老, 1917 『朝鮮佛教略史』, 155쪽에서 상소문 재인용.

교 배척의 뜻을 강하게 피력하였다.[5] 이처럼 불교의 사회경제적 폐단과 현실적 문제의 개선 내지 혁파는 시대적 과제로 부상하였는데 조선 개국 후에는 구시대의 대표적 유제이자 기득권 세력인 불교를 척결할 수 있는 여건이 성숙되었다. 정도전(鄭道傳, 1342~1398)의 『불씨잡변(佛氏雜辨)』이나 조선 초의 정치적 담론에서는 "생식과 생산을 하지 않고 빌어먹는 것"을 문제 삼거나 "불교의 사치와 재산이 도를 넘어섰다"는 현실인식이 자주 등장하며 "이적의 법인 불교가 국가와 백성을 좀먹고 병들게 하므로 혁파해야 한다"는 논의를 쉽게 찾아 볼 수 있다.[6]

이러한 현실론과 맥을 같이하기는 하지만 벽이론적 불교 비판은 성리학과 불교가 인식론 및 존재론의 영역에서 서로 공존할 수 없다는, 근본적 사유 차이에서 기인한 것이었다. 여말선초는 원과 명의 교체라고 하는 동아시아의 체제 전환기였고 세계관과 시대인식이 급격히 변화된 시기였다. 그 이론적 배경에는 중화(中華)의 도인 성리학과 이적(夷狄)의 교인 불교를 이분법적으로 나누어 중화를 지향하고 오랑캐를 배척하는 '용하변이(用夏變夷)'의 화이론적 인식이 작동하고 있었다.[7] 여말선초의 유학자들은 고려적 풍습인 '국풍(國風)'을 배제하고 중화의 보편적 '화풍(華風)'을 지향하였는데, 화이론적 관점에서 불교는 국풍의 전형 중 하나였고 척결의 주된 대상이었다.[8]

조선전기 배불론을 대표하는 『불씨잡변』을 통해 벽이론의 내용과 지향점을 살펴보면 다음과 같다. 첫째, 불교 내세관에 대해 만일 윤회가 가

5) 高橋亨, 1929 『李朝佛敎』, 40~41쪽.

6) 『佛氏雜辨』 「佛氏乞食之辨」(『三峯集』 권9, 『한국문집총간』 5, 454쪽); 高橋亨, 앞의 책, 38~43쪽. 한편 『동문선』 권56, 奏議, 「闢佛䟽」는 필자 미상이지만 조선초 유학자의 불교 인식이 잘 드러나 있다.

7) 도현철, 2000 「원명교체기 고려사대부의 소중화의식」 『역사와 현실』 37.

8) 불교 내부에서도 당시의 '慕華僧'을 비판하고 知訥의 修禪社 작풍으로 돌아가자는 논의가 나왔을 정도로 원의 臨濟宗風으로 대변되는 중화의 불교가 주류로 부상하였다.

능하다면 혈기(血氣)를 지닌 생명의 수가 항상 일정해야 하는데 실상은 그렇지 않으며 결국 만물의 생성과 소멸은 기(氣)의 취산일 뿐으로 혼령이 멸하지 않는다는 불교의 주장은 근거 없는 억측이라고 보았다.[9] 또 불교의 인과응보와 화복설(禍福說)은 혹세무민하는 낭설로서 "악인도 (불교에) 귀의하면 복을 얻는다"는 주장은 공도(公道)가 아닌 사심(私心)일 뿐이라고 폄하하였다.[10] 둘째, 불교는 심(心)과 성(性)을 동일한 것으로 간주해 "마음으로 마음의 불성을 본다[관심견성(觀心見性)]"고 하는 등 심성 인식에서 주객의 구분이 없다고 공박하였다. 또 불교는 "마음이 만법을 낳는다[심생만법(心生萬法), 일체유심조(一切唯心造)]"고 하면서 현상 사물을 거짓 환영인 가합(假合)으로 여겨 현상세계의 존재론적 근거[소이연(所以然)]를 설명하지 못한다고 비판하였다.[11]

『불씨잡변』의 이러한 시각은 주희의 불교 비판론을 그대로 답습한 것으로 주희는 "유교의 리(理)는 실(實)이지만 불교는 허무의 공(空)이나 실체가 없는 심(心)을 근본으로 삼기에 허(虛)이고 또 불교는 의리(義理)와 인의(仁義)를 둘로 나누어 사리(事理)를 중시하지도 또 알지도 못한다"고 주장한 바 있다.[12] 정도전은 「심기리편(心氣理篇)」에서 "불교와 도교는 적멸(寂滅)과 청정(淸淨)을 숭상하지만 이륜(彛倫)과 예악(禮樂)을 없애는 것이다. 불교에서 생사(生死)를 벗어나려는 것은 죽음을 두려워하기 때문이며 도교에서 장생(長生)을 추구하는 것은 삶을 탐하기 때문인데 이는 이해(利害)일 뿐이다"라고 하여 불교와 도교의 문제점을 지

9) 『佛氏雜辨』「佛氏輪廻之辨」; 「佛法入中國」(『三峯集』 권9, 『한국문집총간』 5, 447쪽; 457쪽). 불교는 중국에 들어와 윤회와 인과를 설명하기 위해 영혼의 존재를 인정하는 '神不滅論'을 제기하였는데 廬山 慧遠의 『沙門王者不敬論』이 대표적 논서이다(末木文美士, 2006 『思想としての佛教入門』, 東京 Trans view, 96~100쪽).

10) 『불씨잡변』「佛氏禍福之辨」(『삼봉집』 권9, 『한국문집총간』 5, 453쪽).

11) 『불씨잡변』「佛氏眞假之辨」(『삼봉집』 권9, 『한국문집총간』 5, 452쪽).

12) 윤영해, 2000 『주자의 선불교 비판 연구』, 民族社, 245~246쪽에서 『朱子語類』 권126, 「釋氏」 30의 내용 재인용.

적하였다. 이어 "이단인 도교와 불교가 기로 도(道)를 삼고 심으로 종(宗)을 삼아 리의 존재를 간과하였는데 이제 성리학의 의리를 가지고 심과 기를 간직해 길러야 한다"고 역설하였다.[13] 그는 또한 "불교가 리에 가까운 듯하지만 리를 크게 어지럽힌다"는 주희의 말을 인용하여, "불교가 성명(性命)과 도덕을 논하여 사람들을 미혹하게 하지만 결국 도학(道學)을 해치는 것이며 그 폐해는 양주(楊朱)와 묵적(墨翟)에 비할 바가 아닌 이단 중의 이단"이라고 언명하였다. 이에 정도전은 "불교가 성행하고 있고 그 뿌리가 깊어서 장차 인도(人道)가 사라질지 모른다"는 우려를 표명하면서 스스로 '벽이단'의 책무를 자임하였다.[14] 『불씨잡변』의 서문을 쓴 권근(權近, 1352~1409)은 그의 이러한 사명감에 대해 "맹자(孟子)를 계승하여 이단을 배척하고 도학을 높였다"고 높이 평가하였다.[15]

고려 말에 시대담론으로 급부상한 배불론은 조선 개국 후 강한 억불책의 단행으로 현실화되었다. 앞서 살펴본 바와 같이 1406년(태종 6) 국가 지정 242개 사원을 제외한 전국 사찰의 사전(寺田) 3~4만 결, 사노(寺奴) 8만 명이 속공되었고 공인된 11개의 종단은 다음 해에 다시 7개로 줄었다. 이어 1424년(세종 6)에는 기존 종파들이 선종(禪宗)과 교종(敎宗)의 양종(兩宗)으로 통폐합되고 36개의 선·교종 지정 사찰을 제외한 대다수 사찰의 경제기반은 축소되었다. 이처럼 억불 정책의 강력한 시행은 개국 후 국가 재정의 운영 기반을 안정적으로 확보하기 위한 것이었다. 이후 사림(士林)이 중앙정계에 진출하기 시작한 성종대에 도첩의 신규 발급이 일시 중단되고 도첩이 없는 승려를 환속시키는 등 억불책이 다시 강화되

13) 「心氣理篇」(『삼봉집』 권10, 『한국문집총간』 5, 465~467쪽).
14) 『불씨잡변』 「闢異端之辨」; 「佛氏雜辨識」(『삼봉집』 권9, 『한국문집총간』 5, 459~460쪽).
15) 『불씨잡변』 「佛氏雜辨序」(權近); 「佛氏雜辨跋」(尹起畎)(『삼봉집』 권9, 『한국문집총간』 5, 462~463쪽)에 의하면 『불씨잡변』은 족손 韓奕에게 전해지다가 숭불군주인 세조 2년(1456)에 襄陽郡守를 지낸 尹起畎이 간행하였다.

었다. 이처럼 조선 초부터 거듭된 억불정책의 시행으로 인해 불교의 사회 경제적 기반은 크게 축소되었고 결국 연산군과 중종대를 거치면서 법제적인 폐불 상태에 이르게 된다. 이는 현실적 폐단의 혁파를 위한 배불론이 일차적 사명을 완수한 것이었다.

16세기 중반인 명종대에 선교양종이 재건되었지만 곧 혁파되었고 선조대 이후 조선 사회는 본격적인 성리학 시대로 접어들면서 정치와 사상, 문화와 의례 등 제반 분야에서 성리학적 가치가 불교와 같은 재래의 전통과 관습을 압도하게 되었다. 이에 따라 조선후기에는 이단인 불교에 대한 현실적 우려나 경계심이 약화되었고 오히려 방임과 관용의 경향이 두드러졌다. 더욱이 양명학(陽明學)과 같은 심학(心學)의 대두와 그에 대한 대응,[16] 성리학 내의 사단칠정론(四端七情論)이나 호락논쟁(湖洛論爭)과 같은 조선 중・후기 이기심성(理氣心性) 논변의 전개는 불교 교학에 대한 학습 필요성을 새롭게 부각시켰을 것으로 보인다. 특히 18세기 후반 이후 서학(西學)이 부상하고 천주교(天主敎)가 대표적 사교(邪敎)로 지목됨에 따라[17] 불교를 이단시하고 배척하기보다 조선적 전통의 하나로서 인정하고 이를 포섭하는 방향으로 사상계의 분위기가 일신되었다.

여말선초에 배불론이 제기된 후 불교에 대한 억압이 결국 법제적 폐불로 귀결되자 이에 반발하여 불교의 가치를 옹호하고 불교 존립의 이론적 대안을 모색하는 호불론(護佛論)이 일시에 대두하였다. 조선전기에 나온 호불 논서로는 함허 기화(涵虛己和, 1376~1433)의 『현정론(顯正論)』, 저자 미상의 『유석질의론(儒釋質疑論)』, 남산(南山) 혜일봉(慧日峯)의 『현정론(顯正論)』이 현존하고 있다. 이 책들은 앞서 저술되었지만 법제적 폐

16) 陽明學의 유입과 사상적 의미에 대해서는 盧官汎, 2001 「韓國陽明學史 硏究의 反省的 考察」 『한국사상과 문화』 11 참조.
17) 趙成山, 1999 「19세기 전반 노론계 佛敎認識의 정치적 성격」 『한국사상사학』 13.

불이 단행되고 불교에 대한 일종의 방임 상태로 접어든 중종 후반기, 즉 1520~40년대에 집중적으로 간행되었다.[18] 이는 현실에서의 불교 존립을 모색하는 이론적 대응의 성격을 가지며 또한 유불의 접점 모색이라는 점에서 시대성을 갖는 것이었다.

먼저 기화는 『현정론』에서 기존의 배불 논의에 대해 조목조목 반박하였다. 그는 불교가 충과 효, 혼인과 제사 등 인륜 도리에 어긋난다는 비판에 대해, 불교가 애욕(愛慾)을 끊고 윤회를 면하기 위해 속세를 벗어나는 길을 택하였지만 "입신(立身)하여 도를 행하고 이름을 후세에 떨치는 것이 가장 큰 효도이고 군주와 나라의 안녕과 번영을 기원하고 백성을 교화하는 것이 충" 이라는 유학적 가치에 비추어 불교가 그러한 역할을 수행해 왔음을 자부하였다. 또 불교가 인심을 교화하는데 특히 장점을 가진다고 주장하였다. 즉 불교의 가르침은 정(情)을 버리고 성(性)을 드러나게 하는 것으로 마음을 바르게 하여 '수신(修身) 제가(齊家) 치국(治國) 평천하(平天下)' 에 기여하며 업보(業報)의 화복(禍福)을 설하여 사람들이 악을 버리고 선을 추구하게 하므로 다스림에 도움이 된다는 논리이다. 이는 유교가 덕행(德行)으로 안 되면 정치와 형벌을 가지고 교화하여 상벌에 의해 앞에서만 순종하게 하는 것에 비해, 불교는 인과(因果)를 가르쳐 마음으로 복종하게 하는 근본적 교화 방안이라는 것이다. 또 불교는 허원적멸(虛遠寂滅)을 가르치는 것이 아니며 불교의 묘정명심(妙精明心)은 유교의 명덕(明德)이고 적조(寂照)는 '적연부동(寂然不動) 감이수통(感而遂通)' 과 같은 개념이라서 유불의 이치와 교화의 자취가 서로 다르지 않으며 불교는 지혜의 눈을 밝히고 번뇌를 씻

18) 己和의 『顯正論』은 1526년(중종 21), 『儒釋質疑論』은 1537년, 南山慧日峯의 『顯正論』은 1538년에 각각 개간되었다. 기화 『현정론』은 1526년 전라도 광양 招川寺에서 간행된 동국대 소장본이 현존 최고본이며 이후 1537년 전라도 緣起寺 중간본, 1544년 황해도 石頭寺 간본 등과 필사본, 鉛印本이 남아 있어 법제적 폐불 단계에 이른 16세기 전반에 그 수요가 매우 컸음을 알 수 있다.

어 자신을 닦고 남을 다스리는 가르침임을 강조하였다.[19)]

기화는 유교와 불교의 주장이 내용상 서로 다르지 않다는 것을 적극 부각시켰는데, 대표적으로 유교의 핵심 의리인 인의예지신(仁義禮智信)의 오상(五常)이 살생, 도둑질, 음란, 거짓말, 음주를 경계하는 불교의 오계(五戒)와 대응된다고 주장하였다. 예를 들어 살생을 하지 말라는 불교의 가르침은 유교의 인(仁)의 도에 부합하며, "천지(天地)는 만물의 부모이고 사람은 만물 중에 으뜸[靈]"이라는 『서경(書經)』의 문구처럼[20)] 사람과 만물이 모두 천지의 기운을 받고 같은 이치를 얻어 태어난 한 몸이므로 생명을 죽이는 것은 하늘의 뜻이 아니라고 설명하였다.[21)]

또한 불교가 오랑캐의 교이고 이단이라는 시각에 대해 "도가 있는 곳에 사람이 귀의하며 동방(중국)과 서방(인도)은 상대적 개념일 뿐" 임을 전제하고 출신 지역은 자취에 불과하며 도의 시행 여부가 관건이라고 주장하였다. 또 불교 숭앙으로 인한 역사상의 폐해를 거론하는 것에 대해 치란(治亂)이나 수명(壽命), 고락(苦樂) 등은 시운(時運)의 성쇠에서 기인하며 업의 감득(感得)일 뿐이지 불교가 그 원인은 아니라고 반박하였다. 이어 승려의 무위도식을 질타하는 비판에 대해서도 법을 펴고 중생을 이롭게 한다면 봉양을 받는 것은 당연하며 문제가 있으면 승려 개개인의 잘못을 가릴 일이지 불도 자체를 폐해서는 안 된다고 강조하였다. 내세관과 관련해서는 "마음은 혼백(魂魄)의 정기(精氣)인 육단심(肉團心)과 진명(眞明)을 뜻하는 견실심(堅實心)이 있는데 몸이 없어져도 영명한 마음인 견실심만은 없어지지 않아 영혼으로 윤회한다"고 설명하였다. 또 천당(天堂)과 지옥(地獄)은 실재하는 것이 아니고 사람의 업감(業感)에 의

19) 『顯正論』(『한국불교전서』 7, 223~225쪽).

20) 『書經』 周書 「泰誓上」. 周 武王의 말 중에 '惟天地 萬物父母 惟人 萬物之靈…' 부분이다.

21) 『현정론』(『한국불교전서』 7, 217~219쪽).

한 것이며 감정이 정신에 쌓여 꿈으로 나타나는 것처럼 행위의 업에 의해 발현되는 경계라고 보았다.[22]

『현정론』과 같은 시기에 나온 『유석질의론』에서는 부처의 일생과 불교 동점(東漸)의 역사를 개괄하고 고전을 인용하여 유불도(儒佛道) 삼교를 비교하였다. 특히 태극(太極), 음양오행(陰陽五行)과 같은 개념을 가지고 불교의 교리와 역사를 설명한 것이 특징이다. 주된 내용을 요약하면, 먼저 삼교의 도는 모두 마음에 근본하고 있으며 유교는 닦고 다스리는 자취를 전공하고 불교는 밝히고 깨우치는 진(眞)에 계합하는 것으로 보았다. 여기서 자취는 형이하의 정(情)으로 유교는 '격물치지(格物致知) 성의정심(誠意正心)'으로 덕업을 닦는 것이고 진은 형이상의 성(性)으로 시간과 공간에 제한이 없는 신령하고 오묘한 것이라 하여 불교의 우위를 주장하였다. 또 삼교 모두 백성의 병통을 치유하지만 유교는 심, 도교는 기, 불교는 성을 위주로 한다고 정의하였고[23] 이어 천하를 관통하는 것은 도이고 변화를 교묘히 하는 것은 기이며 만물을 고르게 하는 것은 리인데 불교의 진공(眞空)은 성체(性體)를 들어 말한 것이고 도교의 곡신(谷神)은 변화를 밝혀 나타낸 것이며 유교의 대본(大本)은 사물에 의지해 표현한 것이라고 각각 설명하였다. 하지만 삼교의 도는 결국 하나이며 삼교의 교화가 이루어지면 자연음양(自然陰陽)이 순조롭고 인신(人神)이 화기(和氣)로우며 현실적으로 풍속이 선하게 되고 군신 상하가 각각의 분수를 잃지 않게 되며 수륙의 동물들도 천성을 지킬 수 있다고 보았다. 『유석질의론』에서는 이와 같이 유불을 비교하여 양자의 근원적 일치를 논하면서도 불교적 가치에 더 큰 의미를 부여하였다. 한편 태극, 음양오행설을 체용(體用)에 적용하여 부처의 체는 태극이고 용은 건곤(乾坤)이며 운용변화가 천지와 함께 유행하여 조화에 합치된다고 보았고 불교의

22) 『현정론』(『한국불교전서』 7, 219 · 221 · 222쪽).
23) 『儒釋質疑論』 권상(『한국불교전서』 7, 252 · 255쪽).

법신(法身), 보신(報身), 화신(化身)의 삼신(三身)을 무극과 태극, 팔괘(八卦)의 변화에 대응시켜 해석하였다. 즉 역(易)은 연기(緣起)이며 성각(性覺)에 근원하여 불교와 표리가 되는데 역의 도는 태극에서 근원하고 태극은 무극(=법신)에 근본을 두며 음양의 양의(兩儀)는 보신에, 이십사기(二十四氣) 등의 조화 작용은 화신에 해당한다고 하였다. 또한 『현정론』과 마찬가지로 불교의 오계와 유교의 오상을 대비시켰는데 오계가 오상의 구체적 실마리를 제공해 준다고 설명하였다. 즉 살생을 금하는 불살생(不殺生)은 인, 도둑질을 금하는 불투도(不偸盜)는 의, 음행을 금하는 불사음(不邪淫)은 예, 망령된 말을 하지 않는 불망어(不妄語)는 신, 술을 마시지 않는 불음주(不飮酒)는 지의 단서가 된다는 것이다. 인과와 윤회에 대해서도 유교에서는 죽으면 정신이 없어진다고 보지만 이는 단견(斷見)이며 사람은 사람만 되고 축생은 축생만 된다고 하는 것은 상견(常見)임을 지적하고 이야말로 '생생(生生)'과 '음양변역(陰陽變易)'에 어둡기 때문이라고 비판하였다. 이에 비해 불교의 삼세(三世)에 걸친 인과보응은 천도(天道)와 자연(自然)의 정해진 이치라는 입장을 밝혔다. 마지막으로 불교를 버리면 국토의 강령함을 보존하지 못하므로 선왕의 법도를 폐지하지 않고 유신(維新)의 천명을 성취해야 한다는 것으로 끝을 맺고 있다.

남산 혜일봉이 쓴 『현정론(顯正論)』은 기화의 『현정론』과 제목이 같지만 내용은 전혀 다른 책이다. 저자는 유학자들의 불교 비판에 대해 미혹을 없애고 정법을 드러내기 위해 책을 저술하고 제목을 현정(顯正)으로 하였다고 밝혔다. 본문은 동오은부(東吳隱夫)와 객(客)의 문답 형식으로 구성되어 있는데 시대와 공간, 치란과 풍속을 구분하는 화이론적 시각에 대해 반박하고 사회경제적 문제, 계율과 교학에 대한 불교 측의 입장을 서술하고 있다.[24] 그 핵심을 정리하면, 먼저 불교 수용 이전의 삼대(三

24) 국립중앙도서관 소장 『顯正論』(한貴古朝21-167 貴019)은 지금까지 기화 『顯正論』의 異本으로 알려졌는데, 정확한 신원을 알 수 없는 南山慧日峯(東吳隱夫)이 저자로 명

代)는 잘 다스려진 대동(大同)의 시대였는데 이적이 침입하고 불교가 들어온 후 화란(禍亂)이 빈번히 일어났다는 기존의 인식에 대해, 방위는 상대적 개념일 뿐인데 성현(聖賢)을 중화와 이적으로 구분하는 것은 잘못이며 불교는 역사상 치세(治世)에 도움이 되었고 치란은 시세와 사람에 따른 현상이라고 반박하였다. 이어 중화의 도를 가지고 오랑캐의 풍속을 바꿔야 한다는 논의에 대해서는 대행(大行)과 대례(大禮)는 작은 일이나 형식에 얽매이지 않으며 불교는 매이거나 집착하지 않고 자신이 무아(無我)임을 깨닫는 대도(大道)이므로 화이의 구분이 아닌 도의 실체를 중시해야 함을 역설하였다. 또 승려의 무위도식이나 재산 축적 등 현실적 폐단, 그리고 교리에 관한 비판에 대해 이는 불법 자체의 문제가 아니고 사람의 잘못이며 공경과 향사, 비판과 처벌은 도의 유무에 의해 판단해야 한다고 주장하였다. 한편 육식(肉食)의 이로움을 설명하고 불살생계의 모순을 지적한 것에 대해, 살생을 하지 않음은 유교에서 말하는 '애물지인(愛物之仁)'을 중생 전체로 확대한 것이라고 해석하고 기화 등과 마찬가지로 오상의 인과 연결시켜 의미를 부여하였다. 마지막으로 불교가 성명(性命)의 이치를 밝히기도 하지만 인과응보와 같은 허무공적의 이치를 말하므로 노장(老莊)보다 못하고 '궁리진성(窮理眞性)'하는 성리학에 비해 훨씬 깊이가 얕다는 주장에 대해, 화복과 길흉 등은 유학에서도 말하며 무상(無相), 무아 등을 설한 불교의 가르침은 큰 바다와 같아서 유가나 제자백가보다 그 내용이 깊고 심오하다고 끝을 맺었다.

이처럼 조선전기에 나온 호불론은 배불론과 억불책 시행에 대한 이론

기되어 있으며 내용 또한 전혀 다르다. 1538년(중종 33) 慶尙道 智異山 新興寺에서 覺性 등이 목판으로 改版하였다. 또한 澗松 미술관에 소장된 1537년 緣起寺 중간본 기화의 『현정론』에 본서가 부록으로 첨부되어 있는데 이를 통해 초간본이 있었음을 알 수 있다.

적 대응이었고 인생관과 내세관, 사회적 책무와 윤리, 심성과 세계관 등 여러 방면에서 불교의 가치를 선양하는 주장이었다. 또한 성리학의 시대임을 반영하여 불교와 유교의 근원적 일치를 주창한 것도 공통적이었다. 조선을 대표하는 유학자 중 하나인 율곡(栗谷) 이이(李珥, 1536~1584)는 19세에 금강산에서 불경을 읽고 선학(禪學)을 배웠다. 당시는 선교양종이 복립된 시기이기도 했지만 불교 이론이 여전히 사대부 지식인들의 주목을 끌었던 것이다. 이이는 결국 1년 만에 하산하면서 "불교의 묘처가 유교에서 벗어나지 않으므로 유교를 버리고 불교에서 구할 것이 없다"라고 단언하였는데 이는 유교와 불교의 가르침이 근본적으로 다르지 않다는 인식의 표명이기도 하다. 그는 『성학집요(聖學輯要)』에서 불교는 이적의 교이며 윤회와 보응에 대한 주장은 조잡하다고 비판하면서도 자신이 이해한 선학의 요체로 '돈오점수(頓悟漸修), 돈오돈수(頓悟頓修), 일심(一心)'을 들어 불교 심성론은 그나마 정치하다고 평가하였다.[25] 이처럼 불교의 마음 이해와 수행론은 유학자들의 주된 비판 대상이면서도, 불교의 매력적 특장점으로서 관심을 불러일으키는 요인이 되었다.

2. 조선후기 불교 공효론과 유불조화의 논리

불교가 국가 및 사회 문제와 윤리에 도움이 된다는 현실적 공효론(功效論)은 일찍부터 제기되었다. 고려 말의 일부 유학자들이 불교가 '복리국가(福利國家)'에 도움이 된다고 두둔하였고,[26] 15세기의 서거정(徐居

25) 『栗谷全書』 권1, 「楓岳贈小菴老僧幷序」; 『聖學輯要』 권2, 「佛者夷狄之一法」(高橋亨, 1929 『李朝佛教』, 566~574쪽 참조).

26) 權相老, 1917 『朝鮮佛教略史』, 167~168쪽. 戶曹判書를 지낸 鄭士偶 등의 호불적 인식이 소개되어 있다.

正, 1420~1488)은 "불교의 청정 담박함과 과욕(寡慾), 양심(養心)의 설은 유교와 비슷하므로 불교에 미혹되지는 않지만 심하게 배척하지도 않는다"고 하여[27] 윤리와 수행의 측면에서 불교가 가진 장점을 언급하기도 하였다. 또 『지봉유설(芝峯類說)』을 쓴 이수광(李睟光, 1563~1628)은 불교의 '즉심견성(卽心見性)'과 유학의 '존심명리(存心明理)'가 심을 주로 한다는 점에서 같지만 마음의 작용이 다르므로 근원이 같을 수 없다는 원칙론을 피력하면서도 "이단이 유학의 도에 해가 되지만 한편 이익도 있다. 불교의 견심(見心)은 마음을 놓는 자의 경계가 되고 살생을 금하는 계율은 죽이기 좋아하는 자의 경계가 된다"고 하여[28] 윤리와 수신 측면에서 그 효용가치를 인정하였다. 한편 조선시대 사대부 중 대표적인 호불론자였던 허균(許筠, 1569~1618)은 "위로는 유학을 높여 사류(士類)의 습속을 맑게 하고 아래로는 부처의 인과와 화복으로 인심을 깨우치면 고르게 다스려질 것이다"라는 '치평(治平)'적 관점의 유불병행론을 주장하였다.

조선후기 불교시책의 기본 성격은 승려의 국역(國役) 체제 편입이나 군사적 활용에 있었고 법제적 공인은 없는 일종의 방임 상태가 지속되었다. 그러나 한 차례 예외적인 억불시책으로 현종 즉위 직후인 1660년대 초반에 있었던 도성 안 비구니 사찰 인수원(仁壽院), 자수원(慈壽院)의 철폐와 위전(位田) 및 일부 남아 있던 사찰 노비의 환수, 명례궁(明禮宮) 외 궁방 원당(願堂)의 혁파 조치가 시행되었다.[29] 이는 양란 이후 회생되고 있던 사찰 경제와 왕실불교의 기반을 약화시키는 조치였지만 국가 재정의 확충에는 큰 도움이 되는 일이었다. 현종대에 억불시책이 단행된 배

27) 『四佳集』 「贈守伊上人序」(高橋亨, 앞의 책, 238~239쪽에서 재인용).
28) 『採薪雜話』; 『芝峯類說』 권18, 外道部, 「禪門」(高橋亨, 앞의 책, 590~592쪽에서 재인용).
29) 鄭之益, 「江西寺事蹟碑」(高橋亨, 앞의 책, 559~560쪽과 990~991쪽에서 재인용).

경으로는 앞에서 살펴본 것처럼 당시 정국 주도 세력이 성리학적 명분론을 강하게 내세운 산림(山林) 출신이었다는 점을 들 수 있다. 하지만 이후 조선말까지 더 이상의 강력한 억불책은 시행되지 않았고 국가 공역에 승려를 동원하거나 사원의 경제력을 활용하는 공리적 방향으로 시책이 추진되었다.

현종대의 억불 시책에 대해 팔도도총섭을 역임한 백곡 처능은 장문의 「간폐석교소(諫廢釋教疏)」를 올려 불교에 대한 세간의 오해와 비판을 해명하고 비구니 승려의 환속 등 당대의 억불조치에 강한 불만을 토로하였다.[30] 「간폐석교소」에서는 불교에 대한 비판 논의를 1) 공간적 차이[이방역(異邦域)], 2) 시대적 차이[수시대(殊時代)], 3) 인과응보와 윤회설, 4) 무위도식, 재물 소모 등의 경제적 해악, 5) 정교(政敎)의 손상, 6) 편오(編伍)에서 벗어난 피역(避役) 순으로 분류하였다. 즉 불교가 중화가 아닌 오랑캐의 교이고 삼대의 도가 아니며 허망한 말로 혹세무민하여 사회기강을 어지럽히고 국가 경제에 피해를 줄 뿐 아니라 국가이념과 통치체제에 저촉된다는 것이 당시 비판론의 주된 골자였다.[31]

이에 대한 처능의 반론을 살펴보면, 먼저 시간과 공간을 삼대와 중국에 국한시키는 것은 성인의 가르침을 잃는 것으로 중국과 오랑캐는 경계를 맞대고 있어 안팎의 성인이 서로 다르지 않고 시대는 다르지만 이치는 같다고 하였다. 이어 생사와 화복, 수명이 정해진 것은 선행과 악행의 업보와 징조가 나타난 것으로 보았다. 다음으로 군주가 재물보다 덕을 근본으로 하는 것처럼 출가 수행자에게는 노동보다 수행이 중요한 덕목이며 법을 어긴 승려를 처벌할 수는 있지만 이는 사람이 문제이지 불교의

30) 이에 대해서는 金容祚, 1979 「白谷 處能의 諫廢釋教疏에 關한 硏究」 『韓國佛教學』 4가 참고가 된다.

31) 高橋亨, 앞의 책, 719~724쪽; 김용조, 1979, 앞의 논문 참조. 처능은 1674년(현종 15) 남한산성 八道禪教都摠攝이 되었는데 그 무렵 올린 것으로 추정된다.

가르침 자체가 나쁜 것은 아니므로 불법을 폐해서는 안 됨을 호소하였다. 또 불교는 선왕선후의 명복을 빌고 국가의 안정을 기원해 왔고 군역, 공납, 부역의 가중한 부담을 승려들이 담당하여 호적에 편입된 일반 민과 전혀 다르지 않다고 하면서, 당시 조세 포탈이나 군역 회피가 다반사인 상황에서 승려의 존재가 오히려 국가에 유익함을 강조하고 효용가치를 부각시켰다.[32)]

「간폐석교소」에서는 이어 역대의 숭불 군주와 사대부, 폐불 군주와 배불 유학자, 역사상의 불교 관련 사례를 들어서 불교가 정치에 도움이 됨을 역설하고 억불시책을 중단할 것을 거듭 주장하였다. 처능은 주희도 불교 서적 읽기를 좋아하였고 단지 문자로써 배척했던 것이지 불교의 전면 폐지를 주장하지 않았으며 많은 사가(史家)들이 불교의 실(實)을 숨기고 허(虛)를 가져다 깎아내렸기에 부정적 사실이 많이 전하지만 세상에 불교가 없는 나라가 없고 불교가 성행했던 삼국과 고려가 오래 지속된 사실에서도 치도(治道)에 무해함이 증명된다고 하였다. 또 도선(道詵)과 비보(裨補) 사찰을 예로 들어 사찰과 신승(神僧)은 국가에 매우 유익한 존재인데 굳이 절을 헐고 승려를 없애야 나라가 태평해지는 것인지 반문하였다. 이어 시세의 의견을 좇아 선왕선후의 제도를 지키지 않고 비구니를 몰아내고 외원당 노비를 혁파한 것은 이치에 역행하는 처사임을 지적하고 또 원당의 신위(神位)를 묻은 후 가뭄과 흉년이 계속된 사실을 들어 비구니 사원의 폐지와 원당 혁파 시책을 중지할 것을 요청하였다. 이처럼 처능은 현종대의 억불시책에 대해 강하게 반발하면서 불교가 국가와 사회에 이익이 된다는 공효론을 전면에 내세웠다.

조선후기에도 불교와 유교를 비교하여 양자가 근원에서 같음을 주장

32) 『大覺登階集』 권2, 「諫廢釋敎疏」(『한국불교전서』 8, 335~343쪽).

하는 유불 조화의 논리가 이어졌다. 예를 들어 불교의 삼신(三身)을 음양오행으로 설명하거나 불교의 심과 유교의 리를 대비시키는 것은 앞서 『유석질의론』에서도 나왔지만 조선후기 불교 서적에서 유사한 내용을 쉽게 찾아 볼 수 있다. 17세기 후반에 나온 운봉 대지(雲峰大智)의 『심성론(心性論)』에서는 "중생심(衆生心)은 태극(太極)과 일체"라는 당시의 주장에 대해 "법신(法身)은 태극의 체인 무극(無極)과 같다"고 하였고, 업상(業相)으로서의 명각(明覺)과 태극의 근원을 각각 성각(性覺)과 무극으로 보아 이를 부처의 법신이라고 설명하였다. 이어 보신(報身)은 기의 청탁인 음양의 양의(兩儀)이며 화신(化身)은 기맥이 혼재한 조화의 용(用)이라고 규정하였다.[33] 성리학에서 태극과 무극이 차등적 개념은 아니지만 불교의 삼신설과 유교의 음양-태극-무극을 배대시켜 이해하고 근원에 있는 법신과 무극을 같다고 본 것은 유불 일치와 조화를 추구한 논리에 다름 아니었다. 18세기에 활동한 상월 새봉은 "유가의 미발기상(未發氣像)은 불가의 여여리(如如理)이고 이른바 태극은 불가의 일물(一物)이며 이일분수(理一分殊)는 일심만법(一心萬法)이다. 어찌 일찍이 유교와 불교의 구별이 있었겠는가"라고 하여 태극=일물, 리=일심의 논리를 가지고 유불의 통합 가능성을 제기하였다.[34] 새봉은 또 '반관즉견성(返觀卽見性)'이라 하여 반관(返觀)의 공부가 없으면 자기심성(自己心性)에 무익하며 전기(專己)의 공부를 해야 한다고 주장하였는데[35] 이는 유가의 궁리궁천(窮理躬踐)과 같은 실천적 의미를 갖는 것이었다.

이처럼 유불 조화나 삼교 일치를 주장할 때 이론적 매개가 된 것은 심

33) 『心性論』(『한국불교전서』 9, 4~5쪽). 이는 『유석질의론』을 인용한 내용이다.

34) 『霜月大師詩集』 「霜月先師行蹟」(『한국불교전서』 9, 599쪽).

35) 蔡濟恭, 1782 「霜月大師碑銘」(『한국고승비문총집』, 444쪽)에 의하면 새봉은 '講明眞解 心踐智證'을 법문으로 삼았고 空寂함에 빠지지 말고 반드시 자신의 마음으로 佛心을 증득하라고 가르쳤다.

과 성이었다. 청허 휴정 또한 일심의 심법을 매개로 삼교 합일을 주장한 바 있는데, 18세기의 묵암 최눌도 "성현의 마음을 궁구하는 것은 선을 닦는 것과 다를 것이 없고 『대학(大學)』의 삼강(三綱)은 비지원(悲智願)의 삼심(三心)에 부합된다"고 하여 마음이 유불 조화의 근거임을 밝혔고 이로 인해 진유(眞儒)와 진석(眞釋)이 다르지 않다고 보았다.[36] 한편 해붕 전령(海鵬展翎)은 성(性)을 매개로 하여 유교는 '궁리진성(窮理盡性)', 도교는 '수진연성(修眞鍊性)', 불교는 '명심견성(明心見性)'이라고 규정하고 태극을 구비한 개개 사람의 본원을 '자성천진불(自性天眞佛)'로 보아 '즉심즉불(卽心卽佛)'의 논리를 개진하였다. 또 유심정토(唯心淨土)와 자성미타(自性彌陀)를 언급하며 남녀(男女)와 우마(牛馬)를 모두 부처로 간주하고 불성을 가진 모든 유정물(有情物)의 성불 가능성을 인정하였다.[37] 19세기의 백파 긍선도 삼교가 모두 정을 버리고 성을 드러내는 공통점이 있다고 하면서, "유학은 유(有)를 숭상하여 상견(常見)에 막히고 노자의 무(無)는 단항에 빠져서 각각 유와 무의 정(情)의 누습을 없애지 못함에 비해 불교는 유무도 없고 누습도 없이 중도를 드러낸다"고 하여 불교의 뛰어남을 부각시켰다.[38]

이와 함께 성리학 시대에 조응하여 리의 본원성을 강조하는 모습도 보인다. 무경 자수는 "리는 일원이며 이를 밝히는 것이 삼교"라고 하여 일원적 리에 의해 본성을 다하는 것을 삼교의 요체로 보았다. 그는 "자취로 보면 유교는 인의를 숭상하고 도교는 자연을 숭상하며 불교는 공적(空寂)을 숭상하여 서로 같지 않고 학습하는 것 또한 다르지만 리로 보면 삼교는 하나의 리에서 나온 것이고 리 외에 별도로 삼교가 있는 것이 아니다. 즉 삼교는 하나이고 하나가 삼교가 된 것으로 모두 한 곳에 모인다"

36) 『默庵集』 권중, 「答任進士」; 「上別紙」(『한국불교전서』 10, 15~16쪽).

37) 『海鵬集』 「自題壯游大方家序」(『한국불교전서』 12, 234~237쪽).

38) 『修禪結社文科釋』, 十八 「對辨三教以顯正理」(『한국불교전서』 10, 543~546쪽).

고 하여 리를 매개로 한 삼교 일치를 주장하였다.[39] 또 18세기 영남의 교학 종장 인악 의첨은 근원인 일심을 돈오(頓悟)로 밝혀야 만법에 통달할 수 있다고 하면서 심과 리의 불가분성을 강조하였고 일물(一物)은 성(性) 안에 있으며 현상과 작용은 리가 아닌 것이 없다고 보았다.[40] 이처럼 심과 리, 성과 리의 불가분성과 심=리의 도식이 정형화된 것은 성리학의 시대에 불교 측에서 유교와의 인식론적 접점을 모색한 것으로 볼 수 있다. 19세기의 함명 태선도 "유교의 지인용(智仁勇)은 불교의 비지원(悲智願)이며 삼강(三綱)은 삼보(三寶)와 가깝고 불교의 오계(五戒)는 유교의 인의예지(仁義禮智)의 사단(四端)과 성실지신(誠實之信)에 근사(近似)한 것이다. 다만 후인들이 성인의 진면목을 몰라 서로 다투고 있다"고 평가하였다.[41] 이처럼 유불 조화의 모색은 본성을 통관하는 심과 리의 일치를 향해 점차 나아갔고 심성과 이성의 합일을 지향하였다고 볼 수 있다.

---

39) 『無竟集』 권2, 「三教說」(『한국불교전서』 9, 392~393쪽).
40) 『仁嶽集』 권3, 「答訥村書」(『한국불교전서』 10, 416~417쪽).
41) 권상로, 1917 『朝鮮佛教略史』, 247쪽 참조.

2장

심성 인식의 역사적 전개와 불교심성론

1. 불교 심성 인식의 추이와 조선시대의 심성 이해
2. 조선후기 불교의 수행론과 심성 논쟁

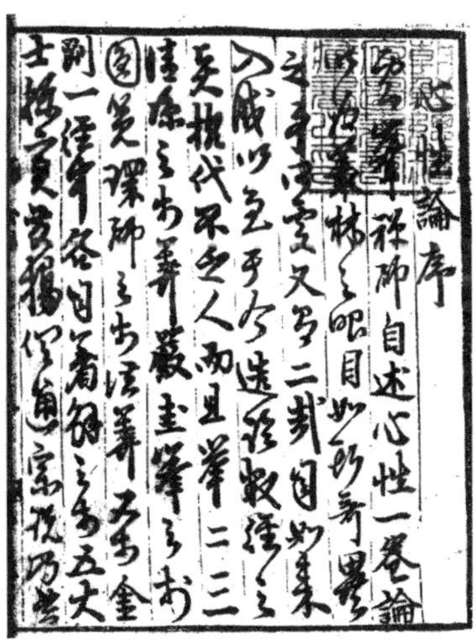

心性論序

〈운봉 『심성론』 서문〉

1. 불교 심성 인식의 추이와 조선시대의 심성 이해

동아시아 세계에서 심성에 대한 인식론적 이해는 불교가 들어오면서 본격화되었는데, 수 · 당대에 교학불교의 이론체계가 정립되면서 불교 심성의 이해는 일차 완성되었다. 남북조 시대 이후 섭론(攝論) · 지론학파(地論學派), 삼론종(三論宗), 천태종(天台宗), 법상종(法相宗), 화엄종(華嚴宗) 등 주요 교종 학파에서 심식(心識)과 여래장(如來藏) · 불성(佛性)에 대한 이론을 심화시켰고 동아시아에 큰 영향을 미친 『대승기신론(大乘起信論)』의 핵심 주제 또한 일심(一心)에 대한 해석 문제였다. 동아시아 불교에서 성(性)은 모든 중생에게 내재되어 있는 불성을 의미하며 심(心)은 만법(萬法)을 생성하는 근원적 주체였다. 수행론의 관점에서 심성은 무명(無明)에 의한 번뇌를 씻어내고 잠재된 불성을 완전히 깨우쳐 체득하는 당위적 실천의 문제이기도 하였다. 특히 8세기 이후 선종이 불교의 주류로 부상하면서 심성 이해는 인식론과 존재론의 영역에서 실천 수행의 장으로 급속히 전환되었다.

불교가 유입된 이후 토착 사상과의 접목을 통한 '불교의 중국화 과정'은 송대에 이르러 신유학의 대두라는 거대한 도전에 직면하였다. 불교가 천년 가까이 중국 사상계를 풍미하면서 이질적 사유의 토착화와 융합이 이루어졌는데 그 결과물로 등장한 것이 바로 성리학이었다. 성리학은 좁게는 인간의 본성과 도덕을 논하는 성명의리학(性命義理學)이며 크게는 인간 심성과 우주 자연에 대한 총체적 사유체계라 할 수 있는데 인간과 자연의 세계는 공히 천리(天理)에 의해 관통되는 것이었다. 성리학의 심성론은 '성즉리(性卽理)'를 대전제로 하여 리가 내재되어 있는 본연의 성을 말한 것으로, 리의 내재성에 의해 심은 지각의 주체이자 몸을 주재하는 것이 될 수 있었다. 즉 심은 성정(性情)을 통괄하며 대상 세계에 갖추어진 리를 지각할 수 있는데, 그것은 천리가 성으로서 마음에 내재되어 있기 때문이었고 심 자체는 본성[리]을 담는 그릇[수단]에 비유되었다.[42]

주희를 필두로 한 성리학자들은 불교에 대해 '허무적멸의 교'라고 비판하고 천리의 궁극적 절대성을 인정하지 않는 불교의 상대주의적 속성을 공격하였다. 주요 비판 대상이 된 것은 선종의 주류였던 홍주종(洪州宗) 계통의 마음 이해였다. 마조 도일(馬祖道一)은 '평상심시도(平常心是道)'를 말하였고 임제 의현(臨濟義玄)은 "중생의 마음이 그대로 부처의 마음이므로 작용이 곧 성"이라고 하여 일상의 마음 작용에서 바로 불성을 깨칠 것을 설하였다.[43] 이처럼 마음의 지각작용 자체를 성으로 간주한 것은 성리학의 입장에서 볼 때 리의 절대성을 부정한 명백한 오류이자 상대주의적 가치에 함몰될 수 있는 것이었다.

---

42) 성리학과 불교 양자의 비교와 이해는 荒木見悟 저 · 심경호 역, 2000 『佛教와 儒教-성리학, 유교의 옷을 입은 불교』, 예문서원과 윤영해, 2000 『주자의 선불교 비판 연구』, 民族社를 주로 참고하였다.

43) 윤영해, 2000 앞의 책, 263~267쪽.

그런데 홍주종 계통의 이 '작용시성(作用是性)' 설을 불교 일반의 심성 이해로 보는 것은 문제가 있다. 『기신론』의 불변(不變)의 진여(眞如) · 수연(隨緣)의 생멸(生滅)의 이문(二門)이 대표적인 예인데, 불교 교학에서는 마음의 본체와 작용 양자를 서로 같지 않고 또 떨어질 수도 없는 '불일불이(不一不二)' 의 관계로 파악하였다. 또 '지(知)' 를 내세워 마음의 본체적 측면을 중시하는 경향도 존재하였다. 중국 화엄종 4조 징관(澄觀)은 앞서 법장(法藏)이 말한 이성(理性)을 심성(心性)으로 대치하여 마음의 절대성과 자재성을 강조하면서 사물 및 현상의 '상즉상입(相卽相入)' 을 설하였는데, '영지(靈知)' 를 마음의 본체로 상정하여[심즉지(心卽知)] 마음의 식별 작용과는 구분하였다.[44]

이어 종밀(宗密) 또한 선종 계열인 하택종(荷澤宗)의 '공적지(空寂知)' 개념을 차용하여 마음의 본체를 '영지(靈知) 또는 진지(眞知)' 라 하여 이를 리(理)와 유사한 것으로 비정하였다. 종밀은 『선원제전집도서(禪源諸詮集都序)』에서 마음의 성(性)과 상(相)을 지(知)와 지각작용의 '불일불이' 로 설명하였고 '선원(禪源)' 을 '선리(禪理)' 라고 하여 리의 근원적 본원성을 강조하였다. 종밀은 당시 홍주종의 논리에 대해 "일상의 작용을 성 자체로 보는 것은 작용의 근거를 세우지 못한다" 고 비판하였는데 이는 후대 주희의 선종 비판과 유사한 논리였다. 그는 선종 북종(北宗) 계통에 대해서도 '마음에 의해 마음을 보는 것[간심(看心)]' 이라 하여 주체와 객체를 동일시하는 오류를 지적하였다.[45] 이처럼 종밀은 마음의 본체로 지를 내세워 이를 지각의 성립근거로 보았고 마음의 작용을 본체시하는 홍주종 계통의 논리를 비판하였다. 하지만 송대 이후 그 또한 "지를 마음의 작용으로 보았다" 는 오해를 받고 성리학자들에게 비난

44) 木村清孝 저 · 정병삼 역, 2005 『中國華嚴思想史』, 민족사, 235~238쪽.

45) 荒木見悟 저 · 심경호 역, 2000 앞의 책, 146~149쪽. 『禪源諸詮集都序』 권상2(『大正藏』 48, 405a)에서 北宗의 看心說에 대한 비판 내용을 볼 수 있다.

의 대상이 되었다.[46)]

조선 초의 대표적 배불 논서인 정도전의 『불씨잡변』에는 심성 인식을 둘러싼 유교와 불교 사이의 간극이 잘 드러나 있다. 그 내용을 요약하면, 유교에서 심은 성(性)과 정(情)을 통섭하는 '허령불매(虛靈不昧)' 한 것이고 지각 행위의 작용을 가지지만 그 본질은 기(氣)이며 리(理)를 담는 그릇(수단)일 뿐이었다. 다만 심(心)에는 성의 리, 즉 온갖 이치가 갖추어져 있으므로[심구중리(心具衆理)] '마음을 다하여 본연의 성에 담긴 이치를 궁구해 아는 것[진심지성(盡心知性)]' 이 가능하였다.[47)] 이러한 '성=리', '심=기' 의 구도에서 심과 리(성)는 등치개념이 될 수 없었다.[48)] 성리학에서는 리야말로 심과 기의 근본으로서 성 또한 보편적인 천리가 내재되어 있어 그 완결성을 보장받는 것이었다. 이에 비해 불교는 심과 성을 동일한 것으로 간주해 "마음으로 마음의 불성을 본다" 고 하여 주객의 구분을 두지 않을 뿐 아니라 인성(人性)과 자연(自然) 세계에 내재된 리의 절대성을 간과하고 마음의 작용을 바로 성이라고 하여 지각작용을 '성리' 의 영역까지 끌어올린 것이었다. 이는 '심의(心意)' 에 의한 자유로운 행위를 본성으로 긍정하게 하여 비록 악을 행하더라도 그것을 용인해야 하는 위험성을 내포하고 있었다.[49)] 성리학에서는 마땅히 그래야 하는 '소당연(所當然)' 을 사(事)로 보고 반드시 그럴 수밖에 없는 '소이연(所以然)' 을

46) 荒木見悟 저 · 심경호 역, 2000 앞의 책, 179~183쪽. 주희를 비롯한 성리학자들은 종밀의 圓覺, 靈知를 지각(작용)으로 해석하였지만 종밀의 원각은 見聞知覺이 아닌 自心과 영지로서 주자의 "허령불매하여 온갖 리를 다 갖추고 만사에 응접한다" 는 '明德心性說' 과 마찬가지로 영명한 본성을 추구한 것이었다.

47) 『佛氏雜辨』「佛氏心性之辨」(『三峯集』 권9, 『한국문집총간』 5, 449쪽). 『불씨잡변』의 불교비판 논리는 『朱子語類』 권126, 「釋氏篇」에 있는 주희의 설을 거의 그대로 채용한 것이다.

48) 윤영해, 1997 「성리학의 심성론과 불교비판」 『불교와 문화』 3, 대한불교진흥원.

49) 『불씨잡변』「佛氏作用是性之辨」(『삼봉집』 권9, 『한국문집총간』 5, 450쪽). "만약 작용을 성이라 한다면 사람이 칼을 함부로 휘둘러 사람을 죽이는 것도 성이라 할 수 있는가?" 라는 주희의 말을 인용하고 있다.

자연세계의 이치인 리(理)로 설명하였는데 이는 행위와 도덕이 준거하는 '인사지리(人事之理)' 이기도 했다. 이러한 입장에서 볼 때 불교는 우주 만물의 생성 원리인 리의 존재를 도외시하고 본연의 법칙인 리와 작용으로서의 심, 현상세계의 기를 혼동하여 자연과 본성, 나아가 도덕과 같은 당연한 준칙을 세우지 못하는 허무공적한 가르침이었던 것이다.[50)]

정도전은 「심기리편(心氣理篇)」에서도 유교의 의리(義理)를 강조하면서 불교의 잘못된 점을 지적하였다. 「심기리편」은 〈심난기(心難氣)〉, 〈기난심(氣難心)〉, 〈리유심기(理諭心氣)〉의 세 항목으로 구성되어 있는데 심을 불교, 기를 도교, 리를 유교의 핵심 개념으로 상정하였다. 먼저 〈심난기〉에서는 심을 '리와 기를 합한 신명(神明)의 집' 으로 규정하고 "허령하고 어둡지 않으며 모든 이치가 갖추어져 만 가지 일에 응한다"는 주희의 말을 인용하여 "심을 말하고 리를 말하지 않으면 집만 알고 주인은 알지 못하는 것"이라고 촌평하였다. 다만 "심의 본체가 적연하여 인연을 따르면서도 변하지 않고 변화에 응하여 다함이 없다"는 경구를 인용하여 심에 대한 이해는 불교의 핵심 의리라고 평가하였다. 다음 〈기난심〉에서는 "기가 음양오행으로 만물을 화생(化生)하지만 반드시 리가 있은 후에 기가 있다"고 하여 리의 궁극적 가치를 재차 강조하였다. 마지막 〈리유심기〉에서는 "리는 심과 기의 본원이며 천지의 리와 기를 온전히 얻은 사람은 의리를 가지고 있으므로 만물 가운데 가장 존귀하다" 고 주장하였다. 또 "사람에게 리는 본성이 되고 기는 형태가 되며 심은 양자를 겸하여 몸을 주재하는 것" 이라고 부연하였다. 이는 불교가 본연의 리에 기반하고 있는 성명(性命)과 도덕의 당위성마저 부정할 수 있는 매우 위험한

50) 금장태, 2002 『한국유학의 心說-심성론과 영혼론의 쟁점』, 서울대출판부, 38쪽에서는 심의 체용 구조를 제시한 점에서 유불의 공통점이 있지만 유교는 도덕규범의 근거와 실현방법 확립에 치중한 반면 불교는 완전함의 각성과 자유로움의 확보에 관심을 두는 차이가 있다고 보았다.

이단임을 경계한 것이다.[51)]

이러한 성리학 측의 논박에 대해 조선전기의 대표적 호불 논서인 기화의 『현정론』이나 작자 미상의 『유석질의론』 등에서는 성리학 우위의 일반론을 뒤집어 유교에 대한 불교의 우월성을 과시하면서 불교의 입장을 변론하였다. 앞에서 살펴본 것처럼 『유석질의론』에서는 유불도 삼교가 모두 마음에 근본하고 있지만 유교는 닦고 다스리는 자취를 전공하고 불교는 밝히고 깨치는 진(眞)에 계합하는 것으로 자취는 형이하의 정(情)이고 진은 형이상의 성(性)이라고 규정하였다. 또한 유교는 심, 도교는 기를 위주로 한 것이지만 불교는 성을 위주로 하며,[52)] 유교의 심과 성은 육단생멸심(肉團生滅心)이고 천명지성(天命之性)임에 비해 불교는 근원적 실재로서 한 차원 높은 진여청정심(眞如淸淨心)과 원만대각성(圓滿大覺性)에 해당한다고 주장하였다.[53)] 하지만 심성 문제를 둘러싼 성리학 측의 비판에 대해 설득력 있는 반박이나 새로운 입론의 제시는 이루어지지 않았고 불교와 성리학이 서 있는 상이한 토대와 지향점으로 인해 양자의 논리적 절충 또한 기대하기 어려웠다.

이후 17세기 후반에 나온 운봉 대지의 『심성론(心性論)』에는 당시 불교계의 심성 이해와 문제의식이 잘 드러나 있다.[54)] 1686년에 쓴 저자의

---

51) 高橋亨, 1929 『李朝佛教』, 56~71쪽.

52) 『儒釋質疑論』 권상(『한국불교전서』 7, 252~255쪽).

53) 『유석질의론』 권하(『한국불교전서』 7, 270쪽).

54) 『心性論』에 대한 기존의 연구로는 宋天恩, 1990 「朝鮮朝後期 雲峰의 佛教心性論」 『朝鮮朝의 哲學思想과 時代精神』, 韓國東洋哲學會; 박해당, 1997 「조선후기 불교의 심성론-大智의 '雲峰禪師心性論'을 중심으로」 『불교와 문화』 3, 대한불교진흥원; 이종수, 2008 「조선후기 불교계의 心性 논쟁-雲峰의 『心性論』을 중심으로-」 『普照思想』 29가 있다. 이종수는 대지의 생몰년을 1606년 무렵에서 1690년 전후까지로 추정하였는데 『심성론』에는 '淸虛後裔 雨花上足'으로 표기되어 있고 『佛祖源流』에 楓潭義諶(1592~1665)의 제자로 이름을 올리고 있어 17세기에 활동한 淸虛系 鞭羊派 승려임을 알 수 있다. 한편 忽滑谷快天은 『朝鮮禪教史』에서 대지가 편양파 月渚 道安의 동문으로 묘향산에 비석이 세워졌고 傳記가 전한다고 밝히고 있다.

「자서(自序)」에는 “일체의 중생신(衆生身) 안에 여래의 덕상(德相)이 구족되어 있어 나와 다르지 않다”고 한 종밀의 여래장(如來藏) 해석을 인용하면서 중생이 여래장의 체를 가지지만 그것이 가려져 있다는 은부의(隱覆義), 여래의 법신(法身)이 일체 중생을 포섭하고 있다는 함섭의(含攝義), 법신을 깨달아 증입(證入)하면 온갖 덕을 드러낼 수 있다는 출생의(出生義)를 소개하였다. 또 종밀이 여래장과 『기신론』의 일심을 동일하게 보았다고 하면서 “전일(全一)한 여래장의 체가 업을 따라 정(淨)과 염(染)의 연기(緣起)에 의해 발현하는데 이는 사람뿐 아니라 영(靈)을 가지는 미물도 마찬가지이다”라는 경전 문구를 인용해 모든 중생에 여래장 불성이 내재되어 있음을 강조하였다.[55]

자장(自章)이 쓴 『심성론』 「서(序)」에는 “사람마다 각각 영심(靈心)의 리(理)를 구족한다”고 하여 ‘심즉리(心卽理)’의 입장을 표명하였고 또 「자서」에는 “사람에게는 원만한 공적(空寂)의 심체(心體)가 있고 광대한 영통(靈通)의 성용(性用)이 있으며 … (심)체는 무한한 성덕(性德)과 묘용(妙用)을 원래부터 스스로 구족한다”고 하여 ‘심체성용(心體性用)’과 그 ‘불이(不二)’적 관계를 말하였다.[56] 한편 종밀의 『도서』에 나오는 “범부와 성현의 근본은 모두 영명청정일법계심(靈明淸淨一法界心)이며 성각보광(性覺寶光)이 각각 원만하다”는 구절을 인용하여 중생과 부처 모두 동일한 일심의 체를 가지며 각각 원만하다고 보았다. 이어 화엄의 “일체 중생이 모두 공적진심(空寂眞心)을 가지지만 망상(妄想)이 그것을 가리고 있다. 이에 (중생의) 마음이 부처와 동일함을 보인다”는 내용과 『기신론』의 ‘법이 곧 중생심’이라는 말을 소개하여 (중생)심=불=법

---

55) 『心性論』 「自序」(『한국불교전서』 9, 1~2쪽). 경전 문구는 『首楞嚴經』(『大正藏』 19, 117c · 147b)에서 인용한 것이다.

56) 『심성론』 「序」; 「自序」(『한국불교전서』 9, 1~2쪽). 휴정의 『禪家龜鑑』(『한국불교전서』 7, 636쪽)에서도 ‘心如鏡之體 性如鏡之光’이라고 하여 심체성용의 전통설을 따랐다.

의 도식을 전개하였다. 이는 모든 중생이 부처의 종자(種子)를 가진다는 여래장 사상에 입각하여 진심(眞心)이 곧 자성(自性)이고 중생의 마음이 본래의 성을 원만히 이루고 있어 바로 부처이며 법임을 설한 것이다. 이러한 '진심즉성(眞心卽性)'의 불교 심성론은 성리학의 심성 이해와는 분명 다른 것이었다.

한편 『심성론』에는 마음의 본체로 상정된 법신에 대해 상반된 논의가 소개되어 있어 주목된다. 당시 "사람들 각각의 법신은 결국 하나"라는 주장이 있었고 이에 대해 대지는 업상(業相)인 명각(明覺)[태극]을 본각(本覺)인 성각(性覺)[일심/무극]과 혼동한 것이라고 비판하였다. 그는 대신 '사람들마다(의 법신은) 각각 원만하다'고 하여 개인별로 법신의 완결성을 갖는 것으로 이해하였다.[57] 이는 법신의 일원성이 아닌 개체의 다원성에 주목한 것인데 이 법신의 일원성과 다원성이라는 구도는 앞서 살펴본 무경 자수의 여래선과 조사선의 일심 해석의 차이에서도 나타나고 있다. 또 뒤에서 다룰 연담 유일과 묵암 최눌의 논쟁에서도 불변의 진여로서 일심의 자재성을 추구하는 입장과 수연의 작용으로 발양되는 일심의 개체적 현현을 중시하는 견해가 상충되었다. 유일은 조사선과 여래선의 구분에 대해 심과 리를 판별기준으로 삼아 조사선=선종=심, 여래선=화엄교학=리의 구도를 설정하였고,[58] 화엄의 법계관(法界觀)을 도용해 심을 이사(理事)와 사사(事事)로 구분하여 여래선은 이사무애(理事無碍), 조사선은 사사무애(事事無碍)의 단계로 비정하였다.[59] 또 마음의

57) 이종수, 2008 앞의 논문에서는 전자를 "사람마다의 법신은 전체적으로 합하면 하나(人人法身摠爲一者)"라고 해석하여 '一法身(一性)'설로 보고 대지의 "사람들마다 각각 원만하다(人人各各圓滿)"는 '多法身(多性)'설로 구분하였다.

58) 『林下錄』 권4, 「佛像點眼法語」(『한국불교전서』 10, 274~275쪽). 한편 高橋亨, 1929 『李朝佛教』, 659~660쪽에서는 여래선은 개개 사물이 全眞임을 뜻하는 것, 조사선은 화엄의 '一卽多'와 같은 '現象卽實在'를 설한 것으로 파악하였다.

59) 『임하록』 권3, 「心性論序」(『한국불교전서』 10, 262~263쪽)에서 유일은 理와 事에 통하지 못하였음을 자책하였는데 그는 事事無碍의 입장에 서 있었다.

본성과 작용 두 측면을 모두 윤회의 주체로 보았는데, "마음의 본성인 진지(眞知)의 성(性)과 마음의 작용인 식심(識心)은 불일불이(不一不二)의 관계이며 사후에 몸은 없어져도 진성과 함께 심의 작용 또한 없어지지 않으며 심이 식으로 전환되어 유전한다"는 유식학(唯識學)적 논리를 개진하였다.[60)]

한편 조선후기 불교의 심성 논의에서는 리의 본원적 가치를 인정하는 의견이 다수 제기되었다. 앞서 소개한 것처럼 인악 의첨은 일심이 만법의 근원이므로 각각의 법[현상/개체]마다 일심을 갖추고 있으며 몸을 주관하는 심과 유학의 리는 불가분의 관계임을 주장하였다. 또 불교에서는 이기(理氣)를 말하지 않고 오로지 마음만을 말한다고 하면서도 유학의 이기심성론을 차용하여 "사람과 물(物)이 같은 성(性)을 얻었지만 본연(本然)과 기품(氣稟)의 차이가 있다"고 보았다.[61)] 이처럼 심과 리, 성과 리의 불가분성을 통해 조선후기 불교의 심성 이해는 성리학적 인식에 상당히 근접해 가는 모습을 보인다.

2. 조선후기 불교의 수행론과 심성 논쟁

『불씨잡변』에서는 유교의 수행론이 "만물의 이치가 마음에 갖추어져 있음을 알고 그 이치를 따라 행하여 어긋남이 없다"는 '지행(知行)' 임에 비해 불교의 '오수(悟修)' 는 "마음이 본래 비어 있어 한 가지도 없음을

60) 『임하록』 권4, 「上韓綾州必壽長書」(『한국불교전서』 10, 281~282쪽). 이후 백파 긍선도 肉團心은 몸과 함께 사라지지만 堅實心은 불생불멸의 眞明이라고 하여 심 본체의 영속성을 주장하였다. 종밀의 『도서』에 의하면 견실심은 견고하고 진실한 진심이며 육단심은 意根이 의탁한 것인데, 앞서 『顯正論』(『한국불교전서』 7, 221쪽)에서는 육단심을 魂魄의 精氣, 견실심을 眞明이라고 규정하였다.

61) 『仁嶽集』 권3, 「答訥村書」(『한국불교전서』 10, 416~417쪽).

깨닫고 만물을 끊어 마음에 걸림이 없도록 하는 것" 이라고 정의하였다.[62] 불교가 허무공적한 가르침임을 비판하기 위한 논지이지만 불교 수행론의 핵심인 오(悟)와 수(修)를 적시한 것이었다. '즉심견성(卽心見性)' 을 위한 불교의 수행론 중 대표적인 것은 종밀이 주창한 '돈오점수(頓悟漸修)' 론이다.[63] 돈오점수는 지눌의 수행론에서도 수용되었고 조선후기에도 계승되었는데 이력과정 사집과에 포함된 종밀의 『도서』와 지눌의 『절요』에 그 요체가 명시되어 있다. 휴정 이후 조선후기 불교는 선교겸수의 방향으로 전개되었고 돈오점수는 선교겸수와 표리 관계에 있는 수행론이었다. 유정이 쓴 『선가귀감』 발문에는 선과 교가 뒤섞여 있던 당시 정황을 다음과 같이 묘사하고 있다.

> 200년간 법이 쇠퇴하여 선과 교의 무리가 각각 상이한 견해를 가지게 되어 오교(五敎)의 위에 바로 마음을 가리켜 깨우침을 모르고 돈오한 후에 발심(發心) 수행함을 몰라서 선과 교가 뒤섞이고 옥석이 구별되지 못한다.[64]

이는 선교겸수의 방향성과 돈오 후 점수의 과정이 반드시 필요함을 역설한 것으로 대지의 『심성론』 말미에도 지눌의 「수심결(修心訣)」을 인용하여 돈오점수의 중요성을 강조하고 있다.

> 도에 들어가는 데에는 많은 문이 있지만 요체를 말하면 돈오와 점수의 두 문을 벗어나지 않는다. … 모든 성인들은 먼저 돈오한 후에 점수

62) 『佛氏雜辨』 「儒釋同異之辨」(『삼봉집』 권9, 『한국문집총간』 5, 455쪽).

63) 박해당, 1997 앞의 논문, 37쪽에 의하면 己和 또한 理는 단박에 깨달았다 해도 事는 한 번에 없애기 어려우며 수행을 일으키지 않으면 결국 證悟에 도달할 수 없다는 돈오점수론을 피력하였다고 한다.

64) 『禪家龜鑑』 「跋」(『한국불교전서』 7, 646쪽).

하며 점수로 인해 결국 증오(證悟)하지 않음이 없다.[65]

조선후기에는 상근기를 위주로 한 간화선 수행의 우위를 인정하면서도 이처럼 선교겸수와 돈오점수 수행론이 주종을 이루었다. 이러한 경향은 18세기의 연담 유일 등이 기존 사기류에 대해 평가한 내용에서도 확인할 수 있다. 유일은 "『도서』와 『절요』에 대한 사기(私記)가 옛날에는 없다가 근래에 상봉 정원이 주석을 남겼지만 미흡하였고 설암 추붕과 회암 정혜의 사기가 상세히 갖추어져 있다. 그 중에서도 회암 정혜의 것이 가장 뛰어나 제방에서 으뜸으로 삼는다"고 하여, 부휴계 회암 정혜의 『도서』 및 『절요』 해석이 가장 뛰어나다고 평가하였다.[66] 또 유일의 숙부 격인 함월 해원은 정혜가 『도서』의 뜻을 '이량(二量)'으로 해석하고 『절요』는 '이현(二玄)'을 세워 판별한 것을 들어 후학의 지남이 된다고 보았다.[67] 여기서 주목할 것은 '현량(現量)과 비량(比量)'을 뜻하는 이량이 적시된 점이다.

앞서 종밀은 선교일치의 입장에서 "경(經: 교)과 심(心: 선)의 합일을 위해서는 경전의 권위가 필요하며 따라서 현량과 비량에 더해 불언량(佛言量: 聖言量)이 요구된다"고 하였고 또 "선종에는 자심증오(自心證悟)의 현량과 체험의 비량이 다 있지만 이를 부처의 말씀인 경론에 의지해 인증해야 한다"고 주장한 바 있다.[68] 이는 선과 교의 일치를 위해 준거틀인 경전적 근거가 필요하며 현량, 비량에 불언량(경전)을 포함한 '삼량

---

65) 『心性論』(『한국불교전서』 9, 11쪽).

66) 『都序科目幷入私記』「序要私記敍」(『한국불교전서』 10, 178쪽).

67) 『禪源集都序科記』「刊集錄科解序」(『한국불교전서』 9, 528쪽). 종밀은 『都序』에서 '현량은 직접 스스로 나타나서 보는 것이고 비량은 원인으로 추측, 비유하여 헤아리는 것'이라 규정하였다(『大正藏』 48, 401a). 한편 臨濟 三玄이 아닌 二玄의 용례는 찾기 어려운데 앞의 「序要私記敍」의 내용을 보면 理智(根本智)와 事智(後得智)를 二玄으로 지칭한 것으로 추측된다.

68) 『都序』 권상1(『大正藏』 48, 401a). 이는 선교일치설을 계승한 永明 延壽의 『宗鏡錄』 권2(『大正藏』 48, 423c)에서 '比知, 現知, 約敎而知'의 3知로 나눈 것에서도 나타난다.

(三量)' 이 갖춰져야 온전한 이해가 가능하다는 논리이다. 그러나 이후 선종의 주류로 부상한 홍주종 계통에서는 일상의 작용을 중시하여 "마음이 곧 부처이며 평상심이 곧 도" 임을 내세웠고 이는 점수를 배제한 돈오주의의 입장이었다. 이 계통에서는 자기의 마음 외에 삼량을 세워서 경전의 권위에 기대거나 중생과 범부에 대비되는 부처와 성인을 상정하는 것 자체를 거부하였다.[69] 간화선을 주창한 송의 대혜 종고는 "자기의 무시시래(無始時來)의 현량은 본래부터 구족하지만 다른 생각을 일으키면 즉시 비량에 떨어진다. 비량은 외경(外境)의 장엄함에서 얻은 법이다. 하지만 현량에서 얻는 것은 기력이 조잡하고 비량 안에서 얻는 것은 기력이 약하여 둘 다 문제가 있다. 따라서 근기나 지식의 차이가 아닌 다만 분지일발(噴地一發)로 기준을 삼을 뿐이다" 라고 하여,[70] 비량을 부정하는 한편 현량 자체에도 큰 의미를 두지 않았다.

이에 비해 종밀은 마음의 본체로 '공적(空寂)의 영지(靈知)' 를 세운 하택종의 우월함을 인정하였고 당시 주류로 부상하고 있던 홍주종에 대해서는 평가절하하였다. 그는 "홍주종의 용(用)은 자성(自性)의 용이 아니라 수연(隨緣)의 용이어서 심체(心體)를 현시하지 않는다. 심체에 대해 물어 본다면 아마도 '그것은 지시할 수 없고 다만 언어와 동작 등을 통해 징험하여 불성의 존재를 추측할 수 있을 뿐' 이라고 답할 것이다. 이는 비량으로 나타낸 것이지 현량이 드러난 것이 아니다. 하지만 하택종은 심체를 그대로 지(知)라고 하여 그에 의해 마음을 현시하는데 이는 바로 현량이 드러난 것이다" 라고 하였다.[71] 즉 삼량 중 현량의 우위를 인정하고 홍주종의 '작용시성' 이 심체를 직접 드러내지 못하며 비량에 해당된다는 논리이다. 그는 또한 홍주종이 돈오문에 가깝지만 점수문을 밝히지 않아

69) 荒木見悟 저 · 심경호 역, 2000 앞의 책, 190~191쪽.

70) 『大慧法語』「示曾機宜」(『大正藏』 47, 523d).

71) 『禪門師資承襲圖』(『大日本續藏經(卍續藏經)』 110, 437d).

서 돈오점수를 강조한 하택종과는 구별된다고 보았다.[72] 지눌도 『간화결의론(看話決疑論)』에서 심체의 현시라는 관점에서 비량과 불언량을 부정하고 현량을 중시하였다.[73] 이처럼 돈오점수의 입장에 선 종밀 계통의 이해에서는 삼량 중 현량에 무게를 두었고 홍주종의 돈오주의적 경향과는 차이를 보이고 있다. 이러한 역사적 맥락에서 볼 때 정혜가 현량과 함께 비량까지 고려하여 『도서』를 해석한 것은, 돈오점수의 입장에서 다양한 선교겸수적 전통을 포괄하고 심의 체와 작용 양자를 포섭할 수 있는 논리를 모색한 것으로 이해된다.

그런데 유일은 『절요』의 해석에서 자신과 정혜 사이에 차별성이 있음을 간파하였다. 즉 돈오점수라는 틀 속에서 서로간의 해석 차이를 인지한 것인데, 그는 "『도서』와 『절요』의 대관절은 돈오점수이다. 회암(정혜)은 이를 '이지(理智)'로 판별하여 그 본의를 잃었고 '전의(全依)'에서 같지 않으므로 스승인 호암 체정의 설에 따라 '사지(事智)의 현전(現前)'으로 분별한다"고 하였다.[74] 이는 돈오점수에 대해 정혜처럼 이지를 기준으로 판별하는 것은 잘못이며 사지의 현전으로 파악해야 한다는 주장이다. 여기서 이지는 완전한 근본지(根本智)를 말하며 본체론적 성격을 띠는 것임에 비해 사지는 현상 작용에서 일어나는 불완전한 후득지(後得智)의 수연(隨緣)적 측면을 말한다.[75] 이지에 비해 유일이 기준으로 삼았던 '사지(事智)의 현전(現前)'은 돈오점수 가운데 '점수'의 측면에 무게를 둔 해석이었고 수행의 방편적 측면에서 의미를 갖는 것이었다.[76]

---

72) 앞의 『선문사자승습도』(『卍續藏經』 110, 438b).

73) 인경, 2006 앞의 책, 171쪽에서는 지눌의 『看話決疑論』에서 비량과 성언량을 부정하고 현량만을 인정하였다고 보았는데 이는 간화선을 현량에 입각해 이해한 것이다.

74) 『都序科目幷入私記』「序要私記敍」(『한국불교전서』 10, 178쪽).

75) 理智는 진리를 증득하여 모든 번뇌를 여읜 청정한 지혜인 無漏智를 말하며, 事智는 有爲와 無爲의 모든 법을 대상으로 하는 世俗智인 有漏智를 뜻한다(『岩波佛教辭典(二版)』 해당 항목).

76) 『鏡巖集』「碧松社答淨土說」(『한국불교전서』 10, 452~454쪽)에서는 '業淨見佛 豈非

종밀은 절대 지(知)의 영성(靈性)을 원각(圓覺)에 적용하여 『원각경』이 이지(理智)를 종(宗)으로 삼는다고 하였고 구경적 실재인 원각은 공(空)에 치우친 것도 작용적인 것도 아니며 본각(本覺)의 이와 시각(始覺)의 지가 둘이 아닌 것을 궁극의 원각으로 삼는다고 주장하였다.[77] 또 본성에는 이미 무루(無漏)의 지성(智性)인 이지가 구족되어 있지만 그것만 믿고 체(體)에서 멀어진 망(妄)까지 진(眞)으로 인정하는 오류에 빠질 수 있음을 경계하였다.[78] 그렇기에 이(理)를 점진적으로 확인하는 방법으로 '돈신해(頓信解)'와 '점수증(漸修證)'이라는 돈오점수의 수행 방향을 제시한 것이다.[79] 이러한 입론을 기준으로 정혜와 유일의 견해를 구분하면, 전자는 본체적 관점의 이지에 입각해 해석한 것이고 후자는 방편으로서 돈오점수의 방향에 초점을 맞추어 사지의 현전을 내세운 것이 된다.

돈오점수는 선교겸수 수행론의 핵심이자 이론적 토대였다. 『능엄경』에서는 "이(理)는 돈오해야 하며 깨달음에 의해 모두 없어지지만 사(事)는 갑자기 없어지지 않으며 순서에 따라 없애야 한다"고 하여,[80] 이의 돈오와 사의 점수에 관한 경전적 근거를 제시한 바 있다. 돈오점수론을 주창한 종밀은 오해(悟解)와 수행(修行)에 대해 "원돈(圓頓)으로 오해(悟解)한다고 해도 오랜 시간에 걸친 습(習)이 성(性)으로 내재화되어 있어 한 번에 다 없애기 어렵고 반드시 수행으로 습을 없애고 본성에 계합해야 증오(證悟)에 이를 수 있다"고 하였다.[81] 이는 '해오(解悟)-점수(漸

事智現前而克就圓功'과 '一切方便 皆念佛之方便'이라 하여 염불 또한 방편으로서의 '事智의 現前'이라고 보았고 화엄과 함께 圓頓教에 위치시켰다.

77) 『圓覺經大疏』 권중4(『卍續藏經』 14, 167b); 『圓覺經大疏鈔』 권10하(『卍續藏經』 14, 438c-d). 本覺은 眞如를 깨닫는 것 그 자체이고 중생에 내재하는 깨달음의 원리이며 始覺은 깨달음을 목표로 해서 나아가는 것을 뜻한다.

78) 『圓覺經略疏鈔』 권11(『卍續藏經』 15, 209c).

79) 荒木見悟 저 · 심경호 역, 2000 앞의 책, 133~154쪽 참조.

80) 『楞嚴經』의 '理則頓悟 乘悟併銷 事不頓除 因次第盡'(荒木見悟 저 · 김석근 역, 1993 『불교와 양명학』, 서광사, 147쪽에서 재인용).

81) 『都序』 권상1(『大正藏』 48, 335d).

修)-증오(證悟)' 의 단계적 돈오점수론이었다. 선교일치적 색채가 강한 법안종의 법안 문익(法眼文益) 또한 "이는 돈속하게 밝힌다 해도 사는 반드시 점차적으로 증득하여 깨쳐야 하며 교론(敎論)을 거치지 않으면 식정(識情)을 깨기 어렵다" 고 보아[82] 종밀의 이론을 계승, 발전시켰다. 이러한 돈오점수 수행론은 지눌에게서도 확인되며 선교겸수 전통이 유지된 조선후기에도 지속되었다. 돈오점수에 대비되는 '돈오돈수(頓悟頓修)' 개념은 돈오 자체의 완전무결함을 강조하여 교학 경전의 권위나 단계적 수행의 필요성을 인정하지 않는 논리인데 조선후기 불교 전통에서 돈오돈수의 입장은 거의 보이지 않는다.

성리학의 '격물치지(格物致知)' 적 관점에서 본다면, 돈오점수의 돈오는 천리가 품부되어 있는 인성과 자연의 원리를 체득하는 것이고 점수는 사물을 통해 본연지성(本然之性)의 리를 궁구하여 그에 계합하는 당연(當然)의 수행과정으로 이해할 수 있다. 조선후기 성리학의 거두였던 송시열(宋時烈)은 본연지성의 본래적 선함보다 기질지성(氣質之性)의 제한성을 염두에 두어 기질을 변화시키는 공부에 힘쓸 것을 강조하였는데,[83] 이 또한 점수의 측면에 비중을 둔 것이다. 또 16세기에 활동한 김인후(金麟厚)는 당대에 심학(心學)의 종주로 알려진 서경덕(徐敬德)에 대해 '돈오첩경(頓悟捷徑)' 의 폐단에 빠졌다고 비판하였는데[84] 여기서 돈오첩경은 돈오돈수와 같은 맥락으로 이해된다. 이학(理學)이 심학(心學)을 압도했던 조선후기 사상계의 경향성을 고려하면, 불교의 돈오점수 수행론은 돈오돈수에 비해 시대 사조에 더 부합하는 것이었고 그만큼 비판의 소지를 줄일 수 있었던 것이다.

한편 18세기에는 선교겸수의 전통이 확립되고 화엄을 중심으로 한 교

82) 荒木見悟 저 · 심경호 역, 2000 앞의 책, 214쪽에서 法眼 文益의 『十規論』 「序」 재인용.
83) 조성산, 2007 『조선후기 낙론계 학풍의 형성과 전개』, 지식산업사, 150쪽.
84) 조성산, 2007 앞의 책, 71쪽.

학 논의가 활발히 전개되면서 주목할 만한 불교 심성 논쟁이 펼쳐졌다. 편양파 교학종장 연담 유일과 부휴계의 적전 묵암 최눌 사이에 오간 심성 대론이 그것인데, 1775년 양자의 논쟁 내용을 수록한 『심성론(心性論)』 3권이 최눌에 의해 나왔다. 그러나 10년 후인 1785년에 최눌의 법손인 화일(華日)과 경현(敬賢) 등이 쟁송을 없앤다는 이유로 구례 천은사(泉隱寺)의 암자에 있던 책을 불태워버렸다.[85] 분서(焚書)를 행한 이유는 알 수 없지만 그 내용이 교계의 분쟁을 일으킬 소지가 있거나 성리학적 가치나 시대사조에 저해되는 부분이 있어 책을 소각하였을 가능성은 있다. 논쟁의 상세한 내용은 전하지 않지만 유일이 기록한 짧은 분량의 서문이 그나마 남아 있어 논쟁 주제와 양자의 입장 차이는 유추해 볼 수 있다.

먼저 최눌은 "부처와 중생의 마음은 각각 따로 원만하며 원래부터 하나가 아니다"라는 주장을 하였고 유일은 "부처와 중생의 마음은 각각 원만하게 있지만 본래는 하나이다"라는 견해를 표명하였다.[86] 앞서 살펴본 대지의 『심성론』에서는 "사람들 각각의 법신은 결국 하나"라는 당시의 주장을 비판하며 "사람들 각각이 원만하다"는 입장을 취하였는데, 한 세기 뒤의 유일과 최눌은 중생심뿐 아니라 부처의 마음까지 대상에 넣어 각각의 원만함을 전제로 논의를 전개한 것이다. 그런데 이들 사이에는 일심의 다원성과 일원성에 대한 해석차가 존재하였다. 최눌은 부처와 중생의 마음이 각각 그 자체의 완결성을 갖추고 있기에 각 개체에 내재된 본성 자체를 중시하는 입장이었다. 반면 유일은 부처나 중생의 마음이 모두 일심의 현전이며 일심이 현상세계의 각 개체에 현현하여 각기 원만함을 이루는 것에 주안점을 두었다. 유일은 다른 글에서도 현세의 모든 것을 일

85) 최눌은 1766년부터 1775년까지 『心性論』 3권을 집필하였는데 1785년 지리산 泉隱寺의 上禪庵에서 문도 華日과 敬賢이 그 책을 불태웠다(李能和, 1918 『朝鮮佛敎通史』 하편, 896~897쪽).

86) 『林下錄』 권3, 「心性論序」(『한국불교전서』 10, 262~263쪽). 최눌은 '諸佛衆生之心 各各圓滿 未曾一箇者', 유일은 '各各圓滿者 元是一箇者'를 주장하였다.

불신(一佛身: 일심)의 현현으로 보았고,[87] 유일의 숙부격인 함월 해원의 문손 삼봉 지탁(三峰知濯)도 중생심과 제불(諸佛)의 정각심(正覺心)은 일체이며 모든 법은 별도의 자성(自性)이 없이 하나의 법성(法性)을 같이한다고 하여 부처와 중생, 법과 법성의 무차별성을 강조하였다.[88] 이처럼 부처와 중생의 마음을 일심이나 법성과 같은 하나의 원리에 의해 동질적으로 파악하는 것이 유일 계통의 공통점이었다.

그런데 유일이 쓴 서문에는 최눌이 자득(自得)한 논설이라 하였고 유일은 선성(先聖)이 모두 자신의 설과 같다고 하면서 이 논의가 법문의 대관절인데 두 사람은 시비를 가릴 수 없었다고 토로하였다. 또한 화엄의 이(理)와 사(事)에 정통하여 심성을 궁구하는 학자들에게 도움이 되기를 바란다고 끝을 맺고 있다.[89] 이에 대한 구체적 정황이나 논의 내용은 알 수 없지만 당시 화엄교학이 성행하였고 유일과 최눌 모두 이름난 화엄학자였던 만큼 화엄교학의 개념을 가지고 이들의 심성 논의를 분석해 볼 필요가 있다. 특히 화엄교학의 성기(性起)와 연기(緣起), 법계관(法界觀) 등을 기준으로 이들의 심성 논쟁을 살펴보고 이어 시대성을 염두에 두면서 당시 성리학의 논변과도 비교해 본다.

먼저 성기(性起)와 연기(緣起)의 측면에서 볼 때, 본래는 하나라는 유일의 견해는 이치와 현상의 상즉(相卽), 체와 용의 불이(不二)에 근거하여 이치로서의 불성(佛性)과 각각의 현상·개체가 일체를 이룬다는 성기론적 입장이라 할 수 있다.[90] 반면 각각 원만하며 원래부터 하나가 아니

87) 『임하록』 권4, 「佛像點眼法語」(『한국불교전서』 10, 274~275쪽). '娑婆世界都盧一佛身', 그의 법명이 有一, 자가 無二인 것도 이와 관련하여 볼 때 의미심장하다.

88) 『三峯集』 「金剛山長安寺四聖殿引燈施主祝願册序」(『한국불교전서』 10, 473~474쪽).

89) 『임하록』 권3, 「심성론서」(『한국불교전서』 10, 262~263쪽).

90) 『華嚴經』 「性起品」의 '生生自由 當果自有 他果我在' 에 대해 澄觀은 衆生마다 본래적 佛性이 있어서 衆生心이 그대로 부처라는 性起論적 의미에서 '自他交撤' 로 해석하였다. 성기론은 중생마다 불성이 스스로 존재하며 청정한 一心에서 世界가 전개된다는 논리이다. 鎌田茂雄, 1965 『中國華嚴思想史の研究』, 東京大學出版會, 565~574쪽에

라는 최눌의 입장은 현상과 개체의 상대적 관계에 중점을 둔 연기론적 사고이다. 지눌은 『원돈성불론(圓頓成佛論)』에서 현상과 불성을 구분하는 연기문의 이원론을 비판하고 부처와 중생, 이치와 현상이 다르지 않다는 성기문에 입각하여 법계연기(法界緣起)를 수용한 바 있다.[91] 다만 성기론과 연기론은 대립적 차원으로 이해할 문제는 아니며 부처와 중생의 관계처럼 '불일(不一)'과 '불이(不二)'의 이중성 및 상대성이 동시에 고려되는 상보적 개념으로서 어느 한 쪽도 배제하지 않은 채 두 측면을 동시에 파악해야 한다. 성리학에서 말하는 "리와 기가 하나이면서 둘이고[불상잡(不相雜)], 둘이면서 하나[불상리(不相離)]"의 관계 또한 이와 같은 맥락인 것이다.[92]

이어 화엄의 법계관(法界觀)을 도용해 보면, 현상에 내재된 원리의 본래적 측면을 강조한 유일과 개체 각각의 원만성을 중시한 최눌의 입장은 각각 '이사무애(理事無碍)'와 '사사무애(事事無碍)'에 해당하는 것으로 보인다. 하지만 양자 모두 "부처와 중생의 마음이 각각 원만함"을 인정하였다는 점에서 사실상 둘 다 사사무애의 단계라고 할 수 있다. 사사무애를 설명하기 위해서는 반드시 이사무애가 전제되어야 하는데 징관은 "사사무애이기 때문에 일체 중생에게 불성이 있다"고 선언한 바 있고,[93] 이는 역으로 일심(불성)이 현상과 개체에 내재되어 주객을 아우른다는 이사무애를 전제로 사사무애가 성립한다는 논리로 해석된다. 한편 지눌은 「원돈신해문(圓頓信解門)」에서 중생과 부처가 모두 '근본보광명지(根本普光明智)'를 지닌 동질적 존재라는 것을 사사무애로 해석하였고 같은

서는 성기론을 性(理)이 相(事)을 일으키는 것, 연기는 相(事)이 相에 의지하여 일어나는 상대적 관계성이라고 정의하였다.

91) 인경, 2006 앞의 책, 185~187쪽.

92) 조성산, 2007 앞의 책, 146~147쪽에 인용된 金長生의 논설에서도 이 점을 강조하고 있다.

93) 『演義鈔』 권12(『大正藏』 36, 89b).

근원에서 부처와 중생이 나왔다는 성기론적 관점을 표명한 바 있다. 원래 법장(法藏)을 대표로 하는 정통 화엄교학의 십현문(十玄門)에서는 부처와 중생을 별개의 존재로 파악하는 연기론적 관점에서 사사무애를 이해하였지만 지눌이 영향을 받았던 이통현(李通玄)은 부처와 중생의 본래적 동질성을 드러내는 성기론적 입장을 완전한 사사무애로 보았다.[94] 이 점에서 최눌은 정통 화엄교학의 연기론, 유일은 이통현과 지눌 계통의 성기론적 입장에 기반하고 있으며 모두 화엄법계관의 사사무애적 관점에서 부처와 중생의 마음을 통찰하였던 것이다.

화엄은 "개개원성(個個圓成) 시시성불(時時成佛)의 구경(究竟)적 일승교(一乘敎)를 표방하여 본래성불(本來成佛)의 일원성과 사사절대(事事絶對)의 다원성을 포섭하는 사상체계"로 평가된다.[95] 이러한 화엄적 구상을 상징적으로 보여주는 개념으로 '일즉다(一卽多) 다즉일(多卽一)'을 들 수 있다. 화엄종의 5조로 비정된 종밀은 다(多)를 뜻하는 개(個, 凡)와 일(一)에 해당되는 불(佛, 聖)의 관계를 지(智)와 지(知)로 설명하였다. 여기서 지(智)의 작용은 성인(부처)에 국한되며 이(理)와 주객 관계를 이루는 반면 지(知)의 본체는 범과 성에 통하고 이(理)와 지(智)에 통하는 근원적 영성(靈性)으로 규정되었다.[96] 유일이 정혜의 『도서』 이해를 이지(理智)라고 비판하고 사지(事智)의 현전을 강조한 사실을 고려하면, 그가 부처에 한정되는 지(智)가 아니라 중생과 부처를 아우르는 근원적 본체인 지(知)의 측면에 주목한 것으로 볼 수 있다. 최눌도 비록 부처와 중생이 근원적으로 같지 않다고 하였지만 이는 양자 사이의 우열을 말한 것이 아니라 부처와 중생을 포괄하는 개체의 현상적 완전성에 주목한 것이

94) 최연식, 2008 「知訥 禪思想의 思想史的 검토」 『東方學志』 144, 연세대 國學硏究院. 화엄교학의 오랜 전통에서 性起와 緣起는 대립적이 아닌 조화적 관점에서 추구되었다.

95) 荒木見悟 저 · 심경호 역, 2000 앞의 책, 62~76쪽.

96) 『都序』 권상2(『大正藏』 48, 404c-405a).

므로 이 또한 이지에 국한된 이해는 아니었다. 다만 유일과 최눌은 이(理)의 일원적 본래성[일심(一心)=영지(靈知)]과 사의 다원적 개체성이라는 원리와 현상의 상호관계에서 어느 쪽에 중점을 둘 것인지를 둘러싸고 차이를 보인 것이었다. 이를 성리학의 '리일분수(理一分殊)'에 적용하면, 리의 보편성과 균등성에 무게를 둔 '리일'과 현상세계 및 개체의 기질적 차별성에 중점을 둔 '분수'에 각각 대응하는 것으로 볼 수 있다.

다음은 18세기 유학의 호락논쟁(湖洛論爭)과 대비시켜 양측의 주장을 다시 검토해 보자. 이들의 논쟁은 중생심=일심=법신=불성을 전제로 하여 부처와 중생의 마음, 성인과 범인의 관계를 어떻게 규정할 것인지의 문제였다. 유일이 법신의 원리성과 본래성을 강조하는 일원적 입장에 서 있다면 최눌은 각 개체의 원만함을 중시하는 다원적 이해를 가졌다고 할 수 있다. 그런데 이들이 논쟁을 펼쳤던 당시에 성리학 측에서는 인물성동이론(人物性同異論), 성범인심동이론(聖凡人心同異論)을 중심으로 한 호락논쟁이 전개되고 있었다. 인물성동이론 등은 성즉리(性卽理), 즉 본성에 내재한 천리의 궁극성을 전제로 하되 이기(理氣)의 관계성을 다르게 인식한 것이었다.[97] 심체(心體)에 중점을 둔 낙론(洛論)은 보편적 천리를 바탕으로 한 본연지성(本然之性)을 전제로 '리통(理通)'의 관점에서 인성과 물성의 동질성, 성인과 범인의 동심(同心)을 주장하였다. 반면 기질의 영향을 받는 본성의 일면에 주목한 호론(湖論)은 '기국(氣局)'의 관점에서 인성과 물성이 다르며 성인과 범인의 마음도 같지 않다고 보았다.[98]

97) 人·物性의 同異 문제는 인간의 心性을 이해할 때 聖·凡과 人·物에 동일하게 내재된 理의 本然之性, 아니면 氣의 淸濁이 개재된 氣質之性 어느 쪽에 중점을 둘 것인가의 문제였다. 문석윤, 2006『湖洛論爭 형성과 전개』, 동과 서는 조선후기 湖洛論爭의 성립과정과 배경을 밝히고 本體論, 知覺論, 未發論, 人物性同異論 등을 분석하였고, 유봉학, 1998『조선후기 학계와 지식인』, 신구문화사는 호락논쟁이 사상계 뿐 아니라 정계의 재편으로 이어졌고 京華士族의 京學과 北學의 흥기로 귀결되었다고 보았다.

98) 조성산, 2007 앞의 책, 268~272쪽 참조. 한편 김호, 2007「정조의 俗學 비판과 正學論」『韓國史硏究』139에서는 正祖가 洛論의 本然之性의 확고함에 바탕을 두고 理氣

유일과 최눌이 논쟁한 마음(불성)의 동일성과 각각 원만한 개체의 상대적 개별성 문제는 각각 낙론과 호론의 입장 차이에 대비시킬 수 있다. 즉 부처의 마음과 중생의 마음이 근원적으로 같은가 다른가의 문제, 그리고 이(理)의 일원적 본래성과 사(事)의 다원적 개체성 간의 관계는 성범인심동이론, 인물성동이론의 주제로 환원시켜 이해할 수 있다. 유일은 궁극적 리가 본성으로 내재해 있는 마음의 전일함에 초점을 둔 낙론의 입장에 해당하며, 최눌은 각 개체의 마음에 리가 구현되었지만 기질지성(氣質之性)의 차이에 의해 개체의 차별성을 강조하는 호론에 각기 부합된다고 할 수 있다.[99] 이처럼 18세기 불교 심성 논쟁은 당시의 사상사적 과제에 대한 불교 측의 대응으로 그 의미를 부여할 수 있으며 양자의 논의를 담은 『심성론』을 문도들이 불태운 사실 또한 시대적 상황 속에서 그 이유를 유추해 볼 수 있다.

시야를 넓혀 동아시아 사상사의 흐름 속에서 18세기 조선에서 펼쳐진 불교 심성 논쟁의 의미를 추구해 보면 다음과 같다. 중국에서 화엄교학의 이론적 체계를 세운 법장은 이성(理性)을 강조하였는데 징관은 이를 심성(心性)으로 대체하였고 심의 본체이자 근본 원리로서 지(知)를 상정하여 마음의 식별 작용과 구분하였다. 이는 마음의 절대성과 자재성을 부각시켜 사물과 현상의 상즉상입을 설한 화엄 일승사상의 궁극성 및 우월성을 강조한 것으로 해석된다.[100] 하택종의 개념을 차용한 이

의 조화와 '心卽氣' 차원의 배려를 통해 호락논쟁을 회통하였으며 '心卽理'가 초래하는 가치 상대주의를 배격하였다고 평가한다.

99) 이처럼 事의 다원적 개체성을 기질지성으로 환원하여 설명하는 것에 대해, 양자가 연관되기는 하지만 기질지성이 설정된 근본 목적은 본원지성과 대조되는, 그것을 가로막는 의미가 더 큰 것이며 따라서 유일과 최눌의 의견은 洛論의 지향점을 다른 방식으로 함께 설명한 것으로 볼 수 있다는 의견도 있다. 여기서는 불교 심성 인식이 동시기 호락논쟁의 구도와 유사한 점이 있음을 지적하는데 목적이 있으며 논쟁의 성격 검토와 유불 비교는 추후 해결해야 할 과제이다.

100) 木村清孝 저 · 정병삼 역, 2005 앞의 책, 233~236쪽.

'심즉지(心卽知)' 사상은 궁극의 원리를 성(性)이 아닌 본체와 작용이 융합된 일심으로 보고 부처와 중생의 체성(體性)을 경계가 없는 것으로 규정하였다.[101] 징관을 계승한 종밀 또한 같은 입장에 서 있었는데, 당시까지 유교나 도교 측에서 도(道)나 기(氣) 외에 궁극적 실재나 근본 원리에 관한 명확한 입론을 세우지 못한 상황에서 불교의 심과 지 이해는 본원에 대한 인식론적 해명을 본격적으로 추구하였다는 점에서[102] 사상사의 흐름을 바꾸는 사건이었다. 이후 송대에 이르러 근원적 원리인 천리를 전면에 내세운 성리학이 등장하여 주도권을 넘겨주어야 했지만 불교 심성인식이 동아시아 사상사에 미친 영향은 지대한 것이었다.

성리학에서 비판의 날을 세운 주된 대상은 마음의 작용을 절대화하여 '작용이 곧 성' 임을 내세운 홍주종 계통의 주류 선종이었다.[103] 이에 비해 앞서 나온 선종의 하택종이나 징관-종밀 계통의 지는 성리학의 허령불매한 마음의 본체와 내용상 상통하는 측면이 있었다. 또 주희가 불교의 논리로는 본연지성에 궁구되어 있는 리를 체득할 수 없다고 단언하였지만 이미 화엄교학에서는 본원과 현상으로서 리와 사를 규정하고 리의 원리성과 절대성을 강조한 바 있다. 동아시아 불교 사상에 큰 영향을 미친『기신론』에서도 일심을 불변의 진여문과 수연의 생멸문으로 구조화하였고 양자가 하나가 아니고 둘도 아닌 관계라고 하여 마음의 본체와 작용, 두 가지 측면을 함께 고려하였다. 이처럼 마음에 관한 절대와 상대의 동시적이고 상보적인 결합 구도는 불교 측에서 먼저 사상적 화두로 던진 것이었다.

동아시아에서 마음의 본원에 대한 추구, 그리고 원리와 현상에 대한 분석은 불교와 성리학의 공통된 도달점이었고 심성 이해를 둘러싼 심학

101) 木村清孝 저 · 정병삼 역, 2005 앞의 책, 236~239쪽.
102) 木村清孝 저 · 정병삼 역, 2005 앞의 책, 249~259쪽.
103) 荒木見悟 저 · 심경호 역, 2000 앞의 책, 180~183쪽.

과 이학의 대립 구도가 형성되기도 하였다.[104] 조선시대에 시대담론으로서 성리학의 이기심성 논의가 활발히 펼쳐졌고 그에 대비되는 불교 심성 및 이사(理事) 논쟁이 일어난 것은 동아시아 사상사의 흐름을 통관해 볼 때 매우 상징적인 사건이라 할 수 있다. 성리학의 불교 비판이 선종의 작용 위주의 마음 이해를 주된 표적으로 삼았고 천리의 절대성을 내세워 불교의 상대주의적 입장을 배척한 사실을 고려하면, 조선후기에 일심의 본원성을 앞세운 '심즉리' 또는 '심즉지'의 구도 하에서 마음의 본성에 대한 일원적 절대성과 다원적 상대성을 불교 측에서 논의한 것은 그 자체로 중요한 사상사적 의미를 지닌다.[105] 즉 성리학의 '성즉리'를 전제로 한 본연지성의 절대성과 기질지성의 차별성 논의에 필적할 만한 불교적 논리의 개진이며 이는 또한 일심(지)과 천리의 접목 가능성을 내포한다는 점에서 시대적 가치를 가진다.

---

104) 荒目見悟 저 · 심경호 역, 2000 앞의 책, 49~56쪽에서는 心學과 理學이 상호작용을 통해 발전하면서 불교와 성리학, 양명학과 성리학의 대결 구도를 낳았으며 한편 불교 안에서도 심학과 리학을 절충한 선교일치, 선교겸수의 흐름이 나타났다고 개관하였다.

105) 조선후기 사상사에서 '심즉리'적 인식과 '성즉리'로 대변되는 절대적 가치 사이의 긴장과 교감에 대한 본격적 논의가 필요한 실정이다. 이 점에서 陽明學과 老佛의 상대주의적 관점을 포착한 심경호의 논문(2005「조선후기 지성사에서 상대주의적 관점의 대두에 대하여」『民族文化』28, 민족문화추진회)과 길러진 본성을 비판하고 욕망이 대두하면서 성즉리에 균열이 발생한 것이 조선후기적 조건이라고 본 김호의 연구(2007「'조선후기적 조건'의 탄생과 性卽理의 균열」『人文科學硏究』12, 가톨릭대 인문과학연구소)가 주목된다. 마음의 지각작용과 본체에 대한 논의는 智와 知를 매개로 유불 양측에서 대론할 만한 주제이다.

3장

불교의 시대적 변용과 전통 인식

1. 유교사회와 불교의 공존 모색
2. 불교 전통의 집성과 역사인식

〈『부모은중경』 여래정례〉

1. 유교사회와 불교의 공존 모색

조선후기 불교는 유교사회에서 존립하기 위한 현실적 모색을 해야 했는데 그것은 충효(忠孝)와 같은 윤리와 성리학적 명분을 적극 수용하는 모습으로 나타났다. 또한 성리학적 가치에 입각한 사상과 이념을 받아들이고 불교의 역할을 강조하면서 공존을 추구하게 되었다. 불교가 시대 조류에 부응하며 변화된 구체적 양상을 몇 가지 지적하면 다음과 같다. 먼저 승려들이 성리학의 기본 소양을 익혀 유학에 대한 이해를 높였고 유학의 독서순서와 매우 유사한 체제를 가진 승려 교육과정을 확립하였다. 유학과의 접변은 승려 문집이 기존의 어록(語錄) 형식을 탈피하여 유학자 문집과 동일한 구성과 체제를 갖춘 것에서도 나타난다. 또한 문중(門中)이 강조되고 동족(同族)이 중시된 시기에 계파와 문파가 형성되었고, 사제 관계 및 상속 대상을 정할 때 『주자가례(朱子家禮)』와 같은 세속 예법의 룰을 적용하여 의례를 규정한 점도 주목할 필요가 있다. 이처럼 조선후기 불교는 윤리와 이념 외에도 교육, 조직, 의례 등에서 시대와의 공존을 추구하였고 역사인식 등 내용 면에서 시대적 변용이 이루어졌다.

불교가 유교사회에서 존립을 모색할 때 가장 필수적으로 요구된 것은 윤리적 문제, 특히 충효의 실현이었다. 무엇보다도 군주와 국가를 위한 충의의 실천을 가시적으로 보여줄 필요가 있었는데 임진왜란 때의 승군 활동은 충의를 입증하고 공적을 세울 수 있는 중요한 계기가 되었다. 또한 전쟁으로 인한 무주고혼(無主孤魂)의 위령을 불교가 담당하였고 법회와 기도를 통해 국왕과 왕실의 장수와 안녕을 빌고 나아가 국가와 민의 안정을 기원하였다.[106] 당시 세상을 구하기 위해 총림을 움직인 자부심이 표명되었고,[107] "불법은 악인을 위해 만들어진 형법과는 달리 일가를 권면하여 착한 일을 하게 하고 일향(一鄕)과 천하국가에까지 미쳐서 삼대(三代)의 정치를 재현하게 하는 것"이라거나 '제세안민(濟世安民)'과 '복민우세(福民佑世)'의 공효를 자임하기도 하였다.[108] 불교의 승군 활동과 충의의 실현은 임진왜란 당시부터 조야의 인정를 받았는데, 후대인 18세기에도 "불교를 가지고 일본을 심복시킨 이익이 국가에 백여 년간 미쳤다"고 평가되었고, 군부(君父)의 난(亂)에서 전쟁과 화평에 공을 이룬 업적이 칭송되었다.[109] 이처럼 국난을 맞아 충의를 발현한 승군의 공

---

106) 伊吹敦 저 · 최연식 역, 2005 앞의 책, 146~ 147쪽과 212~213쪽에 의하면 중국에서는 국가불교적 성격이 강화된 송대에 황제의 장수와 국가의 안녕을 기원하는 祝聖上堂과 '今上皇帝聖壽無疆' 등을 기원하는 三牌가 본존불 앞에 놓였으며 원대에 이러한 경향이 더욱 심화되었다고 한다. 조선후기에는 대개 '主上殿下壽萬歲 王妃殿下壽齊年 世子邸下壽千秋'의 삼패를 세웠다.

107) 『靑梅集』 권하, 「爲松雲大師疏」; 「松雲大士祭文」; 「跋」(『한국불교전서』 8, 152쪽; 155~156쪽).

108) 『奇巖集』 권3, 「表訓寺海會堂勸善文」; 「長安寺重創勸善文」; 「金剛山長安寺法堂造成勸善文」(『한국불교전서』 8, 176쪽; 179쪽; 181쪽).

109) 『奮忠紓難錄』 附錄, 「表忠祠記」; 「跋」(『한국불교전서』 8, 107~108쪽; 110쪽). 국가의 위기 상황에서 승려들이 士大夫보다 더 큰 공적을 세운 사실이 높이 평가되고 있다.

적은 불교에 대한 기존의 인식을 바꾸고 그 위상을 높이는 계기가 되었고,[110] 조선후기 불교 존립의 결정적 요인으로 작용하였다. 영조대에는 밀양 표충사(表忠祠)의 공식 향사가 이루어졌으며 정조는 '근왕(勤王)'을 위해 궐기한 휴정, 유정 등의 충의를 기려 대둔사(大芚寺) 표충사, 묘향산 수충사(酬忠祠)의 사액과 향사를 허락하기도 하였다.[111]

1636년에 발발한 병자호란은 명청 교체와 함께 화이론적 국제 질서의 변동 과정에서 일어난 사건으로 조선은 형세의 불리함에도 불구하고 명분을 택하였고 인조는 청 태종 앞에서 굴욕적인 항복을 해야 했다. 조선은 공식적으로는 청을 중화의 황제국으로 받들었지만 내부적으로는 명의 숭정(崇禎) 연호를 쓰는 등 의리와 존주(尊周)의 명분을 강화해 나갔고 이를 통해 상처받은 자존심의 회복과 민심 결속을 도모하였다.[112] 불교계도 중국 임제종의 정통 계승을 표방한 법통을 정립하였고 승려들도 개인적으로 존명(尊明)과 의리를 강조하는 등 시대사조에 부합하는 모습을 보였다. 18세기의 연담 유일은 승려임에도 춘추대의(春秋大義)와 존주론, 명에 대한 '재조지은(再造之恩)'을 강조하였고 '숭정연호(崇禎年號)·대명일월(大明日月)·중원사직(中原社稷)·동국춘추(東國春秋)·화양(華陽)' 등의 단어가 들어간 시를 통해 중화 정통론과 그 계승 의지를 적극 표명하였다.[113] 유학자가 쓴 유일의 문집 서문에는 "불교의 가르침은 군주와 어버이를 저버리고 인의(仁義)를 멀리함을 도로 삼으며 관심견성(觀心見性)할 뿐인데 유일은 공적(空寂)의 계(戒)에 초탈하면서도 존

110) 金龍泰, 2000「朝鮮中期 佛教界의 변화와 '西山系'의 대두」『韓國史論』44, 서울대 國史學科.

111) 김용태, 2007「조선후기 大芚寺의 表忠祠 건립과 '宗院' 표명」『普照思想』27.

112) 鄭玉子, 1988「17세기 思想界의 再編과 禮論」『韓國文化』10, 서울대 韓國文化硏究所.

113)『林下錄』권1,「次謝元日送曆扇」;「上棠營」(『한국불교전서』10, 224쪽; 230쪽). '記得崇禎紀年號 大明日月尙照然 山僧亦有彛倫在'과 '中原社稷歸無主 東國春秋講有人 風雨勿磨華陽石 我皇手澤萬年新'. 여기서 崇禎紀年, 大明日月, 華陽石은 宋時烈이 華陽洞에 쓴 '大明天地 崇禎日月'에서 비롯된 것이다.

양(尊攘)의 의(義)를 중시하고 도의(道義)의 문 밖에 서지 않았다"고 평가하였다.[114] 조선 초부터 불교가 중화의 도가 아닌 오랑캐의 교라고 비판 받아온 사실을 상기하면, 조선후기 불교는 국가의 안정과 국왕권 수호를 기원하고 헌신하였으며 중화를 강조하는 성리학적 명분에도 적극 동참하여 유교사회의 시대성에 부합하였던 것이다.

한편 효는 『부모은중경(父母恩重經)』이 중국에서 일찍이 만들어진 것에서 알 수 있듯이 불교가 동아시아에 정착하기 위해 필수적으로 요청되었던 윤리적 덕목이었다. 조선후기에는 부모의 봉양이나 제사 등 효의 실천을 중시한 승려의 모습을 쉽게 찾아볼 수 있다. 18세기의 용담 조관(龍潭慥冠)은 "효를 행하지 않으면 불도를 이룰 수 없음이 경전에 명시되어 있다"고까지 하였고,[115] 월하 계오(月荷戒悟)는 출가 후에도 사찰 인근에 모친을 모셔서 "비록 이름은 승려지만 행동은 유자(儒者)"라고 평가되었다.[116] 19세기의 백파 긍선은 어려서 불교 전적에 접하고는 "일족(一族)이 왕생하는 것은 자식으로서 진효(眞孝)를 다하는 것"이라 여기고 출가하였다. 그는 출가 후에도 부모를 봉양하였고 나아가 조상의 효행을 기리기 위해 홍석주(洪錫周), 홍현주(洪顯周), 기정진(奇正鎭) 등의 일류 명사들에게 부탁해 『송계효행록(松溪孝行錄)』을 편찬하기도 하였다.[117] 한편 정조도 불교를 통해 아버지 사도세자(思悼世子)에 대한 통념을 달래고 내세의 안녕을 기원하였는데, 1789년 사도세자의 묘를 화성(華城)으로 옮겨 현륭원(顯隆園)을 세우면서 1790년에 능침사격인 용주사(龍珠寺)

114) 『林下錄』「林下錄序」(『한국불교전서』 10, 213~214쪽). 弘文館 修撰 安築이 쓴 서문이다.

115) 『龍潭集』「贈森頭陀之歸」(『한국불교전서』 9, 683쪽). '非孝不能佛道成 此言經册上分明'.

116) 『伽山藁』「月荷大和尙行狀」(『한국불교전서』 10, 794쪽).

117) 『少林通方正眼』「行狀」(『한국불교전서』 10, 651~653쪽); 高橋亨, 1929 『李朝佛教』, 805~810쪽 참조.

를 창건하였다. 이때 정조가 친히 「기복게(祈福揭)」를 지었고 『부모은중경』을 대대적으로 간행하여 효심을 발양, 실천하였다.[118)]

이처럼 조선후기 승려들은 유교의 윤리와 가치에 적극 동조하였으며, 유명한 학승의 경우 성리학에 대한 기본 소양을 대개 갖추고 있었다.[119)] 청허 휴정은 당시 승려들이 유가의 시구(詩句)만 암송한다고 비판하면서도,[120)] 불교와 유교, 도교의 요체를 정리한 『삼가귀감(三家龜鑑)』을 저술하는 등 유학에 대한 깊은 이해를 가졌다. 18세기의 인악 의첨은 10대에 용연사(龍淵寺)에서 유학을 공부하다가 승려들의 수행 모습에 감동하여 출가하였는데 이후 '심유적불자(心儒跡佛者)'로 평가되는 등 유교적 가치를 중시하였다.[121)]

하지만 불교의 독자성 인식과 유학자들에 대한 비판의식까지 사라진 것은 아니었다. 일부 유학자들의 그릇된 학문 자세를 비판하거나 불교의 사상적 가치를 일깨우는 글들도 확인된다. 유학자보다 더 명분을 더 중시한 승려로 인정받았던 연담 유일 또한 불교에 대한 자부심을 표명하면서 유불의 공존을 추구하였다. 그는 "유자들이 구구한 과거업(科擧業)에 몰두하여 공맹(孔孟)의 진수를 버리고 문장의 말단에만 치우쳐 실천궁행

118) 南希叔, 2004 「朝鮮後期 佛書刊行 硏究-眞言集과 佛敎儀式集을 中心으로」, 서울대 國史學科 博士學位論文. 嶺南의 교학 종장인 仁嶽 義沾이 창건 당시 證師를 맡아서 「佛服藏願文慶讚疏」와 「龍珠寺祭神將文」을 지었고 정조가 弘濟의 호를 하사하였다. 용주사가 八道五糾正所의 하나로 지정되고 주지는 都僧統으로 남·북한산성 총섭을 겸임하였으며 용주사 승도는 국왕의 친위부대인 壯勇營 外營에 편입된 것을 보면, 국왕권 강화와 밀접한 관련이 있었음을 알 수 있다.

119) 浮休 善修와 四溟 惟政은 盧守愼에게 직접 유학과 詩를 배웠고 19세기의 兒庵 慧藏은 丁若鏞에게 『周易』과 『論語』를 수학하였다. 조선후기 승려 문집에서 사대부와의 교류 사례나 유학에 대한 지식이 깊음은 쉽게 확인할 수 있다.

120) 淸虛休靜, 「禪家龜鑑序」 『三家龜鑑』(『한국불교전서』 7, 625쪽). 이는 『禪家龜鑑』을 찬술하게 된 주요 동기였다.

121) 『仁嶽集』 권3, 「仁嶽和上行狀」; 洪直弼, 「題仁嶽遺稿卷首」(『한국불교전서』 10, 422~423쪽; 400쪽).

의 공부가 부족하다"고 하여 명리(名利)에 치우친 유학자들의 세태와 잘못된 공부 방식에 비판을 가하였다.[122] 같은 시대의 홍계희(洪啓禧, 1703~1771)는 "(불교에서는) 학도 100여 명이 각기 경전을 들고 가르침을 청하며 경전마다 그에 통달한 승려가 있어 옆에서 연설하였다. 서로 물어서 심오한 뜻을 깨우치니 의식과 법도가 볼만 하였다"고 기술하면서 "이는 우리 유가에는 있지 않은 것이다. 정부자(程夫子)가 삼대(三代)의 위의(威儀)가 여기에 있다고 한 마음이 바로 이것이구나"라고 통탄하였는데,[123] 이러한 문제의식은 유일의 비판 내용과 일맥상통한다. 나아가 유일은 유불의 도가 근본에서 일치함을 전제로 성리학이 나올 수 있었던 사상적 토대를 불교가 제공하였음을 다음과 같이 지적하고 있다.[124]

> 당송대는 물론 원명대에도 부처의 무리를 칭하는 사람들이 많았고 불교서적도 대부분 소장하고 있었다. 주돈이(周敦頤), 장재(張載), 정호(程顥), 정이(程頤) 등도 불교와 유학이 근본에서 같음을 알아서 불교의 설을 탐구하지 않음이 없었고 승려에게 이(理)와 자성(自性)의 뜻을 물어 통하였다. 또 주희(朱熹)가 대혜 종고(大慧宗杲)의 가르침을 통해 심법(心法)의 요체를 깨달았음을 전기에서 확인할 수 있다. 주희의 시를 보면 그가 불교에서 얻은 것이 적지 않은데 어찌 조선의 유자들은 하나같이 불교를 허무하다고 비판하는가?

이는 송대 성리학자들이 이기와 심성 개념을 창안할 때 불교 이론에서 영향을 받았음에도, 조선의 유학자들은 역사적 사실에 대한 자각과 불교

122) 『林下錄』 권3, 「贈梁秀才寶龜序」(『한국불교전서』 10, 263쪽).
123) 『龍潭集』 「書龍潭集」(『한국불교전서』 9, 677~678쪽). 洪啓禧가 南原 波根寺에서 본 龍潭 造冠의 開堂 說經 광경을 회고하며 서술한 내용이다.
124) 『임하록』 권4, 「上韓綾州必壽長書」(『한국불교전서』 10, 280~283쪽).

에 대한 기본적 이해 없이 단순히 허무공적하다는 비판을 일삼아 왔다는 지적이다. 또한 유일은 유학자들이 불교의 인과(因果)설에 대해 비난하지만 유학 경전에도 비슷한 개념이 있다고 하면서 성리학의 이기(理氣)설에서 기품의 청탁(淸濁)을 논할 때 인과설 외에 과연 어떤 근거가 있는지를 되물었다. 즉 유학에서 말하는 것처럼 만일 천명자연(天命自然)에 의해 사람의 지우선악(智愚善惡)이 차등적으로 주어진다면 이는 천명이 균등하지 못한 것이며, 그보다는 불교에서 말하는 전습(前習)의 인연에서 원인을 찾는 것이 훨씬 설득력 있다는 논리이다. 이와 함께 극락(極樂)이 없다는 것을 증명하지 못하면서 보이지 않는다는 이유로 부정하는 것은 논리성을 결여한 주장이라고 비판하였다. 덧붙여 왕생(往生)은 불교를 믿고 염불에만 전념한다고 되는 것은 아니며 세간에서 착한 일을 행한 이들도 갈 수 있다고 하였고 만일 천당(天堂)이 없다고 하면 그만이지만 있다고 하면 그것은 군자가 오르는 곳이며 자신의 잘못을 깨달아[능돈(能頓)], 진성(眞性)이 홀로 드러나는 경지라고 설명하였다.[125] 7세기 당의 선도(善導) 이후 정토교(淨土敎)에서 임종 직전의 칭명염불(稱名念佛)을 통해 범부나 악인 모두 구제가 가능하다는 '악인왕생설(惡人往生說)'이 대세가 되었던 것과 비교하면,[126] 상당히 큰 관념상의 변화를 감지할 수 있다. 이는 불교 신앙에 국한하지 않고 세속적인 선행과 도덕의 기준을 추가한 것으로서 성리학 사회의 상식을 반영하면서 공존의 길을 추구한 '시대적 변용'의 한 사례로 볼 수 있다.

17세기 전반에 정비된 승려 교육과정의 구성과 내용에서도 유교사회의 시대적 영향을 확인할 수 있다. 『논어(論語)』, 『맹자(孟子)』 등의 사서

125) 『임하록』 권4, 「상한능주필수장서」(『한국불교전서』 10, 280~283쪽). 인악 의첨도 『仁嶽集』 권3, 「答訥村書」(『한국불교전서』 10, 416~417쪽)에서 천당, 지옥을 보지 못했다고 해서 없다고는 할 수 없다고 서술하였다.

126) 末木文美士, 2006 『思想としての佛教入門』, 東京 Trans view, 152~155쪽.

(四書)를 언해(諺解)하고 성리학 학습의 방향을 제시했던 이이(李珥)는 공부의 순서를 다음과 같이 정리하였다. 즉 『소학(小學)』에 이어 사서오경(四書五經)을 배우고 『근사록(近思錄)』과 『심경(心經)』 등 성리학 서적을 읽은 후 역사서를 보는 방식이었다.[127] 이이는 『격몽요결(擊蒙要訣)』「독서장(讀書章)」에서 "오서(五書), 오경(五經)은 리회(理會)와 의리(義理)를 얻는 것이고 성리학 서적은 의리가 심(心)에 항상 젖어들게 만드는 것이며 역사서는 고금의 사변(事變)에 통달하여 식견을 기르는 것" 이라고 설명하였다. 그런데 승려 교육과정인 이력과정에 대한 영월 청학(詠月淸學)의 해설을 보면, "사교(四教)는 경전을 통해 이치를 깨닫는 것이고 사집(四集)은 점수(漸修)와 참구(參句)를 통해 마음의 깨우침을 제시한 것이다. 그리고 (대교과의) 『전등록(傳燈錄)』과 『염송(拈頌)』은 조사풍(祖師風)을 배워 올바른 수행방향을 알도록 한 것" 이라고 규정하고 있다.[128] 사집과와 사교과의 차례가 바뀌기는 했지만 이는 이치[理]-마음[心]-조사풍 이해[史]의 순차적 구조로서 이이의 리[理]-심[心]-사[事: 史]의 순서와 정확히 일치한다. 또 당시 문과(文科)의 초시(初試) 종장(終場)에서 '사경교의(四經教義)' 와 '사서의심(四書疑心)' 을 시험 본 것을 고려하면 사교와 사집의 명칭이나 구성이 성리학 공부 방식과 시대적 배경에서 영향을 받아 성립된 것으로 볼 수 있다.

마지막으로 시대 변화에 맞는 불교 의례와 관념의 변용이나 접목이 이루어진 사실을 살펴본다. 불교의 내세관과 그에 따른 상장례(喪葬禮)는 유교와 대척점에 서 있는 불교의 특색이 가장 잘 드러난 영역이었다. 불교식 관습을 준용해 온 왕실 제례와 사대부를 중심으로 한 성리학적 의

127) 韓永愚, 1980「16세기 士林의 歷史敍述과 歷史認識」『東洋學』10, 檀國大 東洋學研究所, 171~173쪽; 金恒洙, 1981「16세기 士林의 性理學 理解-書籍의 刊行·編纂을 중심으로」『韓國史論』7, 서울대 國史學科 참조.

128)『詠月堂大師文集』「四集四教傳燈拈頌華嚴」(『한국불교전서』8, 234~235쪽).

례 사이의 갈등과 그를 둘러싼 논란은 국초부터 제기되었다. 국가의례 등 공적 영역에서는 철저히 유교식 의례가 준수되었지만 사십구재(四十九齋)를 비롯해 사후(死後)의 명복을 비는 개인적 영역의 불교식 의례와 내세관은 쉽게 바뀌지 않았다. 그러나 조선후기인 17세기 이후에는 사회 전체에 부계(父系) 종법(宗法)을 위주로 한 친족 관계와 인식이 정착되고 성리학적 예제가 일반민에까지 확산되면서 불교 의례의 지분은 크게 축소되었다. 특히 양란을 겪은 17세기 전반에는 정치나 사상 뿐 아니라 사회적으로도 성리학적 질서가 보다 공고화되는 양상이 나타났는데 이 시기에 불교 측에서도 시대 흐름에 조응하는 중요한 변화가 생겨났다. 즉 17세기 중반 무렵 불교 상례집(喪禮集)과 의례집이 새로 편찬, 간행되었는데 그 내용이 당시의 변모된 시대상을 반영하고 있어 주목된다. 현실적으로는 승군 활동 이후 불교계가 조직화되고 법맥 계승을 기준으로 한 문파가 형성되면서 문파나 사찰별로 인적 자원과 경제적 토대를 안정적으로 승계할 수 있는 구조와 제도적 장치가 필요했던 것이다.

이를 반영하여 부휴계 벽암 각성(碧巖覺性)의 『석문상의초(釋門喪儀抄)』와 그 제자 나암 진일(懶庵眞一)의 『석문가례초(釋門家禮抄)』, 사명파 허백 명조(虛白明照)의 『승가예의문(僧家禮儀文)』이 17세기 중반 무렵에 편찬되었다. 각성과 명조는 팔도도총섭과 같은 고위직을 역임하였고 해당 계파와 문파를 대표하는 고승이었다. 따라서 전란 후 교단 정비와 문파의 유지를 위해 의례 규정을 새롭게 정비할 필요에서 책을 간행했던 것이다. 이들 의례집의 편찬 취지와 내용을 살펴보면 이전과 다른 시대적 변화상을 읽을 수 있는데, 각성이 쓴 『석문상의초』 서문에는 책 간행의 배경과 이유에 대해 다음과 같이 설명하고 있다.

흉례(凶禮)가 중요함에도 동국(東國)에는 불가(佛家)의 상의(喪儀)에 대한 근본이 없고 현재 시행되고 있는 것은 규범에 잘 맞지 않는다. 따라서 최근에 얻은 『선원청규(禪院淸規)』 등의 상례의에 의거하는데 중국의 법이 동방의 예와 맞지 않으므로 알맞게 요점만 간추린다.[129]

불교 상례를 변화된 현실에 맞게 새로 규정할 필요가 있으며 『선원청규』와 같은 중국식 규정이 조선의 실정과 맞지 않으므로 적합한 내용만을 발췌하여 책을 낸다는 요지이다. 한편 『석문가례초』의 매곡 경일(梅谷敬一)이 쓴 발문에는 조선의 예법과 관련하여, "속례인 『주자가례(朱子家禮)』를 취해 『선원청규』 등에 빠져 있는 내용을 보충하고 그 절요를 간추린다" 고 적시하고 있다.[130] 즉 전통적 불교 상례가 조선의 현실에 부합하지 않으므로 당시 예학의 준거 틀이 되었던 『주자가례』의 내용을 참조한다는 것이다. 조선 초에 상총(尙聰)이 중국에서 새로 들어온 불교 작법이 아닌 지눌의 수선사(修禪社) 전통의 회복을 주장한 사실을 떠올리면,[131] 고려 말에 수용된 중국식 작법의례가 300여 년이 지나 변화된 현실에 맞지 않게 되었고 이를 다시 고치고 추가할 필요성이 생겼음을 알 수 있다. 17세기 중반에 나온 이들 불교 의례집에서 새로운 시대상을 담아 추가된 대표적인 내용은 바로 오복제(五服制)의 수용이었다.[132] 오복

129) 『釋門喪儀抄』 「釋門喪儀抄序」(『한국불교전서』 8, 237쪽). 각성의 이 서문은 1636년에 지어졌고 책은 1657년(효종 8) 白谷 處能에 의해 澄光寺에서 간행되었다.

130) 『釋門家禮抄』 「釋門家禮抄跋」(『한국불교전서』 8, 288쪽). 梅谷 敬一의 서문은 1659년에 작성되었고 책은 1660년(현종 1)에 通度寺에서 간행되었다.

131) 『太祖實錄』 권14, 태조 7년 5월 13일(기미). 尙聰이 올린 상소에서는 중국의 법 규정 대신 修禪社의 『曹溪淸規』를 사용할 것을 주장하였는데 고려말에는 중국의 『禪院淸規』와 太古 普愚가 도입한 『緇門警訓』 류의 영향이 컸던 것 같다. 한편 17세기에 東國의 典據가 없고 『선원청규』를 근래에 얻었다고 한 것은 조선전기 불교가 가진 자료적 단절성의 일면을 보여준다.

132) 『禪院淸規』에는 각종 佛家儀式과 규칙이 정리되어 있지만 五服制 내용은 확인되지 않으며 당시 불교 의례집 내용에서도 오복제 이외에는 모두 불교적 의식을 다룬 것이다. 오복제가 『朱子家禮』에만 있는 것은 아니지만 의례집에 이것이 기록된 것은 당시 『주자가례』와 예학의 토착화를 반영한 것으로 볼 수 있다.

제는 친족의 상을 당했을 때 관계의 친소에 따라 상복(喪服)을 입는 기간을 다르게 규정한 것으로서 친족관계의 룰을 보여주는 척도였다. 17세기에 들어 조선사회는 부계와 모계를 동등하게 취급하는 '양측적(兩側的) 친속관계'에서 '동고조팔촌(同高祖八寸)'과 같은 부계 혈연 중심의 친족관계와 관념으로 급속히 전환되었다. 이를 반영하여 종법적 친족제도와 관념을 규율하는 가례서(家禮書)가 다수 간행되고 예학(禮學)에 대한 논의도 활발히 일어났다.[133] 그런데 당시 부계 중심의 친족관념 및 예제의 가장 중요한 전거 틀이 되었던 것이 바로 『주자가례』였고 불교의 의례집에, 특히 상례와 관련된 내용이 그대로 반영된 것이다.

구체적으로는 『석문상의초』와 『석문가례초』에 「승오복도(僧五服圖)」, 「본종오복지도(本宗五服之圖)」, 「촌수도(寸數圖)」가 수록되었고 『승가예의문』에는 오복 중 시마(緦麻)를 제외한 사복(四服)만으로 상복의 기준을 정한 「승상복도(僧喪服圖)」가 실렸다. 이들의 내용에서 특징적인 것은 세속의 족친과 문파 내의 사제를 함께 넣어 각각의 가깝고 먼 관계를 규정한 점이다. 우선 상례를 중심으로 한 불교 의례집의 편찬 배경을 살펴보면, 양란으로 인해 사찰의 경제적 피해가 컸고 중창에 많은 재력이 필요했던 상황에서 사회의 동족 문중(門中) 조직과 유사한 동일 법맥의 문파가 형성되면서 강한 공동체 의식과 현실적 구속력을 가지게 되었고 재정 기반의 확충과 승계가 요구되었다. 이와 함께 17세기 전반에는 사찰의 공용 재산 외에 승려가 개인적으로 소유할 수 있는 사유 전답이 조성되었고 문도에게 토지가 상속되는 일이 빈번히 일어났다.[134] 이는 문파와 사찰을 유지하는 데 필요한 경제적 기반의 확대를 의미하는데, 1657

133) 高英津, 1995 『조선중기 예학사상사』, 한길사; 李鍾書, 2003 「14~16세기 韓國의 親族用語와 日常 親族關係」, 서울대 국사학과 박사학위논문에서 이 시기 禮學의 의미와 친족관계 및 인식의 변화를 볼 수 있다.

134) 金甲周, 1983 「朝鮮後期 僧侶의 私有田畓」 『朝鮮時代 寺院經濟研究』, 同和出版, 138~158쪽 참조.

년(효종 8)에는 승려 사유 전답이 상좌나 사찰에 귀속되는 것을 막는 금지 조치가 내려졌지만 1674년(현종 15)에는 현실을 반영하여 불가의 상좌와 세속의 4촌 이상 족친이 절반씩 상속받는 것으로 개정되었다.[135] 이는 승려 사유 전답의 존재와 상속을 국가에서 용인해 준 것이었는데 상속과 재산권 분배를 둘러싼 분란을 피하기 위해, 당시의 일반 룰인 오복제를 적용하여 승속(僧俗)의 상속 대상을 함께 규정한 의례집이 출현하게 된 것이다.

사제 간의 상속은 관행으로 정착되어 조선말까지 지속되었는데, 1916년에 "은사(恩師)와 도제(徒弟)는 민법상 친족관계가 아니지만 스승 사후 제자에게 유산하는 상속 관습이 있으면 그에 따르라"는 행정 지침이 내려지기도 하였다.[136] 스승의 법맥을 계승한 제자는 재산도 이어받을 수 있었고 대신 스승의 상을 부모에 준하는 3년으로 치렀으며 기제(忌祭)를 비롯한 여러 추숭 사업의 의무를 다해야 했다. 즉 세속의 장남을 위주로 한 부계 상속 및 친족 관계와 동일한 규정력을 가졌던 것이다. 조선후기에 부계 중심의 친족 관념과 예제가 일반화되면서 불교 또한 시대의 영향을 크게 받았는데, 족보 편찬과 위조가 성행하였던 19세기에는 승려의 「승족보(僧族譜)」가 등장하기도 하였다. 20세기 초에 조선 승려 법류(法類)의 친소 관계를 규정한 「사찰령(寺刹令)」의 내용을 보면 직계 사제는 1촌, 법형제는 2촌으로서 일반 친족의 촌수와 같았으며 동문 승려들은 세속의 9족(族) 5등친(等親)과 동일한 관계로 규정되었다.[137]

135) 『新補受教輯錄』「戶典雜令」(김갑주, 1983 앞의 책, 154~157쪽).

136) 「僧侶民籍에 關한 件」(政務總監通牒184)(李能和, 1918 『朝鮮佛教通史』 하편, 1181~1184쪽).

137) 「朝鮮僧侶法類의 範圍」(總督府 官報) (이능화, 1918 앞의 책, 하편 1130~1132쪽). 스승이 같은 法형제는 同班법류, 법형제의 제자는 傍出법류이며 同高祖 8촌에 해당하는 위의 4세 祖師로부터 나뉘는 직계와 방계는 能化法類, 玄孫에 해당하는 아래 4세까지는 所化法類로서 이러한 상하 9등급이 直系의 법류였다.

이처럼 조선후기 불교는 시대적 변화의 흐름에서 벗어나지 않았고 오히려 시대의 조류에 적극 대응하고 교감하면서 유교사회에서 공존의 기틀을 만들어 나갔다.

2. 불교 전통의 집성과 역사인식

조선후기 불교계의 전통에 대한 역사인식이 최초로 표명된 것은 17세기 전반에 대두한 법통설에서였다. 이는 앞서 제기된 유학의 도통론(道統論)과 마찬가지로 정통론적 시각에 입각한 역사인식을 보여주고 있다. 먼저 청허 휴정은 조사인 벽송 지엄이 송의 대혜 종고와 원의 고봉 원묘를 '원사(遠嗣)' 하였다고 하면서 "대사가 해외의 사람으로서 5백 년 전의 종파(宗派)를 비밀히 이었으니 이는 정주(程朱)가 천년 뒤에 나와 멀리 공맹(孔孟)을 이은 것과 같다. 유자나 승려나 도를 전하는 데 있어서는 동일하다" 고 하여[138] 유교의 도통에 상응하는 방식으로 불교 전통을 인식하였다. 이어 17세기 전반에 정립된 임제태고법통설(臨濟太古法統說)은 16세기에 틀이 만들어진 사림의 도통 인식과 매우 유사한 성격을 가진다. 임제태고법통설은 고려말의 태고 보우를 전면에 내세워 고려의 선종 전통이 아닌 중국 임제종의 정통 법맥이 조선에 이어지고 있음을 표명한 것이다.[139] 이는 송의 성리학이 원대에 고려에 전해져 그 도통이 전수되어 왔다는 유교의 도통론과 일맥상통하는 정통론적 인식이었다. 이와 함께 도통론에서 조선 개창세력 대신 재야의 도학(道學) 전수를 정통으로 본 것과 마찬가지로 법통설 또한 조선 초에 왕실이나 훈척과 연계

138) 『三老行蹟』 「碧松堂大師行蹟」(『한국불교전서』 7, 753쪽). '吁 師以海外之人密嗣五百年前宗派 猶程朱輩生乎千載之下遠承孔孟之緒也 儒也釋也傳道卽一也'.

139) 崔柄憲, 1986 「太古普愚의 佛敎史的 位置」 『韓國文化』 7, 서울대 韓國文化硏究所.

하여 중앙 무대에서 활동한 나옹계를 배제하고 비주류 계보를 내세워 법맥을 연결시킨 점에서 동일한 역사인식으로 볼 수 있다.

도통론은 16세기 중반 이황(李滉) 등에 의해 정립되었고 선조대에 들어 유교 명현(名賢)에 대한 문묘종사(文廟從祀) 논의가 제기되었으며 1610년(광해군 2)에는 5현이 문묘에 종사되기에 이르렀다.[140] 또한 여러 지방 서원(書院)에서 조선의 명현을 향사하고 추숭하는 움직임이 활발히 일어났는데,[141] 불교계에서도 법맥상의 조사를 향사하고 현창하는 경향이 두드러졌다. 임제태고법통설은 1625년에서 1640년 사이에 제기되어 공론화되었는데 이 시기는 정치 사회적으로 명분론이 특히 강조된 때였다. 1623년에는 광해군의 패륜과 '재조지은(再造之恩)' 위반을 명분으로 한 인조반정(仁祖反正)이 일어났고 이어 정묘호란과 병자호란을 겪으며 화이론(華夷論)에 입각한 의리명분론이 시대사조로서 일세를 풍미하였다. 승려들 또한 시대적 분위기를 반영하여 "조선에 은택이 미쳐서 상서로움과 복을 일으키고 한실(漢室)을 영원토록 돕기"를 기원하였고,[142] 병자호란 직후 인질로 붙잡혀간 소현세자(昭顯世子)와 봉림대군(鳳林大君)의 환국을 빌기도 하였다.[143] 이처럼 명분과 정통성이 강조된 시대에 유교의 도통론과 같이 중화 정통의 계승을 표명한 법통 인식이 등장한 것은 불교계 또한 당대 유교 지식인과 시대정신을 함께 공유했음을 말해준다.

조선후기에는 불교 전통에 관한 자료 집성과 정체성 인식이 다양한 형태로 이루어졌고 각종 전등(傳燈) 계보, 승전(僧傳), 사지(寺誌) 등이 만

140) 池斗煥, 1998「朝鮮前期 文廟從祀 論議」『朝鮮時代思想史의 再照明』, 역사문화, 115~193쪽. 사림의 道統論은 학문 전수의 功績論보다 명분에 입각한 節義論에 의한 것이며 도통은 鄭夢周-吉再-金淑滋-金宗直-金宏弼-趙光祖로 이어진다. 문묘에 종사된 5賢은 절의와 학문 모두 뛰어난 인물들로서 金宏弼, 鄭汝昌, 趙光祖, 李彦迪, 李滉이다.

141) 李泰鎭, 1989「士林과 書院」『朝鮮儒敎社會史論』, 지식산업사, 183~184쪽.

142)『奇巖集』권2,「楡岾寺上樑疏」(『한국불교전서』8, 168쪽).

143)「佛像造成施主目錄」(1641)(1996『完州松廣寺』, 敎員大 박물관 10, 30~36쪽).

들어졌다. 그 대부분은 18세기 후반 이후에 집중되었는데 이 시기는 북학(北學)과 서학(西學)을 필두로 하여 외래 신사조가 적극 유입되고 사상과 문예 등 여러 분야에서 전환기적 모색이 이루어진 때였다.[144] 또 각 분야에서 '전통의 집성' 작업이 활발히 펼쳐졌는데 역사서, 백과전서식의 유서(類書), 족보, 문집 등의 편찬 및 간행이 급증하였다. 역사 전통이 대거 집성되고 활자화되어 유통된 것은 당시 그에 대한 사회적 수요와 관심이 매우 컸음을 보여주는데 이는 불교계도 예외가 아니었다.

조선후기에 나온 불교사서 중 대표적인 책으로 1764년 편양파 사암 채영(獅巖采永)이 편찬, 간행한 『서역중화해동불조원류(西域中華海東佛祖源流)』를 들 수 있는데 이는 조선시대 불교의 법통과 법맥, 계파와 문파에 대한 일차 근거 자료로서 활용되고 있다. 그 내용을 보면 과거 7불과 부처 이후 심법을 전수한 인도, 중국의 선종 조사 계보를 기록하였고 이어 고려말 태고 보우의 임제종 법맥 전래를 기점으로 책이 편찬된 18세기 중반까지의 승려 계보와 간략한 전기를 수록하였다.[145] 그런데 '해동불조원류'라는 명칭에 맞지 않게 신라와 고려의 조사는 본문에서 다루지 않고 뒷부분에 '산성(散聖)' 항목을 두어 몇몇 인물만 간략히 소개하는데 그치고 있다. 본문에는 태고 보우에서 시작하여 청허 휴정으로 이어지는 임제태고법통의 전법 계승을 전면에 내세웠고 휴정과 부휴 선수 이후 조선후기 계·문파의 법맥 계보가 내용의 중심이 되고 있다. 태고 보우를 해동불조의 원류로 보고 동시기에 중국 임제종 법맥을 전수한 나옹 혜근과 그 계통을 소략하게나마 언급한 점은 이 책의 역사인식이 고려의 선종 전통이 아닌 중화의 정통에 무게를 두었음을 잘 보여준다.

『불조원류』는 조선후기의 법맥을 청허계(淸虛系)와 부휴계(浮休系)의

144) 유봉학, 2005 『한국문화와 역사의식』, 신구문화사, 244~292쪽.
145) 『佛祖源流』(『한국불교전서』 10, 97~134쪽).

양대 계파로 나누어 그로부터 분기된 문파별 계보를 상세히 정리하였다. 부휴계는 적전(嫡傳)을 중심으로 한 비교적 단일한 계보가 기재된 반면 청허계는 편양파(鞭羊派), 사명파(四溟派), 소요파(逍遙派), 정관파(靜觀派)의 4대 문파로 분류하여 각각의 사승 법맥을 수록하였다. 그 중에서도 저자 채영이 속한 편양파의 서술 비중이 가장 큰데 실제로 편양파가 최대 문파의 위상을 가졌기에 역사적 실상이 반영된 것으로 볼 수 있다. 조선후기 승려들의 비문, 행장, 문집의 서 · 발문 등에 나타난 전법 사승의 계보를 확인해 보면 청허계 중에서도 편양파의 비중이 가장 컸던 것이 사실이다. 1911년의 「사찰령본말사법(寺刹令本末寺法)」에 의해 작성된 30본사의 등규(燈規) 조항에서도 본사 주지가 될 수 있는 법맥 계통으로 청허계, 그중에서도 편양파에 한정한 경우가 대부분이다. 이는 각 본사에서 자사의 사법(嗣法) 계승 인식을 직접 표명한 것이므로 조선후기 불교의 실제상을 보여주는 유력한 근거가 된다. 채영이 각지에서 자료를 수집하고 여러 문파의 공론을 모아 편찬, 간행한 『불조원류』는 천여 질이 인쇄되어 제종(諸宗)에 유포되었고,[146] 불교계의 공식 전등 계보서로서 그 위상을 확보하게 되면서 이후의 전통 인식 또한 그것을 모태로 파생되었다.

『불조원류』 외에도 18세기 이후에는 각 계 · 문파 별로 자파의 전통을 집성하려는 노력이 활발히 전개되었다. 먼저 사명 유정의 법맥을 계승한 사명파에서는 18세기에 들어 『사명당지파근원록(四溟堂支派根源錄)』과 『사명당승손세계도(四溟堂僧孫世系圖)』를 펴냈는데 전자는 쇠락한 사명파의 영고성쇠를 자인하고 있고 후자는 경상도 지역 사명파의 계보를 정리한 것이다. 그 내용에서 주류문파로 성장한 편양파에 비해 사명파의 세

146) 『佛祖源流』 「佛祖源流後跋」(『한국불교전서』 10, 134쪽). 편자 채영의 스승 錦波 幸祐가 전주 송광사에 주석한 것이 인연이 되어 그곳에서 편찬, 간행되었다.

력이 크게 약화된 모습과 지역적으로 편중된 사실을 확인할 수 있다.[147] 소요파 또한 18세기에 「해동선파정전도(海東禪派正傳圖)」를 작성하였는데 여기서는 휴정의 법맥 계통을 편양 언기, 소요 태능, 무염 성정(無染性淨)의 3파로 나누었고 그 중 소요파를 중심으로 계보를 정리하였다.[148] 소요파 주류는 19세기에 전라도 대둔사(大芚寺), 미황사(美黃寺), 만덕사(萬德寺) 일대를 주요 근거지로 삼아 활동하였고 이 계통에서 뒤에 『대흥보감(大興寶鑑)』이라는 책이 나왔다. 『대흥보감』은 임제태고법통과 청허 휴정의 권위를 내세워 소요파의 정통성을 주장한 것으로 편양파와 함께 이룩한 대흥사(대둔사)의 교학 전통을 강조하고 그에 대한 자파의 자부심을 표명하고 있다.[149] 주로 소요파 조사들의 비문이 수록되어 있는데 태고 보우 이후 휴정을 동방(東方) 7조, 소요 태능을 동방 8조로 기재하였고 15조 아암 혜장(兒庵惠藏)을 거쳐 17조 철선 혜즙(鐵船惠楫)까지 이어지는 자파의 정통 계보를 수록하였다.[150]

편양파에서도 전통 집성 노력이 19세기 말까지 이어졌는데, 대표적으로 설두 유형(雪竇有炯)의 『산사약초(山史略抄)』(1864)를 들 수 있다. 이 책은 부처부터 인도 · 중국의 조사, 조선의 불교사를 간략히 개괄한 것으로[151] 임제태고법통을 정통으로 내세우면서 편양파 계보 위주로 정리하고 있다. 이어 1894년에는 범해 각안(梵海覺岸)의 『동사열전(東師列傳)』이 나왔는데 이는 삼국시대부터 19세기 후반까지 198인의 승려 전기를

147) 『四溟堂支派根源錄』(『한국불교전서』 10, 135~138쪽); 『四溟堂僧孫世系圖』(서울대 중앙도서관 一石文庫本, 一石 294.30922Y95sp).

148) 「海東禪派正傳圖」(『한국불교전서』 10, 128쪽)는 『佛祖源流』의 부휴계 계보 뒤에 붙어있는데 저자 채영을 소요파로 기재하는 등 소요파의 자의식이 표출되어 있다.

149) 圓應戒定, 1912 「大興寶鑑編集序」(『大芚寺志』, 221~222쪽).

150) 『大興寶鑑』(『대둔사지』, 219~317쪽).

151) 金南允, 1995 「朝鮮後期의 佛敎史書 《山史略抄》」 『同大史學』 1, 동덕여대 국사학과. 설두 유형의 비문에 '『山史遺稿』 未定草 1卷' 이 저술로 기재되어 있어 그가 저자임을 알 수 있다.

모은 승전(僧傳) 사서였다. 여기에 수록된 인물의 상당수는 조선후기의 승려들이었고 『불조원류』나 『산사약초』와 마찬가지로 편양파가 중심이 되었다. 특히 대둔사 12대 종사와 강사, 그리고 법맥상 이들과 연결되는 당대의 승려들이 대거 포함되었는데 이는 편자 각안이 대둔사 편양파인 호의 시오(縞衣始悟), 초의 의순(草衣意恂)의 제자였던 것과 무관하지 않다. 시오와 의순은 정약용의 훈도를 받았고 『대둔사지(大芚寺志)』의 편찬에 참여하였는데, 각안 또한 이러한 분위기 속에서 역사 전통의 집성에 매진하였던 것이다.[152] 뒤에 다룰 부휴계 금명 보정도 각안과 사제관계를 맺고 그로부터 많은 영향을 받았으며 두 사람의 저술 목록과 관심분야 또한 상당한 유사점을 보인다.[153]

부휴계 묵암 최눌(默庵最訥)도 18세기 후반에 과거 7불, 인도와 중국의 역대 조사, 조선 선종의 법맥을 도표로 그린 「불조종파도(佛祖宗派圖)」를 만들었다. 여기에는 중국 임제종 평산 처림의 법을 전수받은 나옹 혜근도 언급되어 있지만 전법 계통의 주축은 임제종 석옥 청공에서 태고 보우–환암 혼수–귀곡 각운–등계 정심–벽송 지엄–부용 영관–부휴 선수로 이어지는 법맥이었다.[154] 이는 임제태고법통설을 그대로 수용한 것으로 휴정 대신 부휴계의 조사 선수를 내세운 점이 특징이다. 이어 "부용 영관에 이어 부휴 선수에서 벽암 각성으로 전해진 법이 영해 약탄과 풍암 세찰을 거쳐 묵암 최눌과 응암 낭윤이 계승하였다"고 하

---

152) 梵海 覺岸은 『東師列傳』 외에도 「史略記」, 「通鑑記」, 「四碑記」를 썼고 「大屯寺志略記」도 남겼다.

153) 金龍泰, 2006 「錦溟 寶鼎의 浮休系 정통론과 曹溪宗 제창」 『韓國文化』 37, 서울대 韓國文化硏究所. 錦溟寶鼎, 1917 「梵海禪師行狀」 『茶松文稿』 권1(『한국불교전서』 12, 706~707쪽)에는 각안에 대해 三教學人의 教父이자 12宗師의 嫡孫이라고 높이 평가하였고 각안의 禪教를 자신이 전수받았다고 하여 門生으로 표현하고 있다.

154) 『諸經會要』 「佛祖宗派圖」(『한국불교전서』 10, 56~57쪽). 중국 선종에 대해서는 牛頭宗, 北宗, 荷澤宗을 각각 空宗, 相宗, 性宗에 배대시켰고 臨濟宗, 雲門宗, 法眼宗, 潙仰宗, 曹洞宗의 선문 5종을 중심으로 기록하였다.

여,[155] 당시까지의 부휴계 적전 계보를 명시하였다. 이처럼 부휴계 또한 스스로의 계파의식을 명확히 드러내면서 역사인식에서 차별화를 꾀하였다.

근대에 들어 부휴계는 계파적 정체성과 독자적인 전통 인식을 더욱 강하게 드러냈다. 송광사 주지를 역임한 금명 보정이 펴낸 『불조록찬송(佛祖錄讚頌)』에서는 인도, 중국의 조사에 이어 「해동신라열조(海東新羅列祖)」, 「구산조사(九山祖師)」, 「해동열조(海東列祖)」, 「조계종사(曹溪宗師)」의 항목을 설정하여 한국불교사 전체에 걸친 역대 조사의 전기와 찬송을 수록하였다.[156] 이 중 「조계종사」는 지눌 이후 수선사 16국사와 조계산 송광사를 본사로 한 부휴계 조사들의 계보를 망라한 것이다. 보정은 자파를 '부휴종(浮休宗)'으로 칭하면서 보조 지눌과 부휴 선수를 함께 종조(宗祖)의 반열에 올렸고 이를 통해 조계종 정통론을 표방하였다.[157] 그가 찬록한 『조계고승전(曹溪高僧傳)』 또한 수선사 계통과 조선후기 부휴계 승려들의 전기를 위주로 모아 놓은 책이다. 보정은 조선후기의 공론이었던 임제태고법통의 권위를 부정하지는 않았지만 송광사 부휴계의 독자성을 의식한 그의 조계종 인식은 불교 전통에 대한 독창적인 이해로서 의미가 있다. 특히 1941년에 조계종이 조선불교 교단의 공식 종명으로 정해졌고 이후 현재까지 한국불교를 대표하는 명칭으로 이어지고 있다는 점에서 전통에 대한 역사인식은 불교의 정체성 및 방향성과 관련하여 많은 함의를 가진다.

이처럼 조선후기에 중화 정통론을 표명한 불교 법통이 성립되고 그에 기반한 역사인식이 대두한 점, 그리고 18세기 이후 각 문파에서 자파를

155) 앞의 「불조종파도」(『한국불교전서』 10, 56~57쪽).

156) 『佛祖錄讚頌』(『한국불교전서』 12, 316~355쪽). 西天二十八祖(28명), 東土祖師(89명), 華嚴譯著誦諸師(86명), 海東新羅列祖(22명), 九山祖師(9명), 海東列祖(112명), 曹溪宗師(105명)로 구성되어 있다.

157) 김용태, 2006 앞의 논문.

중심으로 전통 집성을 시도한 점은 유학의 도통론이나 학파와 정파, 문중을 매개로 한 역사인식의 성행과 매우 유사한 것이었다. 한편 유학자의 시각이 불교 사서에 반영된 사례도 있어 주목된다. 저자 미상의 『동국승니록(東國僧尼錄)』은 신라, 고려의 승려들과 조선 중기 휴정, 유정 등의 간략한 행장을 수록하고 사상 내용을 소개한 고승전(高僧傳)의 일종이다.[158] 여기에는 1794년에 건립된 묘향산 수충사(酬忠祠)가 기재되어 있어 19세기에 만들어진 책으로 추정된다. 항목 구성은 「명승(名僧)」, 「니고(尼枯)」, 「시승(詩僧)」, 「역승(逆僧)」, 「간승(奸僧)」의 순서로 되어 있는데 「역승」은 고려 공민왕대의 신돈(辛旽), 「간승」으로는 명종대에 양종복립을 주도한 허응 보우(虛應普雨)를 지목하여 비판적 시각에서 다루고 있다. 이러한 인식은 조선후기 유학자들에게 일반적인 것이었고 따라서 승려가 아닌 유학자가 편술하였을 것으로 보인다.[159]

유학자가 불교 사서 편찬에 직접 관여한 예는 호남에서 고증학적 훈도를 펼친 정약용의 경우가 대표적이다. 한치윤(韓致奫)이 지은 『해동역사(海東繹史)』「석지(釋志)」 항목에서도 불교사가 일부 다루어지기는 했지만, 정약용은 유배지 인근 대둔사와 만덕사의 사지(寺誌)인 『대둔사지(大芚寺志)』와 『만덕사지(萬德寺志)』 편찬에 크게 조력하였다.[160] 『대둔사

158) 『東國僧尼錄』(국립중앙도서관, 古1702-5). 이 책은 일본의 『續藏經』(제2편 乙-22-3, 제150책)에 수록되었고 『한국불교전서』 12, 857~875쪽에도 실려 있다. 法名과 法嗣만 기재한 것도 많으며 게송은 대개 『景德傳燈錄』에서 인용하였다.

159) 辛旽 관련 서술은 『高麗史』와 『通鑑』 등을 인용하였고 普雨에 대해서는 李睟光의 『芝峰類說』, 李珥의 『石潭日記』 등을 참조하였다. 『西厓集』을 인용하여 惟政을 今世의 승려이며 自號는 淸虛子라고 소개하는 등 오류도 보이는데, 인용 서적이나 시각을 고려할 때 유학자의 저술로 볼 수 있다. 또 휴정을 서술한 부분에서 대둔사 표충사는 빼고 밀양 표충사와 묘향산 수충사만을 다루고 있어 저자가 대둔사와는 무관한 인물일 것으로 추정된다.

160) 최병헌, 1985 「茶山 丁若鏞의 韓國佛敎史 硏究」 『丁茶山硏究의 現況』, 民音社. 그간 통사 형식의 『大東禪敎考』를 정약용이 저술한 것으로 알려져 왔지만 이에 대해서는 구체적 검토가 필요하다.

지』는 편양파 완호 윤우, 초의 의순 등과 소요파 아암 혜장 등이 공동으로 편찬한 책으로 1820년대 전반에 완성된 것으로 추정된다.[161] 정약용은 이들 연담 유일의 문손들 및 아암 혜장과 교류하면서 학문적 영향을 크게 미쳤는데, 그의 가르침을 받아 만들어진 『대둔사지』 또한 고증학의 특징인 실증과 사료비판적 방식을 취하였다.[162] 또한 여기에 참여했던 소요파 승려들은 자신들의 근거지인 인근 만덕사(백련사)의 『만덕사지』를 편찬하였다.[163] 한편 연담 유일의 숙부격인 함월 해원도 『석왕사지(釋王寺志)』를 펴냈고 이 책은 19세기 초에 간행되었다.[164] 이처럼 각지의 사찰에서 자사(自寺)의 역사를 모은 사지 편찬이 시도되었고 이 또한 전통 집성의 중요한 성과였다.

18세기 후반 이후 조선에서는 역사 서술과 전통 집성이 개인, 가문, 학파 단위로 매우 활발히 이루어졌고 백과전서 형태의 유서(類書)류도 편찬되었다. 불교 측에서도 개념과 이론을 정리한 유서 형식의 책이 나왔는데, 연담 유일의 『석전유해(釋典類解)』가 대표적이다.[165] 이 책의 말미에는 농암(農巖) 김창협(金昌協)의 동생이자 불교에 대해 해박한 이해를 가진 삼연(三淵) 김창흡(金昌翕)의 시문집에서 불교 용어를 발췌, 해설한

161) 『대둔사지』의 鑑定은 玩虎 尹佑가 맡았고 兒菴 惠藏이 留授하였으며 編輯은 袖龍 頤性과 草衣 意洵이, 校正은 騎魚 慈弘과 縞衣 始悟가 담당하였다. 본문에 紫霞山人 丁若鏞의 「題蓮潭詩卷」을 인용하면서 1813년(嘉慶 癸酉)에 題하였다고 하므로(『대둔사지』, 44~46쪽), 그 이후에 편찬된 것임은 분명하다. 또한 1811년에 입적한 아암 혜장은 사후에 정리하였다는 의미의 '留授'로 되어 있고 감정을 맡은 완호 윤우가 1826년에 몰하였으며 1822년 涵月 海源의 비석 이건 사실이 기재되어 있어 1822~1826년 사이에 완성된 것으로 추정된다.

162) 최병헌, 1985 앞의 논문.

163) 萬德寺는 兒菴 惠藏, 袖龍 頤性, 騎魚 慈弘이 주지를 맡았고 太能의 적전인 海雲 敬悅과 혜장의 제자 晶巖 卽圓의 비가 세워지는 등 소요파의 주된 근거지였다. 기어 자홍이 정약용의 감정을 받아 『만덕사지』 편찬을 주도하였다고 한다.

164) 『釋王寺志』(국립중앙도서관, 古1702-6). 1761년 해원이 발문을 써서 편찬하였고 1806년 景昨에 의해 개판되었다.

165) 『釋典類解』(『한국불교전서』 10, 287~302쪽).

「삼연선생시집중용불어해(三淵先生詩集中用佛語解)」가 실려 있고 또 선조대의 문장가인 상촌(象村) 신흠(申欽)의 「불가경의설(佛家經義說)」도 수록되었다. 또한 『오주연문장전산고(五洲衍文長箋散稿)』와 같은 일반 유서에도 불교 관련 기문과 용어 설명이 다수 들어가 있다. 한편 18세기 후반 이후에 나타난 독특한 현상 중 하나는 승려가 자신의 전기를 직접 쓰는 자전(自傳) 형태가 늘어난 것인데 연담 유일이 특히 상세한 개인사를 남겼다.[166)]

불교 전통에 대한 인식에서 또 하나 주목할 만한 점은 삼보종찰(三寶宗刹) 관념의 형성이었다. 종찰은 교단의 상징적 구심체로서 큰 의미를 갖는데 삼보종찰 관념은 19세기에 들어 일반화된 것으로 보인다. 송광사의 경우 19세기 전반에 이미 16국사를 배출한 승보(僧寶)사찰로 인지되었고 그 권위를 인정받아 이후 '삼한국(三韓國)의 조실(祖室)', '삼보종(三寶宗)의 복전(福田)'으로 칭해지기도 하였다.[167)] 또 『동사열전』의 편자 범해 각안은 자료 수집을 위해 전국을 유력하는 과정에서 '조계(曹溪), 가야(伽倻), 취령(鷲嶺)의 종찰'을 순례하였다.[168)] 이는 조계산 송광사, 가야산 해인사, 영취산 통도사를 지칭하는 것으로 각각 승보(僧寶), 법보(法寶), 불보(佛寶) 종찰로 알려진 사찰이었다. 1899년에 고종은 칙명으로 해인사의 팔만대장경을 3부 인쇄하여 해인사, 통도사, 송광사에 각각 안치하게 하였는데,[169)] 이 또한 삼보종찰 관념의 성립을 전제로 가

---

166) 蓮潭有一, 「自譜行業」(『한국불교전서』 10, 283~286쪽)이 대표적이다.

167) 「松廣寺遊山錄」(1828)(1983 『曹溪山松廣寺史庫』, 亞細亞文化社, 297~301쪽); 『茶松文稿』 권1, 「松廣寺行解堂重建上樑文」(『한국불교전서』 12, 693쪽).

168) 『梵海禪師文集』 권2, 「梵海禪師行狀」(『한국불교전서』 10, 1097~1098쪽).

169) 『다송문고』 권1, 「藏經殿佛粮願入功德記」; 「轉讀大藏經跋文」(『한국불교전서』 12, 695쪽; 697쪽). 송광사의 경우 금명 보정이 주관하여 승려 50명을 해인사에 파견하였고 이후 송광사 藏經殿에 봉안하였다. 『다송문고』 권1, 「藍輿革罷緣起記」(1899)(『한국불교전서』 12, 696쪽)에 의하면 이때 송광사에 부과된 雜役이 혁파되었고 藍輿 폐단을 금지하는 조치도 취해졌다.

능한 일이었다. 1911년에 건립된 임제종의 경우에도 종무원은 범어사에 설치되었지만 본사는 이들 삼보종찰에 두어졌고 총독부의 본말사법(本末寺法)에서도 통도사, 해인사, 송광사는 각각 불찰대본산(佛刹大本山), 법찰대본산(法刹大本山), 승찰대본산(僧刹大本山)으로 규정되었다. 삼보종찰 인식의 확산은 불교 전통의 위상과 권위를 높이는 결과로 이어졌고 그 시원은 명확하지 않지만 전통 집성 노력이 활발히 전개된 18세기 이후의 시대 분위기에서 나온 것이었다.

결론

〈유점사 그림〉

역사학계는 그간 식민사관을 극복하고 주체적 역사상을 모색하기 위해 전통의 새로운 해석과 창출에 일로매진하였다. 그 결과 각 분야에서 소기의 성과가 도출되어 전통시대의 전체상을 그릴 수 있는 단계에 도달하였다. 하지만 전통에 대한 인식이 형성된 20세기는 전통 단절과 부정이 거듭된 굴절의 시대였다. 식민지기의 전통 해체와 폄하, 이후 식민지 유산의 척결 과정은 장기지속의 연속성을 간과한 단절론이라는 측면에서 공통점을 가진다. 전통에 대한 부정과 긍정, 양극단의 인식은 상대를 타자화시키며 자신만의 전통이해를 공고히 한다는 점에서 일종의 적대적 공생관계를 이루어 왔다. 이러한 양자의 대립 구도는 연구자들에게 뚜렷한 사명감과 분명한 입장 표명을 요구하였고 '사료에 즉한 가치중립적 서술'이 설 자리는 매우 제한적일 수밖에 없었다.

필자는 주체가 몰각된 근대성 예찬보다는 몰락한 전통의 자기 정체성에 대해 더 큰 관심을 갖고 있다. 이는 전통에 대한 긍정의 입장에 해당할 것이다. 하지만 전통시대가 종언을 고하면서 조선의 국시이자 국교인 유교가 국체의 몰락과 함께 전방위적 매도를 당한 사실을 떠올린다면, 전통의 부정과 단절적 인식 자체가 관념적 허상이 아닌 역사적 실체를 가진 것임을 간과해서는 안 될 것이다. 비록 전통 긍정의 시각이 주체의 좌절과 상실이라는 자괴적 상황에서 필연적으로 등장한 또 하나의 역사적 산물이기는 하지만 사료를 뛰어넘는 해석의 지평과 전통 미화의 유혹은 경계되어야 한다. '정체인가 발전인가' 하는 근대주의적, 결과론적 평가는 '있는 그대로의 역사상'을 추구하고 전통과 근대 사이의 단절과 괴리를 어떤 방향으로 극복할 것인지에 대한 대안적 모색이 있은 후에야 그 해답을 찾을 수 있을 것이다.

조선시대 불교는 전통시대부터 이미 부정의 대상으로 낙인찍혔고 그 결과 실상에 대한 무관심과 평가절하, 부정론적 유산의 지속이라는 굴레에서 좀처럼 벗어나지 못하였다. 불교는 유교로 대표되는 주류질서와 비교하여 전통에서 거의 지분을 갖지 못하였고 이는 문명개화의 신시대를 맞아 탈전통의 급격한 변신으로 나타났다. 또한 전통시대에 대한 일말의 책임이나 부채의식을 거의 찾아볼 수 없는 것이 사실이며 이러한 부정적, 단절적 전통 인식은 자기 정체성과 기원에 대한 무지와 망각을 초래하였다. 이 점에서 조선시대 불교 전통의 역사상을 규명하고 그 실체를 복원하는 일은 매우 절실하면서도 지난한 작업임에 틀림없다. 분명한 것은 부정과 긍정의 이분법적 구도를 탈피하여 연속성의 관점에서 불교의 역사적 실상을 조명하는 것이 일차적 과제라는 사실이다. 즉 연구사적 지분을 확대하고 불교의 위상을 높이려는 목적보다는 전통에 대한 실체적 이해가 선행되어야 한다.

본서는 근현대 불교의 역사적 기원인 조선후기 불교의 존립 양상과 실태를 규명하고 한국불교의 정체성을 통시적 관점에서 조명하려는 기획 하에 구상되었다. 다양한 각도에서 조선후기 불교의 실상을 탐색한 결과 임제법통의 정통성과 화엄을 중심으로 한 교학의 중시라는 일면 모순되는 이중적 전통, 그리고 유교사회와의 공존과 접점 모색이 조선후기 불교의 정체임을 알 수 있었다. 본서의 구성 및 내용을 요약하면 다음과 같다.

먼저 서론에서 식민지기 이후 현재까지의 연구사 정리와 함께 기존 통설에 대한 재고를 시도하였다. 이어 1부 '불교사의 전개와 불교의 존립 기반' 에서는 불교시책, 인적기반과 사원경제, 불교신앙으로 나누어 법제적 폐불 상황을 극복하고 조선후기에 불교가 존립할 수 있었던 요인과 배경, 전개 양상 등을 개관하였다. 16세기 중반 선교양종의 일시적 재건을 계기로 불교는 인적 토대를 다질 수 있었고 임진왜란의 승군 활동과 이후 노동력 활용의 대가로 승려 자격이 용인됨에 따라 인적 자원의 안정적 유지와 계승이 가능해졌다. 17세기 전반에는 계파와 문파가 성립되었고 법통설을 통해 정체성을 확인하였으며 수행과 교육체계를 정비하는 등 불교계는 존립의 길을 모색하였다. 비록 법제적으로 공인된 종단은 아니었지만 조선후기에도 총섭, 승통 등의 승직, 승영과 규정소 같은 통솔기구를 통해 교단의 통제, 관리가 시도되었고 전법을 기준으로 한 인적 계승이 계파와 문파의 틀 속에서 이루어졌다.

17세기 이후 승려 개인의 사적 토지 소유가 용인되고 상속이 허용되면서 계회나 부사청을 통한 재정 운영이 활성화되었고 그 결과 문파의 존속과 사원경제의 자립이 가능해졌다. 조선시대에 불교식 재회는 공적 영역에서 완전히 배제되었고 그 자리를 유교식 제의가 대체하였지만 불교의 내세관과 추복의 기원은 생명력을 이어갔다. 조선후기 불교신앙은 내세에 대한 염원과 염불 정토왕생의 희구, 민간신앙과의 습합, 국왕과 왕실 등 상층주류의 후원을 통해 지속되었다. 불교는 이단이기는 했지만 내세에 대한 종교적 갈망을 해소해 주었고 사교로 지목된 천주교와는 달리 유교사회에 적응하여 공존할 수 있었다.

2부 '불교 계파와 법통의 성립' 에서는 조선후기 불교를 대표하는 청허계와 부휴계 양 계파의 구성과 활동, 지역 범위와 세력 등을 정리하였고

17세기 전반에 대두된 법통설의 내용과 역사적 배경, 임제태고법통 성립이 갖는 불교사적 함의를 검토하였다. 계파나 문파는 법맥사승과 계승인식을 전제로 한 것으로 조선후기에는 모든 계 · 문파가 임제태고법통을 표명하였다는 점에서 같은 정체성을 공유하였다. 다만 청허 휴정과 부휴 선수에서 분기된 이후 계파적 자의식의 강화, 근거지역의 고착화를 통해 계 · 문파 간의 차별성은 점차 현저해졌다.

1장 '청허계의 성립과 편양파의 융성' 에서는 가장 큰 세력을 형성한 휴정의 청허계와 주류문파 편양파에 대해 살펴보았다. 청허계는 편양파, 사명파, 소요파, 정관파의 4대 문파로 분기하였는데 사명파와 정관파는 18세기 이후 약화되었고 소요파는 호남 지역에서 19세기말까지 유지되었다. 이에 비해 최대 문파였던 편양파는 문손이 번성하면서 전국적 범위에 걸쳐 세력을 부식하였다. 묘향산과 북방을 주요 근거지로 삼았던 편양파 주류는 18세기에 남방으로 진출하였고 특히 호남에 대거 포진하였다. 편양파는 소요파와의 공조를 통해 해남 대둔사의 교학 전통을 수립하였고, 18세기 후반 휴정의 의발 전수와 '서산유의' 를 내세워 표충사를 건립하고 '종원' 을 표방하여 종통 의식을 확고히 하였다. 종원의 준거가 되었던 대둔사 12대 종사 체계는 법맥상의 계보와 함께 화엄 강학의 전수를 기준으로 성립되었다.

2장 '부휴계의 특성과 정체성' 에서는 양대 계파의 하나였던 부휴계에 대해 살펴보았다. 부휴계는 청허계에 비해 세력이 크지 않았고 비교적 단일한 계보를 유지하였지만 계파적 자의식을 표출하면서 스스로의 정체성을 확보하였다. 부휴계는 17세기 초의 중창을 계기로 송광사에 진출하였고 이후 송광사에 적전의 탑이 모두 세워지는 등 본산의 위상을 확고히 하였다. 호남을 중심으로 호서와 영남 일부를 주요 활동 무대로 삼은 부휴계는 남한산성 팔도도총섭이었던 벽암 각성의 활약과 그 위상에 힘입어 계파로서의 입지를 다졌고 17세기 후반 백암 성총대에 계파적 정체성을 확립하였다. 비록 법통에 있어서는 청허계와 같이 임제태고법통을 수용하였지만 송광사와 관련하여 보조 지눌의 유풍을 선양 · 계승한다는 자의식을 가졌고 자파의 독자성을 점차 다져갔다.

3장 '불교 법통의 성립과 역사적 의미' 에서는 17세기 전반 법통설의 성립 과정과 배경, 그 의미를 고찰하였다. 1612년 사명파의 부탁으로 허균의 고려나옹법통설이 처음 제기되었는데 1625년 이후 1640년까지 이를 부정하는 새로운 법통설이 편양 언기의 주도하에 다시 대두하였다. 편양파, 사명파를 포함한 교단의 공의를 수렴하여 확정된 이 임제태고법통설은 고려 선종의 전통을 배제하고 태고 보우가 전수한 중국 임제종 법맥을 정통으로 인정한 것이었다. 이러한 인식은 인조반정과 병자호란을 겪으며 정통과 명분이 강조되었던 시대 상황 속에서 배태된 것이다. 법통설의 여말선초 사승 계보는 역사적 사실과 거리가 있지만 조선전기의 폐불 상황에서 단절된 법맥을 다시 연결시켜 조선 선종의 정통성을 천명하였다는 점에서 불교사적 사건이라 할 수 있다. 같은 시기에 법맥과 수행기풍을 함께 고려한 임제나옹법통설도 제기되었지만 공인된 임제태고법통은 조선후기 불교의 정체성을 분명히 하였고 그 역사적 권위는 현재까지 이어지고 있다.

3부 '불교의 사상적 지향과 교학 전통' 에서는 조선후기의 수행 풍토와 교학 전통에 대해 고찰하였고 선종 중심의 기존 시각을 재고할 필요가 있음을 주장하였다. 1장 '17세기 선교겸수의 방향과 수행체계의 정립' 에서는 청허 휴정 당시 선과 교의 전통을 포괄해야 했던 시대상황 속에서 '간화선 우위의 선교겸수' 를 지향하였고 이후 선교겸수의 기조로 인해 선 수행뿐 아니라 교학 학습이 중시된 사실을 살펴보았다. 17세기 전반에 정비된 이력과정은 화엄을 정점으로 한 교학과 간화선 수행방식을 병립시켜 선교겸수 전통의 확립에 크게 기여하였다. 또 선과 교에 염불 수행을 추가한 종합적 삼문수업 체계도 함께 성립되었는데 이는 '전수(全修)' 가 아닌 '전수(專修)' 를 통한 겸수의 성격을 갖는 것으로 이해된다.

2장 '18세기 강학의 성행과 화엄교학의 중시' 에서는 강학과 사기 저술이 성행하였음을 사례를 들어 밝히고 각종 사기의 저자와 내역을 소개하였다. 또한 강석과 교법의 전수가 전법 상의 중요한 기준이 되었음을 살펴보았다. 18세기에는 화엄교학이 특히 중시되었고 그에 대한 사기와 과문이 다수 만들어졌다. 이는 17세기 말 징관의 『화엄소초』와 원대의 「현담」 주석서 『회현기』가 새로 간행된 것이 결정적 계기가 되었다. 당시 화엄 이해의 지남인 징관의 『연의초』를 구하기 어려웠던 상황에서 그 유통과 보급은 강학과 주석의 활성화를 가져왔다. 이에 대규모 화엄대회가 열렸고 교학의 최고 단계인 화엄 원교는 선과 대등한 지위를 갖는 것으로 인식되었다. 또 18세기 이후 교학자들은 화엄 종사나 종장으로 칭해졌고 화엄을 필두로 한 교학 전통은 선의 임제법통과 병치되는 위상을 확보하게 되었다. 이러한 선과 교의 이중 구조야말로 조선후기 불교의 정체성이었고 양자의 공존은 전통으로 확립되었다.

3장 '19세기 선 논쟁의 전개와 불교사적 함의' 에서는 백파 긍선의 삼종선 구분과 초의 의순의 비판에서 촉발된 19세기의 선 논쟁을 검토해 보았다. 그동안 이에 대해 선종 판석의 문제로 이해하는 경향이 강하였는데 사실은 조선후기 전통 속에서 선과 교의 위상을 어떻게 정립할 것인지의 문제였다. 긍선은 임제종을 최고의 위치에 배당하고 선종 우위적 입장에서 교학을 낮은 차원의 입문 단계에 비정하였음에 비해 의순 등은 선과 교의 근원적 일치를 전제로 방편상의 구분만을 인정하였다. 18세기 이후 선교겸수와 화엄 중시 경향이 현저해진 상황에서 전자는 선종 본연의 가치를 재확인하고 임제종 우위의 선종 판석을 시도한 것이었다. 반면 후자는 선과 화엄을 동등하게 보는 조선후기의 전통설에 입각하여 교의 위상을 폄하한 것에 문제를 제기하는 한편 선을 차등화시키는 것에 대해서도 반박한 것이다. 이처럼 선 논쟁은 임제법통과 화엄교학이라는 이중적 전통에 대한 상반된 입장의 표명이었고 조선불교의 정체성을 둘러싼 이 논쟁은 19세기말까지 지속되었다.

4부 '조선시대 불교의 시대성 추구'에서는 유불의 상호이해와 인식론적 접점의 모색, 조선시대 불교 심성론의 사상사적 의미, 시대와의 공존 추구와 불교의 변용, 그리고 불교 전통의 집성과 역사인식 등을 조명해 보았다. 1장 '유불의 대립과 불교의 공존 모색'에서는 조선전기 배불론의 논리를 분석하고 16세기 전반 폐불 단계에 직면한 불교계가 호불론을 적극 개진하여 유불일치와 불교의 가치를 피력한 사실을 확인하였다. 배불론은 불교의 사회경제적 폐단을 혁파하려는 현실론적 비판과 함께 내세관, 윤리, 인식론 등 성리학과 불교의 본질적 차이에 주목한 벽이론(闢異論)으로 전개되었다. 『불씨잡변』 등에 나타난 벽이론의 근저에는 화이론적 시각이 강하게 투영되어 있다. 한편 『현정론』, 『유석질의론』 등 호불논서에서는 불교가 윤리와 사회적 책무에서 역할을 다해 왔고 심성 인식에서도 고유의 가치를 가진다고 주장하였다. 이어 조선후기 『간폐석교소』 등에서 주창된 불교 공효론을 분석하고 심을 매개로 한 유불조화론이 지속적으로 제기되었음을 살펴보았다.

2장 '심성 인식의 역사적 전개와 불교심성론'에서는 먼저 동아시아의 불교 심성 인식의 추이와 성리학의 비판 논의를 소개하고 조선시대 불교의 심성 이해를 분석하였다. '성즉리'를 표방한 성리학의 입장에서 천리의 절대성을 인정하지 않는 불교의 상대주의적 마음 이해는 비판의 표적일 수밖에 없었다. 이에 조선후기 불교는 마음의 본체와 작용 양자를 포섭할 수 있는 논리를 추구하였고 그 결과 심과 리, 성과 리의 불가분성을 전제로 한 일심과 천리의 접목을 시도하였다. 이어 선교겸수와 돈오점수의 통합적 수행 전통이 조선후기에 지속되었음을 고찰하였다. 한편 18세기 후반 연담 유일과 묵암 최눌 간에 일어난 심성 논쟁을 화엄의 성기와 연기, 법계관을 기준으로 분석하였고 유학의 호락논쟁과도 비교해 보았다. 이는 유학의 이기심성 논쟁에 대응되는 불교의 심성 및 이사(理事) 문제에 대한 쟁론이었는데, 일심의 본원성과 편재성을 인정하는 '심즉리'의 구도 하에서 일원적 절대성과 다원적 상대성이 논의된 것이었다. 이학과 심학의 대결과 융합이라는 동아시아 사상사의 전개과정에서 조선후기 불교의 심성 논쟁은 중요한 사상사적 의미를 지닌다.

3장 '불교의 시대적 변용과 전통 인식'에서는 불교가 유교사회에서 존립을 추구하면서 시대와의 교감을 지속적으로 추진한 사실을 검토해 보았다. 구체적으로 충효와 같은 윤리적 실천이나 도의와 명분의 강조, 승려 교육과정과 성리학 독서순서의 구조상의 유사점 등을 살펴보았다. 특히 17세기 중반의 불교 의례집에서 당시 사회적 규범이었던 『주자가례』와 오복제를 수용하여 시대변화에 적극 대처한 사실에 주목하였다. 마지막으로 불교 전통의 집성과 역사인식을 고찰하였는데 먼저 17세기 전반에 유학의 도통론에 상응하는 정통론적 법통설이 성립되었고, 18세기 후반 이후에는 계보도와 승전, 불교 역사서 등이 대거 편찬되었으며 임제태고법통에 입각한 계파인식과 문파의식이 더욱 강화되었다. 또 개별 사찰의 역사가 사지 형태로 편찬되는 과정에서 유불 교류가 이루어진 점, 불교 유서류의 간행과 삼보종찰 관념의 형성 등 불교 전통의 집성을 여러 각도에서 조명해 보았다.

결론적으로 불교는 조선후기에 존립의 교두보를 확보하면서 자립의 길을 걸어 왔다. 사상과 수행의 측면에서 조선후기 불교 전통의 핵심은 임제법통과 간화선 수행으로 상징되는 선종과 선교겸수에서 시작하여 화엄을 중심으로 전개된 교학, 즉 선종과 교종 양자의 결합이었다. 한편 유교사회에서의 시대성 추구와 공존 모색은 불교 내세관과 종교성이 갖는 흡인력을 토대로 불교의 사회적 기반을 공고히 하는데 일조하였다. 한국불교의 정체성과 지향점을 모색하는 일은 전통의 재발견과 상식의 재고에서 시작되어야 하며 이 점에서 조선후기 불교 전통은 여전히 매력적인 대상으로 살아 숨쉬고 있다.

참고문헌

〈『선문수경』 범자〉

1. 자료

1) 전집

『韓國佛敎全書』(東國大)

『韓國文集叢刊』(民族文化推進會)

『大日本續藏經(卍續藏)』

『大正新修大藏經(大正藏)』

2) 개별 자료

『勸往歌』(서울대 奎章閣, 가람古294.37-G995)

『大芚寺志』(韓國學文獻硏究所, 1983, 亞細亞文化社)

『大慧普覺禪師書』(국립중앙도서관, 일산 古3717-94)

『東文選』(1998, 서울대 奎章閣)

『梵宇攷』(서울대 奎章閣, 가람古294.3551-B45; 국립중앙도서관, 한古朝21-190)

『普照全書』(1989, 普照思想硏究院)

『奉先寺本末寺志』(韓國學文獻硏究所, 1978, 亞細亞文化社)

『四溟堂僧孫世系圖』(서울대 중앙도서관, 一石 294.30922Y95sp.)

『四集私記』(李智冠, 1968, 海印叢林僧伽學院)

『寺刹錄』(국립중앙도서관, 위창古1702-4)

『釋王寺誌』(국립중앙도서관, 古1702-6)

『完州松廣寺』(1996, 敎員大 博物館)

『龍興寺事蹟』(국립중앙도서관, 古1702-7)

『楡岾寺本末寺誌』(1977, 亞細亞文化社)

『李朝實錄佛敎鈔存』(權相老 『退耕堂全書』 4-5)

『曹溪山松廣寺史庫』(1983, 亞細亞文化社)

『朝鮮金石總覽』(1919, 朝鮮總督府; 1976, 亞細亞文化社)

『朝鮮佛教通史』 上·中·下(李能和, 1918, 新文館)
『朝鮮佛教叢書』(1925, 朝鮮佛書刊行會)
『朝鮮寺刹史料』 上·下(1911, 朝鮮總督府)
『韓國高僧碑文總集: 朝鮮朝·近現代』(智冠 편, 2000, 伽山佛教文化研究院)
『韓國佛教撰述文獻總錄』(1976, 東國大 佛教文化研究所)
『華嚴淸凉疏鈔十地品三家本私記-遺忘記/雜華記·雜貨腐』(奉先寺 楞嚴學林, 2002, 曹溪宗教育院)
『華嚴淸凉疏鈔懸談記-鉢柄·懸談記』(奉先寺 楞嚴學林, 2004, 동국역경원)
『華嚴淸凉疏鈔懸談記-遺忘記(天字卷)』(奉先寺楞嚴學林, 2004, 동국역경원)
『顯正論』(국립중앙도서관, 한貴古朝 21-167 貴019)

2. 단행본

1) 한국

강석주·박경훈, 2002 『불교근세 백년』, 民族社.
고영섭, 2005 『한국불학사[3]: 朝鮮·大韓時代編』, 연기사.
高英津, 1995 『조선중기 예학사상사』, 한길사.
국사편찬위원회 편, 2007 『신앙과 사상으로 본 불교 전통의 흐름』, 두산동아.
權相老, 1917 『朝鮮佛教略史』, 新文館.
______, 1934 『朝鮮佛教史概說』(1998 『退耕堂全書』 8).
금강대 불교문화연구소 편, 2006 『불교의 이해』, 무우수.
금장태, 1999 『한국현대의 유교문화』, 서울대출판부.
______, 2002 『한국유학의 心說-심성론과 영혼론의 쟁점』, 서울대출판부.
金甲周, 1983 『朝鮮時代寺院經濟研究』, 同和出版.
金光植, 1996 『韓國近代佛教史研究』, 民族社.

金杜珍, 1983『均如華嚴思想研究-性相融會思想』, 一潮閣.

김방룡, 2006『보조지눌의 사상과 영향』, 보고사.

金相鉉, 1991『新羅華嚴思想史研究』, 民族社.

김석근 역 · 荒木見悟 저, 1993『佛教와 陽明學』, 서광사.

金映遂, 1939『朝鮮佛教史藁』(2002『朝鮮佛教史』, 民俗院 影刊).

金煐泰, 1986『韓國佛教史概說』, 經書院.

김종진, 2009『불교가사의 계보학, 그 문화사적 탐색』, 소명출판.

金天鶴, 2006『균여 화엄사상연구-根氣論을 중심으로』, 은정불교문화진흥원.

나희라, 2008『고대 한국인의 생사관』, 지식산업사.

남동신, 1999『원효』, 새누리.

문석윤, 2006『湖洛論爭 형성과 전개』, 동과 서.

佛教文化研究院, 1984『韓國禪思想研究』, 東國大出版部.

佛教史學會 편, 1986『韓國曹溪宗의 成立史 研究』, 民族社.

______, 1988『近代韓國佛教史論』, 民族社.

佛教新聞社 편, 1994『韓國佛教史의 再照明』, 불교시대사.

불전국역연구원 공역, 1997『譯註 華嚴經懸談』, 中央僧伽大 出版部.

四溟堂記念事業會 편, 2000『사명당 유정-그 인간과 사상과 활동』, 지식산업사.

申法印, 1983『西山大師의 禪家龜鑑 研究』, 新紀元社.

심경호 역 · 荒木見悟 저, 2000『佛教와 儒教-성리학, 유교의 옷을 입은 불교』, 예문서원.

예문동양사상연구원, 2002『한국의 사상가 10人 지눌』, 예문서원.

유봉학, 1998『조선후기 학계와 지식인』, 신구문화사.

______, 2005『한국문화와 역사의식』, 신구문화사.

유호선, 2006『조선후기 경화사족의 불교인식과 불교문학』, 태학사.

윤영해, 2000『주자의 선불교 비판 연구』, 民族社.

윤용출, 1998『조선후기의 요역제와 고용노동』, 서울대출판부.

이덕진, 2007『보조지눌 연구-중국불교와 관련하여』, 은정불교문화진흥원.

李載丙, 1946『朝鮮佛教史之研究(第一)』, 東溪文化研揚社.

李載昌, 1993『韓國佛教寺院經濟研究』, 불교시대사.

이재헌, 2007『이능화와 근대 불교학』, 지식산업사.

李智冠, 1969『韓國佛教所依經典研究』, 寶輦閣.

______, 1997『校勘譯註 歷代高僧碑文-高麗篇 4』, 伽山文庫.

______, 1999『校勘譯註 歷代高僧碑文-朝鮮篇 1』, 伽山佛教文化研究院.

李泰鎭, 1989『朝鮮儒教社會史論』, 知識產業社.

인 경, 2006『화엄교학과 간화선의 만남-보조의『원돈성불론』과『간화결의론』 연구』, 명상상담연구원.

全海住, 1993『義湘華嚴思想史研究』, 民族社.

정광호, 2001『일본침략 시기의 한·일 불교 관계사』, 아름다운세상.

정광호 역·柳田聖山 저, 1989『禪의 思想과 歷史』, 民族社.

정병삼, 1998『의상화엄사상연구』, 서울대출판부.

정병삼 역·木村清孝 저, 2005『中國華嚴思想史』, 민족사.

조계종교육원 편, 2004『曹溪宗史-고중세편』, 조계종출판사.

조성산, 2007『조선후기 낙론계 학풍의 형성과 전개』, 지식산업사.

池斗煥, 1998『朝鮮時代思想史의 再照明』, 歷史文化.

崔承熙, 1981『韓國古文書의 研究』, 韓國精神文化研究院.

______, 2003『古文書를 통해 본 朝鮮後期 社會身分史研究』, 知識產業社.

최연식 역·伊吹敦 저, 2005『새롭게 다시 쓰는 중국 禪의 역사』, 대숲바람.

한국불교근대사연구회, 2002『22인의 증언을 통해 본 근현대불교사』, 선우도량.

한명기, 2000『광해군』, 역사비평사.

韓相吉, 2006『조선후기 불교와 寺刹契』, 景仁文化社.

韓沽劤, 1993『儒教政治와 佛教-麗末鮮初 對佛教施策』, 一潮閣.

韓鍾萬, 1998『韓國 佛教思想의 展開』, 民族社.

황인규, 2005 『고려후기 · 조선초 불교사 연구』, 혜안.

______, 2005 『고려말 · 조선전기 불교계와 고승연구』, 혜안.

2) 일본

江田俊雄, 1977(復刊) 『朝鮮佛教史の研究』, 日本國書刊行會.

鎌田茂雄, 1965 『中國華嚴思想史の研究』, 東京大學出版會.

________, 1975 『宗密教學の思想史的研究』, 東京大學出版會.

高橋亨, 1929 『李朝佛教』, 東京: 寶文館.

吉津宜英, 1985 『華嚴禪の思想史的研究』, 大東出版社.

末木文美士, 2006 『思想としての佛教入門』, 東京: Trans view.

木村清孝, 1977 『初期中國華嚴思想の研究』, 春秋社.

________, 1992 『中國華嚴思想史』, 京都: 平樂寺書店.

石井公成, 1996 『華嚴思想の研究』, 春秋社.

李鍾益, 1980 『韓國佛教の研究』, 日本國書刊行會.

伊吹敦, 2001 『禪の歷史』, 法藏館.

荒木見悟, 1979 『佛教と陽明學』, 東京: 第三文明社.

荒木見悟, 1993 『佛教と儒教(新版)』, 研文出版.

忽滑谷快天, 1930 『朝鮮禪教史』, 春秋社.

黑田亮, 1940 『朝鮮舊書考』(1986, 岩波書店 復刊).

3. 논문

1) 학위논문

姜好鮮, 2000 「14세기 前半期 麗 · 元佛教交流와 臨濟宗」, 서울대 國史學科 碩士 學位論文.

金龍泰, 1999「朝鮮中期 佛教界의 변화와 '西山系'의 대두」, 서울대 國史學科 碩士學位論文.

______, 2002「笑菴觀復の華嚴思想硏究-『華嚴經大疏玄文隨疏演義鈔會解記』を中心として」, 東京大 人文社會系硏究科 修士學位論文.

______, 2008「朝鮮後期 佛教의 臨濟法統과 教學傳統」, 서울대 國史學科 博士學位論文.

南東信, 1995「元曉의 大衆教化와 思想體系」, 서울대 國史學科 博士學位論文.

南希叔, 2004「朝鮮後期 佛書刊行 硏究-眞言集과 佛教儀式集을 中心으로」, 서울대 國史學科 博士學位論文.

朴昞璇, 2001「朝鮮後期 願堂硏究」, 嶺南大 國史學科 博士學位論文.

朴榮濟, 2007「知訥의 禪思想 硏究: 三門體系를 중심으로」, 서울대 國史學科 博士學位論文.

朴在顯, 2005「한국불교의 看話禪 전통과 정통성 형성에 관한 연구」, 서울대 哲學科 博士學位論文.

朴海鐺, 1996「己和의 佛教思想 硏究」, 서울대 哲學科 博士學位論文.

孫成必, 2007「16世紀 朝鮮의 佛書 刊行」, 東國大 史學科 碩士學位論文.

宋殷碩, 2007「17세기 朝鮮王朝의 彫刻僧과 佛像」, 서울대 考古美術史學科 博士學位論文.

梁慧媛, 2005「16세기 安東地域 佛教界의 量的 轉變過程과 그 意味」, 梨花女大 社會生活科 碩士學位論文.

吳京厚, 2002「朝鮮後期 僧傳과 寺誌의 編纂 硏究」, 東國大 史學科 博士學位論文.

李康根, 1994「17世紀 佛殿의 莊嚴에 관한 硏究」, 東國大 美術史學科 博士學位論文.

李逢春, 1991「朝鮮初期 排佛史 연구: 王朝實錄을 中心으로」, 東國大 佛教學科 博士學位論文.

李鍾書, 2003「14~16세기 韓國의 親族用語와 日常 親族關係」, 서울대 國史學科 博士學位論文.

李鍾壽, 2010「조선후기 불교의 수행체계연구-三門修學을 中心으로-」, 東國大 史學科 博士學位論文.

佐藤厚, 1998「新羅高麗華嚴教學の研究」, 日本 東洋大 印度哲學科 博士學位論文.

崔誠桓, 2009「正祖代 蕩平政局의 君臣義理 연구」, 서울대 國史學科 博士學位論文.

崔鉛植, 1999「均如華嚴思想研究-教判論을 중심으로」, 서울대 國史學科 博士學位論文.

崔鍾進, 2004「朝鮮 中期의 禪思想史 研究: 西山과 그 門徒를 중심으로」, 圓光大 佛教學科 博士學位論文.

韓相吉, 2000「朝鮮後期 寺刹契 研究」, 東國大 史學科 博士學位論文.

許泰玖, 2009「丙子胡亂의 정치 · 군사사적 연구」, 서울대 國史學科 博士學位論文.

2) 일반논문

姜德雨, 1994「朝鮮中期 佛教界의 動向-明宗代의 佛教施策을 중심으로」『國史館論叢』56, 國史編纂委員會.

江田俊雄, 1935「禪宗としての朝鮮佛教の傳統について」『佛教學の諸問題』, 岩波書店.

姜好鮮, 2001「충렬 · 충선왕대 臨濟宗 수용과 고려불교의 변화」『韓國史論』46, 서울대 國史學科.

鎌田武雄, 1997「宗密以後の華嚴宗」『鎌田茂雄博士古稀記念華嚴學論集』, 大藏出版.

古谷清, 1911 · 2「朝鮮李朝佛教史概說」『佛教史學』1-3 · 4 · 5 · 6 · 8 · 11 · 12.

高橋亨, 1914「朝鮮佛教宗派遞減史論」『東亞之光』9-10・11.
______, 1921「朝鮮宗教史に現れる信仰の特色」, 朝鮮總督府 學務局.
______, 1936「朝鮮佛教の歷史的依他性」『朝鮮』250, 朝鮮總督府.
高翊晋, 1984「祖源通錄撮要의 출현과 그 史料 가치」『佛教學報』21, 東國大 佛教文化研究院.
______, 1985「碧松智嚴의 新資料와 法統問題」『佛教學報』22.
高亨坤, 1975「秋史의 白坡妄證 15條에 對하여」『學術院論文集』14, 學術院.
權純哲, 1997「高橋亨の朝鮮思想史研究」『(日本)琦玉大學紀要(教養學部)』33-1.
今西龍, 1911「朝鮮佛教關係書籍解題」『佛教史學』1-1・2・3.
金甲周, 1983「朝鮮後期 僧侶의 私有田畓」『朝鮮時代 寺院經濟研究』, 同和出版.
______, 1988「南北漢山城 義僧番錢의 綜合的 考察」『佛教學報』25.
______, 1992「朝鮮時代 寺院田의 性格」『伽山李智冠華甲記念論叢』上.
______, 1994「조선시대 寺院經濟의 推移」『韓國佛教史의 再照明』, 불교시대사.
金南允, 1995「朝鮮後期의 佛教史書《山史略抄》」『同大史學』1, 同德女大 國史學科.
金東華, 1971「四溟大師의 思想」『佛教學報』8.
金相鉉, 1998「서산문도의 태고법통설」『太古普愚國師』, 대륜불교문화연구원.
______, 2002「朝鮮佛教史 研究의 課題와 展望」『佛教學報』39.
______, 2006「유생들도 감탄했던 강학(講學)의 전통과 그 풍경」『불교와 문화』1-2, 대한불교진흥원.
김순석, 2000「조선후기 불교사 연구의 현황과 과제」『조선후기사 연구의 현황과 과제』, 창작과 비평사.
______, 2002「조선후기 불교계의 동향」『國史館論叢』92, 國史編纂委員會.
金約瑟, 1959「秋史의 禪學辨」『白性郁博士頌壽記念佛教學論文集』.
金煐泰, 1985「朝鮮 禪家의 法統考-西山家統의 究明」『佛教學報』22.
______, 1985「休靜의 禪思想과 그 法脈」『韓國禪思想研究』, 東國大 佛教文化研

究院.

______, 1988「近代佛教의 宗統 宗脈」『近代韓國佛教史論』, 民族社.

______, 1988「韓國佛教史(下)-李朝 · 近代篇」『韓國文化史大系』4, 高麗大 民族文化研究所.

______, 1989「朝鮮朝 佛教와 牧牛子思想」『普照思想』3, 普照思想研究院.

______, 1998「태고법통 확정의 사적 고찰」『太古普愚國師』, 대륜불교문화연구원.

金容祚, 1979「白谷處能의 諫廢釋教疏에 關한 研究」『韓國佛教學』4, 韓國佛教學會.

______, 1983「朝鮮後期 佛教思想의 一傾向」『慶尙大學校論文集』, 慶尙大.

______, 1986「虛應堂 普雨의 佛教復興運動」『慶尙大學校論文集』, 慶尙大.

______, 1998「毗耶居士 許筠의 佛教觀」『慶尙史學』14, 慶尙大 史學會.

金龍泰, 2000「朝鮮中期 佛教界의 변화와 '西山系'의 대두」『韓國史論』44, 서울대 國史學科.

______, 2003「笑菴觀復の華嚴思想研究-〈華嚴經大疏玄文隨疏演義鈔會解記〉を中心として」『韓國佛教學SEMINA』9, 韓國留學生印度學佛教學研究會.

______, 2003「笑菴觀復の華嚴思想と祖統說」『印度學佛教學研究』102(51-2), 日本印度學佛教學會.

______, 2006「'浮休系'의 계파인식과 普照遺風」『普照思想』25, 普照思想研究院.

______, 2006「錦溟 寶鼎의 浮休系 정통론과 曹溪宗 제창」『韓國文化』37, 서울대 韓國文化研究所.

______, 2007「조선후기 大芚寺의 表忠祠 건립과 '宗院' 표명」『普照思想』27.

______, 2009「조선후기 華嚴寺의 역사와 浮休系 전통」『지방사와 지방문화』12-1, 역사문화학회.

______, 2009「조선시대 불교의 유불공존 모색과 시대성의 추구」『朝鮮時代史

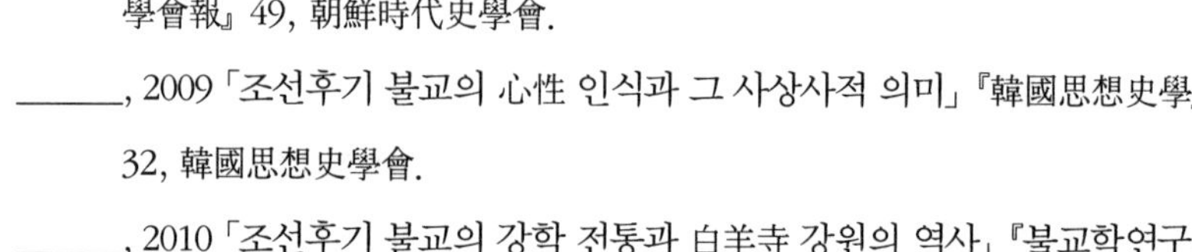
學會報』 49, 朝鮮時代史學會.

______, 2009「조선후기 불교의 心性 인식과 그 사상사적 의미」『韓國思想史學』 32, 韓國思想史學會.

______, 2010「조선후기 불교의 강학 전통과 白羊寺 강원의 역사」『불교학연구』 25, 佛教學硏究會.

金宇基, 1994「16세기 戚臣政治期의 佛教政策」『朝鮮史硏究』 3, 伏賢朝鮮史硏究會.

金仁杰, 1997「1960, 70년대 '內在的 發展論' 과 韓國史學」『韓國史 認識과 歷史理論』, 金容燮敎授停年紀念韓國史學論叢刊行委員會.

______, 2004「조선후기 향촌사회에서 '儒教的 傳統' 의 지속과 단절-향촌 사족의 居鄕觀 변화를 중심으로」『韓國史論』 50, 서울대 國史學科.

金仁德, 1975「浮休善修의 禪思想」·「浮休의 門流」『崇山朴吉眞華甲紀念韓國佛教思想史』.

金俊爀, 1999「朝鮮後期 正祖의 佛教認識과 政策」『中央史論』 12 · 13, 中央史學硏究會.

______, 2002「正祖의 佛教認識 變化」『中央史論』 16, 韓國中央史學會.

김천학, 2001「일본의 조선시대 불교 연구동향」『일본의 한국불교 연구동향』, 藏經閣.

金恒培, 1975「西山門徒의 思想-鞭羊禪師와 逍遙禪師를 중심으로」『崇山朴吉眞華甲紀念韓國佛教思想史』.

金恒洙, 1981「16세기 士林의 性理學 理解-書籍의 刊行 · 編纂을 중심으로」『韓國史論』 7, 서울대 國史學科.

김 호, 2007「'조선후기적 조건' 의 탄생과 性卽理의 균열」『人文科學硏究』 12, 가톨릭대 인문과학연구소.

______, 2007「정조의 俗學 비판과 正學論」『韓國史硏究』 139, 韓國史硏究會.

金熙俊, 2001「朝鮮前期 水陸齋의 設行」『湖西史學』 30, 湖西史學會.

南東信, 2001「朝鮮後期 불교계 동향과『像法滅義經』의 성립」『韓國史研究』113, 韓國史研究會.

盧官汎, 2001「韓國陽明學史 研究의 反省的 考察」『한국사상과 문화』11, 한국사상문화학회.

도현철, 2000「원명교체기 고려사대부의 소중화의식」『역사와현실』37, 한국역사연구회.

______, 2003「〈특집: 원간섭기 유교지식인의 사상적 지형〉 원간섭기『사서집주』 이해와 성리학 수용」『역사와 현실』49, 한국역사연구회.

朴昞璇, 2002「朝鮮後期 願堂의 政治的 基盤-官人 및 王室의 佛教認識을 중심으로」『民族文化論叢』25, 嶺南大 民族文化研究所.

박용숙, 1981「조선조 후기의 僧役에 대한 고찰」『釜山大論文集』31, 釜山大.

박해당, 1997「조선후기 불교의 심성론-大智의 '雲峰禪師心性論'을 중심으로」『불교와 문화』3, 대한불교진흥원.

______, 2000「조계종의 법통설에 대한 비판적 검토」『철학사상』11, 서울대 철학사상연구소.

方寒巖, 1930「海東初祖에 對하야」『佛教』70, 佛教社.

法 慧, 1992「朝鮮朝 僧伽教育制度에 대한 研究-『華嚴大禮文』을 中心으로」『伽山李智冠華甲紀念論叢韓國佛教文化思想史』上.

부남철, 1996「조선 유학자가 佛教와 天主教를 배척한 정치적 이유: 鄭道傳과 李恒老의 사례를 중심으로」『한국정치학회보』30-1, 한국정치학회.

______, 2000「한국정치사상에 있어서의 정치와 종교-조선 성리학자의 불교·천주교 등 종교에 대한 정치적 평가와 비판」『한국정치학회보』34-3.

______, 2003「유교적 학자군주 정조의 종교정책」『한국정치학회보』37-2.

常盤大定, 1912「朝鮮の義僧西山大師」『大崎學報』2.

徐閏吉, 1975「普雨大師의 思想」『崇山朴吉眞華甲紀念韓國佛教思想史』.

______, 1983「朝鮮朝 密教思想研究」『佛教學報』20, 東國大 佛教文化研究院.

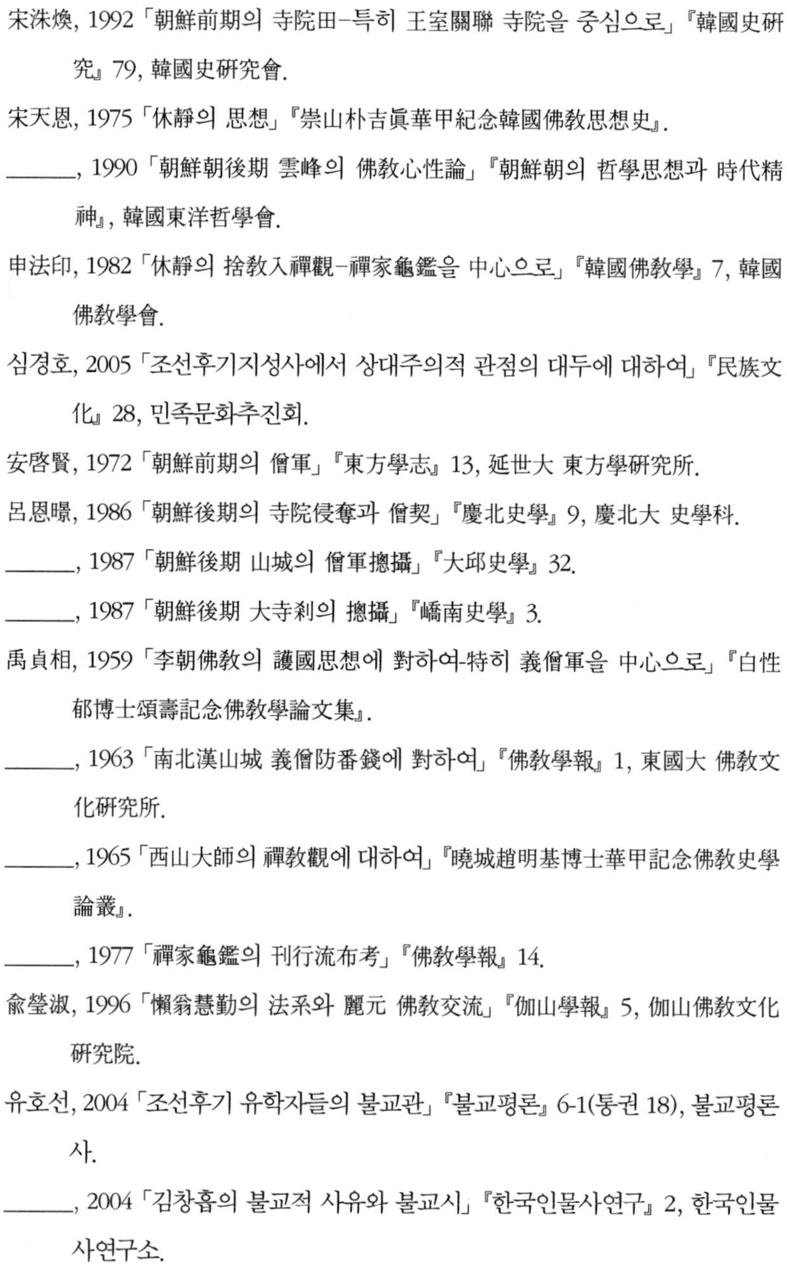

宋洙煥, 1992「朝鮮前期의 寺院田−특히 王室關聯 寺院을 중심으로」『韓國史研究』79, 韓國史研究會.

宋天恩, 1975「休靜의 思想」『崇山朴吉眞華甲紀念韓國佛教思想史』.

______, 1990「朝鮮朝後期 雲峰의 佛教心性論」『朝鮮朝의 哲學思想과 時代精神』, 韓國東洋哲學會.

申法印, 1982「休靜의 捨教入禪觀−禪家龜鑑을 中心으로」『韓國佛教學』7, 韓國佛教學會.

심경호, 2005「조선후기지성사에서 상대주의적 관점의 대두에 대하여」『民族文化』28, 민족문화추진회.

安啓賢, 1972「朝鮮前期의 僧軍」『東方學志』13, 延世大 東方學研究所.

呂恩暻, 1986「朝鮮後期의 寺院侵奪과 僧契」『慶北史學』9, 慶北大 史學科.

______, 1987「朝鮮後期 山城의 僧軍摠攝」『大邱史學』32.

______, 1987「朝鮮後期 大寺刹의 摠攝」『嶠南史學』3.

禹貞相, 1959「李朝佛教의 護國思想에 對하여-特히 義僧軍을 中心으로」『白性郁博士頌壽記念佛教學論文集』.

______, 1963「南北漢山城 義僧防番錢에 對하여」『佛教學報』1, 東國大 佛教文化研究所.

______, 1965「西山大師의 禪教觀에 대하여」『曉城趙明基博士華甲記念佛教史學論叢』.

______, 1977「禪家龜鑑의 刊行流布考」『佛教學報』14.

兪瑩淑, 1996「懶翁慧勤의 法系와 麗元 佛教交流」『伽山學報』5, 伽山佛教文化研究院.

유호선, 2004「조선후기 유학자들의 불교관」『불교평론』6-1(통권 18), 불교평론사.

______, 2004「김창흡의 불교적 사유와 불교시」『한국인물사연구』2, 한국인물사연구소.

______, 2006「번암 채제공의 불교인식」『한국인물사연구』5, 한국인물사연구소.

윤영해, 1997「성리학의 심성론과 불교비판」『불교와 문화』3, 대한불교진흥원.

尹用出, 1984「朝鮮後期의 赴役僧軍」『釜山大學校人文論叢』26, 釜山大.

李景植, 1973「17世紀의 土地開墾과 地主制의 展開」『韓國史硏究』9, 韓國史硏究會.

李箕永, 1976「朝鮮王朝 末期의 佛教」『民族文化硏究』10, 高麗大 民族文化硏究所.

李法山, 1994「朝鮮後期 佛教의 教學的 傾向」『韓國佛教史의 再照明』, 불교시대사.

李炳熙, 1997「朝鮮時期 寺刹의 數的 推移」『歷史教育』61, 歷史教育硏究會.

______, 2001「고려시기 승려의 개인재산」『典農史論』7, 서울시립대 국사학과.

李逢春, 1998「조선중기 불교계의 동향」『한국사』31, 국사편찬위원회.

______, 1994「한국불교사 연구의 현황과 과제」『한국불교학연구 그 회고와 전망』, 동국대.

______, 2000「조선시대의 승직 제도」『승가교육』3, 조계종 교육원.

李性陀, 1975「栢庵의 사상」『崇山朴吉眞華甲紀念韓國佛教思想史』.

李英茂, 1977「韓國佛教史에 있어서의 太古普愚國師의 地位-韓國佛教의 宗祖論을 中心으로」『韓國佛教學』3, 韓國佛教學會.

______, 1982「蓮潭私記를 통해 본 朝鮮時代의 華嚴學-世主妙嚴品을 中心으로」『韓國華嚴思想硏究』, 동국대.

李永子, 1984「朝鮮中 · 後期의 禪風-西山五門을 中心으로」『韓國禪思想硏究』, 동국대.

李乙浩, 1959「儒佛相交의 面에서 본 丁茶山」『白性郁博士頌壽記念佛教學論文集』, 기념사업위원회.

李章熙, 1969「壬辰倭亂 僧軍考」『李弘稙博士回甲紀念韓國史學論叢』.

李載昌, 1976 「朝鮮時代 僧侶 甲契의 研究」『佛教學報』13.

______, 1986 「朝鮮朝 社會에 있어서의 佛教教團」『韓國史學』7, 韓國精神文化研究院.

______, 1987 「朝鮮時代 佛教의 主體的 展開」『佛教學報』24.

李宰熙, 1993 「朝鮮 明宗代 '戚臣政治'의 전개와 그 성격」『韓國史論』29.

이종수, 2008 「조선후기 불교계의 心性 논쟁-雲峰의『心性論』을 중심으로-」『普照思想』29, 普照思想研究院.

______, 2008 「18세기 기성쾌선의 念佛門연구」『普照思想』30, 普照思想研究院.

______, 2008 「숙종 7년 중국선박의 표착과 백암성총의 불서간행」『불교학연구』21, 佛教學研究會.

李鍾英, 1963 「僧人號牌考」『東方學志』17, 延世大 東方學研究所.

李鍾益, 1975 「證答白坡書를 통해 본 金秋史의 禪教觀」『佛教學報』12.

李智冠, 1974 「蓮潭 및 仁嶽의 私記와 그의 禪教觀」『崇山朴吉眞華甲紀念韓國佛教思想史』.

______, 1981 「韓國佛教僧伽教育의 史的考察」『佛教學報』18.

______, 1992 「著書를 통해 본 朝鮮朝의 淨土思想」『伽山李智冠華甲紀念論叢韓國佛教文化思想史』上.

李哲憲, 1994 「懶翁惠勤의 法脈」『韓國佛教學』19, 韓國佛教學會.

李泰鎭, 1979 「16세기 士林의 歷史的 性格」『大東文化研究』13, 成均館大 大東文化研究院.

______, 1989 「士林과 書院」『朝鮮儒教社會史論』, 지식산업사.

장동표, 2000 「조선후기 밀양 표충사(表忠祠)의 연혁과 사우(祠宇) 이건 분쟁」『역사와 현실』35, 한국역사연구회.

鄭炳三, 1983 「秋史의 佛教學」『澗松文華』24, 韓國民族美術研究所.

______, 1996 「眞景時代 佛教의 振興」『澗松文華』50, 韓國民族美術研究所.

______, 1998 「조선후기 불교계의 동향」『한국사』35, 國史編纂委員會.

______, 1998「진경시대 불교의 진흥과 불교문화의 발전」『우리문화의 황금기 진경시대1』, 돌베개.

______, 2002「19세기의 불교사상과 문화」『추사와 그의 시대』, 돌베개.

______, 2002「19세기의 불교계의 사상적 추구와 佛教藝術의 변화」『韓國思想과 文化』 16, 韓國思想文化學會.

______, 2006「일연선사비의 복원과 고려 승려비문의 문도 구성」『한국사연구』 133, 한국사연구회.

鄭柄朝, 1992「佛教信仰의 命脈」『韓國思想史大系』 5, 韓國精神文化研究院.

鄭奭鍾, 1981「朝鮮後期 肅宗年間의 彌勒信仰과 社會運動」『韓沽劤博士停年記念史學論叢』, 知識産業社.

鄭性本, 1994「朝鮮後期의 禪論爭」『韓國佛教史의 再照明』, 불교시대사.

鄭玉子, 1988「17세기 思想界의 再編과 禮論」『韓國文化』 10, 서울대 韓國文化研究所.

鄭學權, 1974「韓國李朝佛教の 淸虛禪師の 禪教觀」『印度學佛教學研究』 22-2, 日本印度學佛教學會.

趙南浩, 2003「다카하시 토오루(高橋亨)의 조선불교연구」『韓國思想과 文化』 20, 韓國思想文化學會.

趙明基, 1981「朝鮮後期 佛教」『韓國史論』 4, 國史編纂委員會.

趙成山, 1999「19세기 전반 노론계 佛教認識의 정치적 성격」『韓國思想史學』 13, 韓國思想史學會.

존 요르겐센, 1998「조선왕조에서의 불교와 유학간의 대립」『불교연구』 15, 한국불교연구원.

宗 梵, 1989「講院教育에 끼친 普照思想」『普照思想』 3, 普照思想研究院.

______, 1992「懶翁禪風과 朝鮮佛教」『伽山李智冠韓國佛教文化思想史』 上.

______, 1993「朝鮮中 · 後期의 禪風에 관한 研究」『震山韓基斗博士華甲記念 韓國宗教思想史의 再照明』, 圓光大出版部.

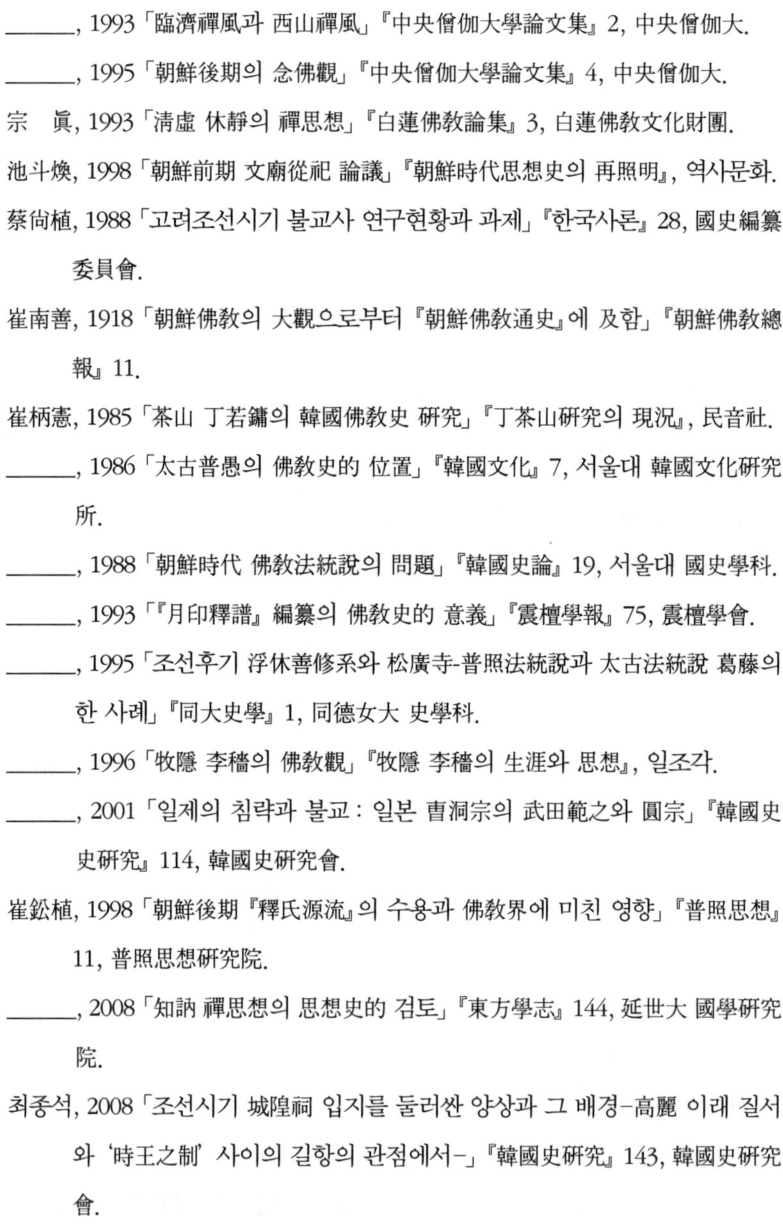

______, 1993「臨濟禪風과 西山禪風」『中央僧伽大學論文集』2, 中央僧伽大.

______, 1995「朝鮮後期의 念佛觀」『中央僧伽大學論文集』4, 中央僧伽大.

宗　眞, 1993「淸虛 休靜의 禪思想」『白蓮佛敎論集』3, 白蓮佛敎文化財團.

池斗煥, 1998「朝鮮前期 文廟從祀 論議」『朝鮮時代思想史의 再照明』, 역사문화.

蔡尙植, 1988「고려조선시기 불교사 연구현황과 과제」『한국사론』28, 國史編纂委員會.

崔南善, 1918「朝鮮佛敎의 大觀으로부터『朝鮮佛敎通史』에 及함」『朝鮮佛敎總報』11.

崔柄憲, 1985「茶山 丁若鏞의 韓國佛敎史 硏究」『丁茶山硏究의 現況』, 民音社.

______, 1986「太古普愚의 佛敎史的 位置」『韓國文化』7, 서울대 韓國文化硏究所.

______, 1988「朝鮮時代 佛敎法統說의 問題」『韓國史論』19, 서울대 國史學科.

______, 1993「『月印釋譜』編纂의 佛敎史的 意義」『震檀學報』75, 震檀學會.

______, 1995「조선후기 浮休善修系와 松廣寺-普照法統說과 太古法統說 葛藤의 한 사례」『同大史學』1, 同德女大 史學科.

______, 1996「牧隱 李穡의 佛敎觀」『牧隱 李穡의 生涯와 思想』, 일조각.

______, 2001「일제의 침략과 불교 : 일본 曹洞宗의 武田範之와 圓宗」『韓國史史硏究』114, 韓國史硏究會.

崔鈆植, 1998「朝鮮後期『釋氏源流』의 수용과 佛敎界에 미친 영향」『普照思想』11, 普照思想硏究院.

______, 2008「知訥 禪思想의 思想史的 검토」『東方學志』144, 延世大 國學硏究院.

최종석, 2008「조선시기 城隍祠 입지를 둘러싼 양상과 그 배경-高麗 이래 질서와 '時王之制' 사이의 길항의 관점에서-」『韓國史硏究』143, 韓國史硏究會.

韓基斗, 1969「白坡의 禪門手鏡」『論文集』4, 圓光大.

______, 1975「白坡와 草衣時代 禪의 論爭點」『崇山朴吉眞博士華甲記念韓國佛教思想史』.

______, 1984「普照思想이 후대 韓國佛教에 미친 영향」『佛教思想』8, 佛教思想社.

______, 1992「朝鮮後期 禪論爭과 그 思想的 의의」『伽山李智冠華甲記念論叢韓國佛教思想史』上.

韓普光, 1995「朝鮮時代의 萬日念佛結社」『佛教學報』32.

韓永愚, 1980「16세기 士林의 歷史敍述과 歷史認識」『東洋學』10, 檀國大 東洋學研究所.

韓龍雲, 1938「佛教青年運動을 復活하라」『佛教』新10.

許興植, 1990「懶翁의 思想과 繼承者」『韓國學報』58·9, 一志社.

______, 1991「14, 5세기 曹溪宗의 繼承과 法統」『東方學志』73, 延世大 國學研究院.

洪潤植, 1975「李朝佛教의 信仰儀禮」『崇山朴吉眞博士華甲記念韓國佛教思想史』.

찾아보기

〈준제관음과 천수관음〉

ㄱ

가홍장(嘉興藏) 258, 259
간경도감(刊經都監) 19, 38, 230
「간폐석교소(諫廢釋教疏)」 57, 320, 321
『간화결의(看話決疑)』 252
『간화결의론(看話決疑論)』 163, 214, 339
간화경절문(看話徑截門) 233, 234
간화선(看話禪) 18, 23, 30~32, 114, 186, 209, 211, 212, 214, 216, 220, 226, 229, 230, 232~234, 236, 237, 240, 243, 244, 254, 275~277, 292, 297, 300, 337
간화선풍(看話禪風) 172, 174, 182, 186, 213, 215, 224, 225, 289
갑계(甲契) 83
강원(講院) 223, 228, 231
강학(講學) 139, 209, 231, 232, 243~249, 251, 262, 263, 267, 271, 272, 275, 297
강회(講會) 139, 140, 143, 245, 246, 256, 268
강회백(姜淮伯) 308
개원사(開元寺) 71, 257
건봉사(乾鳳寺) 103, 121
『격몽요결(擊蒙要訣)』 360
격외선(格外禪) 278~281, 283~285, 290, 293, 295~297, 301
『결택기(決擇記)』 262
겸수(兼修) 30, 235
『경국대전(經國大典)』 39, 41, 67, 74, 197
『경덕전등록(景德傳燈錄)』 228, 229
경성 일선(慶聖一禪) 77, 78, 113
경암 응윤(鏡巖應允) 240
경절문(徑截門) 114, 118, 218, 233, 234, 240, 296
계(契) 83, 84
『계초심학인문(誡初心學人文)』 163
계파(系派) 78, 79, 113, 172, 353, 361, 367, 371
고려나옹법통설(高麗懶翁法統說) 119, 175, 177, 179, 180, 184, 185, 192, 216
『고봉선요(高峯禪要)』 184, 216, 224, 225, 230, 277
『고봉어록(高峯語錄)』 213, 215

고봉 원묘(高峰原妙) 172, 182, 185, 186, 213~215, 224, 230, 365
고증학(考證學) 22, 275, 372, 373
고한 희언(孤閑熙彦) 256
공리적 시책 52
공명첩(空名帖) 61, 85
공적영지(空寂靈知) · 공적지(空寂知) 225, 234, 329
공효론(功效論) 318, 321
관복(觀復) 262, 263
광해군(光海君) 160
교외별전(教外別傳) 299
교종판사(教宗判事) 41, 43
구산선문(九山禪門) 174, 180, 181, 187, 197, 201, 203
구암사(龜岩寺) 276, 286
『구현기(鉤玄記)』 268
권근(權近) 311
권상로(權相老) 14, 19, 28, 199, 300
귀곡 각운(龜谷覺雲) 180~183, 201
규정소(糾正所) 71
『금강경(金剛經)』 226, 227
금강산(金剛山) 116, 119, 121, 133
금명 보정(錦溟寶鼎) 167, 191, 192, 199, 200, 284, 370, 371
금산사(金山寺) 71, 140, 251, 268
기성 쾌선(箕城快善) 239
기암 법견(奇巖 法堅) 49, 116, 178
기허 영규(騎虛靈圭) 47
김시습(金時習) 23, 255
김영수(金映遂) 19, 199, 244
김인후(金麟厚) 341
김정희(金正喜) 21, 22, 103, 265, 276, 277
김창흡(金昌翕) 373

ㄴ

나암 진일(懶庵眞一) 361
나옹계(懶翁系) 176, 181, 182, 184, 365
나옹 혜근(懶翁惠勤) 69, 173~180, 181, 184~187, 192, 193, 198, 367, 370
낙론(洛論) 346, 347
남봉 수능(南峰修能) 173, 175, 176
남 · 북한산성 58, 60, 70, 73, 85, 134
남산(南山) 혜일봉(慧日峯) 312, 316
남악 회양(南嶽懷讓) 280, 286, 291
남한산성(南漢山城) 53, 55, 69, 71, 75,

122, 154, 159, 160
내세관 91, 92, 94, 95, 307~309, 314, 318, 360
내수사(內需司) 40, 43~45
내원당(內願堂) 44, 45
뇌묵 등린(雷默等麟) 133
뇌묵 처영(雷默處英) 47, 49, 72, 114, 136
누카리야 카이텐(忽滑谷快天) 18
『누판고(鏤板考)』 232
『능엄경(楞嚴經)』 223, 226, 227, 340
능침사(陵寢寺) 40, 45, 59, 60, 92

ㄷ

다카하시 토오루(高橋亨) 16, 27, 75
다케다 한시(武田範之) 194
대가 희옥(待價希玉) 162
대교과(大教科) 219, 223, 228~231, 252, 255, 360
대둔사(大芚寺) 51, 72, 84, 123~127, 131, 132, 135~137, 139~141, 191, 193, 246, 248, 251, 267, 268, 271, 369, 370, 372
대둔사 12대 강사(講師) 142, 143, 151, 271
대둔사 12대 종사(宗師) 124, 137, 141
『대둔사지(大芚寺志)』 124, 125, 136, 137, 193, 222, 246, 268, 271, 272, 370, 372, 373
대둔사 표충사(表忠祠) 133
『대승기신론(大乘起信論)』 226~228, 260, 294, 327, 329, 333, 348
『대승기신론소필삭기(大乘起信論疏筆削記)』 259, 260
『대승기신론소필삭기회편(大乘起信論疏筆削記會編)』 259
『대혜서장(大慧書狀)』 186, 216, 224, 225, 230
『대혜어록(大慧語錄)』 213
대혜 종고(大慧宗杲) 172, 182, 185, 186, 213, 214, 224, 233, 338, 358, 365
『대흥보감(大興寶鑑)』 126, 369
대흥사(大興寺) 126, 136, 369
도봉 영소(道峯靈炤) 173, 174
도승(度僧)·도승법(度僧法) 39, 42, 43, 45, 74, 77
「도승조(度僧條)」 41, 74

도승통(都僧統) 60, 71~73
도의(道義) 201, 203
도첩(度牒)·도첩제 39, 42, 45, 50, 53, 55, 62, 74, 75, 308, 311
도총섭(都摠攝) 48, 49, 68~70, 72, 73
도통론(道統論) 176, 177, 365, 366
도회소(都會所) 38, 39
돈교(頓敎) 288, 289, 301
돈오점수(頓悟漸修) 225, 234, 318, 336, 337, 339~341
돈오점수론 226, 341
『동국승니록(東國僧尼錄)』 372
『동사열전(東師列傳)』 369, 374
동화사(桐華寺) 157
득도사(得度師) 76, 77, 79, 122
등계 정심(登階正心) 127, 173, 175

ㅁ

만덕사(萬德寺) 125, 369, 372, 373
『만덕사지(萬德寺志)』 372, 372
만천명월주(萬川明月主) 61, 102
모운 진언(慕雲震言) 140, 155, 161, 252, 264, 268
몽산 덕이(蒙山德異) 214, 215, 224, 230
『몽산어록(蒙山語錄)』 215
묘각 수미(妙覺守眉) 183
묘향산(妙香山) 48, 77, 114, 116, 117, 131, 133, 140, 266, 267
무경 자수(無竟子秀) 128, 190, 293, 294, 297, 323, 334
무극(無極) 316, 322
무용 수연(無用秀演) 150, 166, 189, 219, 220, 235, 245, 265
무학 자초(無學自初) 69, 175, 176, 187, 193
묵암 최눌(默庵最訥) 148, 150~152, 161, 165, 166, 220, 245, 249, 252, 263, 265, 266, 323, 334, 342~347, 370
문정왕후(文定王后) 41, 43, 44
문파(門派) 78, 79, 82, 83, 172, 247, 353, 361, 363, 367, 368
미황사(美黃寺) 124, 369
민간신앙 96, 98
밀교(密敎)신앙 97
밀양 표충사(表忠祠) 120, 122, 247

ㅂ

박한영(朴漢永) 195, 277

방번전(防番錢) · 방번전제(防番錢制) 58, 123

방한암(方漢巖) 201

배불(排佛) · 배불론 93, 307, 309, 311~313, 317, 321

백곡 처능(白谷處能) 57, 158, 165, 216, 320, 321

백련사(白蓮社) 124, 125, 373

백암 성총(栢庵性聰) 147, 148, 150, 156, 160, 163~166, 183, 192, 220, 238, 245, 252, 257, 259~265

백양사(白羊寺) 122, 276, 286

백장사(百丈寺) 154

백파 긍선(白坡亘璇) 106, 221, 240, 252, 276~279, 281, 282, 284, 286, 290, 291, 295, 297, 298, 289, 300, 301, 323, 356

범어사(梵魚寺) 195, 198, 375

『범우고(梵宇攷)』 86

범해 각안(梵海覺岸) 125, 239, 369, 370, 374

법계관(法界觀) 287, 288, 334, 343~344

법신(法身) 322, 334, 346

법안 문익(法眼文益) 341

법안종(法眼宗) 173~175, 177, 179, 279, 282, 291

법주사(法住寺) 61, 154, 157

『법집별행록절요병입사기(法集別行錄節要幷入私記)』 213, 215, 216, 224~226, 230, 233, 249, 251, 252, 336, 337, 339

법통설(法統說) 24

『법화경(法華經)』 223, 226~228, 236

법화교학 127, 222, 227, 228, 236

벽계 정심(碧溪正心) 180, 182, 183

벽담(碧潭) 문중 151, 152

벽담 행인(碧潭幸仁) 143, 150~152, 191, 192

벽불(闢佛) 307

벽송 지엄(碧松智嚴) 46, 78, 113, 172, 173, 175, 182, 186, 212, 213, 216, 223, 225, 232, 365

벽암 각성(碧巖覺性) 53, 54, 69, 100, 128, 147, 149, 153, 154, 157, 159,

160, 191, 252, 256, 265, 361, 370
벽이단(闢異端) · 벽이론(闢異論) 307~309, 311
벽하 대우(碧霞大愚) 140, 248, 272
병자호란(丙子胡亂) 54, 355, 366
보경 사일(寶鏡獅馹) 60, 70
보광 원민(葆光圓旻) 161
보사청(補寺廳) 83, 84
보조법통설(普照法統說) 202
보조유풍(普照遺風) 32, 148, 160, 162, 165~167, 192, 229, 231
보조종조론(普照宗祖論) 200, 201
보조 지눌(普照知訥) 19, 25, 147, 163~165, 167, 173~175, 177, 179, 180, 187, 192, 193, 198, 200~203, 213, 215, 216, 221, 224, 226, 229, 233, 237, 254, 288, 296, 298, 336, 341, 344, 345, 362, 371
보현사(普賢寺) 72, 129, 131, 134, 136, 232, 260
봉선사(奉先寺) 41, 42, 71
봉은사(奉恩寺) 41, 42, 71, 159
『부모은중경(父母恩重經)』 60, 101, 356, 357
부용 영관(芙蓉靈觀) 76~78, 113, 147, 158, 173, 213, 370
부휴계(浮休系) 26, 112, 117, 128, 143, 147, 148, 151~154, 156, 157, 159~162, 165~167, 188~192, 199, 219, 220, 231, 245, 248, 249, 252, 264~266, 342, 367, 368, 370, 371
부휴 선수(浮休善修) 23, 100, 122, 147, 148, 152~154, 157, 158, 160, 164, 166, 167, 190, 191, 194, 196, 198, 367, 370, 371
부휴종(浮休宗) 167, 371
북학(北學) 367
북한산성(北漢山城) 58, 69, 71, 123
분반좌(分半座) 279, 282, 283
『분충서난록(奮忠紓難錄)』 120
「불가경의설(佛家經義說)」 374
불교 상례집 · 의례집 78, 97, 361~363
불량계(佛粮契) 83, 84
『불씨잡변(佛氏雜辨)』 309~311, 330, 335
불언량(佛言量) 337~339
『불조록찬송(佛祖錄讚頌)』 371
『불조원류(佛祖源流)』 79, 117, 151, 182,

190~193, 292, 367, 368, 370
「불조원류서(佛祖源流序)」 191
「불조종파도(佛祖宗派圖)」 166, 245, 264, 266, 370
비량(比量) 337~339

ㅅ

사고(史庫) 55, 70, 73
사교(邪敎) 55, 105, 231, 312
사교과(四敎科) 223, 226, 227, 230, 232, 252, 253, 360
사교염서(捨敎念西) 239
사교입선(捨敎入禪) 23, 212, 221, 301
사기(私記) 24, 243, 244, 249, 252, 256, 270, 271, 295, 337
사노(寺奴) 38, 80
사단칠정론(四端七情論) 312
『사명당승손세계도(四溟堂僧孫世系圖)』 79, 121, 368
『사명당지파근원록(四溟堂支派根源錄)』 120, 368
사명문파(四溟門派)·사명파 79, 115, 118~122, 124, 177~179, 247, 248, 368
사명 유정(四溟惟政) 22, 42, 45, 47~49, 51, 72, 79, 100, 115, 118, 119, 121, 122, 129, 136, 158, 159, 172, 173, 178, 179, 188, 210, 247, 256, 289, 336, 368, 372
사사관리서(寺社管理署) 62
사사무애·사사무애법계(事事無碍法界) 287~289, 290, 294, 295, 297, 298, 301, 334, 344, 345
사십구재(四十九齋) 94, 105, 361
사암 채영(獅巖采永) 190, 192, 367, 368
사액사(賜額祠)·사액사우(賜額祠宇) 51, 72, 73, 136
사위전(寺位田) 44, 80
사시(事智)의 현전(現前) 339, 340, 345
사집과(四集科) 223, 224, 226, 229, 230, 231, 251, 252, 360
「사집사교전등염송화엄(四集四敎傳燈拈頌華嚴)」 223
사찰노비 57, 79, 319
「사찰령(寺刹令)」 62, 195, 364, 368
『사찰록(寺刹錄)』 86
『산사약초(山史略抄)』 248, 249, 369,

370
『삼가귀감(三家龜鑑)』 357
삼교(三教) 일치 24, 322, 324
『삼노행적(三老行蹟)』 77
삼량(三量) 338, 339
3문 233~235, 254
삼문(三門) 96, 200, 233~235, 237, 240, 248
삼문수업(三門修業) 23, 30, 129, 232, 236
삼보종찰(三寶宗刹) 195, 374, 375
삼봉 지탁(三峰知濯) 343
삼산(三山) 116
3시기 구분론 28, 29
삼신(三身) 316, 321, 322
「삼연선생시집중용불어해(三淵先生詩集中用佛語解)」 374
삼종선(三種禪) 22, 23, 275, 277, 278, 282, 287, 289, 291, 297, 299, 300
삼처전심(三處傳心) 279, 280, 283, 290, 299
삼현(三玄) 298
삼화상(三和尙) 175, 184, 193
상봉 정원(霜峰淨源) 131, 249, 267, 337
상월 새봉(霜月璽封) 98, 132, 140, 218, 244, 268, 322
상총(尙聰) 215, 362
생멸문(生滅門) 294
서거정(徐居正) 318
서경덕(徐敬德) 341
서산유의(西山遺意) 72, 135~137
서산 휴정(西山休靜) 15, 22
서학(西學) 61, 104, 106, 312, 367
『석문가례초(釋門家禮抄)』 361~363
『석문상의초(釋門喪儀抄)』 361, 363
석실 명안(石室明安) 239, 265
석옥 청공(石屋清珙) 77, 179, 180, 186
석왕사(釋王寺) 101, 102, 133, 141, 155
『석왕사지(釋王寺志)』 373
『석전유해(釋典類解)』 373
『선가귀감(禪家龜鑑)』 111, 210, 211, 215, 233, 293, 336
선과(禪科) 68, 69, 74
「선교결(禪教訣)」 299
선교겸수(禪教兼修) 22~24, 30, 32, 129, 161, 174, 199, 203, 209, 212~222, 225, 226, 229, 230, 232, 234, 235, 236, 243, 244, 248, 249, 254,

263, 275, 276, 297, 300, 301, 336, 337, 339~341
선교도총섭(禪教都摠攝) 47, 53, 69, 100, 159, 182
선교양종(禪教兩宗) 19, 27, 32, 38, 41, 67, 77, 187, 188, 194, 196~199, 201, 210, 255, 312
선교양종판사(禪教兩宗判事) 49, 68, 111, 188
선교(禪教)일치 213, 217, 225, 226, 236, 253, 337, 341
선교(禪教) 판석(判釋) 301
선(禪) 논쟁 18, 275~277, 289~291, 301
『선문강요(禪門綱要)』 284, 298
『선문보장록(禪門寶藏錄)』 215, 299
『선문사변만어(禪門四辨漫語)』 281, 286
『선문수경(禪門手鏡)』 277, 280
『선문염송(禪門拈頌)』 215, 219, 223, 228~231, 277, 292
『선문오종강요(禪門五宗綱要)』 249, 251, 277, 295
『선문재정록(禪門再正錄)』 289, 290
『선문증정록(禪門證正錄) 283, 286, 299
선암사(仙巖寺) 102, 132, 152, 245, 268
선운사(禪雲寺) 276
『선원소류(禪源溯流)』 286
『선원제전집도서(禪源諸詮集都序)』 213, 215~217, 224, 225, 226, 230, 236, 249, 251, 252, 291, 329, 333, 336, 337, 339, 345
『선원집도중결의(禪源集圖中決疑)』 252
『선원청규(禪院淸規)』 362
선정(禪淨)일치 233, 237
선종(禪宗) 5가(家) 278, 295
선종판사(禪宗判事) 41, 43
선(禪) 판석(判釋) 291, 292
설두 유형(雪竇有炯) 162, 221, 248, 269, 277, 286, 287, 289, 290, 299, 301, 369
설봉 회정(雪峰懷淨) 123, 140, 272
설송 연초(雪松演初) 120, 247
설암 조흠(雪岩祖欽) 185
설암 추붕(雪巖秋鵬) 131, 140, 161, 218, 268, 270, 337
설파 상언(雪坡尙彦) 251, 268, 269, 271, 276
섭기윤(葉棋胤) 258, 261

성기(性起)·성기론 343, 345
성기문(性起門) 288
성범인심동이론(聖凡人心同異論) 346, 347
성수전(聖壽殿) 104
성적등지문(惺寂等持門) 233, 234
성즉리(性卽理) 328, 346, 349
『성학집요(聖學輯要)』 318
소요문파(逍遙門派)·소요파 122, 124~126, 137, 139, 141, 142, 246, 248, 271, 272, 368, 369, 373
소요 태능(逍遙太能) 49, 116, 122, 124, 126, 218, 369
『송계효행록(松溪孝行錄)』 106, 356
송광사(松廣寺) 61, 71, 147, 148, 151~154, 156~158, 160, 162~167, 180, 181, 191~193, 195, 200, 202, 245, 260, 371, 374, 375
송광사 부도전(浮屠殿) 148~152, 156, 164
「송광사사원사적비(松廣寺嗣院事蹟碑)」 164
송시열(宋時烈) 341
송운 유정(松雲惟政) 15, 193, 222
송월 응상(松月應祥) 119, 178
송준길(宋俊吉) 56
수계사(授戒師) 77, 78, 113
수국사(守國寺) 103
수륙사(水陸寺) 40
수륙재(水陸齋)·수륙회(水陸會) 92, 99, 100, 227
『수선결사문과석(修禪結社文科釋)』 221, 280
수선사(修禪社) 162, 214, 215, 362, 371
「수심결(修心訣)」 336
수충사(酬忠祠) 51, 60, 72, 136, 355, 372
숭불(崇佛) 56, 93, 321
숭유억불(崇儒抑佛) 13, 15, 37, 93
『승가예의문(僧家禮儀文)』 361, 363
승과(僧科) 39~43, 45, 67, 181, 228
승군(僧軍) 16, 21, 44, 47, 50, 52~55, 58, 69, 73, 159, 354, 361
승역(僧役) 55, 74, 75, 85, 134
승통제(僧統制) 73
시부(示趺) 279, 282
신돈(辛旽) 372
신묵(信默) 79, 122

신불멸론(神不滅論) 94
『신화엄경론(新華嚴經論)』 233
신흠(申欽) 374
「심기리편(心氣理篇)」 310, 331
심성(心性) 논쟁 342, 347
『심성론(心性論)』 322, 332, 334, 336, 342, 347
심즉리(心卽理) 333, 349
심즉지(心卽知) 329, 348, 349
심학(心學) 312, 341
『십지론(十地論)』 231, 255
「십지품(十地品)」 269
쌍계사(雙溪寺) 154, 157, 160, 163, 257

ㅇ

아암 혜장(兒菴惠藏) 123, 125, 126, 222, 369, 373
앙산 혜적(仰山慧寂) 282, 292
양명학(陽明學) 312
양종(兩宗)복립 42, 43, 45, 46, 67, 176, 372
억불(抑佛)·억불책 29, 37, 38, 56, 57, 93, 311, 317, 319~321
에다 토시오(江田俊雄) 18, 28
여래선(如來禪) 276~287, 290, 292~297, 301, 334
여래장(如來藏) 333, 334
역승급패(役僧給牌) 44, 74
연기(緣起)·연기론 343~345
연담 유일(蓮潭有一) 72, 76, 95, 125, 141, 142, 219, 231, 238, 244, 251, 260, 269, 271, 296, 334, 337, 339, 340, 342~347, 355, 357~359, 373, 374
『연의초(演義鈔)』 258, 260~263, 268~270
염불결사(念佛結社) 239
염불계(念佛契) 83, 84, 96
염불문(念佛門) 96, 233, 234, 237~240, 259
『염불보권문(念佛普勸文)』 259
염불선(念佛禪) 237, 238, 240
염불정토·신앙 96, 232, 237
『염불환향곡(念佛還鄕曲)』 239
『염송설화(拈頌說話)』 229, 282, 284, 287, 294
염화(拈花) 280, 282, 283, 300

영명 연수(永明延壽) 174, 179, 213, 217, 236, 237
영월 청학(詠月淸學) 116, 223, 231, 236, 360
영지(靈知) 329, 338, 346
영해 약탄(影海若坦) 150, 156, 160, 370
영허 선영(映虛善影) 245
오계(五戒) 314, 316, 324
오규정소(五糾正所) 60, 70~72
오복제(五服制) 362~364
오상(五常) 314, 316, 317
『오주연문장전산고(五洲衍文長箋散稿)』 374
완허 원준(玩虛圓俊) 114, 119, 193, 222
완호 윤우(玩虎尹佑) 125, 141, 373
완화 처해(玩華處海) 150
외선내교(外禪內敎) 244
용담 조관(龍潭慥冠) 218, 238, 356
용복사(龍腹寺) 177, 178, 230
용연사(龍淵寺) 122, 357
용운 처익(龍雲處益) 73, 148, 156
용주사(龍珠寺) 60, 70~72, 101, 356
용호 해주(龍湖海珠) 245
우담 홍기(優曇洪基) 248, 283, 284, 286, 295
운곡 충휘(雲谷冲徽) 127
운문종(雲門宗) 279, 282, 291, 298
운봉 대지(雲峰大智) 322, 332, 334, 336, 342
『운수단(雲水壇)』 98
『원각경(圓覺經)』 223, 226, 227, 340
원각사(圓覺寺) 38, 39
원교(圓敎) 288, 289, 296, 301
원당(願堂) 25, 56, 57, 59, 85, 92, 319, 321
원돈문(圓頓門) 233, 234, 240, 295, 296
『원돈성불론(圓頓成佛論)』 163, 213, 344
원돈신해문(圓頓信解門) 233, 234, 344
원오 극근(圓悟克勤) 288, 294
원융부(圓融府) 181, 197, 199
원종(圓宗) 31, 194~197
원철대사(圓澈大師) 223
원흥사(元興寺) 62, 104, 194
월담 설제(月潭雪霽) 131, 219
월저 도안(月渚道安) 131, 139, 189, 193, 218, 222, 251, 256, 266, 267, 272
월파 태율(月波兌律) 231, 238

월하 계오(月荷戒悟) 155, 356
위앙종(潙仰宗) 279, 282, 292
『유망기(遺忘記)』 270
『유석질의론(儒釋質疑論)』 312, 315, 322, 332
유점사(楡岾寺) 102
『육도보설(六道普說)』 230
은해사(銀海寺) 155, 157, 252
음양오행(陰陽五行) 315, 321
응암 낭윤(應庵朗允) 150, 370
의리선(義理禪) 277~281, 283, 285, 287, 293, 295~298, 300, 301
의승방번제(義僧防番制) 58
의엄(義嚴) 47, 48, 114
의타성(依他性) 17, 300
『이노행적(二老行蹟)』 77
이능화(李能和) 14, 196, 198, 209
이량(二量) 252, 337
이력과정(履歷課程) 129, 223, 224, 227~231, 236, 243, 249, 360
이마니시 류(今西龍) 14, 15
이사무애 · 이사무애법계(理事無碍法界) 287, 290, 334, 344
이색(李穡) 181, 308
이수광(李晬光) 319
이식(李植) 178
이이(李珥) 318, 360
이재열(李在烈) 19, 202
이정구(李廷龜) 129, 178
『이조불교(李朝佛敎)』 16, 17, 21, 29, 75, 264, 300
『이조실록불교초존(李朝實錄佛敎鈔存)』 19
이종익(李鍾益) 202
이지(理智) 339, 340, 345, 346
이통현(李通玄) 213, 233, 254, 345
이학(理學) 341, 349
이현(二玄) 252, 337
이황(李滉) 366
이회광(李晦光) 194, 196, 200
인물성동이론(人物性同異論) 346, 347
인수원(仁壽院) 56, 319
인악 의첨(仁嶽義沾) 102, 131, 220, 252, 271, 324, 335, 357
인조반정(仁祖反正) 53, 177, 366
일심(一心) 263, 293, 294, 318, 322~324, 327, 333~335, 342~344, 346, 348, 349

일즉다(一卽多) 다즉일(多卽一) 345
임성 충언(任性冲彥) 115, 127, 236
임제나옹법통설(臨濟懶翁法統說) 184, 186
임제법통(臨濟法統) 25, 31, 32, 171, 186, 189, 196, 243, 272, 276, 292, 295, 301
임제삼구(臨濟三句) 277, 278, 281, 284, 287, 290, 297, 298
임제종(臨濟宗) 18, 22, 30, 31, 77, 151, 166, 171, 173~175, 177, 179, 180, 183~187, 189, 190, 194~200, 209, 214, 215, 224, 229, 237, 275, 279, 280, 282, 287, 289, 291, 292, 295, 298~300, 355, 365, 367, 375
임제태고법통(臨濟太古法統) 31, 126, 151, 162, 165~167, 182, 188, 190, 193, 194, 197~199, 216, 367, 369, 371
임제태고법통설(臨濟太古法統說) 113, 116, 119, 127, 129, 171, 179~181, 183~187, 189, 192, 201, 365, 366, 370
임진왜란(壬辰倭亂) 15, 47, 59, 68, 354

ㅈ

자수원(慈壽院) 56, 319
작용시성(作用是性) 329, 338
장수 자선(長水子璿) 237
장유(張維) 178
재조지은(再造之恩) 53, 355, 366
전강(傳講) 244
「전등도(傳燈圖)」 193, 222, 223
전법(傳法) 76, 78, 244
전법사(傳法師) 77~79, 113
전수(全修) 30, 235
전수(專修) 30, 236
전주 송광사(松廣寺) 154, 162, 190, 191
정관문파(靜觀門派)·정관파 115, 116, 126~128, 368
정관 일선(靜觀一禪) 50, 115, 126, 127, 222, 235, 236
정도전(鄭道傳) 309~311, 330, 331
정련 법준(淨蓮法俊) 235
정묘호란(丁卯胡亂) 54, 366
정심선사(正心禪師) 172, 213, 235
정약용(丁若鏞) 21, 125, 126, 370, 372, 373

정업원(淨業院) 40
정조(正祖) 60, 61, 70～72, 101, 356
『정토보서(淨土寶書)』 238, 259
정혜결사(定慧結社) 221
「정혜결사문(定慧結社文)」 163, 213
정혜쌍수(定慧雙修) 225, 233, 234, 254
『제경회요(諸經會要)』 253, 265
제월 경헌(霽月敬軒) 115, 216, 223
『조계고승전(曹溪高僧傳)』 192, 200, 371
조계종(曹溪宗) 19, 25, 31, 32, 43, 77, 167, 171, 174, 180, 181, 187～189, 194, 198, 200～203, 215, 255, 371
조동종(曹洞宗) 173～175, 177, 179, 194, 195, 279, 282, 285, 291, 298
조사선(祖師禪) 276～286, 289, 290, 292～301, 334
『조선불교사개설(朝鮮佛教史概說)』 19
『조선불교사고(朝鮮佛教史藁)』 19
조선불교선교양종(朝鮮佛教禪教兩宗) 31, 195
『조선불교약사(朝鮮佛教略史)』 14
『조선불교통사(朝鮮佛教通史)』 14, 198
『조선선교사(朝鮮禪教史)』 29
『조선왕조실록(朝鮮王朝實錄)』 48
『종경록(宗鏡錄)』 217
종밀(宗密) 213, 215, 217, 221, 222, 224～226, 229, 236, 252～254, 263, 264, 288, 291, 296, 329, 333, 336～341, 345, 348,
「종봉영당기(鍾峰影堂記)」 177, 178
종원(宗院) 136, 137, 142, 143, 194, 222, 246, 271
『주자가례(朱子家禮)』 353, 362, 363
주희(朱熹) 56, 94, 307, 310, 311, 321, 328, 329, 331, 348, 358
중관 해안(中觀海眼) 49, 116, 135, 179
중흥사(重興寺) 71
지공(指空) 175, 180, 193
직지사(直指寺) 251
진각 혜심(眞覺慧諶) 214, 215, 229
진귀조사(眞歸祖師) 219, 285, 286, 299
진묵 일옥(震默一玉) 117
진수 정원(晋水淨源) 261
진심즉성(眞心卽性) 334
진여문(眞知門) 294
진지(眞知) 329, 335
진진응(陳震應) 195

징관(澄觀) 236, 252~254, 258, 261~263, 270, 288, 296, 329, 347, 348
징광사(澄光寺) 131, 132, 161, 257, 260, 261, 269

ㅊ

천도재(薦度齋) 99
천리(天理) 328, 330, 341, 346, 348, 349
천은사(泉隱寺) 157, 342
천주교(天主敎) 104~106, 312
『천태사교(天台四敎)』 236
철선 혜즙(鐵船惠楫) 126, 369
청련 원철(靑蓮圓徹) 139
청매 인오(靑梅印悟) 49, 51, 115
청원 행사(靑原行思) 279, 286, 291
청허계(淸虛系) 26, 111, 113, 116, 117, 119, 129, 137, 139, 143, 159, 178, 179, 189, 190, 192, 244, 247, 266, 367, 368
『청허당집(淸虛堂集)』 78, 177, 178, 230
청허 휴정(淸虛休靜) 42, 45, 47, 51, 72, 77~79, 111, 113, 114, 116~118, 122, 129, 135~137, 158, 172, 173, 186, 188, 191, 194, 196, 198, 211~213, 215, 216, 222, 223, 225, 232, 236, 238, 247, 255, 256, 293, 299, 323, 357, 365, 367, 369, 372
초의 의순(草衣意洵) 125, 141, 221, 281, 282, 286, 297, 370, 373
총섭(總攝) 69, 70
추계 유문(秋溪有文) 127, 190
추파 홍유(秋波泓宥) 239
축성전(祝聖殿) 103
축원 진하(竺源震河) 289, 290
춘파 쌍언(春坡雙彦) 119
충허 지책(沖虛指冊) 219, 299
취미 수초(翠微守初) 149, 155, 162, 190
취여 삼우(醉如三愚) 123, 139, 248, 272
취운 학린(翠雲學璘) 220
칠불사(七佛寺) 154
칠성(七星)신앙 98
침굉 현변(枕肱懸辯) 123, 220, 227, 265
침명 한성(枕溟翰醒) 162, 248, 266, 286

ㅌ

태고 보우(太古普愚) 24, 31, 77, 166,

171, 178~181, 186, 187, 190, 192~194, 196~199, 201~203, 365, 367, 369, 370
태고법통 · 법통설(太古法統說) 19, 24, 25, 179, 196, 198, 199, 201~203
태고사(太古寺) 201, 202
태극(太極) 315, 316, 322, 323
「태평곡(太平曲)」 227
태허 남붕(太虛南鵬) 120, 247
「토지매매문기(土地賣買文記)」 81
통도사(通度寺) 374, 375

ㅍ

팔공산(八公山) 132, 155, 157, 264
팔도도승통(八道都僧統) 70, 71, 72
팔도도총섭(八道都摠攝) 53, 58, 69~71, 100, 111, 123, 154, 159, 160, 320, 361
편양(鞭羊)문파 · 편양파 116, 117, 119~121, 124, 125, 128~134, 137, 139~143, 179, 192, 218, 219, 231, 244, 246~249, 251, 266, 267, 271, 272, 342, 368~370
편양 언기(鞭羊彦機) 116, 119, 124, 128, 177~179, 218, 230, 233, 236, 256, 293, 369
평림본(平林本) 258, 260
평산 처림(平山處林) 175, 179, 180, 185
폐불(廢佛) · 폐불책 28, 29, 37~41, 45, 57, 312, 321
표충사(表忠祠) 49, 51, 60, 72, 85, 121, 122, 135, 136, 246, 355
풍계 명찰(楓溪明察) 189
풍담 의심(楓潭義諶) 130, 137, 139, 189, 223, 256, 267
풍악 보인(楓嶽普印) 238
풍암 세찰(楓巖世察) 147, 150~152, 370

ㅎ

하택 신회(荷澤神會) 280
하택종(荷澤宗) 225, 226, 287, 291, 329, 338, 339, 348
한용운(韓龍雲) 195
한치윤(韓致奫) 372
함명 태선(涵溟太先) 162, 324

함월 해원(涵月海源) 132, 141, 219, 295, 337, 373
함허 기화(涵虛己和) 23, 176, 312~314, 332
항마군(降魔軍) 54, 159
「해동선파정전도(海東禪派正傳圖)」 369
『해동역사(海東繹史)』 372
해붕 전령(海鵬展翎) 323
해운 경열(海運敬悅) 123
해인사(海印寺) 121, 122, 154, 246, 374, 375
허곡 나백(虛谷懶白) 256
허균(許筠) 119, 173, 175, 177~179, 182, 185, 319
허백 명조(虛白明照) 54, 119, 135, 361
허응 보우(虛應普雨) 23, 41, 43, 255, 289, 372
현담(玄談) 258, 262, 263
현량(現量) 337, 338
『현정론(顯正論)』 312, 313, 315, 316, 332
혜관(惠寬) 219, 245
혜구(惠球) 173, 179
호국(護國)사상 21, 23
호남(湖南) 128, 133, 134, 154, 156, 251
호락논쟁(湖洛論爭) 312, 346
호론(湖論) 346, 347
호불론(護佛論) 24, 312, 317
호암 약휴(護岩若休) 58, 71, 123
호암 체정(虎巖體淨) 141
호의 시오(縞衣始悟) 125, 141, 370
호패(號牌) 44, 53, 55, 74, 75
홍계희(洪啓禧) 358
홍주종(洪州宗) 225, 226, 280, 287, 291, 328, 329, 338, 339, 348
화악 문신(華嶽文信) 123, 139, 248, 272
화악 지탁(華嶽知濯) 245
화엄강사(華嚴講師) 261
화엄강회(華嚴講會) 267, 271
『화엄강회록(華嚴講會錄)』 268
『화엄경(華嚴經)』 219, 223, 228, 231, 240, 249, 251, 253, 255, 256, 261, 263, 266, 270
『화엄경소(華嚴經疏)』 253, 258, 268
『화엄경소은과(華嚴經疏隱科)』 264
『화엄과도(華嚴科圖)』 252, 265
화엄교학(華嚴敎學) 30, 160, 214, 215, 219, 251, 253~256, 262~264, 266,

267, 271, 272, 288, 289, 294, 301, 343, 345, 347, 348
화엄대회(華嚴大會)·법회(法會) 244, 245, 248, 251, 252, 260, 265, 267, 268
화엄사(華嚴寺) 54, 101, 152, 154, 157, 159, 160, 265
화엄사기(華嚴私記) 268, 270
『화엄소초(華嚴疏抄』 160, 252, 256, 260 ~264, 266, 268, 269, 271
『화엄은과(華嚴隱科)』 269
『화엄일과(華嚴逸科)』 267
화엄종(華嚴宗) 188, 228, 236, 255, 265
화엄종사(華嚴宗師)·화엄종장(華嚴宗匠)·화엄종주(華嚴宗主) 139, 161, 264~266, 218, 269, 277
『화엄청량소은과(華嚴淸凉疏隱科)』 251
『화엄품목문목관절도(華嚴品目問目貫節圖)』 252
화이론(華夷論) 308, 309, 316, 355, 366
환경 우인(幻鏡雨仁) 245
환성 지안(喚惺志安) 140, 141, 244, 247, 249, 251, 268, 295
환암 혼수(幻庵混修) 179, 181, 187
환해 법린(幻海法璘) 266
회암 정혜(晦庵定慧) 155, 161, 190, 220, 252, 264, 337, 339, 340, 345
회은 응준(悔隱應俊) 159
『회해기(會海記)』 262, 263
『회현기(會玄記)』 262, 263, 266, 270
후루타니 키요시(古谷淸) 15
흥천사(興天寺) 215

역사문화연구총서 12

조선후기 불교사 연구

–임제법통과 교학전통

초판 1쇄 발행 2010년 8월 25일
초판 2쇄 발행 2011년 9월 20일

지은이 김용태
펴낸이 김정일
펴낸곳 신구문화사

등록 1968. 6. 10. 제1-205호
주소 경기도 성남시 중원구 금광2동 2661번지
전화 031-741-3055~6
팩스 031-741-3054
이메일 shingupub@naver.com
홈페이지 www.shingubook.com

ISBN 978-89-7668-173-7 93910
값 23,000원